国家自然科学基金重点项目
"城市交通治理现代化理论研究"（71734004）资助
本书由中国城市规划设计研究院资助出版

城市交通交叉学科系列丛书

新发展阶段的城镇化新格局研究

现代化都市圈概念与识别界定标准

汪光焘 等 编著

中国建筑工业出版社

审图号 GS京（2022）0074号
图书在版编目（CIP）数据

新发展阶段的城镇化新格局研究：现代化都市圈概念与识别界定标准/汪光焘等编著．—北京：中国建筑工业出版社，2021.9
（城市交通交叉学科系列丛书）
ISBN 978-7-112-26557-2

Ⅰ.①新⋯ Ⅱ.①汪⋯ Ⅲ.①城市群—研究—中国 Ⅳ.①F299.21

中国版本图书馆CIP数据核字（2021）第185177号

责任编辑：李玲洁　杜　洁
版式设计：锋尚设计
责任校对：焦　乐

城市交通交叉学科系列丛书
新发展阶段的城镇化新格局研究
——现代化都市圈概念与识别界定标准
汪光焘 等 编著

*

中国建筑工业出版社出版、发行（北京海淀三里河路9号）
各地新华书店、建筑书店经销
北京锋尚制版有限公司制版
北京富诚彩色印刷有限公司印刷

*

开本：880毫米×1230毫米　1/16　印张：17　字数：435千字
2022年5月第一版　2022年5月第一次印刷
定价：**168.00**元
ISBN 978-7-112-26557-2
（37826）

版权所有　翻印必究
如有印装质量问题，可寄本社图书出版中心退换
（邮政编码100037）

编委会

主　编：汪光焘

副主编：王　凯　叶　青　陈小鸿

统稿人：徐　辉　李　芬

协调人：高渝斐　彭小雷

编写组（按姓氏拼音排列）：

陈　鹤	陈　莎	付凌峰	高广达	高楠楠	高渝斐	郝　媛
金春燕	孔令斌	赖玉珮	李长风	李　芬	李　昊	刘　翔
骆芊伊	彭小雷	石亚男	汪光焘	王继峰	王　楠	王　森
伍速锋	谢昭瑞	徐　辉	叶　青	余加丽	赵　莉	赵一新
彭　锐						

主要编写单位：同济大学　中国城市规划设计研究院

致　谢：国家自然科学基金重点项目"城市交通治理现代化理论研究"（71734004）资助

编写组织具体分工

篇章	作者
前言	汪光焘
第1章 新发展阶段的城镇化新格局研究——现代化都市圈概念与识别界定标准	汪光焘 李芬 刘翔 高楠楠 高渝斐
第2章 培育现代化都市圈的若干思考	汪光焘 叶青 李芬 高渝斐
第3章 国外大都市圈跨行政区治理模式研究	刘翔 骆芊伊 李昊
第4章 通勤视角的都市圈范围界定研究	付凌峰 伍速锋 高广达
第5章 中国主要城市1小时交通圈的空间特征研究	王森 王继峰 王楠
第6章 典型都市圈产业协同特征及边界识别研究	余加丽 李昊 李长风
第7章 关于公共服务均等化要求的讨论	李长风 余加丽 骆芊伊
第8章 关于生态环境保护理念对都市圈发展要求的讨论	李芬 彭锐 高楠楠 赖玉珮 金春燕 陈鹤
第9章 行政区划视角下的都市圈城镇体系组织与跨界协同	徐辉 石亚男 李长风 李昊 余加丽
第10章 都市圈交通与空间组织协同发展研究	孔令斌 王继峰 陈莎 郝媛 谢昭瑞 赵莉

序

党的十八大以来，我国已经开始全面深入推进以人为核心的新型城镇化建设；其中，培育现代化都市圈以适应新发展阶段的新城镇化空间格局（即城市空间形态，也可称为城市化区域形态），已成为一个越来越明确的时代需求。2015年，习近平总书记在中央城市工作会议上的讲话中指出："从国内外区域经济圈发展看，超大城市周边都有一批布局合理、层次鲜明、功能互补、规模适度的重要节点城市，对区域经济社会发展起着强有力的支撑作用"。《中共中央关于制定国民经济和社会发展第十四个五年规划和二〇三五年远景目标的建议》中强调：优化行政区划设置，发挥中心城市和城市群带动作用，建设现代化都市圈。建设现代化都市圈被提上了新发展阶段重要的议程。

都市圈概念已经历了一个世纪多的演变历程。从城镇化的客观规律出发，学界的长期研究表明，都市圈是城镇化发展到高级阶段的城市空间形态。但是关于都市圈的界定，国内外目前仍无统一标准。通过学习自十八大以来习近平总书记关于推动区域协调发展的一系列指示精神，从自上而下统筹和指导各层和各级工作的角度考虑，需要深入思考都市圈与中心城市、城市群之间的区别与协同发展问题，并有必要进一步明晰都市圈的概念与识别界定标准。这直接关系到在"十四五"规划中如何落实培育和建设现代化都市圈的要求。

回顾近二十年来历次五年规划对都市圈的提出。 我国对都市圈和城市群的发展也是随着经济和社会发展、不同阶段在不断完善其内涵的。《中华人民共和国国民经济和社会发展第十一个五年规划纲要》（简称《"十一五"规划纲要》，以下类同）提出：要把**城市群**作为推进城镇化的主体形态，……，高效协调可持续的城镇化空间格局；《"十二五"规划纲要》提出：遵循城市发展客观规律，以大城市为依托，以中小城市为重点，逐步形成辐射作用大的**城市群**，促进大中小城市和小城镇协调发展；《"十三五"规划纲要》提出：建立健全**城市群**发展协调机制，推动跨区域城市间产业分工、基础设施、生态保护、环境治理等协调联动，实现城市群一体化高效发展。……超大城市和特大城市要加快提高国际化水平，适当疏解中心城区非核心功能，强化与周边城镇高效通勤和一体发展，促进形成**都市圈**。2020年发布的《中共中央关于制定国民经济和社会发展第十四个五年规划和二〇三五年远景目标的建议》（简称《"十四五"规划建议》）提出：统筹推进基础设施建设。……加快建设交通强国，完善综合运输大通道、综合交通枢纽和物流网络，加快**城市群**和**都市圈**轨道交通网络化，提高农村和边境地区交通通达深度。……优化行政区划设置，发挥中心城市和**城市群**带动作用，建设现代化**都市圈**。可见，在连续几次"五年规划"中，都市圈已然成为我国城镇化新发展阶段的重要内容。回顾这段历程，是为了更好地理解、认识都市圈，作为介于中心城市和城市群之间的空间单元，在我国城镇化格局中具有承上启下的关键作用，是大中小城镇协调发展的有力支撑。这也是建立跨越行政区的治理体制，破解当前中国城市治理过度依赖行政管理的可行路径。

国家战略层面对城市群区域范围的界定。 自20世纪80年代以来，我国城镇化发展经历了最快速的时期，2014年发布《国家新型城镇化规划（2014—2020年）》，明确指出"以城市群为主体形态，推动大中小城市和小城镇协调发展"；此后，我国正式发布的城市群规划边界界定，是按照行政建制的设区的市的城市区域划定的，比如长江下游城市群是指上海市和3省25个行政建制地级市。又比如北部湾城市群、关中平原城市群等边界细化到县、自治州、新区和部分地区。也有少数如京津冀城市群是北京、天津和河北省3个行政全域。据统计，国家确定的19个城市群，其中12个跨省域的城市群，7个省域内跨市域城市群。它们的规划除个别城市之外都已完成编制和审批工作。随着20世纪80年代市管县体制的实施，指导城市发展的法定城市规划作为公共政策引导城市发展，在城市行政区划内，形成了城市建成区、城市发展预期范围的城市规划区，以及按照市域城镇体系规划形成了市、镇格局。这也是我国依托市域城镇体系发展形成都市圈的基础。

在政策层面的都市圈概念和识别界定区域。2014年发布《国家新型城镇化规划（2014—2020年）》同时提出，特大城市要适当疏散经济功能和其他功能，推进劳动密集型加工业向外转移，加强与周边城镇基础设施连接和公共服务共享，推进中心城区功能向1小时交通圈地区扩散，培育形成通勤高效、一体发展的都市圈。之后，2019年2月，国家发展改革委发布了《关于培育发展现代化都市圈的指导意见》，提出城市群是新型城镇化主体形态，是支撑全国经济增长、促进区域协调发展、参与国际竞争合作的重要平台。都市圈是城市群内部以超大特大城市或辐射带动功能强的大城市为中心、以1小时通勤圈为基本范围的城镇化空间形态。2020年9月，自然资源部办公厅印发的《市级国土空间总体规划编制指南（试行）》提出，都市圈概念以中心城市为核心，与周边城镇在日常通勤和功能组织上存在密切联系的一体化地区，一般为1小时通勤圈，是区域产业、生态和设施等空间布局一体化发展的重要空间单元。同时，又提出"城镇圈""城乡生活圈"等概念。2021年2月，自然资源部开展《都市圈国土空间规划编制规程》征求意见，提出规范性引用文件、地图学术语、土地利用现状分类、城乡用地分类与规划建设用地标准、城市规划基本术语标准、第三次全国国土调查技术规程。同时提出了都市圈和大都市圈等概念。

我国都市圈发展经历了不同时期、不同阶段在不断完善其内涵的过程。回顾过往，目的是系统性、多视角地探讨现代化都市圈的内涵；面向未来，从新发展阶段的城镇化新格局出发，提出了与我国法律体系、行政体系等密切相关的以下两个判断：一是，研究都市圈，以中心城市建设区作为空间基础。区别市域城镇体系的发展格局，是中心城市建成区跨行政区划与周边中小城市建成和小城镇之间的协同发展；二是，研究都市圈，应该重视发挥相关城市行政管理职能和形成优势。这两点就是都市圈概念的认知基础。

都市圈识别界定标准讨论。这是建设现代化都市圈的实践基础。我们系统分析了国际社会的基本经验，是以通勤联系（通勤率）为基础建立统计区域，由此制定协同发展的政策和协调发展的机制。我国在都市圈界定范围问题上达成共识，其共同的出发点是要将交通一体化和生态环境一体化为基础，支持形成产业集群，实际上是一种高级生产关系，信息链、资金链、人才链和创新链打破了产业的边界、地域的边界；区域、城乡公共服务的不均衡，推动一体化和均等化作为重要公共政策；应用协同规划思路探索实践"都市圈生态保护和修复"的规划模式与发展模式。其中需要讨论的，如交通一体化的基础是1小时通勤圈还是1小时交通圈。由此，涉及本书研究讨论的主题，《**新发展阶段的城镇化新格局研究——现代化都市圈概念与识别界定标准**》。

本书基于以下主要研究成果：

（1）都市圈概念与识别界定标准研究的主要观点。一是，坚持新发展理念，创新驱动构建新发展格局，从扩张性发展向高质量发展，在现有城镇体系基础上的提升，切实转变发展方式，建设现代化都市圈。二是，应用现代技术，特别是采用信息技术、数字分析方法，遵循规律性，识别界定都市圈边界，让国家战略或者国家批准的城市群内，相关省（市、区）共同研究、确定区域发展战略，弥补现有各类规划体系的缺失。

（2）《建设现代化都市圈规划》目标与战略制定。落实国家对于所在区域的战略发展定位，重大战略举措要求，立足都市圈的工业化、城镇化发展阶段，结合区域的资源禀赋、历史文化和生态环境本底特色，合理确定都市圈发展目标和指标，围绕主导功能分区提出重大跨区域协同发展举措。

（3）确定城市群首位中心城市都市区规划边界。通过大数据对经济社会发展对周边城镇现状关联度定量分析（详见《都市圈识别界定标准》），我国主流1小时通勤圈和国外惯用的向心通勤率指标，并不能完全适用于我国的都市圈空间界定。经对我国都市圈发展规律的研究分析，宜以一级腹地（以1小时通勤为主）和二级腹地（1小时交通圈为主）的识别，并区别中心城市都市圈发育程度。建设现代化都市圈的协同机制的构建，着重是推进从以1小时通勤为主的低发育阶段，向以1小时交通圈为主的高发育阶段发展。

（4）制定《建设现代化都市圈规划》的原则。坚持整体思维——有利于构建以国内大循环为主、国内国际双循环相互促进的新发展格局。坚持系统思维——有利于建立与国土空间规划体系相协调的城市化空间形态。坚持底线思维——有利于自然生态系统保护和修复，促进人与自然共生。坚持成果共享——有利于实施公共服务均等化。坚持统筹城乡——有利于城乡协调发展，全面推进乡村振兴。

本书系统地反映出所研究的成果。全书共10章，前9章研究讨论了都市圈的各个维度信息。都市圈的发展具有内在规律性，也因各国政策体系、人文环境、地理特征等诸多因素，在实际中存在国与国的差别。因此，我国都市圈的建设与培育应该从我国国情出发，兼顾各国的发展建设经验。针对这项内容，本书在第1章至第3章做了详尽的论述。通过第4章至第8章系统性地探讨了我国现代化都市圈的内涵；并提出实际上与法律体系、行政体系等密切相关的两个判断，是都市圈概念认识的基础。都市圈概念与识别界定标准的应用定位是在国家和国家批准的城市群内，相关省（市、区）需要共同研究、确定区域发展战略。围绕区域发展的六大动力（经济体制改革、土地制度改革、信息化发展、新型工业化进程、快速交通建设以及政策支撑）、突出新兴要素市场的配置为导向，贯彻新理念、构建发展的新格局。因此，基于对都市圈概念与划分标准的研究，本书在第9章进一步对都市圈规划性质进行了讨论，就推进现代化都市圈建设提出了政策建议。最后，在第10章探讨了都市圈交通与空间组织的协同发展对策。

建设现代化都市圈还有一项重要的议题，未来城镇人口将主要集中在以城镇群为主体的城镇化区域。据国家统计局数据显示，目前中国的城市化率虽然已达到60%，但仅有40%左右为拥有城市户籍的常住居民。加快流动人口的市民化进程，促进与城镇稳定生活条件相匹配的多种消费增长。积极培育发展都市圈，形成更为科学的功能定位和更为协调的空间布局，特别是城乡融合发展关系的县城，具有巨大潜力。《建议》将推进县域城镇化纳入总体安排，为新型城镇化建设和现代化都市圈培育提供了政策指引。这是本书的缺失，有待我们深入调研给予弥补。

在这里要感谢国家有关部委的支持。本研究系国家自然科学基金重点项目"城市交通治理现代化理论研究"（71734004）的课题内容，并经教育部批准列入"城市交通交叉学科系列丛书"之一。

在这里要十分感谢编委会成员和所有撰稿人。参与人汇集了大量国内外研究资料，希望在"十四五"开局之年为我国新发展阶段都市圈建设和培育提供一本战略思维工具书。特别感谢中国建筑工业出版社的领导和责任编辑，在初稿雏形时介入编辑工作，保障了本书如期发行。

由于编著时间仓促，本书难免有不完善之处，如有不当，恳请读者批评指正。

2021年2月20日

前　言

2014年2月，习近平总书记指出"从国内外区域经济圈发展看，超大城市周边都有一批布局合理、层次鲜明、功能互补、规模适度的重要节点城市，对区域经济社会发展起着强有力的支撑作用"等区域协调发展的一系重要讲话以来，各级政府及其部门和学者对都市圈发展问题深入开展了研究，但现代化都市圈概念仍不明晰，都市圈识别界定尚无标准，这些问题亟待解决。

2019年2月，国家发展改革委发布《关于培育发展现代化都市圈的指导意见》，都市圈是城市群内部以超大特大城市或辐射带动功能强的大城市为中心，以1小时通勤圈为基本范围的城镇化空间形态。2020年10月，党的十九届五中全会通过了《中共中央关于制定国民经济和社会发展第十四个五年规划和二〇三五年远景目标的建议》（以下简称《"十四五"规划建议》），明确提出"优化行政区划设置，发挥中心城市和城市群带动作用，建设现代化都市圈"。2021年3月，第十三届全国人民代表大会第四次会议，审议通过了《中华人民共和国国民经济和社会发展第十四个五年规划和2035年远景目标纲要》（以下简称《"十四五"规划纲要》），提出依托辐射带动能力较强的中心城市，提高1小时通勤圈协同发展水平，培育发展一批同城化程度高的现代化都市圈。

本课题组在深入学习十九届五中全会精神的基础上，开展了对现代化都市圈的深入研究，尝试为"十四五"规划纲要中更有效地落实培育和建设现代化都市圈提供支撑。自2019年以来，"城市交通治理现代化理论研究"课题组多次与深圳市建筑科学研究院、同济大学交通运输工程学院、中国城市规划设计研究院等研究机构开展现代化都市圈的内涵讨论。基本认知都市圈是依托城市群内首位度中心城市的辐射带动作用，发展成跨行政区域的城市化地区。十九届五中全会以来，课题组深入学习全会精神和《建议》，达成的基本认识是，我国已经开启建设社会主义现代化建设的新征程，建设现代化都市圈目的是推进国家战略（京津冀协同发展、长江经济带发展、粤港澳大湾区建设、长三角一体化发展等）和国家批准的19个城市群内，相关省（市、区）共同研究、确定区域发展战略的实施。建设现代化都市圈是构建以内循环为主、国内国外双循环新发展格局的重要载体。在此基础上，课题组对培育和建现代化都市圈的有关内容开展了深入研究，为"十四五"期间和2035年远景规划目标的落实提供支撑。

课题组应用大数据来定量分析我国影响城市发展形态的主要因素，借助中国城市规划设计研究院的产业、交通、公共服务设施等企业间投资数据、企业和公共服务设施空间分布数据、LBS数据等大数据，采用信息技术、数字分析方法，对我国近40个中心城市全方位、多角度的、合理的现代化都市圈界定范围进行分析探索。课题组研究成果概括起来讲，国际常用的向心通勤率不适合作为我国都市圈界定标准。以1小时交通圈为基础，建立符合我国国情的都市圈空间范围识别标准。即以市域城镇体系为依托，一级腹地（以1小时通勤圈为主，反映都市圈发育初期，低发育阶段）和二级腹地（1小时交通圈为主，反映中心城市向区域辐射影响范围和跨区域协作能力，高发育阶段），二者反映都市圈发育程度。建议培育和建设现代化都市圈，要因地制宜来制定都市圈规划，弥补现有各类规划体系的缺失，着重形成以轨道交通为骨干的高效、低耗、可持续的交通网络引领，推进都市圈从低发育阶段向高发育阶段发展，建设生态环境好、同城化程度高的现代化都市圈。

对比《"十四五"规划建议》和《"十四五"规划纲要》的要求，课题组研究的成果具有可行性和操作性。为便于从事都市圈规划、建设的部门和工作人员，以及读者朋友们阅读和借鉴，本书介绍了课题组的研究主题和研究脉络，第1章为总论，梳理都市圈的概念，提出现代化都市圈的界定方法、建设原则和建议。第2章提出培育现代化都市圈的四大关键点。第3章从国际角度提出借鉴。第4章到第9章分别从通勤圈、交通圈、产业集群、公共服务、生态协同、行政区划六个角度对都市圈概念和识别界定展开分析。具体内容概要介绍如下：

第1章对现有都市圈概念及相关法律和政策文件进行了梳理；运用大数据系统定量分析，得出向心通勤率不适合作为我国都市圈界定标准的结论，认为交通、产业集群、公共服务、生态协同规划应纳入考虑；提出了以市域城镇体系为依托，以一级腹地和二级腹地界定都市圈范围的方法。强调了都市圈建设应坚持整体思维、城乡统筹等五项原则，同时对现代化都市圈建设提出了建议。

第2章从我国法律制度、国际都市圈发展历程，讨论解决资源错配、城乡割裂、市场壁垒等城市问题的可能性，分析中国都市圈发展特征与风险，提出培育现代化都市圈的四大关键点：超越地理空间行政边界的都市圈格局、坚持以人民为中心的服务要素配置、坚持基于资源禀赋差异互补的产业空间重构和坚持发挥市场配置资源的决定性作用，为国家发展规划落地实施提供保障。

第3章为西方全球城市区域及相关理论研究，这不仅能丰富对都市圈的认识，也能对我国培育现代化都市圈具有积极的意义。作为当今城市发展最具竞争力的空间组织形式，全球城市区域无论是在空间形态还是在功能联系上都极为复杂，它们大都具备形态多中心性或功能多中心性空间结构，经历了职能多元化、功能多核化、内向提升与外向扩张的空间组织演进过程。

第4章通过大数据实证研究发现：中国主要城市都市圈的通勤空间由中心城区、中心城向心通勤区和外围节点城市辐射拓展区三个圈层构成；空间半径为60~80km，时耗90分钟是通勤承受上限，也是都市圈通勤空间延伸的边界。基于网络连接度指标，构建了一种新的都市圈通勤空间边界识别方法，能够更准确地界定都市圈通勤空间。

第5章围绕经济功能的互补性，对都市圈1小时交通圈进行讨论。1小时交通圈是一个由高速铁路、高快速路网络和枢纽-产业格局构成的复合空间形态。同城化圈层，空间半径约50~200km，呈现沿高速铁路、城际铁路走廊延伸的空间特征。

第6章对中国长三角、京津冀、珠三角三大都市圈产业功能布局与网络特征进行分析，基于经济、商务、休闲跨城功能联系，提出基于产业协同的同城化都市圈边界界定标准。经过数据实证分析，我们认为来自中心城市的投资占吸引总投资的比重≥10%、以中心城市为目的地的商务出行人流量占比≥10%、与中心城市的周末休闲关联强度≥1%可以作为划分都市圈边界的标准。

第7章利用大数据，从公共服务设施的人均数量、空间覆盖率、可达性、多样化等角度，对中国主要都市圈地区的公共服务均等化现状情况开展评价，识别了都市圈公共服务空间配置的现状特征；基于国际都市圈发展趋势，分析了都市圈不同类型地区在公共服务配置中面临的问题和挑战，并提出了相应的配置建议。

第8章通过梳理生态环境政策，分析了生态优先和生态环境容量思维对都市圈的重要性，提出应通过都市圈内城市发展绿色转型，带动生态系统保护修复；结合生态本底对城市进行生态环境绩效评估；以市域城镇空间体系为基础，以自然生态系统为底图，识别都市圈边界，合理确定目标、指标，系统性修复生态环境；完善协同管理制度，建立包括生态补偿在内的共赢机制，推进都市圈协同治理进程等要求。

第9章首先整理了中国主要中心城市1999年以来的行政区划调整情况，分析都市圈发展与所在中心城市的行政区划调整的合理关系；其次讨论了中国都市圈跨行政区区域协同面临的问题，梳理了各地都市圈在规划协作、协同发展体制机制方面的创新做法；最后，结合中国特色提出都市圈城镇体系空间组织的规划建议。

第10章针对都市圈交通层次不清、功能定位不明、与城市空间发展脱节等问题，探讨都市圈交通与空间组织的协同发展对策。研究提出：基于都市圈首位中心城市的辐射能力和区域一体化发展的客观规律与实际需要，完善市域（郊）铁路系统，强化枢纽与功能中心的耦合，明确各层次交通设施与空间组织的要求，构建高效、绿色、覆盖城乡的都市圈多层级、网络化客货交通运输体系，助力建设同城化程度高的现代化都市圈。

编者
2021年3月20日

目 录

第 1 章 新发展阶段的城镇化新格局研究——现代化
都市圈概念与识别界定标准 1
  1.1 问题的提出 1
  1.2 国内外都市圈概念及界定标准综合评述 2
  1.3 我国现代化都市圈概念影响因素的研究 9
  1.4 我国都市圈概念和识别界定标准 25
  1.5 结语 33
  本章参考文献 33

第 2 章 培育现代化都市圈的若干思考 36
  2.1 都市圈的内涵 36
  2.2 中国都市圈发展的现状与特征 39
  2.3 高质量发展现代化都市圈的关键 44
  2.4 结语 50
  本章参考文献 50

第 3 章 国外大都市圈跨行政区治理模式研究 52
  3.1 国外大都市圈地区治理模式 52
  3.2 全球城市区域理论与发展演变趋势 67
  3.3 展望与启示 79
  本章参考文献 83

第 4 章 通勤视角的都市圈范围界定研究 86
  4.1 都市圈的概念与界定标准 86
  4.2 都市圈界定标准面临问题 89
  4.3 多阶都市圈范围界定方法 91

4.4 中国主要都市圈界定实例 96
4.5 中国都市圈通勤空间特征 102
4.6 结语 106
本章参考文献 107

第 5 章 中国主要城市 1 小时交通圈的空间特征研究 108
5.1 1 小时交通圈的研究背景 108
5.2 1 小时交通圈的定义内涵 110
5.3 1 小时交通圈的识别方法 113
5.4 1 小时交通圈的实证研究 114
5.5 1 小时交通圈的空间特征 124
5.6 结语 124
本章参考文献 125

第 6 章 典型都市圈产业协同特征及边界识别研究 127
6.1 引言 127
6.2 国内外典型大都市圈跨区域产业协同发展模式探究 128
6.3 基于跨城功能联系的都市圈边界识别研究 141
6.4 结语 147
本章参考文献 148

第 7 章 关于公共服务均等化要求的讨论 149
7.1 公共服务均等化的基础理论梳理 149
7.2 都市圈地区公共服务均等化水平现状评价 152
7.3 都市圈发展趋势和公共服务供给面临的挑战 162
7.4 我国都市圈战略中公共服务设施的配置建议 171
本章参考文献 174

第 8 章 关于生态环境保护理念对都市圈发展要求的讨论 175
8.1 在城市发展的同时应注重"生态空间修复" 175
8.2 针对跨领域生态环境问题，实施生态环境协同治理 179
8.3 以生态优先为出发点实现都市圈可持续发展 187
8.4 基于生态环境容量的绿色城镇化思维 192
8.5 对都市圈生态修复规划的建议 195
本章参考文献 195

第 9 章 行政区划视角下的都市圈城镇体系组织与跨界协同 197
9.1 引言 197
9.2 近 20 年来我国主要中心城市的行政区划调整 197
9.3 基于行政区规划管理视角下的都市圈空间结构与组织 203
9.4 都市圈跨行政区协调发展的进展与问题 205
9.5 中国特色的都市圈城镇体系空间组织 209
本章参考文献 211

第 10 章　都市圈交通与空间组织协同发展研究 212
 10.1　引言 212
 10.2　都市圈空间与交通互动演变机理研究 213
 10.3　都市圈交通需求特征及发展态势研究 217
 10.4　都市圈轨道交通发展的问题与策略 226
 10.5　都市圈交通枢纽与中心体系协同布局研究 232
 10.6　都市圈交通规划目标及重点内容 239
 10.7　都市圈交通一体化运行和协同机制 241
 本章参考文献 241

附录 1　学习贯彻十九届五中全会精神关于建设现代化
   都市圈问题的建议 243
附录 2　建设现代化都市圈规划编制导则 246
附录 3　现代化都市圈空间范围识别导则 250
附录 4　都市圈交通规划指南 253
后记 258

第1章
新发展阶段的城镇化新格局研究
——现代化都市圈概念与识别界定标准

1.1 问题的提出

党的十八大以来，坚持以人民为中心的发展思想，全面深入推进以人为核心的新型城镇化建设。习近平总书记就推动区域协调发展指出：要强化大城市对中小城市的辐射和带动作用，弱化虹吸挤压效应，力戒把县区、小城市作为大中城市的"提款机""抽水机"，避免出现"市卡县"现象。还指出：各城市要结合资源禀赋和区域优势，明确主导产业和特色产业，强化大中小城市和小城镇产业协作协同，逐步形成横向错位发展、纵向分工合作的新格局。《国家新型城镇化规划（2014—2020年）》提出以城市群为主体构建大中小城市和小城镇协调发展的城镇格局，明确了我国未来城镇化的路径和方向。《中共中央关于制定国民经济和社会发展第十四个五年规划和二〇三五年远景目标的建议》（以下简称《"十四五"规划建议》）中明确指出：优化行政区划设置，发挥中心城市和城市群带动作用，建设现代化都市圈。根据长期研究，城市群是具有中国特色区域发展的概念，相应国际语境，更多的对应都市圈连绵带（或者称为都市圈连绵地区）。都市圈发展具有内在的规律性。从城镇化的客观规律出发，都市圈发展内生于城镇体系，城市功能与联系是其核心，是城镇化发展高级阶段的城市空间形态（也可称为城市化区域形态），都市圈发展具有时代特征。从我国国情出发，需要深入思考都市圈与中心城市、城市群之间的区别与协同发展问题。由此，对都市圈的基本认识是，中心城市实际影响力超过行政边界，与周边中小城市和小城镇协同发展。都市圈是城市群核心竞争力的集中体现。建设现代化都市圈，不仅是城市群发展的重要支撑，也是增强中心城市辐射带动力，实现城市治理体系和治理能力现代化的有力抓手。

建设现代化都市圈是发展新阶段、构建新型城镇化新格局的重要内容。都市圈识别界定，直接关系到在"十四五"规划中如何落实培育和建设现代化都市圈的要求。我们不能停留在研究通勤关系来研究都市圈的概念（无论从通勤率的概念出发，还是1小时通勤时间为基本范围的识别界定标准）。我国现状设区的市的行政地域范围超大，改革开放以来已经形成了市域城镇体系格局。如果按此定义的都市圈识别界定范围，一般而言1小时通勤圈往往仍是同一行政范围之内，中心城市核心建成区（或者称为中心城区）与分离的建成区域（新城、中心镇、新市镇等）的协调发展，已经是由设区的市政府统筹解决。我国城镇化进入以城市群为主体形态的阶段，促进跨行政区域协调发展，建设现代化都市圈，要顺应时代发展趋势，坚持共同富裕的方向，促进社会公平，增强民生福祉；畅通国内大循环、促进国内国际双循环；持续改善环境质量、全面提高资源利用效率。进一步讲，培育建设现代化都市圈目标是统筹经济、生态、安全、健康等多需求，推进中心城市核心建成区功能升级，优化布局，带动周边中小城市和县城经济发展，实现城市群内涵提升转变，从而带动区域经济发展，也关系到建设世界级城市群的实现。这促使我们再次开展对现代化都市圈概念和识别界定标准的研究。

回顾以往，都市圈概念已经历了100多年的演变历程。关于都市圈的界定，国际社会目前仍无统一标准。由于内涵缺乏统一认识、翻译名词使用泛化、相关定量数据研究缺失等原因，从1910年美国人口普查局首次提出都市区（Metropolitan District）的概念，并将其作为数据统计的地理单元。到1961年，城市地理学家戈特曼（Gottmann）发表了具有划时代意义的著名研究专著——《大都市带：美国东北海岸的城市化》，由此开辟了城市学术研究的一个崭新领域。就国际社会经验来说，都市圈概念是动态的，有结合各自国情和发展阶段不断调整和适应的过程，具体反映不同经济和社会发展水平的城市空间形态，比如，截至2016年，伦敦都市圈包括伦敦市和周边32个自治市，它的存在和运行拥有统计制度和运行机制的保障。我国关于都市圈概念的讨论始于20世纪80年代，最早由我国城市地理学家将此概念引进中国，随后开展了大量的翻译及概念界定工作。目前我国对都市圈概念仍缺乏清晰的理解与识别界定标准，这就制约了都市圈概念在我国新型城镇化发展中的科学应用。

本研究试图通过对世界各国和国际性组织对都市圈概念界定与划分标准的对比总结，结合我国学者对都市圈的相关研究，基于大数据等定量分析方法，"立足新阶段、贯彻新理念、构建新格局"的总体要求，提出与已经建立的城镇体系相衔接、与正在建立的国土空间规划体系相协调，根据国家区域性发展战略要求及区域发展差距，实行差别化的城镇化政策，研究适用于我国发展新阶段城市空间形态的都市圈概念内涵、划分标准和相关建议。

1.2 国内外都市圈概念及界定标准综合评述

1.2.1 美国：都市区概念的提出

美国是最早提出都市圈相关概念的国家。1910年美国人口普查局将一个拥有20万人口以上的中心市，以及毗邻且人口密度超过150人/平方英里的最小行政单元组成的区域称之为"都市区"（Metropolitan District）。1930年，美国人口普查局对界定标准进行了改变，将中心市的人口规模标准调整为5万人以上，整个都市区人口总量在10万人以上，人口密度指标保持不变。

20世纪90年后，美国人口普查局开始意识到都市区划分标准过于复杂，容易造成使用混淆的弊端。于2000年对原有的指标体系进行了一次较大规模的调整，剔除了原先指标中对都市区人口密度、全社会劳动力中非农劳动力总量及其比重、城市人口比重等指标的要求，在维持以县为基础统计单元的基础上，直接采用"人口超过5万人的城镇化地区（Urbanized Area）或人口超过1万人的城市簇（Urban Cluster），外围县到中心县的通勤率在30%以上或外围县25%以上的就业人口居住在中心县"的标准来进行都市区的定义，并分为大都市统计区（Metropolitan Statistical Area）和小都市统计区（Micropolitan Statistical Area），统称为"基于中心核的统计区（Core-Based Statistical Areas）"，此项标准仍延续至今（图1-1）。

可见，美国都市区界定标准在伴随着人口统计需要、城市发展阶段、交通移动性能力

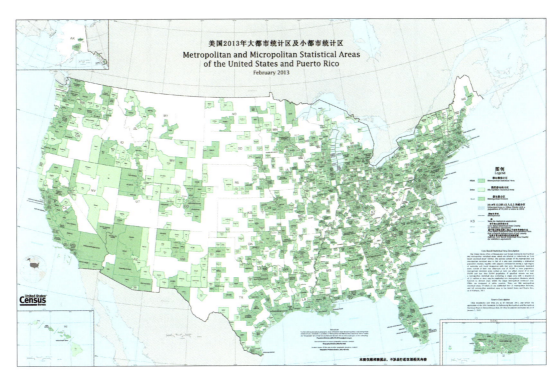

图1-1 美国2013年大都市统计区及小都市统计区
图片来源：美国人口普查局。

等多方面变化与时俱进。虽然具体的都市区划分标准数值与内容有较大改动，但其界定方法始终围绕4个方面来进行：中心核（central core）、流测度（data of flow）、都市区特征（metropolitan character）和基本地理单元（geographical unit）。中心核（即中心市/县）作为美国都市区的基础，是构建都市区的第一步。如1910~2000年的中心核划分标准经历了从20万人以上到5万人以上、再到1万人以上逐步降低过程，背后体现的是对都市统计地域全面覆盖的思想。在中心市与外围县的联系测度上，美国都市区经历了从外围县人口密度界定到测量外围县到中心市通勤率的转变过程。职住地在1949年成为美国人口普查的统计调查内容之一，让以就业与通勤为代表的流测度指标成为评定都市区中心区与外围地区的基本方法。

1.2.2 日本：从都市区到都市圈

日本都市圈的概念与美国都市区的概念一脉相承。第二次世界大战之后，日本以美国为追赶目标，根据自己的城市发展条件也制定了自己的都市区标准，并取名为"都市圈"。1950年，日本行政管理厅将都市圈定义为：以1日为周期，可以接受城市某一方面功能服务的地域范围，中心城市人口需在10万人以上。之后，伴随着日本经济进入战后黄金发展期，大城市人口规模迅速扩张，居民跨市、町、村行政区边界来往与中心城市进行日常通勤的行为日益增多，日本于20世纪60年代又提出了"大都市圈"的概念，即中心城市为中央指定市（Designated City），或人口规模在100万人以上，且相邻有50万人以上的城市，外围地区到中心城市的通勤人口不低于本地人口的15%，大都市间的货物运输量不得超过总运输量的25%。为推动和保证首都圈的建设，日本国会于1956年制定了《首都圈整备法》，首次从法律上界定了首都圈的范围和发展方向（图1-2）。

目前，日本官方采用的都市圈标准是1975年由日本总务省制定的都市圈标准（表1-1）。都市圈根据中心城市的性质和人口规模，可以分为大都市圈（Major Metropolitan Area）和

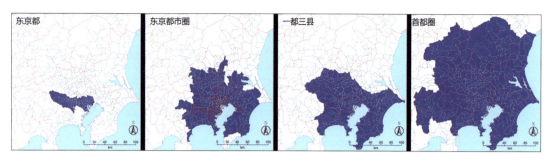

图1-2 同一尺度下日本四种东京地域概念下的空间范围图
图片来源：作者自绘。

都市圈（Metropolitan Area）两种。其中大都市圈11个，都市圈3个，共覆盖22.24%的国土面积和69.18%的人口。2002年，金本良嗣和德冈一幸根据日本城市发展的新趋势和美国基于中心核的统计区概念，提出了"都市就业圈"（Urban Employment Area）的概念与标准，并使用10%的郊外城市向密集居住区（Densely Inhabited District）的通勤率和5万人以上和对1万~5万人分别称之为"大都市就业圈"（Metropolitan Employment Area）和"小都市就业圈"（Micropolitan Employment Area）。

日本都市圈不同界定标准　　　　　　　　表1-1

提出者	概念名称	中心市标准	外围地区标准
总务省	大都市圈 都市圈	东京都23区或其他政令指定市； 非政令指定市且总人口大于50万人	15岁以上人口中至中心城市的通勤率/通学率达到1.5%
山田浩之 德冈一幸	标准都市 就业圈	夜间人口在5万以上； 第一产业以外的就业者占总就业者的75%以上	流动的人口在10%以上
金本良嗣 德冈一幸	大都市就业圈 小都市就业圈	总人口5万人以上的DID； 总人口1万~5万人以上的DID	劳动力人口中向DID通勤率在10%以上

注：DID（Densely Inhabited District），即密集居住区（人口密度≥4000人/km²）。

综上，日本都市圈概念及界定标准源自美国，并跟随着美国都市区概念的演变而进行更新调整，但在具体指标范围上与美国都市区有所差别。日本政府在20世纪60年代后，相继制定的一系列整备法和发展计划，引导了城市发展、区域协调、优化资源配置，以实现更优的城市空间结构和经济持续发展。而作为横跨若干个行政区的大都市圈，日本在制定相关发展计划的同时，还成立了大都市整备局以加强跨区域之间土地、交通、公共设施、公共服务各领域的协调，让都市圈从概念走向实践应用。

1.2.3 欧洲：为城市对比而生的都市区

欧洲也有自己的都市圈概念及界定标准。欧盟统计局为更好地对不同国家的不同城市进行更加科学客观的数据平行比较，提出了"都市区"（Metropolitan Regions）的概念并定义为：一个或多个高度人口集聚的中心城市与周边地区共享基础设施、机会与挑战的城市功能地域。其界定标准为：①中心城市的市中心人口密度在1500人/km²以上，总人口少于5万人，超过50%的人口居住在市中心；②外围市县与中心城市的就业人口通勤率保持在15%以上；③都市区总人口不少于25万人。

除了欧盟统计局使用的都市区概念外，另一个较为知名的欧洲都市圈概念来自由彼得·霍尔（Peter Hall）与凯西·佩因（Kathy Pain）组织的"多中心网络"（POLYNET）

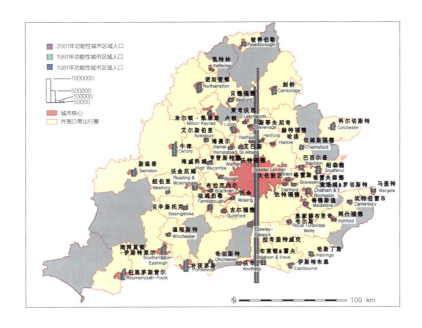

图1-3 英国东南部功能性城市区域
图片来源：文献[7]。

研究小组。该研究小组选取了8个欧洲巨型城市地区（Mega-City Region）：英国东南部（图1-3）、兰斯塔德、比利时中部、莱茵—鲁尔地区、莱茵/美茵、瑞士北部、巴黎地区和大都柏林进行了详尽分析，并将最终成果发表在《多中心大都市：来自欧洲巨型城市区域的经验》一书中。该研究可以更好地刻画巨型城市地区内部"流"的特征，研究小组提出了"功能性城市区域"（Functional Urban Region）的概念：包括一个由就业和人口密度来定义的城市核心，以及一个以到城市核心区通勤为表征的外围日常出行圈。其外围日常出行圈以10%的最小就业通勤率为标准。

总的来看，两种欧洲都市圈概念与美国和日本的标准都极为相似，只是在具体的指标选择上存在一定差距。中心核指标通常采用具有一定下限标准的人口/就业密度标准进行确定，流测度以10%或15%以上就业人口通勤进行划分，基本地理单元保持镇或郡县最小统计行政单位，提高了界定的精准程度。

1.2.4 联合国：城市概念的三种界定方式

联合国人居署为解决世界各国对城市定义和界定标准不一，难以进行全球范围内不同国家与城市平行比较的问题，也提出过"城市集聚群"（Urban Agglomeration）和"都市区"（Metropolitan Area）的概念。对于前者，联合国给出的定义为"包含城区、郊区和连续分布的高度发展或高密集人口的区域，它可能大于或小于一个市域概念的城市，也可能包括城区和郊区边缘或密集布局的相邻区域"。而后者是指"社会与经济存在一定联系的集合城市区域，通常以产业或通勤方法来划定"。

两种概念产生的缘由来自解决城市行政边界难以准确反映城市真实范围的弊端，以城市实体地域或城市功能地域的概念来取代城市行政地域对城市的界定。

此外，为了更好地对存在广泛社会活动联系的城市，特别是超特大城市的界定，联合国参考美国都市区概念，也提出了"都市区"（Metropolitan Area）的概念，其内涵与美国都市区并无二致，联合国作为国际性的多边组织，在都市区的界定指标上直接使用各国官方正式认可的标准，如在美国则采用美国都市区的标准，在日本则使用日本都市圈的标准。由于我国并没有官方划定的都市圈，联合国人居署在其世界城镇化相关研究报告中主要还是以"城市集聚群"来定义我国城市。

1.2.5 国外都市圈发展理论脉络的启示

19世纪30年代兴起的古典区位论在均质区的假设下静态地分析了城市内部空间结构与规律。第二次世界大战后的城市研究逐渐跳出"区位"的立论基础，开始从经济的动态发展规律来解释大中小城市之间的互动关系与相变过程。伴随20世纪80年代全球化的深入，以Friedmann和Sassen为代表的世界城市和全球城市理论将城市研究框架提高到全球层面，让那些拥有全球城市服务功能城市的影响力被重新认知。而当以Castells"流空间"为代表的网络社会理论和以Scott为代表的全球城市—区域概念被融入全球城市网络研究之时，城市区域功能与联系的内涵被极大改变，涌现出一种有别于传统城市区域的发展动力和空间形态。城市在不同层级下的合作与竞争动因、机制、路径都与以往不同，信息、资本、技术等核心生产要素开始在全球范围内进行配置，城市从原有的基础设施网络向更加强调功能网络的联系转变，在空间形态上则更强调多中心、多层次的网络结构。关于现代化都市圈发展的内在规律研究在国外已经深入开展，但仍有许多工作要做。

1.2.6 中国：城市群与都市圈之间概念不清、相互交织

我国关于都市圈的研究始于20世纪80年代改革开放之后（如表1-2所列举），虽然受到了日本都市圈概念的影响，但是与日本早期直接借鉴美国都市区概念不同，我国都市圈的概念衍生于城市群概念，且对两者的讨论时常交织进行。

国内学者对城市群和都市圈的相关研究　　表1-2

	学者	时间	定义
城市群	宋家泰等	1985年	多经济中心的城市区域，即在一个特定地区内，除其中一个作为行政-经济中心外，还存在具有同等经济实力或水平的几个非行政性的经济中心
	周一星	1991年	①具有两个以上人口超过百万的特大城市作为发展极；②有对外口岸；③发展极与口岸之间有便利的交通干线作为发展走廊；④交通走廊及其两侧人口稠密，有较多的中小城市；⑤经济发达，城乡间有紧密的经济联系
	崔功豪	1992年	是巨大的多中心城市化体系，它具有高度的连续性和很强的内部相互作用，其中的每个中心城市都是具有完整体系的城市。在城市带与其他任何未连成片的大城市网之间，有城市化水平很低的空旷地带作为分隔
	顾朝林	1992年	在中国现代城镇体系地域空间结构研究部分依据分布形态、核心城市多寡和城市数量多少分为三种基本类型：块状城市集聚区、条状城市密集区和以大城市为中心的城市群
	吴启焰	1999年	在特定地域范围内具有相当数量不同性质、类型和等级规模的城市，依托一定的自然环境条件，以一个或两个特大或大城市作为地区经济的核心，借助于综合运输网的通达性，发生与城市个体之间，城市与区域之间的内在联系，共同构成一个相对完整的城市地域组织
	姚士谋等	2005年	在特定的地域范围内，具有相当数量的不同性质、类型和等级规模的城市，依托一定的自然环境条件，以一个或两个超大城市或特大城市作为地域经济发展的核心，借助于现代化的交通工具和综合运输网的通达性，以及高度发达的信息网络，发生、发展着城市之间的紧密联系，共同构成一个相对完整的城市集合群体
	肖金成	2009年	在特定的区域范围内云集相当数量的不同性质、类型和等级规模的城市，以一个或几个特大城市中心为中心，依托一定的自然环境和交通条件，城市之间的内在联系不断加强，共同构成一个相对完整的城市集合体
	方创琳	2009年	在特定地域范围内，以1个特大城市为核心，由至少3个以上都市圈（区）或大中城市为基本构成单位，依托发达的交通通信等基础设施网络，所形成的空间相对紧凑、经济联系紧密、并最终实现同城化和一体化的城市群体

续表

	学者	时间	定义
都市圈	周启业等	1989年	按经济中心来组织管理地区经济，即以大城市为依托，有计划地发展中小城镇，在各大城市周围形成若干以中小城市为主的中小型经济中心
	沈立人	1993年	以大都市为核心，超越原来边界而延伸到邻近地区，不断强化相互的经济联系，最后形成有机结合甚至一体化的区域
	王建	1996年	都市圈的直径距离为200~300km，人口为3000万人左右，在每个都市圈都要有1个或几个大城市作为中心城市，这些中心城市人口一般在200万人左右，中心城市的国内生产总值一般可占到圈内的三分之一到一半以上
	高汝熹，罗明义等	1998年	都市圈是以经济比较发达并具有较强城市功能的中心城市为核心，与其有经济内在联系的和地域相邻的若干周边城镇所覆盖的区域共同组成的，其经济辐射能够达到并能够促进当地经济发展的最大地域范围
	张京祥等	2001年	由一个或多个核心城镇，以及与这个核心具有密切社会、经济联系的，具有一体化倾向的临接城镇与地区组成的圈层式结构。都市圈是客观形成与规划主观推动双向作用的产物，其建立的根本意义是打破行政界限的束缚，而按经济与环境功能的整合需求及发展趋势，构筑相对完善的城镇群体空间单元，并以此作为更为广域空间组织的基础
	陈小卉	2003年	一个或多个核心城市，以及与核心城市具有紧密社会、经济联系的，具有一体化倾向的临接城镇与地区构成的圈层式结构
	肖金成，袁朱等	2007年	属于同一城市场的作用范围，一般是以一个或两个大都市辐射的半径为边界并以该城市命名，随着城市规模的扩大、实力的增强，对周边区域产生辐射带动效应，形成一个又一个都市圈
	宁越敏	2011年	在一些经济比较发达的地区，受城市化和郊区化的共同影响，以中心市为核心，与周边区县存在紧密交互作用的都市区成为中国城市化的新形势。界定标准为：以①全部人口为城镇人口的市区为中心市，人口下限为50万人；②城镇化率大于60%的区县作为都市区的外围县
	中共中央国务院	2014年	特大城市要适当疏散经济功能和其他功能，推进劳动密集型加工业向外转移，加强与周边城镇基础设施连接和公共服务共享，推进中心城区功能向1小时交通圈地区扩散，培育形成通勤高效、一体发展的都市圈
	张学良	2018年	以某个大城市为中心，以经济、社会联系为纽带，以发达的交通通达为依托，以时间距离为标尺来划分的大城市及其毗邻区域
	国家发展改革委	2019年	城市群是新型城镇化主体形态，是支撑全国经济增长、促进区域协调发展、参与国际竞争合作的重要平台。都市圈是城市群内部以超大特大城市或辐射带动功能强的大城市为中心、以1小时通勤圈为基本范围的城镇化空间形态
	汪光焘等	2019年	都市圈是一种跨行政区划的、2个或者多个行政主体之间的经济社会协同发展区域，能够更好发挥辐射功能强的中心城市在发展中的主导作用、实现跨区域的资源合理配置，是顺应城镇化发展规律、跨行政区的城市空间形态，即：中心城市建成区与周边中小城市建成区间互动的城市空间形态
	自然资源部	2020年	都市圈是以中心城市为核心，与周边城镇在日常通勤和功能组织上存在密切联系的一体化地区，一般为1小时通勤圈，是区域产业、生态和设施等空间布局一体化的重要空间单元。城镇圈是以多个重点城镇为核心，空间功能和经济活动紧密关联、分工合作可形成小城镇整体竞争力的区域，一般为半小时通勤圈，是空间组织和资源配置的基本单元，体现城乡融合和跨区域公共服务均等化

在我国，最初开始谈到都市圈概念的学者主要来自区域经济、城市规划和人文地理等领域。2000年以后，我国对都市圈的讨论进入城市规划领域中，张京祥等、陈小卉对都市圈进行了比较系统的阐述，认为都市圈是指一个或多个核心城市，以及与核心城市具有紧密社会、经济联系的，具有一体化倾向的临接城镇与地区构成的圈层式结构。2002年，南京、徐州都市圈规划相继开展，使都市圈在我国从概念走向实践。2018年，张学良对城市群和都市圈概念进行了对比分析，认为都市圈是"以某个大城市为中心，以经济、社会联系为纽带，以发达的交通通达为依托，以时间距离为标尺来划分的大城市及其毗邻区域"。

2014年，都市圈被写入《国家新型城镇化规划（2014—2020年）》中，提出"推进中心城区功能向1小时交通圈地区扩散，培育形成通勤高效、一体发展的都市圈"。2019年，在国家发展改革委发布的《关于培育发展现代化都市圈的指导意见》中将都市圈界定为：城市群内部以超大特大城市或辐射带动功能强的大城市为中心、以1小时通勤圈为基本范围的城镇化空间形态。2020年9月，自然资源部办公厅印发《市级国土空间总体规划编制指南（试行）》提出，都市圈概念以中心城市为核心，与周边城镇在日常通勤和功能组织上存在密切联系的一体化地区，一般为1小时通勤圈，是区域产业、生态和设施等空间布局一体化发展的重要空间单元。

在《培育和建设现代化都市圈的若干思考》中，汪光焘等系统性地探讨了我国现代化都市圈的内涵：一是，自20世纪80年代以来，是我国城镇化发展最快的历史时期，2014年发布《国家新型城镇化规划（2014—2020年）》，明确指出"以城市群为主体形态，推动大中小城市和小城镇协调发展"；二是，我国正式发布的城市群的边界界定是按照行政建制的设区的市，比如长江下游城市群范围是上海市和3省17个行政建制地级市，少数如京津冀城市群是北京、天津和河北省三个行政全域；三是，自20世纪80年代以来，随着市管县体制的实施，指导城市发展的法定城市规划，作为公共政策引导城市发展，在城市行政区划内，形成了城市建成区、城市发展预期范围的城市规划区，以及按照市域城镇体系规划形成了市、镇格局；四是，2018年全国人民代表大会修改《中华人民共和国宪法》和《中华人民共和国立法法》，确定了设区的市制定地方性城乡建设、历史文化、环境保护等方面的立法权力。由此提出"实际上与法律体系、行政体系等密切相关的以下两个判断"，是讨论都市圈内涵的认知基础。即，一是，研究都市圈应以城市建成区以及市域城镇体系作为空间基础。区别于同一市域内城镇体系协同发展，都市圈是跨行政区划中心城市建成区与周边中小城市建成区和小城镇之间的协同发展，后者就是都市圈概念认识的基础；二是，研究都市圈应该重视城市行政管理职能。

1.2.7 综合评述

综上所述，国外都市圈的概念仍处在一个动态变化的发展过程。虽然我国经过多年的讨论，都市圈概念已基本被学者所应用，但由于都市圈的空间识别界定标准仍未达成共识，我国统计区域的不确定性、统计数据的缺失，直接影响到建立跨区域协同发展的动力机制。但已取得共识的是：第一，都市圈是城镇化进程中城市发展的高级别城市空间形态（也可称为城市化区域形态）。它的形成既与城市建成区公共设施服务能力的不断完善有关，又与地价攀升、级差地租促使居民外迁居住和低附加值产业转移等密切相关。这就是一般意义上，用通勤圈界定都市圈统计范围，更多的是通勤人口比例，而不以1小时通勤时间为边界划定。第二，国际共识的都市圈，包括日本、美国等国的城市行政区域面积小、都市圈往往覆盖中心城市行政区和周边毗邻的多个行政建制的城市。相对而言，级差地租虽对我国城市和都市圈发展的影响同样存在，但由于国内外行政建制的区域范围差别往往有几倍甚至几十倍之多，因此，并不能直接借用国外基于通勤的都市圈概念。这也可以理解为我国学者在我国城镇化水平不高的时候，引入国际经验，将都市圈和城市群混淆，或者力争说清楚而提出各自理解的名称和概念。这两方面的共识是破解现代化都市圈概念的切入点。

推进建设现代化都市圈，还需要关注下面的情况。一是，国外理论研究衍生出如世界城市、全球城市、全球城市区域等概念。2000年后我国学者也开始将这些概念引入中国，网络社会对都市圈的影响到底有多深入，核心城市如何与周边城镇进行更好的合作？都市圈治理能力和体系的发展重点在何方？这些方面仍然还有很多工作要做。二是，中心城市必须承担起更多的责任和义务，通过多种途径支持周边地区的发展。超大城市周边通常有一批布局合理、层次鲜明、功能互补、规模适度的重要节点城市和新城区，对区域经济社会发展起着强有力的支撑作用。要充分利用好与这些城市间的功能分工，以实现资源的集约利用与效益的最大化。如果能培育若干集聚人口能力较强的城市，就能完善都市圈和城市群结构，比如，京津双城记发展到多城记，有效吸引过于密集的中心城区人口资源自愿向外转移（京津冀城市群，核心城市新增城镇人口比重由2010～2015年的72.4%下降到2015～2018年的29.4%），转向城市网络中的周边城市。把城市群和都市圈作为未来中国城市化政策的重点，需要对城市群和都市圈有正确的理解和认识，并深入研究我国现代化都市圈的概念及影响因素。

1.3 我国现代化都市圈概念影响因素的研究

在我国新时代、新阶段发展的大背景下，面对新型城镇化的发展新趋势，研究符合我国国情和发展阶段的都市圈概念和内涵，并提出相应的建议，是当前培育建设现代化都市圈的重要一步。为此，本节着重从行政法角度讨论城市和行政区域，用大数据讨论五个关键的基础性问题。

1.3.1 都市圈概念中应先明确城市的定义

城市是构成都市圈的基础单元。因此在讨论都市圈之前，需首先明确我国对城市的定义。根据2020年中国城市规划学会公布的《城乡规划学名词》，城市在我国拥有两种解释。第一种是以非农产业和一定规模的非农人口集聚为主要特征的聚落，空间上具体表现为不同地表覆盖类型的城市建成区。这也是学者谈城市概念所常采用的解释。第二种则是按照我国国家行政建制设立的市，或其所辖的市区域范围。按照《中华人民共和国宪法》，我国行政建制体系里的城市包括直辖市、设区的市、不设区的市三类。这种解释从空间范围看，既包括中心城区的建成区，也包括外围若干个中小城镇以及大量非城市化区域；与国外的"城市"定义相比，它已经不是一个"城市"，而是多个城市和城镇的集合体，对应现行《中华人民共和国城乡规划法》的法律规范，是市域城镇体系概念，也与我国城乡规划学科体系中的市域城镇体系对应。贯彻十九届五中全会精神，建设现代化都市圈，应该采用法律规定的城市定义。由于国内外城市的定义内涵不同，我国不宜直接采用国外都市圈的界定方法和标准，必须建立适合自身的都市圈识别界定标准和方法。

其实，在中华人民共和国成立初期，我国与世界绝大多数国家采用的城市管理方式一样，遵循的也是"城乡分治"原则，按照城市行政区基本是城市化区域（即大建成区、小郊区）进行单独管理。直至20世纪80年代之后，原有的城乡分治的市制模式难以适应当时的社会经济发展需要，我国市制模式开始变革，出现"撤县设市""市管县"等新型市制标准和城乡合治模式。一直到1997年暂停设市，大量的"撤县设市"和"撤县设区"现象才得以缓解。值得一提的是，尽管"撤县设市"市制改革被许多学者所诟病，但不可否认，这项改革有效地促进了改革开放初期的城乡统筹规划与建设，"以城带乡"实现了许多农村的经济社会发展，也让许多县级政权从农业管理模式逐步向统筹城乡管理模式进行转变，县城和小城镇的乡镇企业得到较快发展，公共服务能力有较大提高，当今推进以县城为重要载体的城镇化建设有历史的沉积。历史辩证地看待这一城市空间形态，过低的撤县设市标准和设市后的准备不足最终导致了我国市制与县制内涵的混淆，让以人口和产业集聚的城市行政区变成了人口、产业、农业等多种形态混合的地域行政区，并形成在一个城市内出现一个中心城市和若干县级市和小城镇组合而成的城镇体系，它们相互之间还有大量的农田或者生态地带。或者说，行政建制市的建成区，是由中心城市核心建成区和县级市城乡镇区、行政建制的镇中心组成。就城市群为主体形态、城市群内形成大中小城市和小城镇协调发展的格局来讲，城市群内首位城市核心建成区与周边中小城市建成区，将交通一体化建设当重点，生态共保，推进以存量为主导的高质量发展，推进同城化发展。如果与外国都市圈相比较，我国的一些城市群内首位城市市域内核心建成区与周边城市化地区关系，在空间尺度上已经等同于它们的一个"都市圈"，它们的区别是在同一行政管辖范围内，不存在国外需要新建立另一行政管辖的统计区和相关机制。

都市圈显然已成为打破行政区划壁垒、进行区域融合的新抓手。都市圈的建立可有效引导产业升级，在功能协调中提升内涵，高效率发展。明确都市圈内各城市主导产业和特色产业，分类制定空间优化与资源配置政策，逐步形成横向错位发展，推动生产要素的合理集聚和疏散。都市圈的中心城市在强化高端生产性服务功能的同时，要促进高新技术产业和先进制造业向其他大中城市转移，一般制造业和零部件生产向周边小城市或小城镇转移。在长江三角洲已形成若干遵循该产业转移规律的都市圈，这些规律值得我们总结和提升。都市圈协调发展，有利于加快资源要素的流动，发挥中心城市的辐射带动作用，升级产业结构，从而增强区域联系，提升行政区划的积极性。

1.3.2 行政区划对都市圈发展的影响

研究中国都市圈的特征还需了解我国行政区划对城市发展的重要影响。依据《中华人民共和国宪法》（简称《宪法》）和《中华人民共和国地方各级人民代表大会和地方各级人民政府组织法》的有关规定，地方各级人民代表大会和地方各级人民政府在其行政区域内，保证《宪法》、法律、行政法规的遵守和执行，行使经济、教育、科学、文化、城乡建设事业和财政等行政工作。此外，县级以上的地方各级人民政府在行使职权时，必须执行上级国家行政机关的决定和命令，规定行政措施，发布决定和命令。这种属地化和垂直化的行政管理制度对城市造成的影响是：①城市的市域边界成为地方政府公共权力行使的绝对空间边界；②各级行政区之间形成了严格的管辖和被管辖的隶属关系和排列组合。

由此对城市发展产生了两种不同效应：①从正面效应来看，属地化的管理制度调动了地方政府发展经济和解决社会问题的积极性，明确了地方政府对城市发展主体责任的空间边界，促进了改革开放后我国各地经济的蓬勃发展。②但在各行政区政府自身利益的驱动下，这种行政区划职能管理模式也造成了地方封锁、本位主义、市场分割等负面效应，学者称之为"行政区经济"，即行政区划界限如同一堵"看不见的墙"，对区域经济的横向联系形成了极强的刚性约束，并由此引发了一系列特殊区域经济现象。现今，"行政区"与"区域经济"两种空间界面之间的相互冲突，由行政管理体制造成的垂直化及属地化管理方式难以适应市场经济所追求的网络化、流动性要素配置模式。对于超大和特大城市而言，在规模经济和腹地经济的发展带动下，产业和人口向优势区域集聚和分散，从而推动了都市圈或城市群的主体形态发展，这是市场资源配置的必然结果，也是我国新型城镇化发展的基本规律。习总书记指出"行政区划本身也是一种重要资源，用得好就是推动区域协同发展的更大优势，用不好也可能成为掣肘。"因此，有必要深入研究如何发挥我国制度优势，在充分发挥市场配置资源作用的同时，将政府行政的推动力和行政区划作为资源结合起来，尤其在国家突出中心城市的辐射能力，让周边中小城市建成区的企业参与产业分工，形成具有中国社会主义特色的都市圈发展新形态。这就是贯彻《中华人民共和国国民经济和社会发展第十四个五年规划和2035年远景目标纲要》要求、建设现代化都市圈的应有内容。

1.3.3 应用大数据定量分析我国影响城市形态的主要因素

应用大数据，弄清我国城市形态内在因素的国情，有针对性地分析关系都市圈发展要素的实际状况，客观识别界定都市圈的空间范围，特别是对于超大、特大城市的都市圈发展，跨越行政边界的交通共建、生态共保、服务共享、产业共链，以及建设与我国行政体制相适应的治理体制，提高相邻区域协同治理能力、对都市圈同城化发展具有重要作用。

1. 关于以1小时通勤圈为基础标准的讨论

关于以1小时通勤圈为基础标准的讨论，是基于与中心城市就业岗位带来的职住关系为主要内容展开（图1-4）。都市圈是以辐射带动功能强的中心城市为核心、与周边城镇在日常通勤和功能组织上存在密切关系的一体化地区，紧密的通勤联系是都市区空间范围界定的关键要素。美国、日本等国以都市区与外围区之间的当日往返通勤范围为界限，因此衍生出通勤圈的概念。

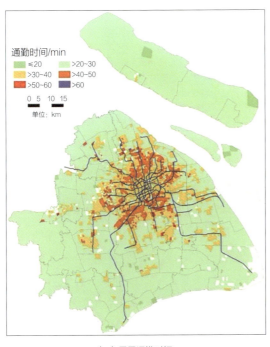
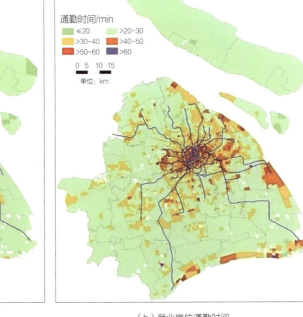

图1-4 居民和就业岗位通勤时间

图片来源：张天然，周江评，周明芷. 超大城市就业—居住格局与通勤绩效研究——以上海市为例.

（a）居民通勤时间　　　（b）就业岗位通勤时间

都市圈通勤空间体现完整城市功能的区域范围，具有紧密通勤、整体职住平衡的特征。通过对于北京、上海、广州、成都、武汉、西安、郑州7个城市，3.2亿通勤人群的大数据实证研究发现，中国主要城市的都市圈通勤空间由中心城区、中心城通勤区和外围辐射拓展区三个圈层构成，且具有以下特征：①中心城通勤区，是与中心城区保持紧密联系的空间范围，目前最大空间尺度是半径40km，但尚有20%~30%的"通勤联系"的另一端在中心城通勤区以外，还不是完整的城市功能区域；②由中心城通勤区向外辐射的拓展区，空间尺度在半径60~80km，在中心城区、中心城通勤区、外围辐射拓展区构成的空间范围内，可以实现95%以上的职住平衡；③时耗90分钟是通勤承受上限，也是都市圈通勤空间延伸的边界。

然而，反观我国主流1小时通勤圈和国外惯用的向心通勤率指标，并不能完全适用于中国的城市都市圈空间界定。事实上目前中国主要城市1小时通勤的空间尺度不超过25km，出行时耗超过1小时的通勤人口只有13%。另一方面，中国城市的外围组团往往具有相对完善的城市功能，内部通勤比重在80%~90%，向心通勤率在10%以下，而且存在较大范围的波动，使通勤率阈值难以确定，加上通勤率的动态可调整性以及交通通达性差异，向心通勤率指标不适合作为中国城市的都市区界定标准，常用通勤指标如图1-5所示。

都市区多中心的演化趋势，外围都市区副中心的形成，必然推动网络化的空间格局，都市区通勤空间界定需要考虑从一级腹地（中心城通勤区）到二级腹地（外围辐射拓展区）的通勤联系。网络连接度指标比向心通勤率指标，更准确地刻画城区间通勤联系的紧

图1-5 六种通勤评价指标

图片来源：2020年度全国主要城市通勤监测报告。

密程度。另外，随着我国的城镇化发展，都市圈通勤空间范围也存在动态变化特征，持续追踪、动态监测具有重要意义。鉴于都市圈规划和相应政策制定的有效性分析，应当至于县级以上人民政府及其行政区域，这个意义上讲，1小时通勤圈的研究对改善日常通勤效率有积极作用。

2. 关于以1小时交通圈为基础标准的讨论

关于以1小时交通圈为基础标准的讨论，主要是围绕经济功能的互补性为主要出发点来展开。《新型城镇化规划（2014—2020年）》明确指出，特大城市要适当疏散经济功能和其他功能，推进劳动密集型加工业向外转移，加强与周边城镇基础设施连接和公共服务共享，推进中心城区功能向1小时交通圈地区扩散，培育形成通勤高效、一体发展的都市圈。在都市圈层面，整合配置空间资源与产业要素，完善多层次城市综合交通系统，有利于引导产业转型升级、拓展城市的发展空间、支撑引领新型城镇化建设。

1小时交通圈是一个由高速铁路廊道、高/快速路网络和枢纽-产业格局构成的复合空间形态，依据交通可达性和城市功能可以分为一体化圈层、同城化圈层和生产物流圈层，需要对于不同类型的城镇化对象，正确选择合理的时空目标值，科学处理容量与时效的关系。

一体化圈层，以高速铁路、城际铁路和市域轨道快线（含市郊铁路）为主导的城际铁路1小时交通圈，空间半径在50~200km范围，呈现沿高速铁路、城际铁路走廊延伸的空间特征。城际与高速铁路主要服务城市中心之间的商务和生活目的客流，在中国城际铁路行车密度最高的沪宁城际苏沪段，城际旅客中通勤目的也仅占6%。

同城化圈层，以城市轨道交通、城市高/快速路和地面道路为主要支撑的客运1小时交通圈，交通可达空间范围在60~80km，以满足通勤、生活和商务联系出行为主。但紧密出行联系范围集中在都市区中心和次核心地区30~40km半径的空间范围内，北京超过85%的客运交通联系量在45分钟交通圈范围之内，广州和成都的45分钟高速公路客运量也在80%左右。

生产物流圈层，1小时公路货运交通圈的空间尺度50km，但生产物流需求往往到达城市群边缘以至更大的范围，货运交通圈具有明显的走廊和方向性特征。

经济活动空间与货运交通流之间存在关联性，都市圈货运交通组织方式与城市等级和职能结构之间具有耦合性。都市圈货运需求源于都市圈经济社会活动及其空间组织关系。都市圈货运需求分布体现了国家层面的经济空间特征，反映了核心城市的中心地位以及区域差异化的空间特征。大型门户枢纽与城市和都市圈产业结构的关联性，以及枢纽内各种运输方式的整合能力和运输效率，是都市圈产业竞争力的实质内容之一。例如，天津港煤炭、矿石、钢铁占吞吐量50%以上，集装箱占25%，与京津冀地区产业具有关联性。依托港口、机场、铁路等重大设施形成的城市群货运枢纽和网络，是都市圈发展的关键。国家级运输大通道对都市圈发展具有显著影响，既表现出过境交通特征，同时又承担都市圈内部经济社会联系功能，需要统筹考虑、一体化布局。

在区域一体化布局背景下，交通圈已经成为中国各区域中心城市和周边地区区域规划和城市建设的重要战略，1小时交通圈是都市圈、经济圈和生活圈等概念的基础。在都市圈的交通组织中，要考虑到不同的交通圈层的出行需求特征（图1-6）。对中短距离的出行，其时空需求需要兼顾容量和时效；对中距离的出行，其时空需求要面向容量；对中长距离的出行，其时空需求要面向时效。

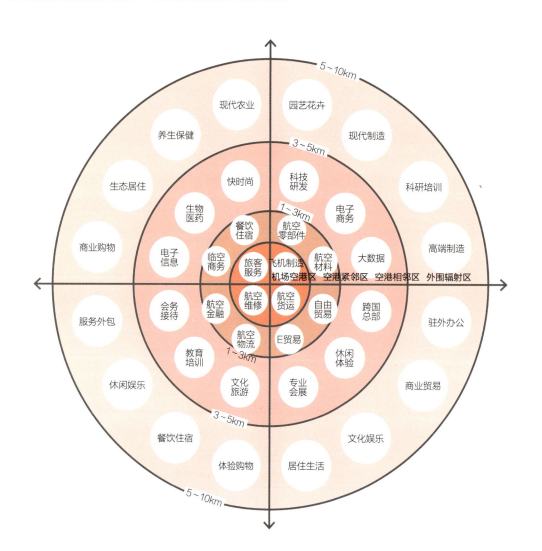

图1-6 空港经济区的"圈层"空间模式
图片来源：广州新白云国际机场空港经济区。

3. 关于以产业链和供应链为基础标准的讨论

都市圈内部不同城市间产业功能的分工协作是都市圈的内在特征之一。经济全球化时代的发展经验表明，围绕中心城市形成的城市圈和都市圈是各国参与国际产业分工、融入全球产业链和供应链的主体。在中国提出构建"国内大循环为主，国内国际双循环相互促进"的新发展格局下，需要更加突出都市圈作为产业链和供应链组织基本单元的重要性。通过深化促进城市间的产业协作，推动产业链和供应链重组，形成支撑国内外双循环和参与全球竞争的重要区域。

现代化都市圈在构建错位发展、分工协同的功能格局过程中，要充分发挥中心城市的辐射带动能力，发挥各城市的比较优势，各展所长，紧密协作。通过推进中心城市的产业转型与升级，促进产业、技术创新和其他资源要素向外围地区转移扩散，带动整个都市圈的产业升级。产业在区域内的转移能帮助城市经济逐步占据供应链的各个节点，达到调节和控制供应链内的资源流动，提高都市圈产业链与供应链的一体化程度。都市圈中的各级主体要建立以中心城市为辐射核心的协作平台，依靠产业分工平衡都市圈的优势资源，通过对下游市场的准确定位完善供应链的上下游市场与平台建设，提高都市圈产业的整体竞争力。

都市圈产业的聚集、扩散关乎着区域经济发展格局的循环再生，产业集群实际上是一种高级生产关系，信息链、资金链、人才链和创新链打破了产业的边界、地域的边界。此

第1章 新发展阶段的城镇化新格局研究——现代化都市圈概念与识别界定标准

外,发展都市圈,也需培育数字经济新产业、新业态和新模式,完善土地、户籍、转移支付等配套政策,提高发展要素的自由流动水平和一体化配置能力。

随着都市圈城镇网络体系的逐步完善,中心城市往往实现由生产中心向服务中心的转化,高层次生产性服务业向中心进一步集聚,一般生产服务业向其他次中心蔓延,生活性服务业、一般制造业则随人口导向由中心往外圈层迁移扩展,逐步带动整个大都市圈功能空间组织的调整与升级。以长三角地区企业空间分布密度为例(图1-7):制造业企业热点区域主要分布于由上海、苏州、无锡、常州、南京、嘉兴、杭州、绍兴及宁波为连接节点的Z形发展轴线上,形成连绵发展区,单侧轴线长度可达200km。不同阶段新增制造业呈现出从以上海为中心的核心区沿主要交通轴线逐步向周边的苏浙地区蔓延的空间演变特征,上海范围集聚中心明显减弱,距上海50km以外企业增量明显,大多以外围的各类产业园区为承载地;生产性服务业企业高度集聚于以上海为中心的20km圈层范围内,同时南京、杭州、苏州、宁波等城市的核心区也呈一定的集聚发展态势;生活性服务业则在南京、杭州、苏州、无锡、常州、金华等上海周边区域呈广泛分散发展模式。

长三角、珠三角地区围绕产业链,内部已形成核心城市引领的多中心区域创新功能网络(图1-8、图1-9)。长三角地区中,上海、杭州、南京、苏州、无锡、常州、宁波等都是区域创新网络的重要中心,并与周边城市形成层级结构。上海、苏州、无锡、常州创新资源主要集中在制造技术,宁波以服务创新为主。从具体行业上看,上海、苏州、宁波专利涉及行业类型较多,表明创新活动分布行业比较齐全,发展较均衡。因此,总体上长三角各城市的创新功能以横向合作为主,区域整体创新能力强,具有明显的规模集群效应。

图1-7 长三角地区制造业、生产性服务业空间分布特征图
图片来源:都市圈产业功能特征解读及边界识别研究。

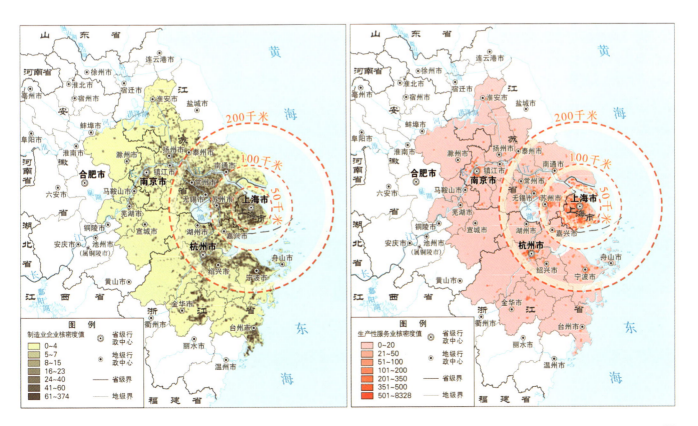

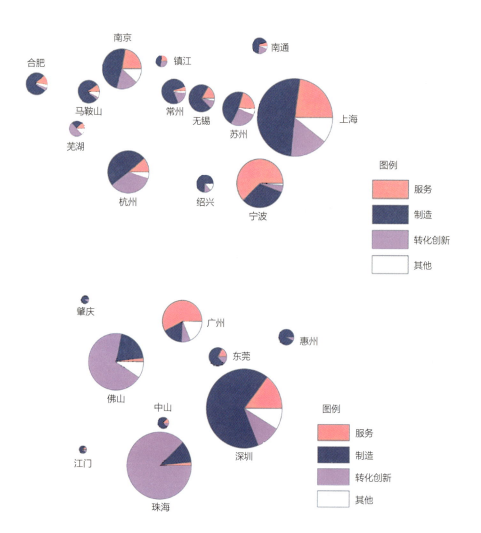

图1-8 长三角、珠三角地区创新层级结构
图片来源：都市圈产业功能特征解读及边界识别研究。

珠三角地区与香港、澳门组成的粤港澳大湾区核心特征之一体现为全球超级的供应链以及高效的创新转换能力。区域内各城市创新活动竖向分工明确，深圳、东莞以制造技术为主，广州以服务创新为主，佛山以转化创新为主，形成较完整的协同创新链条。具体行业上，深圳在专业设备制造业、电气机械和器材制造业等行业的节点中心性高，优势突出；广州在科技推广和应用服务业、专业技术服务业行业突出；佛山在商务服务业、电气机械和器材制造业、通用设备制造业行业较突出。区域整体呈现出创新功能特色相对明确的"链条式"创新集群特征。

4. 关于公共服务均等化要求的讨论

公共服务均等化是区域协同发展的重要内容，也是建设现代化都市圈的应有之意。国际都市圈发展与规划中都强调都市圈内部公共服务设施的共享和均衡配置，美国、日本等国关于通勤者的调查研究表明，都市圈远郊与中心城区居民一定意义上可以在生活质量与心理感受上大致相同，形成同城效应。东京都市圈处于都市圈内核的23区部和处于外圈层的26市部人口密度存在一定差异，但以中学毕业生录取率为代表的教育质量和人均拥有的道路面积、图书馆公共图书数量、医院看护师数量、住宅等公共服务资源并没有明显差距，这表明在公共服务供给方面基本实现均衡配置（表1-3）。

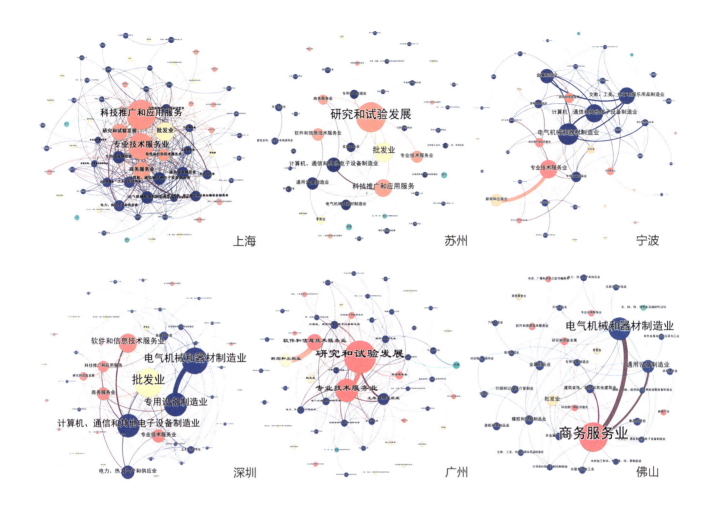

图1-9 长三角、珠三角地区主要城市创新行业关联结构

图片来源：都市圈产业功能特征解读及边界识别研究。

东京都市圈内外圈层公共服务质量与人均公共服务设施配置情况　　表1-3

	23区部（内圈）	26市部（外圈）
初中毕业生高中录取率（%）	98.9	98.5
高中毕业生大学录取率（%）	65.2	65.6
人均道路面积（m²/人）	12.5	20.8
人均藏书数（册/人）	2.9	4.5
每万人看护师数（位/万人）	77.1	74.8
住宅总数（套）	4601560	1835410
家庭总数（户）	4620250	1848990
家庭数/住宅数	1.004	1.007

资料来源：东京都厅2017年统计年鉴。

我国中心城市与周边中小城市、城市与乡村地区公共服务设施配置不均衡的现象较为突出，都市圈中心城市与外围公共服务供给能力落差明显。根据相关研究报告，我国主要都市圈核心圈层人口只占都市圈总数的30%，但聚集了区域范围内81%的三甲医院、64%的高等院校和49%的图书馆[①]。中心城市的公共资源过度聚集，作为区域服务中心引来大量

---

① 华夏幸福产业研究院. 弥合公共服务落差，促进都市圈高质量发展 [R]．2019。

外来人流，加重了城市拥堵等"城市病"。同时，外围新城新区、县域中心的配套服务落差明显，产城融合度差，对中心城市人口的疏解吸引能力不足。

因此，建设现代化都市圈突出共享发展，推动区域、城乡公共服务的一体化和均等化，作为建设以人民为中心、多元共荣共享城市的重要公共政策。城市公共资源的配置要充分考虑人口结构的变化，应对人民生活更加宽裕、中等收入人群体比例大幅度提高等变化，改变公共服务以"不变"应"万变"的传统做法，转向结合不同城市居民在年龄、就业、收入等结构的不同，提供差异化服务，为创新人才发展提供优良的城市环境与硬件支撑。培育发展现代化都市圈，以促进中心城市与周边城市（镇）同城化发展为方向，以创新体制机制为抓手，以推动统一市场建设、基础设施一体化高效、公共服务共建共享等其他内容为重点[①]。

5. 关于生态环境保护理念对都市圈发展要求的讨论

生态环境保护存在着城市发展中的缺失和城市间各自为政的双重缺失，现代化都市圈的建设需要全新的理念和方法，要实现区域自然修复能力的增强，并建立生态补偿机制。

形态丰富的城市空间为人类经济发展提供了强劲发展动力，也带来了诸如环境污染、社会不平等、风险积聚等诸多新问题与新挑战。当作为城镇化基础的传统发展模式，因为不可持续而向生态文明新发展范式转型时，相应的城镇化模式也必然要进行重新定义和深刻转型（张永生，2020）。都市圈作为一个自然生态整体，一般来说具有合作资源共享和风险共担的必要性，也存在资源和优势的互补性（崔晶，2013）。然而，当前"都市圈"区域的生态治理问题与"封闭式"的行政区生态治理模式又存在逻辑冲突，这在一定程度上使得区域生态处于治理上的"盲区"状态。

生态环境绩效评估的目的是持续客观地评估城市生态建设对环境情况的实际影响和效果，力求环境治理、监测指标变化和生态环境直观结果的关系。通过对都市圈中城市生态建设开展环境绩效评估，将城市建设工作对环境的影响，转化为易于识别的环境状况指标、数字、影像，便于直接了解对生态环境影响的特征、程度和对环境保护的成效，从而引导都市圈的规划建设工作更加注重实际生态环境效益情况，并用于绿色生态城区开展生态环境绩效的考核评估工作。根据已有的研究情况看，前人的生态环境评估内容主要包括土地、水资源、大气、生物多样性和林、农、渔业等自然资源。通过提炼影响都市圈生态环境基本状态的关键因素，提出土地利用、水资源保护、大气、生物多样性4个方面作为主要评估内容（表1-4）。①土地利用。土地利用是影响生态环境质量的重要原因，建设用地的增加无疑会占用生态用地，如水域、林地、耕地等，必然会对生态环境造成一定影响，应控制建设用地量。建设用地的增加无疑会对下垫面和地貌粗糙度造成影响，从而改变气候、水文、气体等多方面的生态调节能力，生态用地本身的质量对环境造成影响，要关注改善和提升生态用地质量。②水资源保护。水资源是最易受人类活动影响和破坏领域，它同其他环境要素如土地、生物、大气等构成了一个有机综合体。当改变某一区域的水环境状况时，必然引起其他要素的变化。③大气。大气污染、热岛效应等在一系列的气象和大气环境问题日益突出，如何科学合理地开展都市圈规划建设，使得对局地气象和大气环境造成的负面影响最小，应是关注点。④生物多样性。生物多样性是生态系统具有活力的重要内容。丰富的生物构成了城市赖以生存发展的生态环境，对保证城市生态系

---

① 2014年国家发展和改革委员会发布的《关于培育发展现代化都市圈的指导意见》。

城市生态建设环境绩效评估指标表　　表1-4

主要环境影响评估方向		主要评估方面	推荐性评估指标
L 土地利用	1	限制发展区域保护	L1：综合径流系数
			L2：生态系统服务功能价值
			L3：TOD集约开发度
			L4：公园绿地可达性
			L5：地均污染物输出量
	2	国土空间生态修复	L6：土地综合污染指数
			L7：污染物场地地下水监测达标率
			L8：已修复治理土地比例
			L9：污染性工业用地年变化率
			L10：城市生活垃圾回收利用率
W 水资源保护	3	水质变化	W1：水质平均污染指数
			W2：水质特征污染物指示
			W3：水质基本项目核查
			W4：综合营养状态指数
	4	污水处理	W5：污水集中处理率
			W6：工业废水处理率
A 大气	5	风环境和热环境	A1：通风潜力指数
			A2：热岛比例指数
			A3：生态冷源面积比
	6	污染物（PM2.5）和特定毒性物质浓度	A4：空气质量达标天数
	7	能源利用与碳减排	A5：能源综合评价指数
B 生物多样性	8	区域的物种多样性	B1：维管束植物指数
			B2：乡土植物指数
			B3：年类物种指数
	9	生境变化	B4：生境破碎化指数
			B5：代表物种生境变化率
	10	生态系统稳定性	B6：绿化覆盖率
			B7：天然林面积比例
			B8：典型湿地面积比例

统功能的持续性具有重要价值。同时，自然生物对生态环境状况各有敏感程度，丰富的生物多样性能够反映该区域整体的环境状况。也是都市圈生态建设环境绩效评估的核心之一。

以北京雁栖湖生态发展示范区（以下简称示范区）为案例，进行评估研究。该示范区位于北京市区东北部，地处怀柔区雁栖镇，南邻怀柔新城集中城市建设区，是红螺山—雁栖湖市级风景旅游度假区的东区，北京首都国际机场以北45km。示范区所在的怀柔区属于生态涵养发展区，是首都生态屏障和重要水源保护地，属于在城市限建区内发展的生态示范区。该示范区建设的核心目标是污染物削减（削减规划范围内外的）、生态价值提升

（区域内土地用途改变后能否提升生态价值）。对示范区建设的环境绩效评估将关注土地利用变化是否与生态城自身应承担的生态功能相矛盾，是否维持了限制发展区的生态涵养功能，以及是否对改善区域环境起到了积极的作用，选取该示范案例，能够从生态系统服务功能和完整生态系统的角度，生态保护的理念下来看待都市圈的规划发展。

首先，雁栖湖水系局部改造工程通过建设，可以有效改善湖区的水动力条件。其次，为进一步从源头提高雁栖湖的入水水质，需要对雁栖河上游沿岸村庄的污水处理设施升级改造，严格要求餐饮单位的污水水质，修复河道生态。为控制面源污染负荷，示范区建设了多个生态湿地，最大限度实现自然净化。在雁栖河入湖两侧，设置净湿地面积大于$8hm^2$的台田湿地。在6个区域设置中水处理设施，污水日处理量$2500m^3$，并兼备展示、教育功能。

示范区的一系列建设在气象、大气质量和能源消耗方面产生了新的影响。从气象和大气质量角度出发，对规划方案实施后的城市建设大气环境绩效进行有效的评估，以评价规划方案的合理性，为优化生态城的规划提供支撑（图1-10）。

碳减排和新能源利用两方面对示范区的示范意义重大。示范区通过围护结构优化设计、暖通空调优化设计实现了供暖能耗、空调能耗、照明能耗的大幅降低，通过太阳能光伏、太阳能热水等应用，实现新能源利用率的较大提高，从而实现示范区规划建设后能源利用环境绩效得到较大提高的目标。

从能源利用环境绩效指数来看，示范区规划建设后能源利用目标实现程度较高。雁栖湖国际会都会展中心的总能耗（供暖、空调、照明）为参照建筑总能耗（供暖、空调、照明）的61.5%，供暖能耗、空调能耗、照明能耗分别为参照建筑的60.3%、67.9%、53.8%；新能源利用占供暖能耗、空调能耗、照明能耗的10.30%，满足《绿色建筑评价标准》GB/T 50378—2019、《建筑照明设计标准》GB 50034—2013的规定。

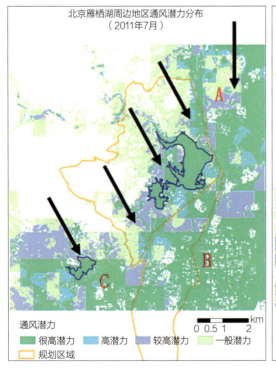
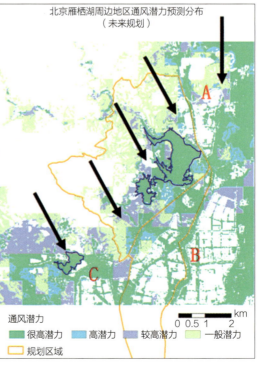

图1-10 北京雁栖湖生态城建设前后通风环境评估示意图（箭头表征主导风向）

就城市生态系统而言，生物多样性是城市工业、农业、经济持续稳定发展的物质基础和人类物质生活的主要来源，还具有极其重要的环境保护与环境资源价值。因为雁栖湖是雁鸭类的主要越冬地和迁徙停歇地，所以施工过程中应重点注意对迁徙通道的保护。建设过程期间应注意施工方法、施工区域、施工时间等对生物多样性的影响，影响方式包括栖息地的直接破坏和改变、迁徙通道的阻断、水质污染、噪声污染等。

北京雁栖湖生态城示范区生物多样性保护绩效综合评价结果　　　　表1-5

目标层分值	准则层分值	指标层分值	指标	实际值与分值
生物多样性绩效综合评价，3.88	物种多样性，3.00	物种多样性，3.00	本地鸟类指数	16.3%，2
			本地植物指数	87.8%，4
	生态系统多样性，4.00	森林生态系统多样性，4.00	森林覆盖率	68.38%，5
			天然林面积比例	18.72%，3
		湿地生态系统多样性，4.00	湿地面积比重	11.52%，4
			典型湿地比重	19.77%，4
	生物多样性受到的威胁，3.50	自然生境破坏程度，3.50	公路密度	30.35，3
			代表物种栖息地变化率	-7.39%，4
	生物多样性保护措施，5.00	自然环境保护情况，5.00	受保护的生境比例	46.50%，5

将表1-5中各项参数加权重归一化后，计算得到雁栖湖生态城生物多样性保护绩效综合评价结果为3.88，百分化后为77.6，级别为二级（好）。

因此，实现都市圈的可持续发展需要以生态环境优先为出发点，形成生态优先和生态建设的理念，应用协同规划思路探索实践"都市圈生态保护修复"的规划模式与发展模式。

1.3.4 地方层面都市圈有关规划

在以城市群为主体形态的新型城镇化推进背景下，建设都市圈正逐渐成为新的区域发展核心思路。当前，无论是在京津冀、长三角还是粤港澳以及成渝双城经济圈，一批具有全球影响力的现代化都市圈正在孕育，成为引领区域发展的重要增长极。如上海大都市圈、杭州都市圈、南京都市圈、成渝双城经济圈、深广惠、广佛肇等。

全国34个都市圈（中国都市圈发展报告，2018），总面积约占全国的24%，人口占59%，地区生产总值占比高达77.8%。根据2017年数据测算，全国57%的固定资产投资与城镇化建设密切相关，投向了泛都市圈，其中44%直接流向都市圈。但也存在一些问题，例如都市圈内部联系待加强，超过85%的都市圈中心城市与外围城市之间每天平均人口流动规模不足8万人次。当前，规划实践中各地相继出台了都市圈规划，从各地发布的未来发展思路、都市圈规划纲要以及接连召开的都市圈联席会议可以看出，当中既有结合都市圈自身发展阶段、资源要素提出的发展要点，但也不乏共性。

由于圈内城市利益竞争、缺乏互动、各级政府间的利益冲突及政府部门间的权力冲突等原因，各都市圈规划实施效果并不理想。目前对上海与周边城市组成的巨型城市区域研究已经引起关注，但还是从传统圈层结构认识上海都市圈形态与功能，如用交通等时范围、企业总部分支的联系解释上海与近沪地区周边城市的关系。当前地方都市圈规划建设日益吸引学界研究的重视，但对于都市圈的规划重点仍未形成共识。

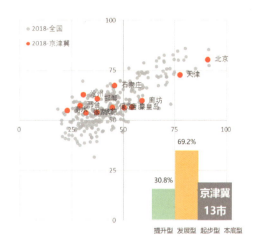
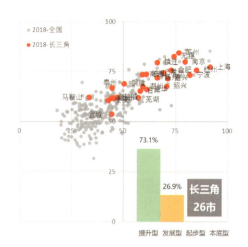

图1-11 京津冀城市群生态宜居发展指数分布图

图1-12 长三角城市群生态宜居发展指数分布图

可以说已编制的一批都市圈规划着眼区域统筹发展，给各地方树立了发展的区域观，并在一定程度上推动了都市圈范围内基础设施互联、功能布局优化、公共设施共享和生态共保等（图1-11、图1-12）。但各都市圈规划采用的范围划定标准不一，很难形成共性的技术标准和评价体系。同时，实施落地缺乏机制和政策保障，很多尚停留在蓝图阶段，还未得到具体的推动与落实。

1. 长三角地区：上海大都市圈、南京都市圈、杭州都市圈

为更好落实国家区域协调发展战略、推进长三角区域一体化发展，2019年，上海市政府与江浙两省八市政府共同成立了"上海大都市圈空间规划协同工作领导小组"，共同开展《上海大都市圈空间协同规划》编制工作。包括上海、无锡、常州、苏州、南通、宁波、湖州、嘉兴、舟山的"1+8"共9个城市的上海大都市圈，幅员面积5.6万km²，人口约7100万人，国内生产总值（GDP）达10万亿元。不同于从属同一个省级行政主体下的都市圈，作为跨省的都市圈，其规划强调了"协同"，即在国家宏观部署下，地方政府自发地、自下而上地进行政策供给。同时，强调在共同的愿景下，在生态环境、交通等方面用共同的标准去执行。

南京在全国最早将"都市圈"概念用于规划编制实践，早在2000年，江苏省城市工作会议就提出了建设南京都市圈的初步构想；2002年起，南京、镇江、扬州、芜湖、马鞍山、滁州6个城市共同编制了早期的《南京都市圈区域规划（2012—2020年）》，也是当时全国唯一开展的跨省都市圈建设。2020年《南京城市都市圈城市发展联盟章程（修订稿）》通过，成员城市签署《共同打造区域新增长极》《宁淮宣生态经济带》等13个合作协议，明确了产业、交通、社会治理等领域更多合作事项和重大建设项目。到2019年，都市圈"8+2"共10个地区的GDP总量约4万亿元，以占全国0.7%的土地面积、2.5%的常住人口，创造了占全国4.0%的经济总量。目前"1小时"综合交通网络体系基本形成，产业、生态、公共服务等领域的合作不断取得新进展。

杭州都市圈的发展。浙江省《"十四五"规划建议》对都市圈的谋划，与江苏都市圈规划有较大差异，如果说南京都市圈下一步是要加速集聚，那杭州都市圈的发展思路就更偏向一核多中心。浙江省《"十四五"规划建议》中提出，"建设现代化国际化大都市区。大力推进杭州、宁波、温州、金义四大都市区建设，提升在长三角世界级城市群中的功能地位。推动都市区组团式发展，大力培育郊区新城，促进区域人口、产业、公共服务等高效梯度转移集聚与空间重组"。

长江三角洲地区是我国经济发展最活跃、开放程度最高、创新能力最强的区域之一，在协同推进生态环境共保联治方面先行先试，取得了积极进展。《长江三角洲城市群发展规划》提出，苏锡常都市圈需重塑城镇空间，尽快修复生态空间；《长江三角洲区域一体化发展规划纲要》在"强化生态环境共保联治"方面提出了一系列措施。《长三角生态绿色一体化发展示范区国土空间规划（2019—2035年）草案》在沪苏浙交界的生态绿色一体化示范区率先探索将生态优势转化为经济社会发展优势，率先探索从项目协同走向跨行政区域的一体化制度创新。《长江三角洲区域生态环境共同保护规划》的主要目的是聚焦上海、江苏、浙江、安徽共同面临的系统性、区域性、跨界性突出生态环境问题，加强生态空间共保，推动环境协同治理，夯实长三角地区绿色发展基础。

2. 西南地区：成渝双城经济圈

成渝地区是国家经济高成长地区和人口回流核心区，是国家近年来人口与GDP占比"双增长"地区，是国家发展格局中的潜力地区。城镇发育水平方面，成渝双城首位度高，"双核"特征显著次级城市发育不足，大城市数量远低于长三角地区，当前双城经济、人口从"中心极化"转向"周边扩展"，核心城市都市圈化特征显现。

重庆都市圈。重点是围绕重庆市主城区在策划，在这层意义上讲，是市域城镇体系的核心成分。这与重庆行政区域之广、面积之大有关，具有特殊性。国家对重庆都市圈的要求，提出了梯次推动重庆中心城区与周边地区融合发展，畅通离中心城区30～90km范围内的外围县市联系中心城区通道，率先实现同城化。强化核心区带动功能。支持永川建设现代制造业基地和职教基地建设，合川加快发展网络安全产业。推动建成区域性公共服务中心。推动西部陆海新通道综合服务区和合作先行示范区，打造重庆中心城区。辐射带动周边的战略支点。推动重庆都市圈发展，打造川渝合作示范区。

成都都市圈。提出了充分发挥成都带动作用和位于距成都60～90km范围内城市的比较优势。加快生产力一体化布局，促进基础设施同网，公共服务资源共享、政务事项通办、开放门户共建、创建成同城化综合实验区，建设经济发达、生态优良、生活幸福的现代化都市圈。推动成都、德阳共建重大装备制造基地，打造临港经济带，促进成都空港新城与资阳临空经济区协同发展，打造临空经济产业带。以促进制造业高质量发展为重点，将成都东部建成与重庆联动的重要支点。

《成渝地区双城经济圈建设规划纲要》中提出，两个西南地区重要城市，在诸多领域携手发展，打通各种壁垒，并逐渐成为带动全国高质量发展的重要增长极和新的动力源。推动成渝地区双城经济圈建设，有利于形成优势互补、高质量发展的区域经济布局，有利于拓展市场空间、优化和稳定产业链供应链，打造高品质生活宜居地（图1-13）。

综上所述，地方层面的都市圈规划建设研究，起步较早的是江苏省，之后随着《国家新型城镇化规划（2014—2020年）》发布，各地都开展了积极探索，自2019年国家发展改革委发布的《关于培育发展现代化都

图1-13 沿江关键走廊综合整治区示意图
图片来源：张力. 新格局下对"成渝地区双城经济圈"的再认识[C]. 北京：2019年度CAUPD业务交流会，2020。

市圈的指导意见》以来，都市圈规划建设就成为热门话题，《长江三角洲区域一体化发展规划纲要》对该区域加快都市圈一体化发展提出了具体要求，2020年10月，《成渝地区双城经济圈建设规划纲要》明确重庆、成都都市圈的有关内容给我们以启示。正如习总书记早在2014年指出的，"从国内外区域经济圈发展看，超大城市周边都有一批布局合理、层次鲜明、功能互补、规模适度的重要节点城市，对区域经济社会发展起着强有力的支撑作用。"建设现代化都市圈，结合十九届五中全会精神学习，体会到应当认真贯彻落实这项指示。

1.3.5 我国现代化都市圈内涵要素的综合分析

都市圈是一定地域范围内高度协同的产业经济聚集与扩散的载体，在其内部形成的产业链、供应链、资金链和创新链打破了既有中心城市的行政区划边界，与相邻城市之间有着紧密的关联关系。因此，结合国际上对于都市圈、都市区的定义，立足于我国"十四五"规划建议提出的建设现代化都市圈战略要求，运用大数据等定量分析方法得出适合我国国情的都市圈实际上存在两个空间尺度的腹地。其中一级腹地以1小时通勤范围为主，二级腹地为1小时交通圈范围为主并考虑区域内的产业经济联系强度。二者的区别是都市圈发育程度，前者界定中心城市的直接影响腹地范围，反映都市圈发育初期的向心聚集能力与城市空间结构；后者界定都市圈的关联腹地，反映中心城市向区域辐射并转移产业经济的影响范围和跨区域协作能力。

在我国城市行政区划特点与新型城镇化发展的诉求下，我国现代化都市圈的内涵不能单靠国外常用的通勤指标作为界定标准，除紧密通勤来往作为一个因素之外，还应该包括产业分工、生态保护、公共服务等紧密关联的多重功能内涵。相较于同样强调功能联系的城市群，都市圈的空间范围是由一个核心城市以及与这个核心城市具有高度社会经济一体化倾向的城市功能区域组合。都市圈的边界一般以县为基础单元，城市建成区为发展重点。同时，培育我国现代化都市圈需要重点关注三个面层：一是共享共治，强化都市圈作为整体空间单元进行治理，兼顾核心功能的共享和非核心功能的疏解；二是时空约束，尊重出行时间预算对经济社会空间组织的约束原则，合理确定都市圈服务范围和支撑都市圈发展的交通服务适配模式；三是规划嵌套，上承城市群发展战略，下接市级国土空间总体规划、市域城镇体系规划，引导空间部属与功能协同在都市圈下进行统筹。与此同时，面对我国行政区划对资源配置的强约束作用，现代化都市圈需以创新体制机制为抓手，使市场在资源配置中起决定性作用，促进都市圈内公共服务共建共享、产业专业化分工协作，让现代化都市圈的培育成为我国扩大内需、深化供给侧结构性改革和加快构建国内大循环为主体的重要举措。

建设现代化都市圈不只是要形成以通勤距离为界定范围的空间形态，重要的是构建由中心城市紧密连接周边中小城市的功能互补的城市空间形态，从而实现同城化发展，并且有利于带动周边县城，提高县域城镇化水平。在交通建设上，高覆盖率和高质量的都市圈交通建设是基础条件，应构建由中心城市紧密连接周边中小城市的，适应人才、技术交流的复合交通网络，同时打造"通道+枢纽+网络"的都市圈物流运行体系，实现中心城市和周边区域跨行政边界的资源匹配和共享。在创新角度，要符合我国经济社会发展阶段，要充分发挥市场配置资源作用，探索相关联的政府间的协调机制。都市圈建设应坚持市场主导、政府引导、高质量发展的原则，通过推进机制体制的改革，加快完善产权制度、建设统一开放市场，不断努力打破地域分割、行业垄断等阻碍要素流动和要素高效配置的不合理障碍，营造规则统一开放、标准互认、要素自由流动的市场环境，让市场来决定都市圈人口和土地资源在城市之间、城乡之间等空间上的合理配置。在共享角度，顺应城市和城市群发展规律，优化公共产品空间，要素精准配置、产业空间重构与优势互补，实现城市间的互助共享。都市圈的公共服务的规划与配置，应充分考虑市政基础、公共服务设施、生活配套等的空间分布与功能优化，为人口流动、产业重构等创造条件，以优质公共服务打造特色磁极。在绿色发展角度，要明确资源承载力和空间开发边界，促进资源的均衡和有效配置，实现人与自然和谐，建设美丽中国。

1.4 我国都市圈概念和识别界定标准

审视现代化都市圈概念，目的是确定紧密协作区边界（类似其他国家的统计区范围），有利于充分发挥市场机制作用和该范围的区位优势，同时发挥该区域内的政府间合作和协同，推动跨行政区域的同城化发展。简单讲，研究政府间合作机制是研究现代化都市圈概念和识别界定标准的意图。

1.4.1 都市圈的提出和概念讨论

1. 回顾历次五年规划对都市圈的提出

我国对都市圈和城市群的发展也是随着经济和社会发展，不同阶段在不断完善其内涵的。近二十年来，从国家《"十一五"规划纲要》"要把城市群作为推动城镇化的主要形态"。之后，在优化城镇化布局形态方面提出了"推动城市群和都市圈健康发展，构建大中小城市和小城镇协调发展的城镇化空间格局"。《"十四五"规划建议》提出，"优化国土空间布局，推进区域协调发展和新型城镇化"。具体意见是"优化行政区划设置，发挥中心城市和城市群带动作用，建设现代化都市圈"。同时提出"推进以县城为重要载体的城镇化建设"。回顾这段历程，是为了更好地理解、认识进入新时代、新阶段建设现代化都市圈内涵。研究都市圈是以城市建设区作为空间基础，建设现代化都市圈本质是探索相邻又不归属同一行政建制的建成区间，形成网络化格局的城市化地区。都市圈作为介于中心城市和城市群之间的空间单元，在我国城镇化格局中具有承上启下的关键作用，是大中小城镇协调发展的有力支撑，完善城市空间结构，建立跨越行政区的治理体制。这也是破解当前我国城市治理过度依赖行政管理的可行路径。未来城镇人口将主要集中在以城镇群为主体的城镇化区域，《建议》又将推进县域城镇化纳入总体安排，为新型城镇化建设和现代化都市圈培育提供了政策指引。

2. 都市圈与城市群概念的区别

从空间结构的视角来分析，都市圈和城市群、城市带等均是区域城市化的产物。集聚和扩散的核心动力下，中心城市经过"城市—都市圈—城市群"的时空演化过程（图1-14）。都市圈是作为中心城市、城市群中间层级存在的城镇化空间形态，它可以直接承接中心城市的功能辐射，同时又是城市群的组成部分，几个都市圈的相互联系和互动发展，最终将推动城市群整体崛起。从行政区划和行政管理角度来看，中心城市的城市形态发展，分为建成区到都市圈这两个阶段，规划区是由城市向都市圈发展的重要的中间预期发展地区。城市群是在特定的地域范围内具有相当数量的不同性质、类型和等级规模的城市，依托一定

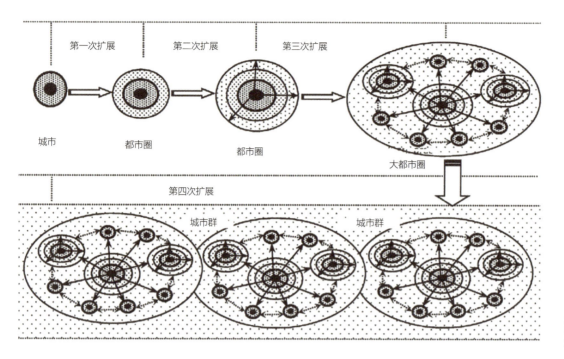

图1-14 从城市到都市圈到城市群四阶段的发展演变

图片来源：SMAPRI.全球范围内都市圈、城市群发展概况［EB/OL］.［2020-12-15］https://mp.weixin.qq.com/s/yACQOzjTRVKC5Cy_6KBhcg.

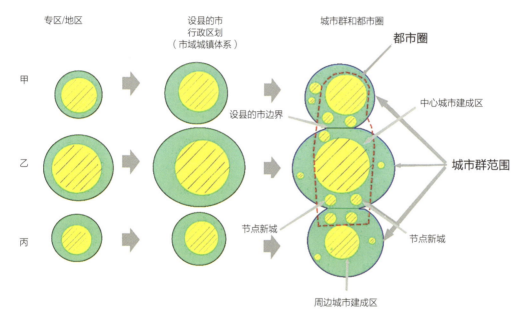

图1-15 都市圈与城市群之间关系

图片来源：作者自绘。

的自然环境条件，以一个或两个巨型城市为中心，借助于现代化的交通和信息通达性，加强城市之间的内在联系，共同构成一个相对完整的城市集合体。相比都市圈，城市群更多突出的是行政建制城市之间经济社会关系。在中心城市密集地区甚至到两个或者多个都市圈之间相互依存，从而形成中心城市与中心城市之间互补发展，即发展为"城市群"（图1-15）。

1.4.2 我国现代化都市圈的概念

1. 都市圈是超大、特大中心城市发展的结果

城市空间形态随着城镇化过程不断变化，城镇化进入中后期，以超大和特大城市建成区为中心的、跨行政区域的都市圈出现，是市场配置资源的必然结果，是我国城镇化发展的基本规律。

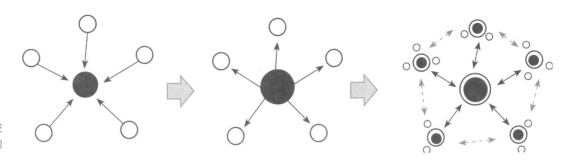

图1-16 都市圈不同发展阶段中心城市与周边城市的联动关系示意

都市圈在不同发展阶段，其内部呈现不同的结构关系（图1-16）。在雏形发育期，中心城市建成区发展对周边城市产生巨大的人口吸引力，突出表现在高度分离的职住关系，但与周边城市的分工体系、周边城市基础设施仍不完善，辐射带动不足，城市间内在联系较弱；在快速发展期，中心城市建成区由于人口密度过大、服务能力不足、生态承载压力大等原因，逐渐向周边城市扩散转移部分产业和非核心功能，分工体系开始形成，区域基础设施一体化建设加快；在趋于成熟阶段，随着都市圈内部城市之间分工体系逐渐成熟与合理化，在中心城市建成区的人口与服务压力得到疏散和缓解的同时，周边城市的经济实力逐步提升、基础设施趋于完善，实现了中心城市与周边城市的互联互通。

2. 都市圈是实现跨行政区划资源合理配置的城市空间形态

长期以来我国的城市发展与治理高度倚重行政区划调整。属地化和垂直化的行政管理制度难以适应市场经济所追求的网络化、流动性要素配置模式。面对我国行政区划对资源配置的强约束作用，现代化都市圈作为跨行政区划的、二个或者多个行政主体之间的城市空间形态，需以创新体制机制为抓手，发展辐射功能强的中心城市在发展中的主导作用、实现跨区域的资源合理配置，使市场在资源配置中起决定性作用，促进都市圈内公共服务共建共享、产业专业化分工协作，让现代化都市圈的培育成为我国扩大内需、深化供给侧结构性改革和加快构建国内大循环为主体的重要举措。

3. 都市圈既是经济圈，也是高度关联的社会圈、生活圈

在传统城乡二元制度下，经济建设投资向城市过度倾斜，都市圈内部呈割裂发展态势，城乡间公共服务水平差距巨大（汪光焘，2017）。城镇化过程中，单中心的建成区与相邻行政管理区域的建成区之间逐步产生产业和居住的互动，从而形成都市圈，并随时间推移功能不断增强、公共服务供给保障能力提高、聚集效应增大，都市圈竞争力逐步提升。都市圈是区域经济社会集约发展的有效路径，随着其经济一体化的推进，城乡之间逐渐发展成为一个高度关联的社会。从城乡发展的角度看，都市圈既是经济圈，也是社会圈、生活圈（贾儒楠，2014）。

应当指出，文化认同是都市圈发展的重要内在因素。徐州都市圈的存在和发展，文化传统是潜在要素，本质是历史地域文化的继承和发展。对5000年文明古国来说，历史文化背景是一个不可缺失的重要的人文因素，尤其在都市圈由初期向高级阶段形态过渡，人文因素或许对都市圈的发展具有某种规律性的影响，预期兰州、西宁、银川、乌鲁木齐、拉萨以及喀什等都具有这类人文因素。

都市圈的建设是产业基地、产业园结合，要服务业自主开放和自贸区的发展相结合。中心城市、都市圈是双循环的枢纽，双循环格局是靠中心城市、靠都市圈来连接起来的，它们都是在中国完善改革开放空间布局的大背景下形成的区域一体化的主要形态，并且正

在成为产业集聚、产业创新和产业发展的重要空间。都市圈有利于充分发挥市场机制和政府调控作用，增强政府之间的合作，使生产性服务的高度集中，为周边地区的发展提供存量土地资源。

因此，都市圈概念的内涵，应由单一以通勤率为测度的都市区，向功能联系、基础设施建设、可持续发展和整体竞争力的全球城市区域转变。都市圈内生态本底、产业结构、文化背景等在空间上存在差异，增长边界的准确划定，将直接影响国土开发利用的效率和效益（汪光焘 等，2019）。在边界范围上，应基于中心城市与周边城市的实际功能联系，根据跨城人流和物流等界定都市圈边界及核心区域范围。

4. 培育和建设现代化都市圈应协同统筹多重功能内涵

都市圈概念的界定，需从实际出发，符合全面深入推进以人为核心的新型城镇化建设的国家发展规律。以县为基础单元，以城市建成区为发展重点解决了其在空间边界、功能定位等方面都比较含糊和不清晰的问题。除此之外，引证都市圈定义的统计系统完整，数据有法定来源。

总体而言，都市圈概念研究的根本宗旨是，落实十九届五中全会精神中关于建设现代化都市圈的内容。建立的概念将是确定、编制和实施都市圈行政区域范围和行政主体，坚持经济体制改革的重要原则，即充分发挥市场配置资源决定性作用和坚持政府调控作用，协调不同行政区域的利益关系，制定都市圈规划和实施政策，力求共同发展共同繁荣，并在规划建设过程中具有可实际操作性，提高实效。因此，"都市圈是一种跨行政区划的、二个或者多个行政主体之间的经济社会协同发展区域，能够更好发展辐射功能强的中心城市在发展中的主导作用、实现跨区域的资源合理配置，是顺应城镇化发展规律、跨行政区划的城市空间形态。简要讲，都市圈是'中心城市建成区与周边中小城市建成区间互动的城市空间形态'"，本研究是对这一概念提出的有力验证。

这一概念本质上讲，是总结改革开放40余年来，建立在我国"市管县"行政体制改革和区划调整成果的基础上，市域城镇空间体系发展的积累和沉淀，已经形成中心城市建成区和周边城市、乡镇协同的初步格局，也形成了城市群内首位城市都市圈的雏形。我国进入建设社会主义现代化国家的新阶段，高质量发展的要求是注重存量，减少增量，节省资源保护环境，是提升产业发展水平，提高资源利用效率，更加强调适应经济新业态发展，大力发展"信息化+"和数字经济。现代化都市圈建设指导思想，决不能停留在职住关系来研究，应以建立首位中心城市和新建城区与周边中小城市和小城镇之间的快捷交通为重点，形成以首位城市和新建城区为中心，周边若干个功能完善的节点城市和新城，形成城市建成区网络。改革开放以来，上海市经历了1986年以来的三轮城市总体规划的实施，上海市域建成区格局，从一个中心区域和9个边缘城区的布局，发展成一个中心城区和5个新城、22个中心镇、80个左右的一般镇的统筹城乡发展的新格局。还有广州—佛山、深圳—东莞、苏州—无锡—常州以及重庆市的主城区都是好的案例。我国存在着区域发展的差异性，居二线的中心城市都市圈影响范围，要因地制宜地分析研究，一般来说与周边县的关系，或许是市域城镇空间布局的关键。

总之，建设现代化都市圈，要以提高城市群内首位城市核心竞争力为主题，研究建立新型生产关系，创新驱动新业态发展，研究产业结构调整和对周边辐射能力的提高。产业布局上应当注重企业的产业链和产品的生产链，而不是同业竞争的格局；特别是《中共中央 国务院关于构建更加完善的要素市场化配置体制机制的意见》已印发，这是建设现代化都市圈的内在动力，在提升都市圈竞争力的同时，承担着带动城市群发展和推动以县城为载体的城镇化任务。

1.4.3 都市圈识别界定标准

1. 城市群内中心城市首位度的确定

中心城市首位度界定标准：指现状城市核心建成区人口规模超过500万人的特大城市、超大城市。现状城市建成区人口规模300万～500万人的I型大城市，可作为未来培育的都市圈的中心城市。总体上，我国城市人口规模与经济规模呈正相关关系，200万人规模以上城市除了直辖市、副省级城市外，其他为省会城市及省域范围内的其他经济强市，国内生产总值绝大部分在3000亿元以上。根据住房和城乡建设部2019年城区常住人口统计，目前200万人规模以上的城市有45座，其中200万～300万人的II型大城市有18座，300万～500万人的I型大城市有13座，500万～1000万人的特大城市有武汉、天津、成都、东莞、南京、郑州、杭州、长沙、沈阳9座，1000万人以上的超大城市有上海、北京、重庆、深圳、广州5座。

国家确定的城市群内，有一个或者一个以上首位度高的中心城市，以人口规模和影响力排序，如果都市圈边界识别有重叠，则可以识别为都市圈连绵区。

2. 都市圈腹地边界界定标准（以区县为基本单元）

一级腹地（核心圈层）标准：区县与城区经标准化后的网络连接度指数大于1。我国主要城市的都市圈通勤空间由中心城区、与中心城区保持紧密联系的中心城通勤区和由中心城通勤区继续向外围辐射的拓展区3个圈层构成。特大、超大城市的都市圈空间半径一般可达60～80km，内部职住平衡水平可以达到95%，因此以向心通勤率指标分析我国都市圈边界存在不适应性。基于区、县对外通勤联系数据，计算标准化的网络连接度指数，作为通勤联系程度的度量标注，可以克服行政区规模大小以及内部通勤比重差异带来的影响，比向心通勤率指标更准确地刻画城区间通勤联系的紧密程度。其计算过程如下：

①行政区间通勤联系：

构建行政区间通勤联系指数，通过对行政区间通勤人口数量的标准化处理，克服不同行政区人口规模差异对衡量通勤联系紧密程度的影响：

$$V_{ij}^* = \frac{V_{ij}}{\sum_j V_{ij}} \tag{1-1}$$

式中，V_{ij}是行政区i居住到行政区j就业的通勤人数，$\sum_j V_{ij}$是行政区i居住到各行政区就业的通勤人口之和，V_{ij}^*是标准化后城市行政区i居住到行政区j就业的通勤联系强度指数。

②网络连接度指数：

网络连接度反映行政区网络中通勤联系的紧密程度：

$$R_{ij} = V_{ij}^* V_{ji}^* \tag{1-2}$$

并且，采用最大值标准化，获得网络连接度指数：

$$R_{ij}^* = \frac{R_{ij}}{\text{Max}(R_{ij})} \tag{1-3}$$

式中，V_{ij}^*和V_{ji}^*分别为行政区i和行政区j间通勤联系强度指数，R_{ij}为行政区i和行政区j间的网络连接度，$\text{Max}(R_{ij})$为全部行政区通勤网络中连接度的最大值，R_{ij}^*为标准化后行政区i和行政区j间的网络连接度指数。

二级腹地（关联圈层）标准：

较高的腹地发展水平：区县人口密度达到400～600人/km²以上；与中心城市较强的产业功能联系：区县来自中心城市的外来投资占吸引总投资的比重≥10%；区县以中心城市为目的地的商务出行人流量占区县商务出行总量的比例≥10%。

1.4.4 建设现代化都市圈应当符合我国国情、遵循发展的规律性

建设现代化都市圈，围绕六大动力（经济体制改革、土地制度改革、信息化发展、新型工业化进程、快速交通建设以及政策支撑）、突出新兴要素市场的配置为导向，贯彻新理念、构建发展的新格局。

1. 坚持整体思维——有利于构建以国内大循环为主、国内国际双循环相互促进的新发展格局

内循环为主、外循环赋能、双循环畅通，是未来的城镇化发展模式和时代特征。建设现代化都市圈有利于加快"双循环"格局的构建。国家统计局数据显示，目前我国的城市化率虽然已达到60%，但仅有40%左右为拥有城市户籍的常住居民。未来应优化城镇用地在地区和城市之间的配置，提高空间利用效率，实现都市圈中心城区与周边地区一体发展，从而体现完整城镇化，将对加快内循环产生明显拉动作用。深化内循环，也应增强产业分工互补性，加快流动人口的市民化进程，促进与城镇稳定生活条件相匹配的多种消费增长。抓住建设现代化都市圈带来的巨量需求空间，也是改善民生的重大举措和促进社会公平的根本性改革。都市圈作为跨行政区划的城市空间形态，是政府统筹城乡公共服务的重要载体，要推动城乡在教育、医疗、社会保障、劳动力就业等方面公共服务优质资源的双向对流。

2. 坚持系统思维——有利于建立与国土空间规划体系相协调的城市空间形态

以生态文明思想为指导的国土空间结构调整、以人民为中心的人居环境建设和城市治理的现代化应当成为未来的工作重点。市域城镇体系已经形成，是市级国土空间体系的重要基础，中心城市都市圈建设的依托。都市圈跨行政界线，称城市空间形态是描述关联的城市化区域。明确都市圈的概念、识别界定标准有助于打破等级化的行政区域管理体制对于"设区的市"城市的限定，可理解为与行政建制的城市的区别，是相邻城市建成区实体空间同城化发展的城市化地区。我国进入城市群为主体形态，就是要推动区域一体化和高质量发展，建设现代化都市圈，提升城市群内首位中心城市辐射影响能力，带动大中小城市发展的协同性、协调性。

3. 坚持底线思维——有利于自然生态系统保护和修复，促进人与自然共生

行政边界的划定，与自然生态系统有密切关系，但又分割了自然生态系统。生态环境问题超越行政边界，往往污染存在跨界相互影响，甚至产生叠加效应。都市圈的建设要在自然生态系统大背景下思考。都市圈作为一体化的协调发展区域，有利于强化生态网络共建和环境联防联治，以协同共治、源头防治为重点，加强生态环境维护与建设。都市圈的建设和发展，依照区域生态环境自然的修复能力，坚守生态底线，根据资源环境承载能力，科学确定发展环境容量，在共同的生态环境基础上统筹产业发展，挖掘发展潜力，有利于严格保护跨行政区的重要生态空间，增强生态自然修复能力，促进人与自然共生。

4. 坚持成果共享——有利于实施公共服务均等化

我国发展过程中，教育文化、医疗卫生、生活服务等公共服务资源向城市核集聚，在

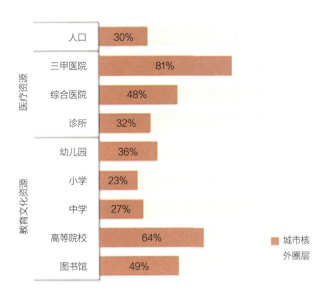

图1-17 中国主要都市圈内外圈层的人口、医疗与教育文化资源分布

空间上呈现圈层化递减特征，在时序上滞后于人口流动。在行政区划分割叠加影响下，内外圈层间落差显著，成为制约都市圈高质量发展的突出短板（图1-17）。都市圈作为跨行政区划的城市空间形态，是政府统筹区域、城乡公共服务的重要载体。以空间—都市圈作为载体，共享优质资源实现区域合作，是时代发展的机遇。抓住都市圈带来的巨量需求空间，也是改善民生的重大举措和促进社会公平的根本性改革。精确识别都市圈内不同空间位置人群的具体需求，强化公共服务、基础设施等的精准化供给，进而提高资源配置效率和公众满意度。

5. 坚持统筹城乡——有利于城乡协调发展，全面推进乡村振兴

坚持统筹城乡是响应乡村振兴战略、补足短板、实现共同发展的必由之路。国家统计局2019年数据显示，目前我国的城市化率虽然已达到60%，但仅有40%左右为拥有城市户籍的常住居民。有必要加快流动人口的市民化进程，促进与城镇稳定生活条件相匹配的多种消费增长。积极培育发展都市圈，形成更为科学的功能定位和更为协调的空间布局，特别是城乡融合发展关系的县城，具有巨大潜力。把握城乡发展格局发生重要变化的机遇，培育农业农村新产业、新业态，打造农村产业融合发展新载体、新模式，推动要素跨界配置和产业有机融合，让农村一二三产业在融合中同步升级。

1.4.5 关于推进现代化都市圈建设的政策建议

都市圈规划要做什么？首先合理确定都市圈的规划边界，其次落实国家对所在区域的战略发展定位，重大战略举措要求，立足自身条件，合理确定都市圈规划目标与指标，在此基础上，着力解决功能布局优化与空间结构优化问题，基础设施互联、公共服务设施共享、生态共保共治以及跨行政区的治理机制和规划落地保障机制等问题，实际上还是顺应发展规律问题。

1. 识别划定都市圈边界

围绕中心城市核心建成区，以市域城镇空间体系为基础，以自然生态系统为底图，与资源环境本底和承载能力相匹配，以综合交通网络为支撑，分析现状经济社会发展关联度和人文文化习俗因素，以县级行政区为基本划定单元，综合确定都市圈规划边界。通过大数据对经济社会发展对周边城镇现状关联度定量分析，一级腹地（以1小时通勤为主）和二级腹地（1小时交通圈为主）的识别，鉴别中心城市都市圈发育程度。

2. 确定都市圈规划目标与战略

落实国家对于所在区域的战略发展定位，重大战略举措要求，立足都市圈的工业化、城镇化发展阶段，结合区域的资源禀赋、历史文化和生态环境本底特色，合理确定都市圈发展目标和指标。根据都市圈不同主导功能定位区域提出差异化的发展指标和基本底线控

制要求。围绕总体发展目标，结合国家战略发展定位和所在地的社会经济发展任务，制定国土空间、产业经济、基础设施、生态环保、历史文化、社会民生、休闲旅游等方面的总体发展战略，围绕主导功能分区提出重大跨区域协同发展举措。

3. 明确生态底线与生态容量

以自然生态系统为底图和生态承载能力为基础，研究土地利用和产业对生态环境的影响，分析占用、开发和发展对自然生态系统恢复能力的干扰，从对生态系统影响最小的角度制定都市圈规划应遵循的原则。

要以城市生态系统理念评估城市生态环境，即要把城市看成一个城市生态系统，而不是孤立的地块。在都市圈开发的过程中要贯彻尊重自然、顺应自然、保护自然的理念，强化生态环境共保联治，保障"山水林田湖草"多要素生态格局完整性和稳定性，推动形成绿色生产体系和生活方式，以生态环境高标准倒逼经济社会高效集约发展，转变以要素投入为主导、土地增量扩张的传统发展模式，降低建设开发对生态环境的影响。

4. 促进各专项系统协同发展

围绕城市群发展目标，构建产业链、供应链与创新网络、信息网络融合发展的空间格局，统筹布局重要产业园区、创新要素平台；研究交通—产业—空间总体关系；研究基础设施规划建设方案；研究公共服务平台实施与均等化方案；立足都市圈的日常安全运营保障要求，合理确定水、能源、信息设施的区域布局与跨区域协同建设要求；立足都市圈总体空间结构制定区域性综合防灾体系，提出区域风险防控分区；研究都市圈发展带动县城为重要载体的城镇化建设方案。

都市圈产业演进是产业外溢转移和空间重构伴随发展的，其本质上是一个"产业升级—土地紧缺—价值重组—空间调整"的过程。在这个过程中，超大、特大城市的都市圈通过综合交通枢纽与城市功能中心耦合布局和衔接互动，不断强化重要功能中心面向区域的辐射带动作用。以推动新老基建共享互联、要素配置自主自由、市场运行对接对流为主要抓手与基本支撑，推进圈内城市间、地区间全方位开放合作，实现产业发展协同协作。同时，通过在都市圈范围内公共服务设施的均等化方案，来推动核心城市周边地区（以县城为主要载体）的高质量城镇化，从而进一步消除人员和要素流动的相关障碍，推动都市圈的协同发展。

5. 明确分区统筹协调发展举措

立足都市圈的发展阶段和总体空间结构布局要求合理划定不同类型的主体功能区。明确各主体功能区的功能定位，提出城镇空间组织举措，重要资源与生态环保管控区域的管制要求，重大基础设施与社会服务设施建设时序，休闲旅游体系与绿道网建设任务，跨行政区的协调任务等。特大、超大城市的中心城市应提出功能适度疏解与城区人口密度管控的具体举措。

6. 完善实施机制和保障政策

围绕充分发挥市场机制对市场要素的配置作用和政府间的合作机制作用，围绕可持续发展和更加完善的要素市场化配置，构建跨行政区协同发展的体制机制，特别要建立包括生态补偿在内的共赢机制。建立规划实施评估与监督机制，建立信息平台动态跟踪都市圈的规划建设情况。

生态补偿发展通过建立经济利益的关系来实现区域生态治理成本共担和收益共享（彭文英等，2020），需要理清补偿主体和客体的关系，形成联动机制，是区域协同发展的基础。

1.5 结语

走向现代化新征程，需立足新发展阶段、贯彻新发展理念、构建新发展格局、推动高质量发展，界定和构建现代化都市圈的内涵、识别界定标准。借鉴国外都市圈的发展和我国城市行政区划特点与新型城镇化发展的诉求，我国现代化都市圈的内涵不能单靠国外常用的通勤指标作为识别界定标准；除紧密通勤来往外，还应该包括产业分工、生态保护、公共服务等紧密关联的多重功能内涵。基于我国都市圈的发展历程，本研究通过对比探讨我国的"城市""城市群""行政区划"的定义及其对"都市圈"概念与内涵的本土化影响，界定了几个概念之间的本质差异。同时针对应用大数据的相关研究，面向解读都市圈概念的"通勤圈""交通圈""区域产业/供应链""公共服务范围"和"生态保护修复区域"的时空表现特征在本研究中被进一步系统性分析，从而为我国都市圈概念和标准提供理论与案例支撑。

建设现代化都市圈本质是完善城市空间结构，形成都市圈支撑和推动城市群发展的新型城镇化发展的新格局。培育我国现代化都市圈，应着眼我国国情，遵循发展的规律性，坚持整体思维、系统思维、底线思维、成果共享以及城乡统筹的原则，综合考虑通勤圈和交通圈，识别划定都市圈边界；在国家区域战略与重大战略举措的指引下，结合自身本底条件，确定发展目标与战略；在合理划定生态底线和生态容量的基础上，着重推动各专项系统和多维空间的协同发展；同时，着力完善跨行政区协同发展、生态补偿、实施评估与监督、信息平台动态跟踪等机制与政策。

本章参考文献

[1] Gottmann J. Megalopolis: the urbanized northeastern seaboard of the United States [M]. New York: Twentieth Century Fund, 1961.
[2] 罗海明, 张媛明. 美国大都市区划分指标体系的百年演变 [J]. 国际城市规划, 2007, (5): 58-64.
[3] Office of Management and Budget. Alternative approaches to defining metropolitan and nonmetropolitan areas [J]. Federal Register, 1998, 63 (244): 70525-70561.
[4] 韦伟, 赵光瑞. 日本都市圈模式研究综述 [J]. 现代日本经济, 2005, (2): 40-45.
[5] 日本都市圈的建设及其经验 [J]. 世界地理研究, 2004, 13 (4): 9-16.
[6] 王德, 顾家焕, 晏龙旭. 上海都市区边界划分——基于手机信令数据的探索 [J]. 地理学报, 2018, 73 (10): 1896-1909.
[7] 彼得·霍尔, 凯西·佩恩. 多中心大都市：来自欧洲巨型城市区域的经验 [M]. 北京：中国建筑工业出版社, 2010.
[8] DESA U N. World urbanization prospects 2018 [R]. United Nations Department for Economic and Social Affairs, 2018.
[9] 于洪俊, 宁越敏. 城市地理概论 [M]. 合肥：安徽科学技术出版社, 1983.
[10] 宋家泰, 崔功豪, 张月海. 城市总体规划 [M]. 北京：商务印书馆, 1985.
[11] 周一星. 城市地理求索 [M]. 北京：商务印书馆, 2010.
[12] 周一星, 史育龙. 建立中国城市的实体地域概念 [J]. 地理学报, 1995, (04): 289-301.
[13] 史育龙, 周一星. 关于大都市带（都市连绵区）研究的论争及近今进展述评 [J]. 国外城市规划, 1997.
[14] 崔功豪. 中国城镇发展研究 [M]. 北京：中国建筑工业出版社, 1992.
[15] 顾朝林. 中国城镇体系 [M]. 北京：商务印书馆, 1992.

［16］姚士谋，陈彩虹，陈振光. 我国城市群区空间规划的新认识［J］. 地域研究与开发，2005，（03）：37-41.
［17］姚士谋，陈振光，朱英明. 中国城市群［M］. 北京：中国科学技术大学出版社，2006.
［18］吴启焰. 城市密集区空间结构特征及演变机制——从城市群到大都市带［J］. 人文地理，1999（01）：15-20.
［19］肖金成，袁朱. 中国十大城市群［M］. 北京：经济科学出版社，2009.
［20］方创琳. 城市群空间范围识别标准的研究进展与基本判断［J］. 城市规划学刊，2009（04）：5-10.
［21］周起业，刘再兴，祝诚，等. 区域经济学［M］. 北京：中国人民大学出版社，1989.
［22］沈立人. 为上海构造都市圈［J］. 财经研究，1993（9）：16-19.
［23］王建. 九大都市圈区域经济发展模式的构想［J］. 宏观经济管理，1996（10）：21-24.
［24］高汝熹，罗明义. 城市圈域经济论［M］. 昆明：云南大学出版社，1998.
［25］张京祥，邹军，吴启焰，陈小卉. 论都市圈地域空间的组织［J］. 城市规划，2001（05）：19-23.
［26］陈小卉. 都市圈发展阶段及其规划重点探讨［J］. 城市规划，2003（06）：55-57.
［27］肖金成，袁朱. 中国将形成十大城市群［N］. 中国经济时报，2007-03-29（A01）.
［28］宁越敏. 中国都市区和大城市群的界定——兼论大城市群在区域经济发展中的作用［J］. 地理科学，2011，31（03）：257-263.
［29］张学良. 以都市圈建设推动城市群的高质量发展［J］. 上海城市管理，2018，27（05）：2-3.
［30］汪光焘，叶青，李芬，高渝斐. 培育现代化都市圈的若干思考［J］. 城市规划学刊，2019（05）：14-23.
［31］Castells M.The informational city：Information technology，economic restructuring，and the urban-regional process［M］. Oxford，UK：Basil Blackwell，1989.
［32］SassenS.The Global City［M］. Princeton，NJ：Princeton University Press，1991.
［33］Scott A J.Global City-Regions.Trends，Theory，Policy［M］. Oxford：Oxford University Press，2001.
［34］Taylor P J.World City Network：A Global Urban Analysis［M］. London：Routledge，2004.
［35］顾朝林. 巨型城市区域研究的沿革和新进展［J］. 城市问题，2009（08）：2-10.
［36］胡彬. 长三角城市集群［M］. 上海：上海财经大学出版社，2011.
［37］李郇，周金苗，黄耀福，黄玫瑜. 从巨型城市区域视角审视粤港澳大湾区空间结构［J］. 地理科学进展，2018，37（12）：1609-1622.
［38］冯健，周一星，李伯衡，等. 城乡划分与监测［M］. 北京：科学出版社，2012.
［39］钮心毅，王垚，刘嘉伟，冯永恒. 基于跨城功能联系的上海都市圈空间结构研究［J］. 城市规划学刊，2018（05）：80-87.
［40］马爽，龙瀛. 中国城市实体地域识别：社区尺度的探索［J］. 城市与区域规划研究，2019，11（01）：37-50.
［41］Ma S，LongY.Functional urban area delineations of cities on the Chinese mainland using massive Didi ride-hailing records［J］. Cities，2020，97：102532.
［42］刘君德. 论中国建制市的多模式发展与渐进式转换战略［J］. 江汉论坛，2014（03）：5-12.
［43］刘君德. 中国转型期"行政区经济"现象透视——兼论中国特色人文—经济地理学的发展［J］. 经济地理，2006（06）：3-7.
［44］刘君德，马祖琦，熊竞. 中央直辖市政区空间组织与制度模式探析：理论架构，比较分析及实证研究［M］. 南京：东南大学出版社，2012.
［45］唐燕. 德国大都市区的区域管治案例比较［J］. 国际城市规划，2010，25（06）：58-63.
［46］唐燕. 德国大都市区结构的特征与发展趋势［J］. 城市问题，2009（02）：88-94.
［47］崔晶. 生态治理中的地方政府协作：自京津冀都市圈观察［J］. 改革，2013，000（009）：138-144.
［48］范晨璟，田莉，申世广，等. 1990—2015年间苏锡常都市圈城镇与绿色生态空间景观格局演变分析%Analysis on the Landscape Pattern Change of the Urban and Green Ecological Space in Suzhou-Wuxi-Changzhou Metropolitan Area from 1990 to 2015［J］. 现代城市研究，2018，000（011）：13-19.
［49］申世广，刘小钊，范晨璟. 基于生态安全格局的苏锡常都市圈绿化系统空间布局研究［J］. 现代城市研究，2018，000（011）：20-25.

［50］沈承诚."都市圈"区域生态的府际合作治理［J］. 苏州大学学报：哲学社会科学版, 2011（3）: 59-61.

［51］杨立, 黄涛珍. DPSIR框架下都市圈生态环境协同治理效应评价模型构建及综测——来自苏锡常都市圈的经验证据［J］. 学术论坛, 2019（6）: 41-53.

［52］张永生. 基于生态文明推进中国绿色城镇化转型［J］. 中国人口资源与环境, 2020, 30（10）: 19—27. ZHANG Yongsheng. Promoting China's green urbanization based on ecological civilization［J］. China population, resources and environment, 2020, 30（10）: 19-27.

［53］方创琳, 宋吉涛, 蔺雪芹. 中国城市群可持续发展理论与实践［J］. 中国科技论坛, 2010（7）: 135.

［54］胡明远, 龚璞, 陈怀锦, 等."十四五"时期我国城市群高质量发展的关键：培育现代化都市圈［J］. 行政管理改革, 2020（12）: 19-29.

［55］孙施文. 从城乡规划到国土空间规划［J］. 城市规划学刊, 2020（04）: 11-17.

［56］李磊, 张贵祥. 京津冀都市圈经济增长与生态环境关系研究［J］. 生态经济, 2014, 30（09）: 167-171.

［57］徐海贤, 韦胜, 孙中亚, 高湛. 都市圈空间范围划定的方法体系研究［J］. 城乡规划, 2019（04）: 87-93.

［58］罗小龙, 沈建法."都市圈"还是都"圈"市——透过效果不理想的苏锡常都市圈规划解读"圈"都市现象［J］. 城市规划, 2005（1）: 30-35.

［59］张萍, 张玉鑫. 上海大都市区空间范围研究［J］. 城市规划学刊, 2013（4）.

［60］陈小鸿, 周翔, 乔瑛瑶. 多层次轨道交通网络与多尺度空间协同优化——以上海都市圈为例［J］. 城市交通, 2017（01）: 20-30.

［61］郭锐, 孙勇, 樊杰."十四五"时期中国城市群分类治理的政策［J］. 中国科学院院刊, 2020, 35（07）: 844-854.

［62］彭文英, 王瑞娟, 刘丹丹. 城市群区际生态贡献与生态补偿研究［J］. 地理科学, 2020, 40（06）: 980-988.

［63］王梓懿, 张京祥, 周子航. 长三角区域一体化视角下生态补偿机制研究［J］. 上海城市规划, 2020（04）: 26-32.

［64］陈根发, 林希晨, 倪红珍, 张秋霞. 我国流域生态补偿实践［J］. 水利发展研究, 2020, 20（11）: 24-28.

［65］江小涓, 孟丽君. 内循环为主、外循环赋能与更高水平双循环——国际经验与中国实践［J］. 管理世界, 2021, 37（01）: 1-19.

第2章
培育现代化都市圈的若干思考[①]

我国进入高质量发展的新时代，城镇化以城市群为主体形态。影响城镇化发展的户籍制度改革方向已经确定，土地制度包括关于集体建设用地入市的法律规定修正案即将由全国人大审议颁发。未来十五年，城镇化水平持续稳步发展，都市圈是实现城市群为主体形态的重要支撑，培育现代化都市圈已成为应当关注的突出议题。

2.1 都市圈的内涵

如同对城市的不同理解一样，都市圈概念在地理学、经济学、社会学、城市规划学各个学者从不同角度去定义。对于我国都市圈概念，涉及城市、市域城镇体系等概念，实质上与法律体系、行政体系等密切相关。以下两个判断，是讨论我国都市圈内涵的认知基础。

研究都市圈应以城市建设区作为空间基础。城市研究的第一科学问题是基本概念的正确，没有正确和统一的城市基本概念，就谈不上研究城市，就没有城市科学（周一星，2006）。学界对城市含义有基本共识，普遍认为城市与乡村相对应而言，是以非农业活动和非农业人口为主人类聚居地，空间上一般理解为城市建成区。基于这一认知，可以判断出城市边界应当是动态变化的，其随着城镇化过程不断扩张调整。同时，随着人们对社会联系和公共服务的需求变化，城市的行政管辖功能可能涉及较其本身更广泛的区域，即城市行政区域（包括城市建成区、农村和城市郊区）。

研究都市圈应该重视城市行政管理职能。依据《中华人民共和国宪法》行政区域划分直辖市、市的地域概念，相关法律制度的设计与行政级别有关。通俗地讲，我国行政区域划分的"市"，包括直辖市、省辖市（称地级市，一般内设区、县）、由地级市代管的省辖县级市（一般内设镇、街道）。法律赋予了"设区的市"（一般是地级以上城市）享有立法权[②]，行使行政权力包括财政体制、公共服务责任等，来保障公民的合法权益。从空间形态上来看，"设区的市"周边围绕着若干县级市和小城镇，相互之间仍然有大量的农田或者绿化带。由于我国经济社会发展阶段和行政管理体制与发达国家有很大差异，严格说来，对比国际城市行政建制，它已经不是"一个城市"，而是若干大中小城市的集合体。如果它们之间归属同一行政决策和管理体系，从我国规划语境来讲是市域城镇体系。虽然相互之间有些有公路等基础设施连接，有些甚至有轨道交通联系，但是不归属同一城市政府的行政决策和管理体系，导致居住人群有相互往来，政府提供的公共服务水平等方面却有明显差异。

[①] 本章主要内容摘自作者2019年在《城市规划学刊》第5期发表的《培育现代化都市圈的若干思考》。
[②] 2015年3月通过的《全国人民代表大会关于修改〈中华人民共和国立法法〉的决定》中对设区市立法权进行了修改，赋予了地级市地方立法权。

2.1.1 都市圈是随经济社会发展形成的跨行政区划的城市空间形态

城市空间形态随着城镇化过程不断变化，都市圈是新型城镇化发展阶段的一种跨行政区域的城市空间形态。改革开放之前，我国明显呈现城乡二元结构特点，城乡分离是一路之隔、一墙之隔，城市空间形态主要是随着工业项目选址和建设拓展而变化。改革开放后，随着经济体制改革和城镇化发展，城市空间形态变化主要依照城市发展战略目标开展，以旧城区改造和新区开发共同的驱动。特别是1988年4月《中华人民共和国宪法修正案》明确"土地使用权可以依照法律的规定转让"后，土地开发和基础设施建设、城市扩张性快速发展、大量农村人口持续涌入，已经成为影响城市空间形态变化的主导因素。随着城镇化进入到中后期[①]，以超大和特大城市建成区为中心的、跨行政区域的都市圈出现，推动了城市群为主体形态，是市场配置资源的必然结果，是我国城镇化发展的基本规律。

长期以来，我国的城市发展与治理高度倚重行政区划调整。我国行政区划的特点，行政边界在功能上是地方政府公共权利行使的绝对空间边界，在结构上各行政区之间形成严格的管辖与被管辖的主从关系和排列组合。这种治理思路和惯性导致整体并入式的行政区划调整不断出现，比如2019年1月山东省莱芜市整体并入济南市，成为后者的市辖区。与之不同，都市圈是一种跨行政区划的、二个或者多个行政主体之间的经济社会协同发展区域，能够更好发挥辐射功能强的中心城市在发展中的主导作用、实现跨区域的资源合理配置，是顺应城镇化发展规律、跨行政区划的城市空间形态，即：中心城市建成区与周边中小城市建成区间互动的城市空间形态，这是我们对都市圈概念的基本认识。

2.1.2 都市圈是超大、特大中心城市发展的结果

在规划语境中，一般认为"都市圈"是由一个综合功能的特大或超大城市辐射带动周边大中小城市共同形成，是具有一体化特征的城市功能区（钮心毅等，2018）。在不同发展阶段，其内部呈现不同的结构关系。在雏形发育期，中心城市建成区发展对周边城市产生巨大的人口吸引力，突出表现在高度分离的职住关系，但与周边城市的分工体系、周边城市基础设施仍不完善，辐射带动不足，城市间内在联系较弱；在快速发展期，中心城市建成区由于人口密度过大、服务能力不足、生态承载压力大等原因，逐渐向周边城市扩散转移部分产业和非核心功能，分工体系开始形成，区域基础设施一体化建设加快；在趋于成熟阶段，随着都市圈内部城市之间分工体系逐渐成熟与合理化，在中心城市建成区的人口与服务压力得到疏散和缓解的同时，周边城市的经济实力逐步提升、基础设施趋于完善，实现与中心城市与周边城市的互联互通。

从生态环境角度考虑，人口和经济在中心城市建成区的聚集意味着中心城市面临着严峻的生态形势与压力，而大气污染、流域污染等生态环境问题超越城市行政边界，存在明显的空间溢出和地区交互影响（李磊、张贵祥等，2014）。都市圈作为一体化的协调发展区域，有利于严格保护跨行政区的重要生态空间。以中心城市为核心，在都市圈范围内积极开展跨流域、沿交通轴线和经济发展轴线的统一生态环境建设，以协同共治、源头防治为重点，强化生态网络共建和环境联防联治，是加强中心城市生态环境维护与建设的重要策略。

---

① 到2018年，全国城镇化率近59.58%。

2.1.3 都市圈是实现城乡一体化发展的需要

作为城镇化主体形态城市群，都市圈是超大、特大中心城市跨行政区划的城市空间形态，其形成既包括城市之间的一体化，也包括推进城乡融合发展（张建华，洪银兴等，2007）。都市圈的发展，实质上是中心城市功能扩散和人口流动过程的综合，中心城区人口向周边小城镇扩散的同时，农业人口也在向小城镇甚至中心城区集中，这个集中与扩散的互动过程是同步进行的（汪光焘，2002）。都市圈作为区域经济社会集约发展的有效路径，在其培育过程中，城市对周边区域的辐射作用将明显强于极化作用，通过将小城镇整合进都市圈空间结构中，相关城市功能扩散至周边城镇，农村集体土地的入市和产业转型，农民城市化落户于适宜自身居住的城市和城镇，影响城镇体系的重构。随着都市圈经济一体化的推进，城乡之间逐渐发展成为一个高度关联的社会。从城乡发展的角度看，都市圈既是一个经济圈，也是一个社会圈、生活圈。在传统城乡二元制度下，经济建设投资向城市过度倾斜，都市圈内部呈割裂发展态势，城乡间公共服务水平差距巨大。都市圈作为跨行政区划的城市空间形态，是政府统筹城乡公共服务的重要载体，实现城乡在教育、医疗、社会保障、劳动力就业等方面公共服务优质资源的双向对流（图2-1）。有利于实现推动城市的公共服务向农村延伸、社会事业向农村覆盖、加快农村基础设施提档升级，以城乡共建共享的形式解决城乡之间基本公共服务供给的缺位与失衡问题。

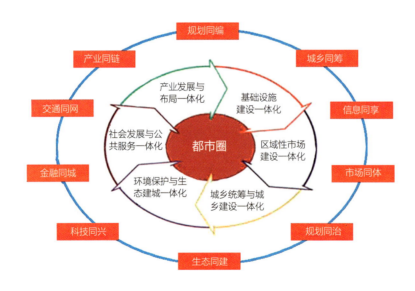

图2-1 都市圈基本内涵
图片来源：方创琳等，特大城市群地区城镇化与生态环境交互耦合效应解析的理论框架及技术路径，2016。

2.1.4 培育现代化都市圈是实现城市群为主体形态的重要支撑

我国城镇化已进入城市群为主体形态的发展阶段，表现为以一个或多个超大、特大城市为核心，依托现代交通运输网、信息网，在一定区域范围内形成的能够发挥复合中心功能的城市集合体，能够产生巨大的集聚经济效益，是国民经济快速发展、现代化水平不断提高的标志之一。城市群更加突出空间上的邻接，但其范围尚无明确定义，一般以市域边界划定，例如长三角城市群涵盖了上海以及江苏、浙江及安徽的部分地级市。城市群区域内，依据资源环境承载能力构建科学合理的布局，促进大中小城市和小城镇合理分工、功能互补、协同发展。

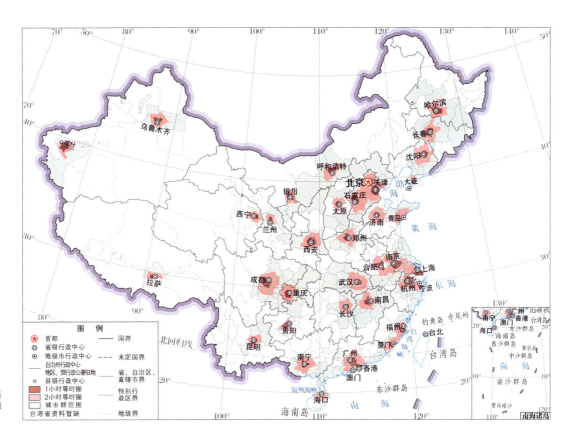

图2-2 全国都市圈格局
图片来源：清华大学，中国新型城镇化研究院，中国都市圈发展报告2018—2019。

就我国行政建制和管辖区域来讲，城市的核心竞争力在于建成区功能。城市群区域内，跨行政区划的都市圈内部集聚程度更高，并逐步形成"多中心、网络化"的区域空间格局。相比而言，都市圈①则更强调超大、特大中心城市建成区的核心地位以及地域上的圈层结构，更重视超大、特大中心城市建成区与周边中小城市建成区和小城镇的紧密通勤和各类交通设施关系，更关注人在都市圈内流动所产生的各种需求，形成了跨行政区划的城市空间形态（图2-2）。从而顺应城镇化发展规律，在空间集聚度方面，彼此的联系越来越紧密，都市圈内的产业分工一般存在明显互补性，共同影响区域发展；在生态系统方面，应当坚持区域生态保护的理念，着力推进绿色发展、循环发展、低碳发展，尽可能减少对自然的干扰和损害，节约集约利用土地、水、能源等资源。由此，支撑着城市群地区的竞争力和影响力。

2.2 中国都市圈发展的现状与特征

2.2.1 行政区划对都市圈发展的影响

中国城市配置资源力量强大，以特大、超大城市为代表的中心城市从区划上包含若干区县和小城镇，空间上邻接地级市，从空间形态上更像"太阳系"。在这一空间形态下，培育以中心城市为核心的都市圈时，将面临资源配置的制度屏障问题。主要体现在三个方面：首先，跨界的基础设施建设、产品和服务的提供以及生产要素流通受到影响，将导致

---

① 学者们对城市群、都市圈、都市区等概念的表述并不一致。相比国际一般语境，都市区是国外常用的城市功能地域概念，是一个高密度的城市核心，以及与该核心具有高度社会经济一体化倾向的邻接区域的组合。

产业重复布局、基础设施和公共服务的分散建设与使用；其次，轨道交通沿线土地利用效率不足，造成土地资源浪费；最后，虽然中心城区和周边城镇之间的绿带和农田发挥了组团间生态隔离作用，但是位于中心城市郊区地带的农村集体建设用地在一定程度上成了事实上的发展洼地。

相比之下，国际上具有影响力的都市圈突破了行政区划限制（表2-1），大部分在空间上呈现"八爪鱼"形态（图2-3）。主要原因在于，大部分发达国家以城市作为基层一级公共服务的提供单位和自治单位，都市圈在发展过程中呈现相对自主的规划权力。在中心城市扩张的过程中，通过规划轨道交通和公路与周边中小城市紧密连接，在放射状的和蛛网状的轨道交通和公路的沿线开发建设，形成了人口密度从中心城市出发、沿轨道交通梯度下降的格局。

不同都市圈行政区划差异和发展现状比较　　表2-1

都市圈	东京都市圈	纽约大都市区	大巴黎都市圈	大伦敦区
行政体系	道州—市町村两级地方自治制度	联邦制度，多个州	省、市合一的政区建制	大伦敦管理局—自治市—选区三级管理体制
面积（km²）	16382	32630	12012	1572
人口（万人）	3600	2188	1142	768
人口密度（万人/km²）	0.22	0.07	0.10	0.49
单程平均通勤时间（min）	69	40	38	43
核心区域	都心三区	曼哈顿	巴黎市	伦敦市
其他区域	东京区部 东京都	纽约市其他地区 纽约州其他地区 新泽西州 康涅狄格州	巴黎大区的其他7个省	内伦敦（伦敦城外12个市） 外伦敦（其他20个市）

通勤时间来源：吴云，李文云，田泓. 国外都市圈 这样建起来 [EB/OL]. [2014-05-26] http://house.people.com.cn/n/2014/0526/c164220-25062159.html
都市圈人口密度分布图来源：凌小静. 四大世界城市都市圈层面出行特征分析 [EB/OL]. [2018-07-06] https://mp.weixin.qq.com/s/KCKWwGAYFT-G-LGxKub-mA

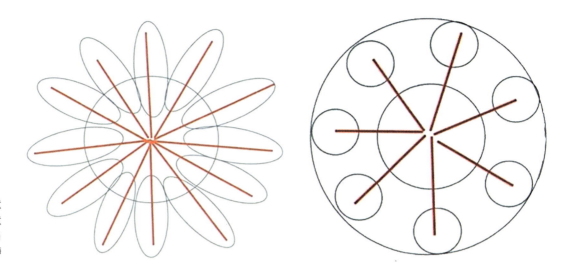

图2-3 "八爪鱼"状（左）与"太阳系"状（右）的都市圈空间格局
图片来源：陆铭. 优化"上海都市圈"空间形态. 2019。

2.2.2 公共资源供给能力水平的差异

都市圈内公共资源普遍向城市核集聚，且在城市核集聚的资源质量也更高。中国都市圈发展过程中，教育文化、医疗卫生、生活服务等公共服务资源向城市核集聚，在空间上呈现圈层化递减特征，在时序上滞后于人口流动。在行政区划分割叠加影响下，内外圈层间落差显著，成为制约都市圈高质量发展的突出短板。

都市圈的形成是产业和人口由中心向边缘扩散的市场行为，是城市区域发展从分化到收敛的规律使然。但是，中国的城市体系在一个严格的直辖市、省会城市、地级市和县级市的行政层级上运作，较高级别的城市"监督指导"较低级别的城市，并享有更大的决策自主权和更多的公共财政资源。在这样的体制下，中心城市利用行政权力将优质公共资源和产业聚集在中心，加之其在市场规模、产业结构、技术创新等方面的优势，使内外圈层之间产生"马太效应"。

2.2.3 经济与人口呈现不平衡的布局

21世纪以来，中国空间经济日益呈现"大分散、小聚集"的格局特征，在区域尺度的经济聚集和不平衡布局仍十分明显（图2-4），板块内部的差距不断加大。经济聚集意味着，特大、超大城市的非核心功能难以向周边城镇疏解，优质公共资源和产业过度集中于中心城市而催生高房价、污染等大城市病，弱化其核心竞争力。同时，周边城镇难以建设多层次基础设施网络，不具备吸纳中心城市产业转移承接的能力，甚至引发贫困、脆弱和人口快速收缩等问题（Castells-Quintana D，2015）。

有研究表明，2010~2016年，中国660多个城市中，95个城区人口密度显著下降，京津冀、长三角及粤港湾大湾区都持续呈现人口向北京、上海和香港、广州、深圳等中心城市过度聚集的现象。人力资源是城市经济发展的重要因素，小城市人才流失使经济聚集与不平衡布局的现象更加严重，形成恶性循环（Florida R，2002）。

2.2.4 快速城镇化引发多重风险叠加

快速城镇化过程中，土地城镇化快于人口城镇化，空间的无序开发给城市生态系统带来多重风险（图2-5）。第一，由于农业活动向非农业活动转换、城市生产生活方式扩散，

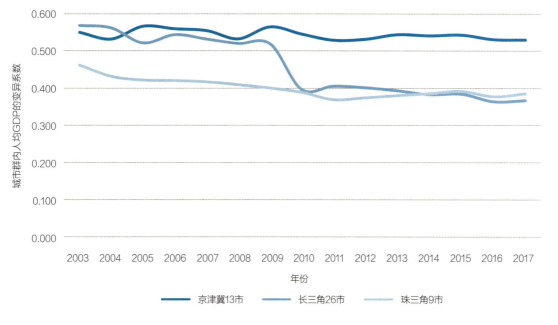

图2-4 2003~2017年三个城市群内的人均GDP差异水平变化趋势[①]

图片来源：作者自绘；
数据来源：中国城市统计年鉴（2004—2018年）。

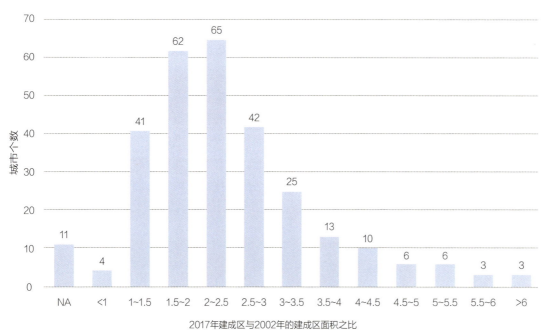

图2-5 2002~2017年288个地级及以上城市中建成区面积变化幅度

图片来源：作者自绘；
数据来源：城乡建设统计年鉴（2003—2018年）。

资源能源需求显著提升，改变了区域内原来自然生态系统的结构和自然恢复的功能；第二，绿色基础设施建设相对滞后，不足以妥善处置生产生活产生的污染物，直接导致了水、土、大气等环境介质质量恶化，形成恶性循环；第三，缺乏合理规划的城市建设活动可能引起区域景观的破碎化，削弱了区域生态系统的支撑能力和自我修复功能，城市的脆弱性不断加强（吕永龙等，2018）。

随着智能化、信息化发展，中心城市的产业构成将从劳动密集型为主转向知识密集型主导，导致进城劳动力的就业机会减少、失业率增加，收入差距加大、生活观念和方式的

---

① 变异系数越大说明城市群内部的差异越大。

不同可能进一步扩大社会风险（图2-6）。此外，家庭式人口迁移模式的出现、老龄化时代到来，都对都市圈的教育、医疗及养老等公共基础服务提出新的要求。

2.2.5 跨城通勤模糊地理空间的边界

随着中心城市居住成本过高、城市间通勤时间与成本下降，以上海等为代表的中心城市出现了"跨城通勤"的现象，这种城市间"居住—工作"等基本功能之间带来的流动超过了传统城际商务、生产联系带来的流动（图2-7）。都市圈内的跨城通勤不仅是交通上的连接，也将引起城市基础服务互联的需求，进而对区域空间结构产生重要影响。当前需要通过空间规划及相关制度安排，引导经济、人口等要素在都市圈内跨行政边界的优化配置与良性流动。

国家将粤港澳大湾区、长三角一体化等上升为国家战略，是建立更加有效的区域协调发展新机制的重要举措。这些地区拥有良好的经济基础，在区域、国家乃至世界的经济、

图2-6 中国外出农民工以及义务教育段进城务工人员随迁子女数量变化趋势
图片来源：倪鹏飞等，2018年中国城市竞争力报告，2019。

图2-7 都市连绵区跨区县通勤网络空间格局分布（左：京津冀；右：珠三角）
图片来源：高德大数据，华夏幸福产业研究院。

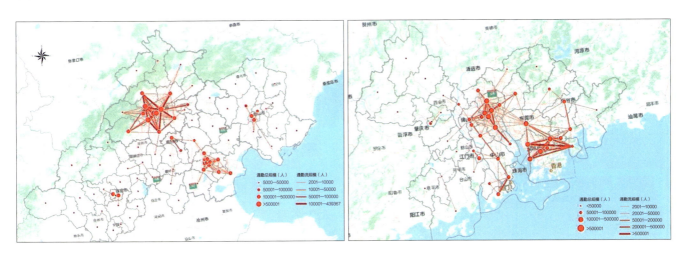

科技、金融等领域均占据重要地位,能够推进更高起点的深化改革和更高层次的对外开放。这些国家战略的实施为破解行政壁垒和要素跨区流动提供了机遇,阻碍都市圈高质量发展的瓶颈有望被逐渐打破。

2.2.6 城乡融合发展的机遇挑战并存

改革开放以来,推动城乡一体化经历了乡镇企业发展、建设新农村、新型城镇化、统筹城乡发展、城乡一体化,到如今全面建立城乡融合体制机制等多个发展阶段,中国"城乡要素流动不顺畅、公共资源配置不合理"的问题依然突出,真正意义上的城乡一体化协同发展仍未实现。

城镇化进程受行政力量的干预和市场逻辑的支配,社会资源单向流动,城市不断把成本和风险转嫁农村,城乡发展结构严重失衡(孙全胜,2018),这些问题依旧存在(图2-8)。城乡一体化在"户籍、土地、资本、公共服务等方面的体制机制仍存在弊端",就乡村自身而言,面对城乡之间的巨大差距,农村劳动力特别是高素质人才持续外流的趋势难以改变,村庄"空心化"现象日益加剧,部分村庄也走向了衰退(张海鹏,2019)。随着"乡村振兴"战略以及"城乡一盘棋""以工促农、以城带乡"等理念不断被提出,城乡一体设计不断强化,城乡融合发展趋势将有新的机遇。

2.3 高质量发展现代化都市圈的关键

党的十九大报告指出:"以城市群为主体构建大中小城市和小城镇协调发展的城镇格局",是新时代推进新型城镇化的根本遵循。2018年底至2019年5月,我国先后出台多项关于区域协调发展、现代化都市圈培育、新型城镇化建设及城乡融合发展的相关文件(表2-2)。未来城镇人口将主要集中在以城市群为主体的城镇化区域,上述政策为新型城镇化建设和现代化都市圈培育提供了政策指引(图2-9)。

图2-8 中国城乡居民收入比

数据来源:国家统计局,中国城市统计年鉴(2002—2018年)。

第2章 培育现代化都市圈的若干思考

区域协调发展相关文件的工作要点比较 表2-2

	文件名称	中共中央 国务院关于建立更加有效的区域协调发展新机制的意见	中共中央 国务院关于建立健全城乡融合发展体制机制和政策体系的意见	中共中央 国务院关于建立国土空间规划体系并监督实施的若干意见	国家发展改革委关于培育发展现代化都市圈的指导意见	国家发展改革委关于印发2019年新型城镇化建设重点任务的通知
	发布时间	2018年11月29日	2019年4月15日	2019年5月23日	2019年2月19日	2019年3月31日
主要工作任务	区域战略统筹	—	区域战略统筹	落实国家安全战略、区域协调发展战略和主体功能区战略	构建都市圈一体化发展机制	深入推进城市群发展；培育发展现代化都市圈
	优化空间布局	城乡统筹规划	规范区域规划编制管理	优化城镇化格局、农业生产格局、生态保护格局，确定空间发展策略	健全规划协调机制	优化城镇化空间布局
	城乡融合发展	农业转移人口市民化	城乡区域间要素自由流动，基本公共服务衔接	坚持陆海统筹、区域协调、城乡融合	城乡融合发展	推进城乡融合发展
	发挥市场作用	完善产权制度和要素市场化配置	市场一体化发展	—	建设统一开放市场	—
	产业分工协作	乡村经济多元化发展	区域合作、区域互助	生产空间集约高效	城市间产业分工协作	分类引导城市产业布局；乡村经济多元化发展
	生态环境共保共治	乡村生态环境保护和美丽乡村建设	区域利益补偿；区域合作、区域互助	坚持山水林田湖草生命共同体理念，加强生态环境分区管治	生态环境共保共治	强化"三区三线"管控，推动城市绿色发展
	基础设施一体化	城乡基础设施一体化发展	创新区域政策调控	着力完善交通、水利等基础设施	基础设施一体化	加强城市基础设施建设
	公共服务共建共享	城乡基本公共服务普惠共享	基本公共服务均等化	着力完善公共服务设施	公共服务共建共享	常住人口基本公共服务全覆盖；改进城市公共资源配置

表格来源：作者自绘

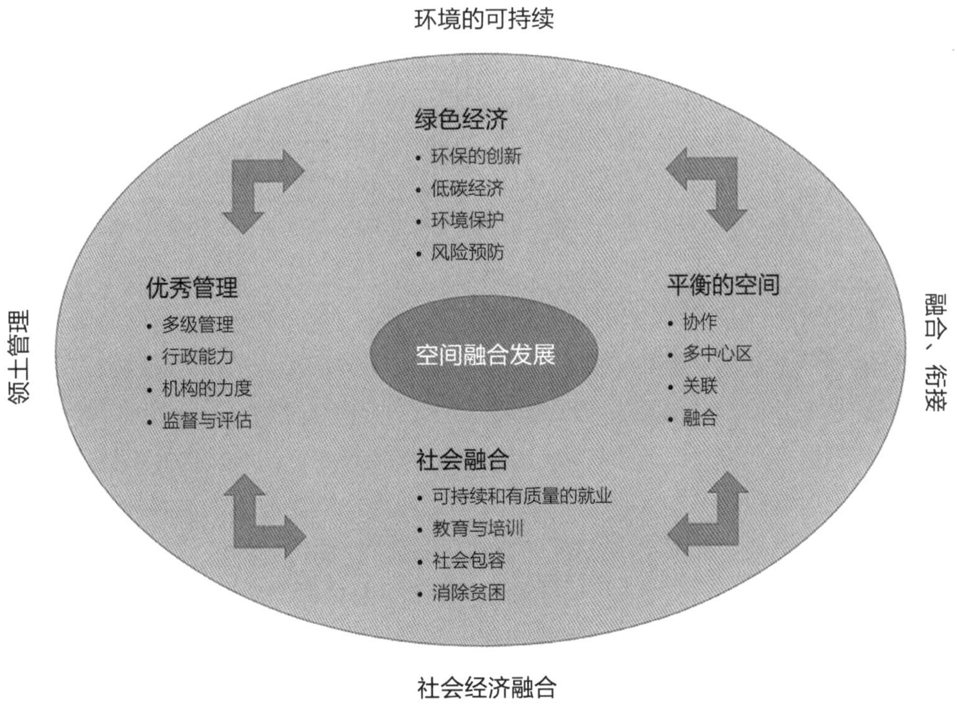

图2-9 现代化都市圈发展愿景

图片来源：Eduardo Medeiros, From smart growth to European spatial planning: a new paradigm for EU cohesion policy post-2020, 2017。

环境的可持续

绿色经济
- 环保的创新
- 低碳经济
- 环境保护
- 风险预防

优秀管理
- 多级管理
- 行政能力
- 机构的力度
- 监督与评估

空间融合发展

平衡的空间
- 协作
- 多中心区
- 关联
- 融合

社会融合
- 可持续和有质量的就业
- 教育与培训
- 社会包容
- 消除贫困

领土管理

融合、衔接

社会经济融合

45

2.3.1 构建基于功能联系的都市圈空间形态

当前，区域协调发展上升为国家战略，应基于都市圈的空间形态，探索建立跨越行政区的治理体制，形成网络化的都市圈格局，这也是破解当前中国城市治理过度依赖行政管理的可行路径（图2-10）。在边界范围上，应基于中心城市与周边城市的实际功能联系，根据跨城人流和物流等界定都市圈边界及核心区域范围。在空间形态上，应从"太阳系"式的空间布局向紧密连接的"八爪鱼"式空间布局转变。在交通建设上，高覆盖率和高质量的都市圈交通建设是基础条件，应构建由中心城市紧密连接周边中小城市的、适应人才与技术交流的复合交通网络，打造"通道+枢纽+网络"的都市圈物流运行体系，实现中心城市和周边区域跨行政边界的资源匹配和共享。

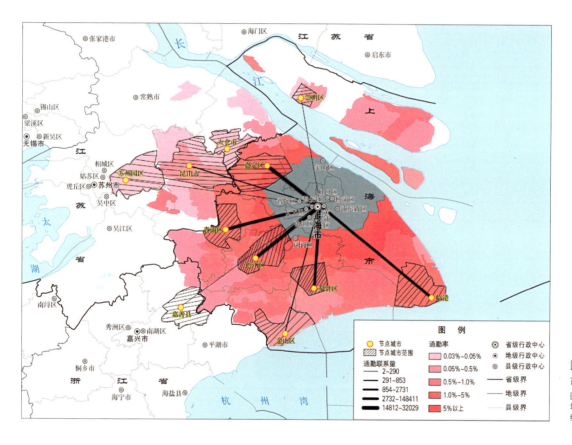

图2-10 上海与周边城市的通勤关系

图片来源：钮心毅等，基于跨城功能联系的上海都市圈空间结构研究，2018。

2.3.2 坚持以人民为中心的服务要素配置

1. 精准划定增长边界，优化都市圈空间结构

都市圈内生态本底、产业结构、文化背景等在空间上存在差异，增长边界的准确划定，将直接影响国土开发利用的效率和效益。在都市圈尺度上，增长边界不仅依赖于人的活动，更依赖于区域的生态本底。在生态优先的导向下，以保护城市及周边地区资源环境为出发点，开展资源环境承载能力和国土空间开发适宜性评价，划定城市增长边界，防止都市圈内各城市无序蔓延（图2-11）。要探索利用大数据来科学划定都市圈的范围，用人类移动数据、活动数据等来评价城市增长边界的有效性，验证规划人口在都市圈内的活动情况、通勤等交通关系，分析都市圈的现实空间结构，为空间范围划分提供有力支撑。

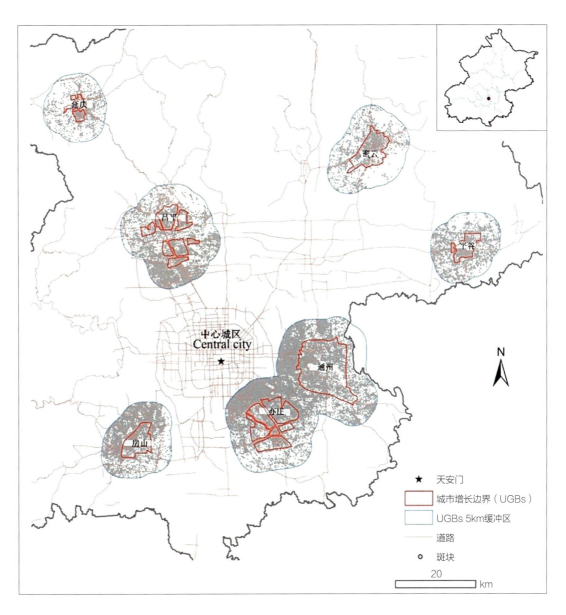

图2-11 城市增长边界实施评价

图片来源：龙瀛等，新数据环境下的城市增长边界规划实施评价，2017。

2. 建设快速交通网络，强化都市圈衔接与互动

超大、特大城市的都市圈依托于多层次的轨道网络发展，通过综合交通枢纽与城市功能中心耦合布局和衔接互动，不断强化重要功能中心面向区域的辐射带动作用。都市圈交通与中心城市核心建成区的发展直接相关，跨城市行政区域的交通主要体现在通勤交通的关联性。由于城市财政制度、行政管理等原因，都市圈交通网络建设的关键是交通设施建设与运行机制如何适应（汪光焘，2016；汪光焘，2017）。

都市圈和交通圈之间的尺度关系很重要，不同的交通方式具有不同的服务半径，对应不同的1小时交通圈。支撑都市圈的交通圈不应该只有地铁和轨道，而应该是综合交通体系（图2-12）。例如，以延长地铁来替代都市圈轨道，将产生全线不同区域客流不均衡、运营不经济等问题，并造成资源浪费和超长的出行时间。从国际经验来看，都市圈轨道主要服务通勤圈、覆盖距离市中心50~70km的范围，地铁主要服务中心城区、在市中心10~15km范围为主。除了都市圈轨道，城市间的高速公路、国省干线、县乡公路等都市圈多层次公路网也是密切城际交通联系，保障都市圈交通畅通机制的重要途径。

3. 供需精准对接，突破公共服务供给模式

传统的社会治理、公共服务供给模式，难以对不同群体的差异化需求进行有效区分和识别，容易造成公共服务供给侧的"一刀切"，使得社会治理难以精细化。精准识别都市圈内不同空间位置人群的具体需求，将直接关系到生产力布局、公共服务资源配置、社会治理等诸多方面，强化公共服务、基础设施等的精准化供给，进而提高资源配置效率和公众满意度（图2-13）。

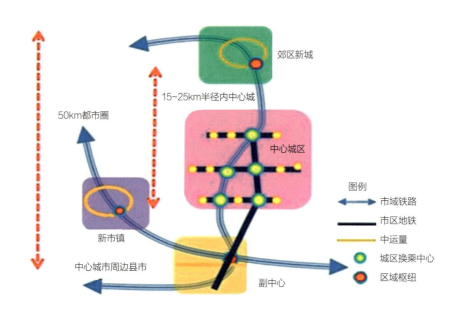

图2-12 都市圈市域铁路、市区地铁和中运量轨道交通的定位概念
图片来源：张临辉. 日本大阪都市圈轨道交通系统对上海的启示. 2017。

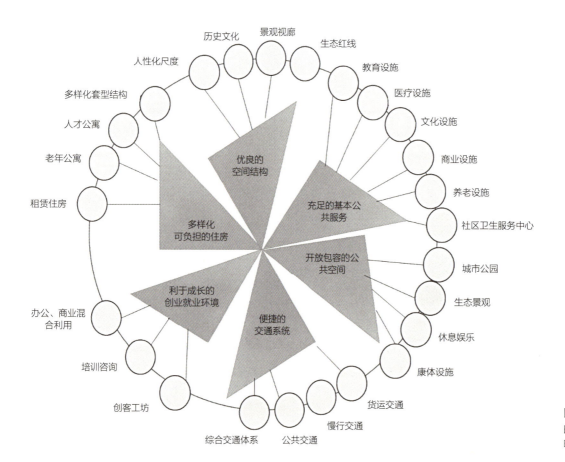

图2-13 "以人为本"的城市空间建设需求
图片来源：作者自绘。

现代化都市圈的公共服务的规划与配置，应充分考虑市政基础、公共服务设施、生活配套等的空间分布与功能优化，为人口流动、产业重构等创造条件，以优质公共服务打造特色磁极。对于外圈层节点城市，强化对目标导入人口的吸引力，带动都市圈整体发展。针对不同类型不同发展阶段的都市圈，需因地制宜采取适宜的培育思路，最终实现产城人融合发展。对于存量新城，需倾斜公共服务配给，为已有人口和基础产业配套足够的公共服务资源，吸引和承载新增人口及产业，使得公共服务在满足均衡的同时，达到质量要求。

2.3.3 坚持基于资源禀赋差异互补的产业空间重构

都市圈产业演进是产业外溢转移和空间重构伴随发展的，其本质上是一个"产业升级—土地紧缺—价值重组—空间调整"的过程。总体上是地域的价值和成本差异推动都市圈产业"三二一"逆序化的空间分布过程：依赖于高精尖人才与面对面沟通的金融、商贸、总部经济等高附加值产业，将重点分布在中心城市核心区；制造业依照对核心区的依赖度与对土地空间的需求度，从内而外按产业附加值由高到低梯度布局，如都市圈30km圈层附近布局研发型轻型制造、市场营销、孵化中试等小规模高价值生产、服务环节；50km圈层范围内布局都市型工业、极端制造及关键部件生产、物流配送与仓储等生产环节；80km圈层布局大规模的加工制造及组装集成环节等（图2-14）。但城市核规模大小不同，圈层半径会存在一定差异。应分类引导城市产业布局，以提升城市产业竞争力和人口吸引力为导向，健全有利于区域间制造业协同发展的体制机制，引导城市政府科学确定产业定位和城际经济合作模式，避免同质化竞争。

人口和土地都是都市圈发展的基本要素。就土地配置而言，现状距离市场化配置有较大差距。但是，随着集体建设用地入市规定的实施，将为都市圈内产业布局调整和结构优化提供新的机遇，为对统筹城乡一体化发展、农民返乡创业以及农民市民化转移提供新的空间。这些也是新时代培育都市圈必须高度关注的内容。

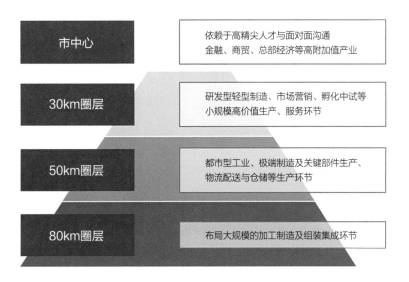

图2-14 都市圈产业空间分布示意[①]
图片来源：作者自绘。

---

① 城市核规模大小不同，圈层半径会存在一定差异。

2.3.4 坚持发挥市场配置资源的决定性作用

都市圈首先是一个经济圈，培育现代化都市圈要实现跨行政区域的产业结构优化、生态环境区域治理以及公共基础服务配置，必须充分发挥市场配置资源的决定性作用，利用市场打破当前行政区划体制下地域分割等行政命令难以解决的协调问题。

当前，我国要素的自由流通主要面临两个方面的瓶颈：一方面是户籍制度下的要素流通瓶颈；另一方面是行政区划体制对跨界基础设施建设、产品和服务供给以及生产要素流通带来瓶颈。培育现代化都市圈要抓住当前机制体制改革机遇，处理好政府与市场的关系，用好政府的宏观调控，并给予市场主体充分的创新空间。都市圈建设应坚持市场主导、政府引导、高质量发展的原则，通过推进机制体制的改革，加快完善产权制度、建设统一开放市场，不断努力打破地域分割、行业垄断等阻碍要素流动和要素高效配置的不合理障碍，营造规则统一开放、标准互认、要素自由流动的市场环境，让市场来决定都市圈人口和土地资源在城市之间、城乡之间等空间上的合理配置，这也是未来空间融合与发展的现代化都市圈发展愿景。

2.4 结语

我们对都市圈概念的基本认识是指随经济社会发展形成的跨行政区划的城市空间形态。都市圈作为一种跨行政区划的、二个或者多个行政主体之间的经济社会协同发展区域，能够更好发挥辐射功能强的中心城市在发展中主导作用，实现跨区域的资源合理配置，顺应城镇化发展规律的跨行政区划的城市空间形态。都市圈的形成是以超大、特大城市为代表的中心城市发展的必然规律，培育现代化都市圈是城乡一体化发展的需要、实现城市群为主体形态的重要支撑、推进高质量城镇化的重要抓手。

培育现代化都市圈不只是要形成以通勤距离为界定范围的空间形态，更重要的是构建由中心城市紧密连接周边中小城市的功能互补的城市空间形态。其中，建设适应人才、技术交流的复合交通网络，打造"通道+枢纽+网络"的都市圈物流运行体系，是现代化都市圈发展的支撑性内容。

现代化都市圈的培育，在创新角度，要符合我国经济社会发展阶段，要充分发挥市场配置资源作用，探索相关联的政府间的协调机制；在共享角度，顺应城市和城市群发展规律，优化公共产品空间，要素精准配置、产业空间重构与优势互补，实现城市间的互助共享；在绿色发展角度，要明确资源承载力和空间开发边界，促进资源的均衡和有效配置，实现人与自然和谐，建设美丽中国。

本章参考文献

[1] 国家统计局城市社会经济调查司. 中国城市统计年鉴[M]. 北京：中国统计出版社，2004-2018.
[2] 周一星. 城市研究的第一科学问题是基本概念的正确性[J]. 城市规划学刊，2006（01）：1-5.
[3] 钮心毅，王垚，刘嘉伟，冯永恒. 基于跨城功能联系的上海都市圈空间结构研究[J]. 城市规划学刊，2018（05）：80-87.
[4] 张小金. 发达国家空间治理体系比较研究及对我国的启示[J]. 建筑与文化，2015（12）：190-191.

[5] 蔡玉梅,刘畅,苗强,etal.日本土地利用规划体系特征及其对我国的借鉴[J].中国国土资源经济,2018,31(09):21-26.

[6] 贾儒楠.都市圈:城市发展的方向[J].生态经济,2014,30(8):2-5.

[7] 李磊,张贵祥.京津冀都市圈经济增长与生态环境关系研究[J].生态经济,2014,30(09):167-171.

[8] 张建华,洪银兴.都市圈内的城乡一体化[J].经济学家,2007(05):98-104.

[9] 汪光焘.关于当代中国城镇化发展战略的思考[J].中国软科学,2002(11):3-11.

[10] 方创琳,周成虎,顾朝林,陈利顶,李双成.特大城市群地区城镇化与生态环境交互耦合效应解析的理论框架及技术路径[J].地理学报,2016,71(04):531-550.

[11] 冯怡康,马树强,金浩.国际都市圈建设对京津冀协同发展的启示[J].天津师范大学学报:社会科学版,2014(6):7-12.

[12] 蔡玉梅,何挺,张建平.法国空间规划体系演变与启示[J].中国土地,2017(7):32-34.

[13] 日本国土交通省ホームページ.国土のグランドデザイン2050——对流促進型国土の形成[R].2014.

[14] Lyons T.P. Interprovincial Disparities in China[J]. Economic Development and Cultural Change,1991(39):471-506.

[15] Castells-Quintana D. "Malthus living in a slum: urban concentration, infrastructures and economic growth"[J]. IREA Working Papers,2015,98:158-173.

[16] Florida R. The Economic Geography of Talent[J]. Annals of the Association of American Geographers,2002,92(4):743-755.

[17] 陈卫平,康鹏,王美娥,侯鹰.城市生态风险管理关键问题与研究进展[J].生态学报,2018,38(14):5224-5233.

[18] 孙全胜.城市化的二元结构和城乡一体化的实现路径[J].经济问题探索,2018(4):54-65.

[19] 张海鹏.中国城乡关系演变70年:从分割到融合[J].中国农村经济,2019(03):2-18.

[20] 汪光焘.关于供给侧结构性改革与新型城镇化[J].城市规划学刊,2017(01):10-18.

[21] 吴唯佳,吴良镛,石楠,袁奇峰,梅耀林,叶裕民,张晓玲,冯长春,何明俊,王凯.空间规划体系变革与学科发展[J].城市规划,2019,43(01):17-24+74.

[22] 韶月,刘小平,闫士忠,战强,刘彤起.基于"双评价"与FLUS-UGB的城镇开发边界划定——以长春市为例[J].经济地理,2019,39(03):377-386.

[23] 汪光焘.城市发展与轨道交通建设[J].城市交通,2017,15(04):1-8.

[24] 汪光焘.中国城市交通问题、对策与理论需求[J].城市交通,2016,14(06):1-9.

[25] 汪光焘.现代城市规划理论探讨——供给侧结构性改革与新型城镇化[J].城市规划学刊,2017(03):9-18.

[26] 张临辉.日本大阪都市圈轨道交通系统对上海的启示[J].上海城市规划,2017(06):70-76.

[27] 倪鹏飞等.2018年中国城市竞争力报告[N].中国社会科学院,经济日报社,2019-06-27.

[28] Medeiros, Eduardo. From smart growth to European spatial planning: a new paradigm for EU cohesion policy post-2020[J]. European Planning Studies,2017:1-20.

[29] 陆铭.优化"上海都市圈"空间形态:做"八爪鱼"而非"太阳系"[N].第一财经日报,2019-04-02(A11).

[30] 吴云,李文云,田泓.国外都市圈这样建起来[N].人民日报.2014-05-26.

第3章
国外大都市圈跨行政区治理模式研究

3.1 国外大都市圈地区治理模式

3.1.1 引言

在城市的发展史上，行政区划设置是关于行政体制、治理模式与地域空间相互耦合的过程，并以政治权力的形式对区域社会经济的运行模式产生着深远影响。就大都市圈而言，空间治理模式的建立不仅关乎大都市圈内各行政主体公共事务的职能划分、权力设置以及制度安排，还体现着城市发展路径、价值取向、社会秩序等内涵转变。面对大都市圈发展所带来的日益庞杂的建设任务和治理诉求，世界各国一直致力于建立一个能够有效应对全球化挑战和遵循城市客观发展规律的大都市圈跨行政区治理架构，即在"分治与合力""自治与制衡""变化与稳定"之间寻求平衡点。

为了对国外大都市圈和我国都市圈进行更好地比较，了解不同空间尺度下跨行政区治理模式的共性和差异性特征，本章选择伦敦、纽约、东京、巴黎4个国际大都市圈为研究案例，从大都市圈治理的演变历程、成败经验和治理模式入手，结合我国行政区划和城市发展阶段的自身特征，探讨国外大都市圈跨行政区治理模式的可借鉴之处以及自身的坐标系，以期对我国未来大都市圈治理能力和治理体系的现代化发展提供参考。

3.1.2 伦敦：从伦敦到大伦敦市政府

在1889年之前，提到"伦敦"，仅指伦敦金融城（City of London），即公元50年由罗马帝国在伦敦老城基础上发展起来的城市，面积仅为2.6km²。在第一次工业革命开启之后，大量农村人口开始不断涌入城市，伦敦老城外围越来越多的乡村发展成了新的城市，而这些城市在行政制度上与伦敦金融城并不存在隶属关系，而是各自为政，协调管理难以进行。为解决这一问题，1889年，伦敦市及周边11个城市组成为"伦敦郡议会（London County Council）"，辖区面积310km²，即今天的"内伦敦（Inner London）"的范围（图3-1）。

第二次世界大战结束之后，伦敦开启了史无前例的重建工作。在这个关键时期，1944年伦敦大学学院城镇规划教授帕特里克·阿伯克隆比（Patrick Abercrombie）提出了著名的《大伦敦规划》（Greater London Plan）。该规划以"田园城市"理论为依据，以"控制市中心区、发展分散新城"为核心规划理念，对伦敦周围48km的空间范围进行了规划设计，并将大伦敦由内向外划分为4个圈层：内圈、近郊圈、绿带圈、外圈。其中，内圈为主要改造区，以尽量降低居住密度为原则，迁出大量人口，进行旧城改造；近郊圈土地尽量生态化，以改善生态保障不足的状况；绿带圈则保留了8km宽的绿化地带，设置森林、公园和各种游乐设施及近郊农业；外圈离伦敦中心30~60km，规划有8个独立的卫星城，以接纳伦敦过剩的人口和产业。就空间范围而言，大伦敦规划已远超出当时伦敦郡所辖面

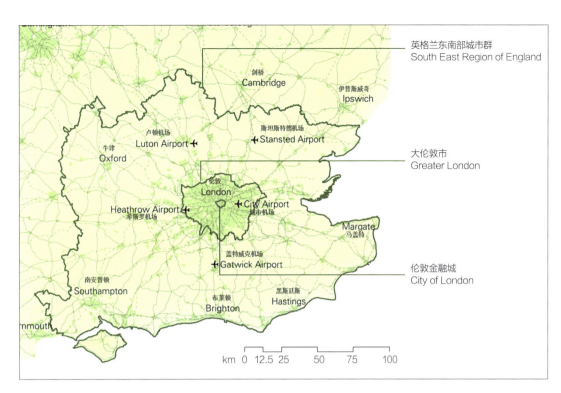

图3-1 伦敦金融城—大伦敦—英格兰东南部城市群范围
图片来源：作者自绘。

积，本质上它已经是一个围绕伦敦郡为核心的都市圈规划。此外，为有效推进大伦敦规划的实施，1946年，英国国会颁布《新城镇法》(New Town Act)，政府决定通过财政部贷款成立新城镇发展公司的方式，来负责新城镇的规划、建设和管理工作。1947年，英国又颁布《城乡规划法》(Town and Country Planning Act)，将土地开发权"国有化"，为伦敦绿带（Green Belt）规划提供了制度上的保障。一直到20世纪80年代，英国一共规划建设了26座新城镇，其中大部分用于承接伦敦的人口疏解（表3-1）。

伦敦人口变化　　表3-1

年份	伦敦金融城 City of London	内伦敦 Inner London	外伦敦 Outer London	大伦敦市 Greater London
1801	130117	959310	157980	1117290
1851	132734	2363341	321707	2685048
1901	32649	4670177	1556317	6226494
1951	7568	3680821	4483595	8164416
1961	5718	3336557	4444785	7781342
1971	4325	3030490	4418694	7449184
1981	4603	2425534	4182979	6608513
1991	3861	2625245	4262035	6887280
2001	7186	2765975	4406061	7172036
2011	7375	3231900	4942100	8173900

资料来源：文献[1]。

随着伦敦市的发展进一步向外扩散，原有地方各自分治的局面使得区域政治、经济和社会发展之间越发难以协调，内部矛盾激化的问题又开始显现。最终，1964年，英国政府通过了新的《伦敦地方政府法案》，按照此法案，伦敦正式成立大伦敦议会（Greater London Council），调整合并了当时包括伦敦郡在内的32个自治市和伦敦城，形成了一个特殊的区域治理特设行政单元，即现在的大伦敦地区（Greater London）。这一制度改革明确了社会经济紧密联系的区域应该作为一个整体行政单元进行管理统筹的理念，开创了英国城市行政管理的先河。

根据此法案，大伦敦市形成了大伦敦议会和自治市的双层管理体系，它们都由地区选举产生，大伦敦市政府和辖区33个自治区政府之间只有职能的分工，而无等级的关系。就职责分工而言，关于道路、住房、规划和娱乐等领域的职能由市、区两级政府共同分担，而在另外一些领域则各司其职。其中，大伦敦议会负责交通、消防、信息和科研等事项，自治市议会则承担环境治理、消费者服务、个人社会服务、图书馆、游泳馆的建设。从实施的效果来看，大伦敦议会的创立受到了来自大伦敦市民和一些研究机构的大力支持，但是双层管理体制仍然存在"结构缺陷"（structural weakness）。首先，该体制的一个基本目标在于扩大相对于原有伦敦郡政府制度下的自治市的自治权力，但由此加大了上层政府的管理协调难度。其次，两级政府缺乏明确清晰的职能划分，特别是在规划、住房、交通等领域，实际管理协调工作极其复杂，反而最终导致行政治理运作效率低下等问题。最后，大伦敦议会作为一个半实体行政机构，制度上与自治市之间并非隶属关系，在一定程度上削弱了大伦敦议会执行大伦敦地区发展战略的权威性，统筹职能难以落实。

1986年撒切尔主政时期，其施政纲领的重点之一就是削弱政府机构的权力，鼓励私人企业和民营资本的发展以振兴经济，降低失业率。英国政府在分权化、市场化和私有化的主导政策下废除了大伦敦议会。只留下一个"伦敦规划咨询委员会（London Planning Advisory Committee）"，仅起到对伦敦市和其他32个区自治管理发展建议和咨询的作用。在这种行政体制下，大伦敦各自治市及其下属组织和社会团体纷纷介入，伦敦的管理与运行在很大程度上陷入多头分散的混乱局面。具体表现在管理主体的多元化，职责分工不明，关系纠缠不清等矛盾上。大伦敦内的各自治市规划难以有效统一，缺乏战略规划的有效指导，相关政策难以整合，区域协调呈现倒退趋势。特别值得一提的是，对于战略层级规划的现实需要，政府开始通过所属部门直接成立不同类型的伦敦开发公司来完成战略政策的实施，如伦敦著名的伦敦金丝雀码头就是在英国环境部设立的伦敦码头区再开发公司下完成的土地收储、基础设施建设等开发。这对于历来都是政府制定战略指导、地方政府完成战略实施的英国规划体系，不啻于一次革命。

对民众而言，过于松散的政府管理体系让政府改革的呼声日益高涨，这种呼声在1990撒切尔夫人卸任后出现了实质性的变化。1992年，旨在改善大伦敦地区整体形象、重振伦敦国际竞争力的民间组织——"伦敦第一"（London First）在伦敦企业界、自治市政府和其他各自愿者组织的倡议下宣告成立。市民纷纷响应，很快"伦敦第一"便发展成为一个包括伦敦各实业界、社会团体、自治市和志愿者组织在内的一个区域性组织。此后，在该组织的影响下，英国中央政府也逐渐意识到大伦敦区域协调的重要性。1994年，英国中央政府在环保、交通和区域发展等有关各部的大力支持下，成立了伦敦政府组阁办公室。1995年之后，又相继成立了组建伦敦政府协会、大伦敦治理联盟以及大伦敦管理局等机构。

1997年5月,工党在大选中获得胜利,结束了长达18年的保守党执政生涯。鉴于经济全球化和伦敦民众对政府机构的改革要求,布莱尔领导的工党政府启动了宪政改革程序,改革的主要内容之一就是向地方分权。1999年,在中央政府的推动和组织下,《大伦敦法案》(Greater London Authority Act 1999)以公投的方式正式获得通过,大伦敦政府于2000年成立。与之前大伦敦议会不同的是,大伦敦政府的职能权力得到了前所未有地提升,还创新性地提出设立大伦敦市长职务,代表大伦敦政府行使各项权利。该法案赋予大伦敦政府研究制定大伦敦发展战略规划,解决人口、交通、经济、环境等问题,并负责搭建各自治市之间的合作与关系协同工作。大伦敦政府下辖大伦敦警署(Metropolitan Police Authority)、伦敦消防和紧急救济局(London Fire and Emergency Planning Authority)、伦敦发展局(London Development Agency)、伦敦文化协会(the London Cultural Consortium)和伦敦交通局(Transport for London)等机构,管理和协调32个自治市和伦敦城。各自治市则保留对教育、社会服务、住房、街道清扫、垃圾处理、图书馆等事务的管理权。关于财税体制,为了打消各自治市的顾虑,减少区域整合发展的摩擦,大伦敦政府对机构人员规模以及财政预算都设置了诸多规制,比如自治市税收总收入只有不到15%上交大伦敦市政府,而超过80%的财政收入来自中央政府的转移支付(拨款),其他收入包括财产税等。这套财税体制让大伦敦政府其实与中央政府有着更为密切的联系,同时也肩负着英国中央政府积极参与欧盟和全球化发展目标的使命。

从实施的效果看,2000年大伦敦政府的设立,让原有多头分散和错综复杂的政府间关系变得更为合理且明晰。一项由英国环境部、交通部和区域发展部对伦敦市民开展的民意调查结果显示,全伦敦1735499名受访者中,对大伦敦政府改革的支持率达72%,客观证明了大伦敦政府行政改革的成效。但值得一提的是,由于中央政府对大伦敦发展在财政(拨款)和权力上的特殊照顾,也导致英国其他区域与大伦敦市之间的发展愈发失衡。这种为了不触及自治市现有权益,但通过中央政府权力和财力的让渡来提升大伦敦政府行政能力的做法,也开始出现新的挑战。

伦敦的全球城市效应吸引大量人口前来工作,因此定义伦敦都市区的一种方法是依靠那些在伦敦工作的人的通勤,无论他们是否生活在大伦敦市行政区域内。这个范围可以通过其到工作区域的通勤区(Travel to Work Area,TTWA)来表示,如图3-2所示中的灰色区域(表3-2),其定义为:至少提供75%的区域内常住劳动力,并且该地区至少有75%的工作人员也居住在该地区内,同时拥有至少3500名工作人口。可以看出,伦敦的通勤区向东延伸到大伦敦市行政区域之外,向蒂尔伯里(Tilbury)和格雷夫森德(Gravesend)方向延伸,向北往哈洛(Harlow)方向延展。有趣的是,包括希思罗机场在内的西伦敦大部分地区都不是伦敦通勤区的一部分,形成了相对独立的——希思罗和斯劳通勤区(Slough and Heathrow)。尽管不属于伦敦通勤区,但希思罗和斯劳通勤区也应被视为伦敦都市区的一部分,因为其大部分面积都位于大伦敦市的边界之内。面对类似这样、日益频繁的大伦敦市及周边地区的功能性联系,也为了更有效地落实可持续的区域发展理念,英国政府和大伦敦政府开始意识到许多发展议题需要在更广的地域范围内进行协商处理,由此提出了伦敦大都市圈[①]的概念,即以伦敦城为中心,半径60英里(约90km),覆盖大伦敦、英格兰东部和东南部地区的次级区域。

---

① 又称为英格兰东南城市群,英格兰东南部次区域。

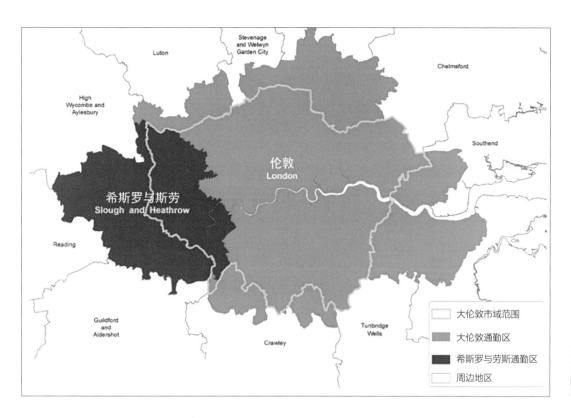

图3-2 伦敦通勤区范围与大伦敦市范围对比图
图片来源：ONS & GLA Intelligence Unit 2011。

英国大伦敦市行政建制变革　　　　　　　　　　　　　表3-2

年份	法案	内容
1888	地方政府法（Local Government Act 1888）	设立伦敦郡议会
1963	伦敦政府法（London Government Act 1963）	设立大伦敦议会
1986	地方政府法（Local Government Act 1985）	废除大伦敦议会，仅保留区级政府
2000	大伦敦市法（Greater London Authority Act 1999）	设立大伦敦市政府
2011	地方主义法（Localism Act 2011）	赋予大伦敦政府关于房地产开发与经济发展等更多权力

资料来源：作者自绘。

　　根据2016年大伦敦规划，伦敦大都市圈由156个地方政府和11个地方企业组织伙伴关系组成，人口2270万人，其中820万人在大伦敦时市内（占比36%），整个区域大约有1210万个就业岗位，其中490万个在伦敦市内（占比40%）。据预测，在未来15年内，伦敦大都市圈很有可能实现人口增长20%，就业岗位增长17%，无论是在政治、经济、文化上都将成为英国最重要的发展区域。而这也给该区域的跨域协同治理提出了更高的要求。目前，整个区域范围内并不存在正式的、区域性层级政府机构形式来协调整个区域的治理，而是通过法律法规、国家政策、规划承诺和协同机制四个维度搭建起了一个相对完整的协同治理框架。

　　在法律法规层面，目前有三部法律法规对大伦敦都市圈的跨域协同做出过相关规制。一是《大伦敦政府法案1999》（Greater London Authority Act 1999），它规定大伦敦市长：

①在大伦敦空间发展战略的制定或者重新修编时，必须与大伦敦毗邻的郡或区进行协商；②在涉及大伦敦毗邻地区的共同利益事项上，大伦敦市长必须向这些地区的地方规划当局通报其看法和主张。二是《规划和强制性采购法2004》（Planning and Compulsory Purchase Act 2004），根据该法案：①地方规划机构在准备地方开发文件时，必须遵循和考虑国家和所在区域或相邻区域的空间战略要求，如果地方政府位于大伦敦空间范围内或地方政府所辖区中的任何一部分与大伦敦毗邻，该地方都要考虑或顾及大伦敦空间发展战略。②国务大臣在地方开发性文件起草、通过、修订和撤销过程中起决定性作用，如果国务大臣对地方开发文件不满意，可随时要求修改甚至撤销。三是《地方主义法2011》（Localism Act 2011），该法要求各地方政府在与可持续相关的规划事项负有合作义务。①合作原则以建设性、主动性和持续性原则参与到合作的各项活动中，实现跨域合作效能最大化；②地方规划机构、市政府、郡议会皆可以成为合作主体；③合作机制可以是签署合作协议，共同起草联合性的地方发展文件，包括一些战略基础设施的共建备忘录。

国家层级的规划政策指引（Planning Practice Guidance）是英国中央政府与地方政府为更好地贯彻落实相关规划法律而制定的一系列指导性文件，其中最重要的一份政策性文件为2012年颁布、2018年修订的《国家规划政策框架》（National Planning Policy Framework）。该政策框架要求，在那些跨域的战略性重大事项方面，地方政府尤其要将地方规划建立在与毗邻的地方政府、公共和私人机构、志愿者组织合作的基础上。这些跨域战略性重大事项主要指：①地区住房和工作需求；②零售、休闲和其他商业发展设施的提供；③交通、通信、垃圾管理、供水等公共基础设施；④卫生、安全和文化设施；⑤为应对气候变化进行的环境治理。

在上述法律法规和国家政策的相关规定下，大伦敦在2016年3月发布的《大伦敦规划2016》（London Plan 2016）中，对大伦敦市与周边地区跨域战略事项上做出了诸多方面承诺：①大伦敦政府应与英格兰东部和东南部区域及次区域伙伴关系组织、地方政府和机构进行合作，确保更广域的大伦敦都市圈的可持续发展；②通过跨域协同，大伦敦市长将致力于交通和其他基础设施、住房与能源、气候变化、物流供应、通勤调节、技能培训和就业促进、信息共享、伦敦规划内容评审等重点领域进行区域合作。同时，该规划还进一步明确了区域重点的空间发展轴带。例如伦敦—斯坦特斯—剑桥—彼得伯勒发展轴，西部三角洲地带（从西伦敦到泰晤士流域），外伦敦地区等。

法律层面的规定和规划层面的具体要求还需要长效的落实体制机制作为补充，为此伦敦大都市圈从2012年开始一直在探索构建一套更具操作性和有效性的跨域协商平台。2012年10月，大伦敦市长正式发布《跨域协商白皮书》（Cross Boundary Discussion Paper），要求大伦敦都市圈范围内的各市区政府和次区域合作伙伴、大伦敦地方政府协会跟大伦敦毗邻的各郡政府规划机构、其他相关组织，就伦敦大都市圈跨域战略规划的合作目标、合作内容、合作机制等方面发表他们的看法。2014年，在大伦敦市政府、英格兰地方政府协会、英格兰东南部地方政府理事会的召集下，大伦敦都市圈成立了一个半官方机构——"战略空间规划官员联络小组"（Strategic Spatial Planning Officer Liason Group），其最重要的任务就是促进对战略规划的政策讨论，促进共识，并在有可能的情况下推动规划的执行。联络小组由18名跨区域高级官员组成，每年至少召开4次会议，以保证协商的连续性。在小组和其他相关机构同意的基础上，联络小组会将会议纪要和小组汇报文件发布在大伦敦和联络小组的官方网站上，从而促进政府、企业、民众之间更多的沟通与交流（图3-3）。

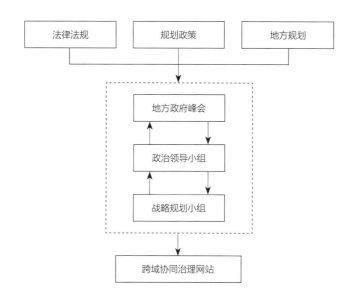

图3-3 伦敦都市圈跨域协同治理制度架构
图片来源：作者自绘。

总体而言，伦敦大都市圈的跨域协同治理是一个长期的、动态的适应演变过程。其探索的路径基本遵循着以法律法规为基础，通过法律对各级政府关于跨域协同治理的权责进行界定，然后利用规划政策对协同治理的内容、形式加以明确，并在以大伦敦规划为首的地方性规划文件中对规划政策进行地方性落实。而为了更有效地促进多个层面多个事项的合作，大伦敦都市圈搭建起了一个半官方的协调机构，以此来充分借助现有的组织框架，灵活安排跨域协调事务。从实施的效果来看，大伦敦都市圈的协同治理制度安排还处于探索和建设当中，一些深层次的协同挑战也开始出现。如在制定跨域协同的交通和公共基础设施规划时，由于涉及主体较多，意见往往难以统一，过长的游说过程和复杂的规划系统导致协同效率始终难以提升。此外，大伦敦与其周边地区政府地位与影响的不对称性，衍生出跨域协同的公平性问题，效益与成本的共担共享机制始终是大伦敦都市圈能否实现高度协同必须解决的问题。

3.1.3 纽约：自下而上的合作协商机制

纽约大都市区（New York Metropolitan Region）是美国经济最发达、人口最多的大都市区。因范围涵盖康涅狄格州南部、新泽西州北部、纽约州长岛地区和哈德逊河下游地区，又称之为"三州区域"（Tri State）。大都市区由31个郡县、783个城镇组成，面积约为33669.8km^2，2016年人口达到2300多万人，经济总量达1.2万亿美元。单就纽约市而言，纽约市（New York City）是由曼哈顿、昆士、布鲁克林、布朗克斯以及斯塔滕岛5个独立的自治市组成，总面积为839km^2，总人口约为818万人。其中曼哈顿人口密度达到26879人/km^2，是纽约大都市区的就业和经济中心。

1. 区域规划协会RPA

由于纽约市与其毗邻各县的经济社会联系相当紧密，在处理一些区域重大事项上需要从整个大都市区层面来统筹考虑。为了更好地解决区域发展的问题，纽约大都市区先后成立了许多执行特定职能的非政府组织和协调机构，以促进各城市政府之间的合作。其中，较为著名的是纽约区域规划协会（The Regional Plan Association）。作为一个成立于1922年的非官方、非营利性组织，区域规划协会一直致力于为纽约—新泽西—康涅狄格大都市区发展和投资提供政策建议。其职责范围涉及土地利用规划、交通、经济发展、环境治理以及社会政策的制定等方面。目前，区域规划协会分别于1929年、1968年、1996年和2016年制定了四次区域规划（表3-3）。第一次规划的重点是构建交通网络，提高区域的通达性和相互联系；第二次规划主要侧重于环境保护，并鼓励纽约市地铁与一些郊区铁路并入大都市区交通管理局；在第三次规划中，规划将可持续发展理念融入，提出重点建立由经济（Economy）、环境（Environment）和公平（Equity）三个"E"构成的生活质量的改善模式，同时给出了五大努力方向：绿地（Greenward）、中心（Centres）、便捷（Mobility）、劳动力（Workforce）和治理（Governance），为促进区域可持续发展和提升区域竞争力指明了方向；第四次规划以包容性增长的愿景，在对大纽约都市区治理机构的重新审视的基础上，提出了关于公共资金来源、税收改革和维护公平正义等一系列改善建议措施。

纽约大都市区四次规划比较　　　　　表3-3

	第一次区域规划	第二次区域规划	第三次区域规划	第四次区域规划
时间	1929	1968	1996	2016
范围	22个县、14317km^2、897万人口	31个县、33022km^2、1900万人口	31个县、33000km^2、2000万居民	31个县、33669km^2、2300万居民
核心	多中心化	再集中	可持续发展	区域转型
背景	城市区域过渡蔓延、交通拥堵、设区即乡村状况恶化	老城市中心衰退，社会分割严重，基础设施缺乏	经济增长缓慢、发展存在不确定性、收入差距持续扩大	基础设施衰败、环境问题严峻、居民生活方式改变
目标	通过组织土地使用与提供适当的交通选择，以更加合理的方式对该地区重新整合	控制城市蔓延，加强基础设施投资，复兴衰退的老城市中心，提高规划设计对环境的关注度	关注经济、环境与公平，促进区域繁荣，提高区域活力与区域内生活质量	对公共机构进行改革以应对交通基础设施的老化和收入不平等，应对环境变化的挑战，改善区域内交通基础设施的状况

数据来源：文献[7]。

回顾来看，纽约大都市区一些重要的基础设施、经济发展政策和环境保护举措都源自区域规划协会的行动倡议。目前，区域规划协会的工作参与人员包括行政人员、城市规划师、企业代表等不同主体。它与大都市区内各城市政府部门大多建立了合作伙伴关系，并在三个州都设有区域办事处，以确保区域规划协会在当地的影响力，特别是包括环境保护、公共交通、机场协调发展的综合规划上，区域规划协会起着重要的作用。在基本组织架构上（图3-4）。区域规划协会由董事会、专家委员以及职员部门组成。董事会除有该协会的主席、各部门领导与顾问人员组成外，还包括政府部门行政人员、大学教授、经济协会负责人以及建筑业、规划业、咨询业等人组成。他们会为区域规划的制定提供经济和技术方面的支持。

2. 大都市区规划组织MPO

作为非政府组织，区域规划协会（RPA）所编制的区域规划更多的是指导性，而缺乏相应的实施机制，对区域协调所发挥的作用比较有限。20世纪60年代以后，联邦政府为解决基础设施建设与区域内环境协调问题，由来自各地多个相关政府权力部门组成的

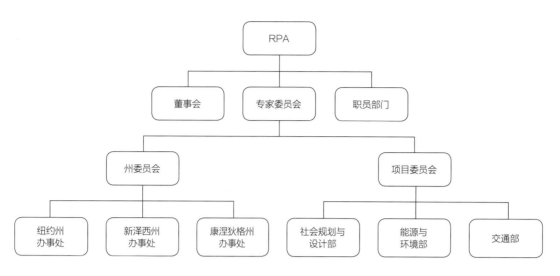

图3-4 区域规划协会组织架构
图片来源：作者自绘。

政府联合会（Council of Government，COG）应运而生。按照其主要职能，政府联合会可以分为两大类：区域委员会（Regional Council），主要负责区域社会经济发展中各政府部门间的协调问题；大都市区规划组织（Metropolitan Planning Organizations，MPO），主要负责与区域交通运输规划和相关资金申请调配的规划和协调工作。由于具有实际权力，政府联合会能在区域协调过程中发挥出关键作用，目前全美共有400多个大都市区规划组织（MPO），在各地的实际运作中，一些区域委员会也履行了大都市区规划组织的职能。

美国大都市区区域协调的主要执行机构——大都市区规划组织，以交通基础设施建设协调为基础，促进区域用地、环境整治、社会公平、公共服务等方面的区域协调，发挥着区域协调作用的主要协调机制。大都市区规划组织的治理结构包括多个委员会以及相关专门员工，其中"政策委员会"是大都市区规划组织的最高决策机构。政策委员会的构成一般包括：来自地方政府管辖区（市镇或县）的民选或被任命的官员；不同交通方式的代表，如公共交通、货运、自行车、行人；国家机构官员，例如美国交通部、环境机构等；来自州交通部、商会的工作人员和顾问等。

作为政府联合机构之一的大都市区规划组织，由于其成员来自所在区域多个地方政府的各相关部门，其行驶的职责权力具备相关法规的保障和资金来源基础，事实上对区域协调产生了更为实质性的作用。具体而言，大都市区规划组织（MPO）有五项核心职能：①建立、管理一个公平、公正的区域环境，以在都市规划区（MPA）中进行有效的区域决策，规划城市化区域（UZA）边界外的未来潜在增长区域；②评估替代方案，如根据区域的规模和复杂性，评估运输替代方案等；③运营维护区域交通运输规划（RTP）；④制定实施交通运输改善项目（TIP），以服务于城市化区域的发展目标；⑤鼓励公众参与：让公众和所有受重大影响的利益相关方参与上述四个基本职能的履行过程；同时保护空气质量：所有项目必须符合城市化区域所在州的空气质量标准。

纽约大都市圈包含10个大都市区规划组织（MPO），多MPO协同区域在此形成了一个具有整体性的通勤域，跨越了MPO管辖范围内的多个城市化区域。致力于合作完成交通运输规划及相关决策。为了能够顺利实现五项核心职能，大都市区规划组织（MPO）跨区域协调应用了一系列政策工具包，包括：①法律手段：通过联邦立法，以立法为基础保障区域协调；②经济手段：通过交通基金划拨、投资、税收与申请等相关规定，明确其在区域协调中的地位和作用；③辅助手段：通过教育指导、提供技术支持与信息交流平台等，强调交通规划的整合性，引导大都市区规划组织在协调交通基础设施建设的同时发挥综合性区域协调作用。如在纽约大都市圈多MPO规划实践中，区域内不同州的规划时间表及流程的不同步，使得各成员MPO难以形成合力，他们通过建立定期会议以共享信息，协调明确各自分工，制定颁布正式协作承诺等辅助手段，确保跨行政区合作的协同高效。

美国拥有"强市长、强州长式"的治理模式，民众不愿意在州级与市级政府间再新增一级区域级政府，因此在美国，跨行政区区域层级治理通常依靠区域组织由未经选举的指定人员管理。不同地区根据实际情况会采取不同的跨区域治理方式：一种方法是区域内实力较强的大城市兼并或合并周边关系紧密地区，市县政府合二为一，新市县边界重合，政府可以调整区划（zoning），如佛罗里达州的杰克逊维尔、得克萨斯州的休斯敦市。另一种方法是成立区域层级的规划机构——政府联合会（COG），负责政府间的沟通协调问题、区域交通运输专项规划与协调，如纽约的各大都市区规划组织、纽约与新泽西港口事务管理局等。

鉴于美国东北部"三州区域"的经济和政治实力普遍较强，纽约大都市区选择的是第二种跨行政区治理模式，以解决特定问题而设立的特定协调组织。尽管，有学者对这种具体行政实权有限、制度约束力不足的协调模式加以诟病，但就实际效果和产生的影响而言，这种模式适应了美国地方自治的传统和面对纽约大都市区三个州的政治方针的巨大差异，通过弹性化的管理模式与合作机制，最大限度地避免了各区域政府之间的对抗，在处理区域问题方面取得了一定的效果。

3.1.4 东京：健全的广域行政治理体系

东京都（Tokyo）设立于1868年的江户时期，经过100多年的发展，成为一个由23个区、26个市、5个町、8个村构成的东西向长约90km、南北长约25km的狭长地域，行政辖区面积为2187km²。广义上的东京还包括"东京都市圈"（Greater Tokyo Metropolitan Area）和"首都圈"（National Capital Region）。前者是由总务省统计局根据通勤比例定义的东京都市圈，一般以一都三县为讨论对象，后者则是根据《首都圈整备法》中定义的首都圈，形成了东京都—关东都市圈—一都三县—首都圈三种逐渐递进的空间尺度与层级（图3-5）。

图3-5 东京都—关东都市圈—一都三县—首都圈层级空间范围
图片来源：作者自绘。

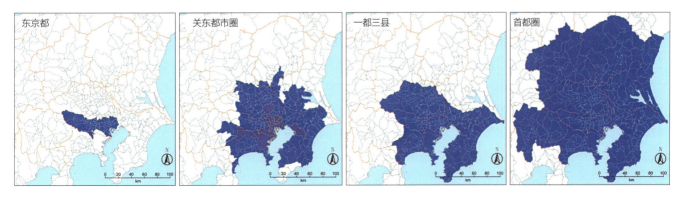

1946年11月二战之后制定的《日本国宪法》重新规定了地方自治制度，东京由战前的中央集权政府，转变为一种地方自治型的行政单元。根据《日本自治法》的有关规定，都道府县和市町村成为对等的地方行政机构，只不过所辖的地域大小和职能范围有所差别。前者负责行政，后者主要与居民切身事务相关。其中，人口超过50万人以上的城市一般都是一种政令指定都市（Designated City），享受一些特殊政策，如大阪、京都、横滨、神户、北九州、札幌、川崎、福冈等市。东京都被作为一种特别行政区对待，可以自行决定其辖区内的财政和税收政策。

日本首都圈的建设始于20世纪50年代中期，当时的日本正经历战后的重建，伴随着东京都经济和城市的高速发展，人口和产业迅速向首都集中，形成了高度集聚的东京都中心，而单中心的城市发展结构引发了通勤、住宅、交通、环境等一系列问题。为应对这些挑战，日本国会于1956年制定出台了《首都圈整备法》，开始从区域层面统筹东京都和周边地区的发展。通过借鉴英国伦敦的做法，1959年制定的《第一次首都圈整备计划》提出限制东京扩张的规划理念，以解决产业和人口过度向东京集聚的矛盾。规划划定10～15km区域为城市建成区，将外围8～10km的地区规划为绿化带以限制城市的扩张，绿化带之外建设若干新的城市。然而，由于人口集聚导致的土地收益增加，这种做法遭到了土地所有者的强烈反对，最终导致规划无法继续实施，这也使得第一次整备计划中的绝大部分内容并没有得到落实。为此，1965年，首都圈整备委员会修改了《首都整备法》中关于绿带的概念，提出在现有建成区外围设立近郊整备地带作为建成区的备用地带，同时保留绿地空间，在近郊整备地带以外建立工业和教育等能够自给型的卫星城镇。在第三、第四次规划中，《首都圈整备计划》提出了"建立多核多圈层"的城市网络，以转变东京一极发展的结构，建立周围地区人口和产业的"新据点"，并采用交通对流网络来支持各次级区域的发展。1999年的第五次首都圈规划，则以多国土轴线规划为目标，坚持在巩固东京核心地位的基础上，增强其与周边地区的联系，并积极倡导可持续发展理念，构建多主体参与和区域合作的国土建设模式。从五次规划制定的背景和主要规划内容不难看出，以东京都市圈为核心的首都圈规划一直都是按照城市的发展阶段和出现的实际问题而制定的，实施过程严格遵守"先规划后实践"的原则，支撑了日本首都圈的发展。

为保障首都圈整备计划的有效实施，日本国会在1956年《首都圈整备法》颁布后更名为首都圈整备委员会，其前身是1950年成立的首都建设委员会，是日本都市圈最早的区域协调机构。委员会起初是以美国独立管治委员会为样板设置的行政机构，由建设大臣、众议院议员、参议院议员、东京都知事、东京都议会及学术界代表共计9人组成，下设事务局。在《首都圈整备法》出台后，委员会成为总理府的下属机构，委员长由国务大臣担任，委员则由众参两院议员及相关行政机构官员、都县知事以及相关专业领域的学者组成。在构成上，委员会分为政策部门和协调部门两个系统，施政范围扩大到了一都七县。在制定首都整备计划上，委员会须在听取首都圈各行政机构长官以及都县领导的有关意见后做出决定。在整备计划实施之前，须将计划内容告知相关行政机关及民间团体。1974年，首都圈整备委员会被撤销，其事务并入国土厅。此后，日本于2001年实施中央机构编制改革，国土厅和运输厅、建设省、北海道开发厅合并为国土交通省。2005年起，国土审议会下设"首都圈整备部会"，沿用至今。

作为一种跨行政区的协调机构，虽然几经变动，但是首都圈委员会始终没有脱离中央的管辖。这样做的意义一方面确保了首都圈整备计划与首都圈整备法的平行对接，形成协同效益；另一方面，由于中央对制定东京都市圈跨区域发展规划拥有绝对权限，防止了不同行政主体的利益冲突，也保护了地方利益的合理诉求，避免了东京都在首都圈的绝对主导地位，更容易促进区域协调发展的落实。

此外，作为广域联合治理的补充，日本首都圈还建立了九都县市首脑会议，是东京都市圈一都三县知事和五座政令制定都市（横滨、川崎、千叶、埼玉、相模原）市长联合组成的，旨在应对和处理跨行政区治理问题的正式会议。会议创办于1979年，最初为六都县市首脑会议。随着东京都多核多圈城市空间结构的发展和成熟，千叶市（1992）、埼玉市（2003）、相模原市（2010）得以加入。可见，首脑会议拥有一个动态、开放的准入机制。首脑会议由九都县市轮流举办，按照顺序每年更换议长，每年举办两次正式会议。会议讨论事项主要包括：单个自治体成员无法处理的城市问题，如防灾问题；成员共同面对的城市问题，如环境问题；自治体成员互有利害的问题，如产业和人口问题。

回顾来看，针对跨行政区的治理挑战，东京都市圈构建了垂直+水平、法定+协商的治理框架（图3-6）。从治理的演变过程而言，早期的首都圈治理更多地依托法律或规划来进行规制。伴随着城市进入后工业时代，城市发展内涵与目标的转变，东京都市圈和首都圈的治理逐渐融入多元主体协商式治理的元素，社会团体、企业、非政府组织等主体也成为治理网络架构中的重要组成部分。这一演变的实际意义在于：一是尊重地方的创造性，以增强制度设计的针对性和实效性；二是不搞"一刀切""大跃进"，而是以实际问题和挑战为导向，注重区域治理的渐进过程，将协商作为优化治理的途径，实现治理能力的突破。

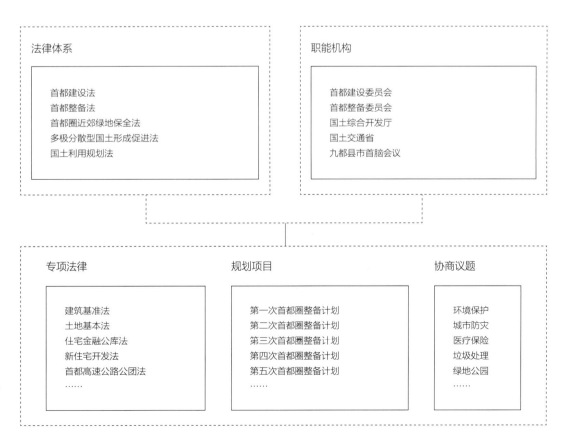

图3-6　日本首都圈广域行政治理框架
图片来源：作者自绘。

3.1.5 巴黎：繁杂的都市圈管理框架

作为中央集权和民主思潮交织发展的国家，法国巴黎的跨行政区治理模式经历了多次变革。首先，从整体来说，法国从拿破仑统治时期开始，形成了大区、省和市镇三级行政建制。其中，大区是最大的行政区划单元，由大区委员会进行管理，大区议会则主要负责经济和社会领域的大多数事务的管理和财政拨款。每一个大区设有一个大区议长，是大区的最高行政首脑，由中央内政部长和总理提名，经部长会议讨论通过，由总统颁布法令任命。"省"是比大区低一级别的行政单位，与我国"省"的概念相差较大。省级行政单元设有省议会和省长，负责卫生和社会行动，农村公共服务设施、省内公路和投资等。市镇是法国最小的行政单元，设有镇议会，履行公共管理、设区服务、乡村治理等职能，人口规模一般不超过3万人。1955年，法国设立巴黎大区，下辖塞纳省、塞纳瓦兹省、塞纳马恩省3个省。当时的巴黎市属于塞纳省的一部分，行政权限极其有限。1964年，法国开始对大巴黎地区进行行政区划调整，撤销了原有的塞纳省和塞纳瓦兹省，在这两个省的行政区域内重新组建了巴黎市和6个新省。其中，巴黎市相对独立于6个新设立的省之外，成为一个同时拥有省级、市镇级行政职权的单元，由此使得巴黎市作为大巴黎地区的中心地位得以确立。在行政体制管理模式上，巴黎实现的是"强市弱区"制。巴黎市长负责规划和交通等建设事项，巴黎市政厅负责管理社会住宅和教育职责。相比之下，区级政府权力极其有限，需接受市长和省长的指导与监督。

对巴黎都市圈而言，目前仍然存在分歧。除105km²的巴黎市外，还有巴黎小圈（Petite Couronne）、巴黎大圈（Métropole du Grand Paris）、巴黎城市区域（Aire Urbaine de Paris）和巴黎大区（Île-de-France）等不同空间尺度的概念。目前，得到较多认同且拥有较长发展的是巴黎大区（又称法兰西岛大区），即法国本土中的13个大区之一，总面积12012km²，覆盖人口达1214万人，该大区以巴黎市为中心，是拥有行政单元和功能地域双重身份的都市圈。大区的主要职能是协调区内跨省的相关事务，并负责大区的战略规划。

虽然巴黎大区在1976年才正式成立，但是在巴黎大区成立之前，法国政府就已经开始从巴黎及其周边地区进行统筹规划。1934年，由规划师亨利·普洛斯特编制的第一步巴黎地区规划——《巴黎地区空间规划》（PROST）公布，旨在对巴黎市的郊区蔓延加以管控。该规划以巴黎圣母院为中心，对其方圆35km内的道路结构、绿色空间、城市建设三个方面进行了详尽的设计。但该规划在1939年批准后却遇到第二次世界大战开始，规划基本没能够得到落实。二战之后，法国于1956年批准了《巴黎地区国土开发计划》（PARP），该规划几乎沿袭了之前1939年规划的内容，提出加速快速轨道交通网（RER）的建设。1960年制定的《巴黎地区区域开发与空间组织计划》（PADOG）首次提出将新城作为平衡巴黎中心区人口和就业的主要方式，试图通过改造和建立新的城市发展核心，鼓励巴黎地区周边城市适度发展，分解巴黎中心城区过度集聚的压力。1965年出台的《巴黎地区国土开发与城市规划指导纲要》（SDAURP）被认为是巴黎区域规划从质量向质量、数量并重发展的转折点。在空间布局上，明确了巴黎周边5座新城建设的位置，以容纳新的人口、就业及新的建设项目。然而，从1965年开始，法国人口出生率开始出现明显下降，这一变化是制定规划的专家们所没有预见到的。于是，1976年法国政府对规划纲要进行了修正。此后，随着经济全球化的发展，巴黎经济和就业结构出现重大变化。针对这些挑战，1994年巴黎大区政府对纲要进行了再次修订，规划也不在以疏解巴黎中心城区人口、建设多中心城市空间结构为目标，而是将推动经济转型、促进巴黎市城市更新设为规划的侧重点。2014年，巴黎大区最新的规划《巴黎大区战略规划2030》正式获批，面对新的发展环境，新制定的规划提出了诸多应对区域团结、气候变化、社会经济稳定三大挑战的空间策略，并提出加强巴黎大区的主导功能作为核心目标（图3-7）。

值得一提的是，在经历了长达8年的讨论和推动下，一个介于巴黎市和大巴黎大区之间的更具功能地域的行政单元——巴黎大都会（Métropole du Grand Paris）于2016年正式成立（图3-8），这个旨在通过建立一个新的大都市管理行政主体来促进巴黎发展的想法成为现实。目前，已通过当地选举的方式产生了由209位议员与1位主席组成的巴黎大都会委员会，将逐步承担起巴黎大都会区房屋建设、环境保护、城市规划、交通基础设施建设等事务。

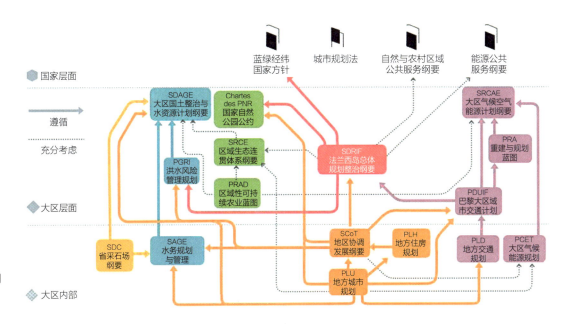

图3-7 巴黎大区规划体系构建
图片来源：作者自绘。

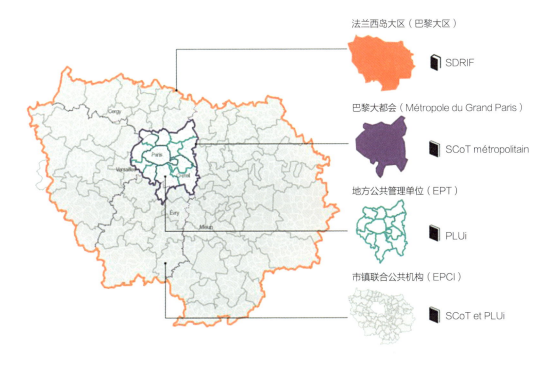

图3-8 巴黎大都会行政范围示意图
图片来源：作者自绘。

3.1.6 整体对比

整体而言，国内外大都市圈大致可分为三个圈层的空间治理层级（图3-9、表3-4）。第一圈层为中心城区，是大都市圈中的核心功能区，也是中心城市发展的初始形态；随着城市的进一步扩展和人口的增加，在中心城市周围出现了若干个中小城市，并与中心城市之间形成了紧密的联系的第二圈层，其中以通勤联系最具代表，半径大小依中心城市的能级和人口承载量不同而具有差异，一般在50～60km范围内；第三圈层是介于经济地域和功能地域之间的一个层级，城市之间的联系不仅表现在通勤，还包括经济、文化、生态等多种联系上。在这个层级中，治理模式不再以实体的政府机构出现，更多地是以政府领导小组、区域协会、政府联络小组来进行大都市圈内跨行政区的统筹合作。

图3-9 同一尺度下国内外都市圈对比
图片来源：文献[13]。

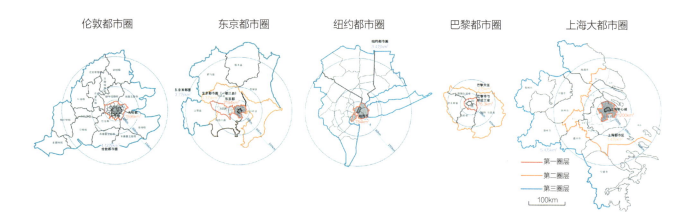

国内外都市圈三个圈层关键指标统计　　　　表3-4

		伦敦都市圈	东京都市圈	巴黎都市圈	纽约都市圈	上海大都市圈
第一圈层		内伦敦	东京都	巴黎市	纽约市	主城区
	半径	10～20km	20～30km	5km	20～30km	20～25km
	面积	319km²	2194km²	105km²	784km²	1161km²
	人口	323万人	1378万人	215万人	862万人	1447万人
	行政	自治市集合	一级行政区	省	市	市区
第二圈层		大伦敦	东京都市圈	巴黎大都会		上海市
	半径	20～30km	50～60km	20～30km		40～60km
	面积	1596km²	13373km²	763km²	—	6340km²
	人口	883万人	3530万人	534万人		2424万人
	行政	大伦敦政府	联席会议	大都会委员会		上海市政府
第三圈层		英格兰东南部	首都圈	巴黎大区	纽约都市区	上海大都市圈
	半径	120km	120km	50～60km	120km	120km
	面积	41297km²	36900km²	12012km²	33700km²	56000km²
	人口	2000万人	4240万人	1100万人	2300万人	7070万人
	行政	联络小组	联席会议+法案	大区政府	区域规划协会	领导小组

资料来源：作者自绘。

结合中国国情，大到直辖市如上海、北京，小到一些地级市如苏州、佛山等，市辖区自身的地理面积、人口规模等已经与国外的都市区或都市圈体量相当。横向来看，我国城市的市辖区并不等同于国外的城市概念，而在实际意义上更接近于英国的大伦敦（Greater London）这种特殊的区域治理特设行政区，或在范围上比国外城市的都市区（Metropolitan Areas）更大。相比于国外大都市圈，上海大都市圈的地域面积最大，覆盖人口也最多。这与我国城市市域面积较大和人口较多相关。在空间尺度上，与日本、伦敦、纽约大都市圈相近，约为120km，但在协调机制上，上海大都市圈仍然处于初级探索阶段。因此，总结国外都市圈，特别是日本首都圈、美国纽约都市圈跨行政区治理模式的成功经验，同时结合上海大都市圈自身的特点来进行案例分析，对上海大都市圈的未来建设具有重要意义。

3.2 全球城市区域理论与发展演变趋势

3.2.1 一个新的城镇体系研究框架

关于城镇体系空间布局的研究由来已久。早在18世纪，欧洲古典经济学家如康提隆、密斯、毕什等就开始探讨并论述过运费、距离等因素对工业分布的影响。19世纪20年代，由杜伦（J.H.Von Thünen）完成的《孤立国同农业和国民经济的关系》一书中，首次将经济活动与地理区位相结合讨论，提出农业区位理论，由此开启了古典区位理论的研究探索。1909年，韦伯（Weber）出版了其著名著作《工业区位论：区位的纯理论》，首次提出工业区位论，以特定的经济活动选址逻辑，特别是最小劳动成本和区位成本为重要因子，以三个阶段演绎的方式构建了系统性的工业区位理论。20世纪30年代，德国地理学者沃尔特·克里斯塔勒（Walter Christaller）通过对德国南部聚落和市场区位的研究，提出了著名的"中心地理论"。其以均质平原和理性经济人为假设条件，解释了城镇体系的空间结构会受到市场、交通和行政三个原则的影响而形成不同的系统。克里斯塔勒还探讨了在一定区域内城镇等级、规模、数量、职能间关系及其空间结构的规律性，并采用六边形图式对城镇等级与规模关系加以概况。他认为在不同的原则支配下，中心地网络呈现不同的结构，而且中心地和服务范围大小的等级顺序有着严格的规定，可排列成有规则的、严密的系列。此后，美国经济学家阿隆索的竞租模型是新古典城市区位理论的又一个里程碑。在其著作《区位与土地利用：关于地租的一般理论》中将土地使用、地租价格、空间距离进行综合分析，并突破了原有古典区位理论强调农业、工业分布的局限，引入城市商业功能，用地租竞价曲线来分析城市土地使用模式的市场作用，从根本上解释了城市空间利用的基本规律。

20世纪50年代，城镇体系相关研究的空间范围伴随着二战后城市化的蓬勃发展得到扩展，研究也逐渐以更加动态的视角开始分析在非均质空间和人类活动非完全理性的更加真实的条件下，城市和城镇体系的空间结构呈现何种规律。法国经济学家弗朗索瓦·佩鲁（Francois Perroux）的"增长极"理论就是其中之一，他认为经济增长是在抽象的"经济空间"上，在不同的部门、行业或地区按不同的速度不平衡增长。一些"推进型产业"（主导产业）和有创新能力的企业在某些城市或地区聚集发展而形成类似"磁场极"的具有生产中心、金融中心、服务中心等多种功能的经济活动中心。这种"磁场极"具有一定的向心力和离心力，能够产生吸引和辐射作用，从而形成区域经济和区域网络。一方面它能带来自身的不断发展壮大，另一方面又可以推动其他地区和部门的发展。1957年，瑞典经济学家冈纳·缪尔达尔（Gunnar Myrdal）在增长极理论的基础上，提出"循环累积因果理论"下的"扩散效应"和"回波效应"两种概念，以阐释经济发达地区与落后地区之间的复杂相变过程。"回波效应"是指落后地区的资金、劳动力等经济要素向发达地区流动，导致落后地区要素不足，发展更加缓慢，从而引发区域间发展不平衡加剧的恶性循环；"扩散效应"是指发达地区的资金和劳动力等经济要素向落后地区流动，带动和促进落后地区的发展，从而引发区域间发展趋于平衡的良性循环。他特别指出要恰当地掌握"回波效应"与"扩散效应"之间的适时转换，在追求"增长极"经济长足发展的同时，尽可能带动落后地区的发展，减少区域间的经济社会发展不平衡。这种理论观点也深刻影响了后来的美国区域规划专家约翰·弗里德曼（John Friedmann），在其1966年出版的《区域发展政策》一书中提出了"中心—外围理论"，以更加鲜明的方式表述了区域之间不对等的发展特质。中心对外围之所以能够产生统治作用，原因在于中心与外围之间的贸易不平等，经济权利因素集中在中心，并且技术进步、高效的生产活动，以及生产的创新等也有集中在中心。对于外围而言，中心对它们的发展产生压力。如中心工资水平的提高，就会使外围面临相应地提高工资水平的压力，或者是被迫增加出口来弥补进口增长所造成的资金压力。

20世纪80年代以来，随着经济全球化发展步伐加快，信息科技技术取得不断突破。以发达国家为首的城镇体系呈现出不同于以往的演变趋势。在信息化和全球经济一体化的影响下，城市和区域呈现出比以往都复杂的空间形态和联系网络。在空间上，它表现为一种从超大中心城市向多中心的城市化区域的扩散与集聚现象。在功能上，它由不同产业职能、生产网络、组织平台紧密联系，并以高速公路、高度铁路和信息通信网络等基础设施作为支撑。这种现象被社会学家纽尔·卡斯特尔（Manuel Castells）称之为"流动空间"（Space of Flow）。毫不夸张地说，这是在21世纪才出现的新的城市形态。

3.2.2 从全球城市到全球城市区域

1. 时代背景与概念提出

全球化其实并不是20世纪才出现的新的现象，古希腊的雅典和文艺复兴时期的佛罗伦萨都是在它们那个时代的世界城市。1915年，英国城市和区域规划大师帕特里克·格迪斯（Patrick Geddes）在其所著的《进化中的城市》（Cities in Evolution）一书中，首次明确提出"世界城市"这一名词，代指那些"世界最重要的商务活动绝大部分都须在其中进行的那些城市"。但真正最早开始对现代世界城市进行研究的是英国城市规划教授彼得·霍尔（Peter Hall），在他所著的《世界城市》（The World Cities）一书中，分别从政治、贸易、通信设施、金融、文化、技术和等教育等多个方面对伦敦、巴黎、兰斯塔德、莱茵鲁尔、莫斯科、纽约、东京7个城市进行了综合研究，发现世界正出现一批具有高度国际化的城市群体，它们可能并非是所在国家的首都，但承担着所在国家参与国际交流活动的平台性场所，但霍尔的研究并没有回答世界城市形成背后的机制与影响，只是提出了衡量世界城市的7条界定标准。

20世纪60年代以后，西方跨国公司迅猛发展，其中金融业和制造业是最主要的代表。在1914年以前，伦敦只拥有30家外国银行，两次大战期间又有19家新的银行进入，而到了1970年，增加了183家，20世纪80年代前半期增加了115家。从1914~1985年，外国银行在伦敦的增长超过了14倍。跨国公司在全球范围内的所向披靡，带动了资金、技术、劳务、商品在世界范围内的流动，极大地推动了贸易自由化和金融自由化的发展。这种跨越国家直接投资的现象最早被美国经济学家史蒂芬·海默（Stephen Hymer）所系统地研究，他对跨国企业的定义是："放眼整个世界以建立企业战略的企业"。那些大型跨国企业，将负责经营战略的中枢职能机构集中在特定的城市，生产据点则设在世界劳动成本低廉的发展中国家。这实现了世界城市研究的"经济转向"，也为此后世界城市的金字塔结构体系提供了度量的基本方法。除跨国公司的设立外，另一个重要的转变来自国际劳动地域分工领域。福禄贝尔（Forbel）把20世纪60年代以来的国际劳工分工称之为新国家劳动分工（the new international division of labor）。新国家劳动分工不同于以往殖民时期的国际劳动分工，它是以劳动密集型制造业向发展中国家转移为代表，重构了发展中国家与发达国家的生产关系。在城市层面，则体现为以世界城市为依托的生产与控制的等级体系，世界城市已不局限于霍尔所提出的平台性功能，而是成为一种实现资本扩张与升级的载体和途径。

2. 世界城市：全球化的结果

这两种解释深刻影响到了之后被称之为世界城市概念提出者的弗里德曼。1986年，弗里德曼在《环境和变化》杂志上发表了《世界城市假说》一文，并提出了七大著名论断和假说，也成为世界城市理论的奠基石。这七个假说分别为：①一个城市与世界经济的融合形式和程度以及它在新国际劳动地域分工中所担当的职能，将决定该城市的任何结构转型；②世界范围内的主要城市均是全球资本用来组织和协调其生产和市场的基点，由此导致的各种联系使世界城市成为一个复杂的空间等级体系；③世界城市的全球控制功能直接反映在其生产和就业结构及活力上；④世界城市是国际资本汇集的主要地点；⑤世界城市是大量国内和国际移民的目的地；⑥世界城市集中体现资本主义的主要矛盾以及空间与阶级的两极分化；⑦世界城市的增长所产生的社会成本可能超越政府财政负担能力。弗里德曼认为，现代意义上的世界城市是全球经济系统的中枢或者组织节点，它集中了控制和指挥着世界经济的各种战略性功能。为此，在他的论文中，他着重研究了世界城市的等级层级结构，并对世界城市进行了分级（图3-10），这为世界城市提供了一个基本的理论和方法框架，并开辟了一个关于城市体系的全新研究领域（图3-10）。

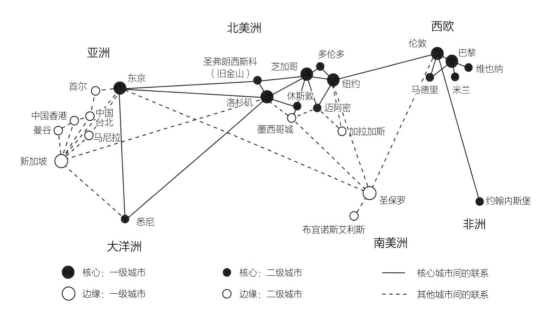

图3-10 弗里德曼勾勒的世界城市等级体系
图片来源：作者自绘。

3. 全球城市：中介平台与信息社会

1991年，萨斯基娅·萨森（Saskia Sassen）在弗里德曼世界城市的基础上，发表了《全球城市——纽约、伦敦、东京》一书，将跨国公司聚焦于先进生产性服务业（Advanced Producer Service[①]），这是对资本主义世界经济逐渐进入后工业时代的一种研究对象更新和明确。同时，它融入网络社会的流动空间理论，正式地提出了全球城市的概念。在她的论述中，开始强调全球城市作为生产场所的角色，并且把控制与指挥功能抽象化，而不是作为一个权力中心。在她的全球城市概念中，全球城市的核心功能体现在城市的CBD之中，即各种先进生产性服务业集聚的地方。背后的原因在于当跨国公司走向全球后，跨国企业需要一整套诸如法律服务、会计服务等专业服务作为支撑，而这种服务无法在以往的跨国公司内部完成，只能寻求全球城市所拥有的能够连接世界和本地的专业化部门或企业的帮助，而这也就是全球城市中介平台功能的根源所在，它的本质是巨量的新类型商业运行空间选址于一些特定城市，以响应企业全球运营的新型需求。萨森还指出，传统上，人们会认为国家政府才具有全球行为主体权力，但在如今的全球化时代，全球城市可以直接作为各全球的行为主体（企业、人才、知识流动等）集聚地，且作用能力超过了国家。以往通过外交手段来治理国际间的经济交往活动的方式被复杂、多元、开放的城市运行体系所替代，由此让全球城市能够也必须不断与时俱进、吸纳新的发展机遇，去除过时的规制。为了对全球城市假说进行验证，萨森还通过对比纽约、伦敦、东京与其他世界主要城市在国际资本与跨国公司方面的情况，进一步论证了关于全球城市功能集中在特定城市的现象。

除全球化外，20世纪80年代还有一个重要的变革来自信息技术革命和高科技产业的蓬勃发展，这一点其实已经在萨森的全球城市中得到论述，但更为系统全面的研究来自西班牙社会学家曼纽尔·卡斯特尔（Manuel Castells）以及他著名的"流动空间"理论。当时已经由法国迁居到美国定居的卡斯特尔目睹了以硅谷为代表的全球信息技术发展，在这个过程中，城市边界开始变得模糊不清，由信息网路构成的信息空间极大地改变着原有的城市结构与发展模式。卡斯特尔在1989年出版的《信息化城市》以及1996~1998年出版的"信息时代三部曲"——《网络社会的崛起》《认同的力量》《千年终结》等著作汇总集中阐述了他的流动空间理论。在卡斯特尔看来，在20世纪80年代西方资本主义开始普遍进入资本主义生产方式的重组的背景下，信息化所创造的网络技术使生产中由社会和空间决定的关系被转化为信息流，为新的灵活生产与管理体系的相互联系提供了组织基础。信息技术与经济形态的重组过程使得新的社会形态和新的空间得以产生，最终形成一个高度动态、全面开放和无限扩张的社会系统，卡斯特尔把他称之为"网络社会"。它把资本、管理与信息通过各种节点以实时网络的形式功能性地连接，而作为一种全新的社会模式，它使得经济行为全球化、组织形式网络化、工作方式灵活化、职业结构两极化、文化生活碎片化。在卡斯特尔的网络社会中，流动是主导性活动，包含资本流动、信息流动、技术流动、组织性互动的流动，因而支撑这种流动的空间形式也应该是流动的，即"流动空间"。卡斯特尔把"流动空间"定义为"通过流动而运作的共享时间之社会实践的物质组织"，而共享时间之社会实践则是指"空间把在同一时间里并存的实践集聚起来"。按照卡斯特尔的理解，流动空间作为网络社会特有的空间形式，由三个层次共同构成：一是电子通信

[①] 银行、投行、保险、会计师事务所、律师事务所、商业咨询公司、广告公司等高附加值生产性服务业的统称。

网络；二是各种指导性节点、生产基地或交换中心；三是占支配地位的管理精英的空间组织。总的来说，卡斯特尔的流动空间是一个以信息网络为基础，以特定城市（特别是全球城市）为终端节点，以社会精英为主导的空间形式，它既没有清晰的中心与边界，也没有固定的边界与形状，是一个随着节点的变化时而扩张时而收缩，一旦停止流动就无法存在的拓扑空间。

作为"流动空间"的对立面，"地方空间"也得到了卡斯特尔的讨论，他认为地方空间是一个"形式、功能与意义都自我包容于物理临近性之界限的地域"，是人们传统意义上日常生活、具有身份认同的物理空间。卡斯特尔首先承认，流动空间虽然依附于信息网络，但并非与地方相互脱离，而是以特定的地方作为它的节点或核心，从而和其他地方相连。同时，流动空间也并非已经渗透到人们的生活生产的全部领域，绝大多数人，即使是生活在全球城市顶端的人群，其感知到的空间还是以地方为基础的空间。但问题是"由于我们社会的功能和权利是在流动空间里组织的，其逻辑的结构性支配根本地改变了地方的内涵与形态"。换句话说，在网络社会中，没有地方是自在自存的，而城市与城市之间的距离在以光速运行的信息运行特征中，让网络各节点的距离总是在零与无穷大之间变化，这种网络结构使得以金融资本为首的生产活动能够迅速地集聚到资本累计的特定中心。与此同时，生产活动却越来越分散于形式多变的拓扑地形中，劳工组织片段化、集体行动区隔化，即由一个集中的实体变为差别极大的多数个体。这对于城市结构而言同样如此，原有的有形边界城市逐渐消失，城市的界限变得模糊不清，市民、地方、活动虽未消失，但它们的结构性意义已经瓦解，流动空间虽未取代地方空间，但却越来越成为统治性的空间。

21世纪以来，由英国拉夫堡大学彼得·泰勒（Peter Taylor）领导"全球化和世界城市"（GaWC）研究团队基于卡斯特尔的理论，在弗里德曼世界城市和萨森全球城市相关概念的基础之上，提出"世界城市网络"（World City Network）的概念，其中最广为人知的成果就是《世界城市名册》。相比于原有世界城市或全球城市采用静态属性数据的测度方法，泰勒的世界城市网络更加注重世界城市的"关系特质"。该研究团队以175家先进生产性服务业公司[①]在世界各大城市中的办公网络为指标，对世界许多城市进行排名，评估指标并不包括直接的GDP和制造业产值等。在2005年一项总结性研究中，泰勒提出了一个重要的发现，即世界城市网络存在区域性特征，那些拥有更高等级的世界城市通常具有更多的人口和广袤的腹地，并围绕着众多拉夫堡团队所说的"具有形成世界城市迹象的城市"。

（1）全球城市区域的理论

这个发现很快得到了以艾伦·J. 斯科特（Allen J. Scott）、苏贾（Ed Soja）和迈克尔·史托普（Michael Storper）为代表人物的洛杉矶学派的肯定。它们认为全球城市的形成与周边区域的发展密切相关，并在此基础上，提出了"全球城市区域"（Global City-Region）的概念，他们认为全球城市区域不是简单的全球城市+区域的拼凑，而是拥有十分丰富的内涵，这种内涵联系不仅体现在先进服务业集聚的中心，更是先进制造业、信息服务业、文化产业等新经济发达的区域。关于这一论点，斯科特补充到，以数字科技和高技能知识性劳动力为基础的新资本主义体系是21世纪后由科技创新引发的经济形态重构，他将此定义为"认知文化经济"（cognitive-cultural economy），是包含信息经济、网络资本主

---

① 包括75家银行/金融/保险企业、25家会计师事务所、25家律师事务所、25家广告企业和25家管理咨询企业。

义、创意经济等新经济的总称,而洛杉矶、硅谷是这一新经济的典型代表。这让世界城市的边缘地区,形成了一系列富有活力的新产业空间,在空间上表现为"集中式分散"的复杂过程,在功能上则是一种既有竞争也有互补的复杂联系网络。此外,斯科特特别强调了一种"空隙空间"的概念,这种空隙空间不是传统的乡村空间,也不是周边中小城市,而是围绕在中心城市周边,拥有良好自然环境背景与区位重要性的空白地带,它们成为这轮新经济的重要空间载体[1](表3-5)。

世界城市到全球城市区域相关概念总结　　表3-5

	世界城市 (World City)	全球城市 (Global City)	流动空间 (The Flow of Space)	全球城市区域 (Global City-region)
代表人物	Friedmann	Sassen	Castells	Scott等
时间	1982	1991	1996	2000
时代背景	20世纪60~70年代全球化兴起,传统的地理世界与空间被压缩,跨国公司开始对外扩张	20世纪80年代新自由主义在英美兴起,金融等先进生产服务业成为现代经济的核心	第三次科技革命,信息技术和现代通信技术的大发展推动了经济、政治、文化的全球化	后工业化时代性经济产业崛起,除先进服务业外,先进制造业、信息服务业、文化产业等新经济出现
主要理论贡献	世界城市是全球经济的控制中心,没有世界城市的存在,全球经济体系的建立和联系将无法实现。推测了世界城市等级存在的可能性,并分析他们在资本主义世界的全球影响和控制	先进生产性服务业不断在主要城市的CBD产生集聚经济,这些城市成为全球经济体系的控制和协调中心。全球城市不仅是人才集聚的地方而且是制造人才和创新的地方	城市化和信息化改变了人与城市空间的关系,一些大都市区逐渐形成,信息化通过一些节点城市是全球的都市区域联系起来,形成网络和流动的空间	引入了全球城市和新区域主义的理论,强调了区域对全球化的理解,以及认知文化经济对城市发展的重要作用,比如现代制造业、高科技行业、创意文化产业等

(2)全球城市区域的特征

在欧盟委员会的资助下,由霍尔与凯西·佩因(Kathy Pain)领导的"多中心网络"(POLYNET)课题小组对欧洲8个多中心欧洲巨型城市地区(MCR: Mega-city Region):英格兰东南部、兰斯塔德、比利时中部、莱茵—鲁尔地区、莱茵/美茵、瑞士北部、巴黎地区和大都柏林开展了的大量的实证研究。该研究建立在上述讨论的学者们的理念基础之上,研究聚焦于大都市区的"多中心"结构和"网络"议题,通过分析联系性的商务旅行、电话、会议和电子邮件等,来直接测量执行者和管理者之间的信息流,以此探索公司内部及其之间的真实联系,考察先进生产服务及其个体成员的组织状况。最终的研究证实了每个大都市区各自的复杂性和多样性,其中最重要的共性特征有:

1)首位城市,即中心城市的作用是独一无二的,每个巨型城市区域中只有一个城市可以成为全球高端生产性服务业的"首位城市"。

2)次级中心也相当重要,区域网络中的机构尤其是会计机构在巨型城市区域的次级中心广泛分布,物流业也有着清晰且巨大的服务业务空间。

3)除了英国东南部巨型城市区域外,其他7个巨型城市地区的横向联系其实并不足,在巨型城市区域内部城市之间的功能性联系证据有限。

4)全球化发挥着关键性作用,它不断刺激着合并、重构和专业化,而行业管理和国

---
[1] 国内有学者认为杭州西溪湿地以西的大城西地区的阿里巴巴总部便属于这种类型,它的入驻彻底突破了以往的企业倾向于核心商务区的选址原则,也改变了这一地区原来的乡村式的空间利用模式。

家法律法规在减少国际贸易壁垒过程中发挥着核心作用。

5)发生在"首位城市"的集聚现象依旧旺盛,对大多数全球性公司来说,巨型城市区域范围内的"首位城市"依旧是他们优先考虑的对象。

参考"多中心网络"(POLYNET)课题小组对欧洲巨型城市地区的特征研究,结合霍尔、Meijers、马学广等学者的研究,在此梳理出全球城市区域的主要特征。在不同规模尺度上,都市区、都市圈、全球城市区域在不同时期、不同地区、不同的应用语境下有着不同的表述(表3-6),尽管在来源与概念上有所区分,但是三者皆为城市功能在空间上一定程度的延展,拥有在不同国家和地区的典型治理实践,对于跨行政区治理模式的探究有所助益。全球城市区域的共性此处总结为五点:多中心与网络化;门户性与连通性;要素流动性;互补性;多元文化认同性。

都市区、都市圈、全球城市区域概念横向比较　　　　表3-6

		都市区	都市圈	全球城市区域
共同点		城市功能在空间上的延展; 体现城市功能升级、产业扩散、经济空间的紧密关联;		
不同点	时期	20世纪	20世纪	21世纪
	起源	美国、欧洲	日本	美国、欧洲
	背景	城市化	城市化、经济全球化	城市化、经济全球化、新自由主义、认知文化经济
	区域核心	"首位城市"(大城市或特大城市、不一定具有全球城市功能)	"首位城市"及次中心城市(不一定具有全球城市功能)	全球城市(具有全球城市功能)
	空间联系	通勤(统一的劳动力市场和住房市场)	一体化(要素生产、基础设施、产业发展等)、圈层状结构布局	广泛的、内在的社会经济联系
	空间结构	一个核心行政主体	两个或多个行政主体	多中心、网络化格局

资料来源:作者自绘。

(3)多中心与网络化

多中心全球城市区域基于去中心化的城镇体系,内部权力分散至各个节点,各节点在保持相对独立性的同时,在城市功能升级、产业扩散、经济空间等方面深度耦合(图3-11)。在城市区域范围内,除了全球城市,次级中心也相当重要,区域网络中的机构尤其是会计机构在巨型城市区域的次级中心广泛分布,物流业也有着清晰且巨大的服务业务空间。探索建立多中心、网络化、跨越行政区的治理体制,形成网络化的都市圈格局,是破解当前中国城市治理过度依赖行政管理的可行路径,建设现代化都市圈的切入点是完善城市空间结构。

(4)门户性与连通性

连通性的核心首先是进入网络,即门户性,继而建立连接推动资源、信息的流通。全球城市区域中的全球城市具有强大的外部可进入性,通常拥有庞大的港口、航空港。节点之间资源信息流动的规模水平、频繁和密集程度决定了节点在全球政治经济中的地位。尽管所有机场都能有效地将人或物从A点转移到B点,但特定位置在全球网络中起着至关重要的作用。官方航空指南(Official Airline Guide,OAG)创建的Megahubs国际索引有助于了解全球城市区域的门户性与连通性(图3-12)。伦敦希思罗机场(London Heathrow)

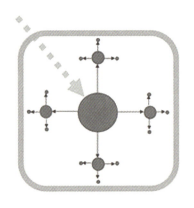 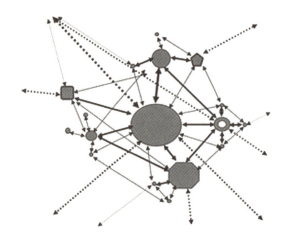

图3-11 传统城镇体系结构与多中心全球城市区域对比
图片来源：作者自绘。

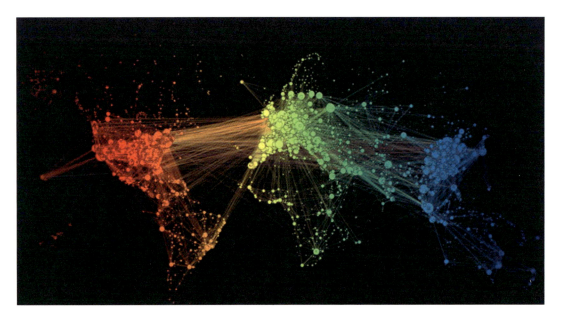

图3-12 全球机场连通性
图片来源：openflights.org 2016。

是在国际连通性方面首屈一指的重量级机场，仅在2017年，伦敦希思罗机场就运送了惊人的7800万人次旅客和170万吨货物。新加坡的樟宜机场和哥伦比亚的埃尔多拉多国际机场分别是亚太地区和南美地区门户性与连通性最强的机场。除了对外的门户体系如航空港、港口等，全球城市区域网络内部高度复合化、立体化的交通设施网络与枢纽布局，同样能够有力提升门户性与连通性。

（5）要素流动性：信息时代的创新要素聚集与分散

交通基础设施和信息基础设施巩固了"首位城市"的门户作用，也为区域内外的人员提供了更多交流的机会。霍尔（2006）认为全球城市区域不单是形态上的区域连绵，同样关注城市间人流、经济流、信息流的关联度。从形态走向功能地理的欧洲实证研究发现，多中心网络化巨型区域需要依托"互联网+"促进消费者价值捕获和要素整合，将移动互联网作为都市圈服务业升级的重要切入点，形成"互联网 + 基础设施""互联网 + 消费""互联网 + 销售"等企业产品，同时为人们的需求提供多维的信息捕获渠道，通过云计算、大数据等数据处理手段有效整合信息资源价值，形成产业集聚与规模经济的新形式。

（6）互补性：多功能协同化、差异化

在全球城市区域网络中，权力更趋向于分散，每个节点都有自己在再生产体系中的角色，节点之间的互补关系比竞争关系更加重要。网络中的个体城市以协作的方式相互关联，使得多中心城市区域整体的效益高出部分之和，产生1+1>2的溢出效应。区域性办公机构与地方或次区域的市场相联系，区域层面的整合政策是必要的，它能有助于建立城市间的互补关系，而不是竞争关系，逐步建立互补性的发展格局。Meijers（2005）提出了协同性的三种机制：合作、互补和外部性。其中互补是指城市在经济职能、设施布局、商业与居住的区域需求等产生的纵向合作，这种合作会产生网络内的融合性，强化节点之间的依赖性。

（7）多元文化认同性

即使是在包含两个或多个行政主体的都市圈，仍然存在占据相对优势地位的"首位城市"，而高技能人才总是趋向于在"首位城市"中集聚，高科技公司的选址也往往取决于公司雇员的居住地。"第三空间"（the Third Space）为人们在居住和工作空间之外发展非功利性社会关系提供了理想场所，是城市繁荣活力的热力点。而城市的"活力"对高端生产性服务业公司的选址至关重要，"活力"不仅仅基于理性的经济性标准，而是更多强调有吸引力的城市环境，能够发掘城市自身特点，盘活多元空间与场景，是城市软实力的综合体现。虽然信息网络的使用持续增加，但面对面的交流仍然重要，特别是重大的交流往往需要通过面对面的接触完成。各种形式的交流不断增加，而最强烈、最重要的交流往往发生在巨型城市区域的"首位城市"内部，而这大部分还是通过面对面的方式来完成的。

实证研究结论对全球城市区域的认识至关重要，它一方面证实了高端生产性服务业在核心城市内的进一步集聚，另一方面也指出，集聚已不再像以往那样只发生在城市的CBD地区，对于人才的追逐以及对能够承载一定规模人员的人居环境的更高追求促使高新科创企业开始选址于城市边缘地区[①]，而这对于核心城市而言，已经算得上是一种集中式的分散过程。它与中心城市低等级的服务与生产功能向周边城市转移一起，共同形成了一个复合多中心城市区域结构，或者说"网络的网络"（network of network）结构。在形成机制上，它们依然遵循着中心地理论、地租理论等古典区位论的选址逻辑，但现实情况在交通与通信基础设施的影响下，城市必将走向城市区域，也让城市区域成了一个多重嵌套的复合网络。

在新区域主义的思想中，全球城市区域在全球化和国家发展中的作用变得越来越重要，大都市区会与拥有次级城市中心的腹地区域共同构成大型的城市区域，这也将成为未来全球城市体系的核心构架。这种城市区域的发展包含了趋同性、差异性和多重性，趋同性表现为向心力，差异性表现为本土化的地方特色，多重性表现为相互重叠、彼此渗透和空间的混杂。

而这正如最先提出世界城市概念的弗里德曼在21世纪之后的研究中所承认的，起初的世界城市假设并没有很好地认识到地方力量的重要性、历史塑造城市生活和形式的力量以及地方政治的职能，而这些对于全球城市区域而言，都具有不可替代的意义。即使是对于那些处在全球体系顶端的城市，如巴黎、伦敦、纽约、东京等城市，虽然他们之间也许拥有许多相同之处（如庞大的航空港、繁忙的城市中心），但如果进一步观察，就会发现其

---

① 如伦敦的金丝雀码头、巴黎的拉·德方斯、东京的新宿区、北京的望京与上地、杭州的阿里巴巴总部。

间存在许多显著区别。因此，城市研究者在对城市发展的社会空间领域进行分析时，不能再将城市中心视为一个独立的单元，而必须深刻理解它与其他城市在国家或全球层面的特殊联系。城市的塑造不仅源于全球经济，还包括地方历史、文化和社会的力量。

值得一提的是，近年来西方学术界对由于全球城市出现而造成的社会负面影响开始受到越来越多人的关注，高端生产性服务业的集聚与提升也让大量低技能劳务工作者成为弱势群体，最终导致"驱逐""不满"与"分化"现象。在斯科特的最新研究中，他发现2000~2010年，美国大都市区中认识—文化经济相关从业人员增长了11.2%，而低端服务业的就业增大达到20%，相当一部分社会群体正被涌现出的新经济形态所隔离和忽视。此外，尽管卡斯特尔的网络社会理论和流动空间概念对于世界城市体系的研究产生了重要影响，但由于"流"难以测度，目前缺乏足够多的数据支持，受到许多学者的争议，被称为实证研究的"贫乏"。

3.2.3 全球城市区域的空间治理体系

全球城市区域发展的核心目的在于提升城市区域的生活质量，同时着意于打造多中心功能整合的空间结构和构建多中心、多层次的区域治理机制。全球城市区域作为跨行政区的一种重要空间组织形式，需要体系化、深度整合的空间治理思路与途径，对于我国都市圈层面的跨区域治理有着重要借鉴作用。国内外理论研究与国外大都市跨行政区治理典型案例可归纳为以下五点战略途径。

1. 政策制度与分区途径

空间治理始终聚焦于空间资源的规范有序开发和合理高效利用，作为政策性工具，政策分区为不同类型的地区赋予差异化的发展政策指引。在控制区域战略性空间资源配置的同时，给予地方充分的发展自主权。例如英国《东南区区域规划指引》根据地区的经济发展水平和面临的问题，将英国东南部分为五大区域：大伦敦地区、泰晤士门户区、经济复兴优先区、西部政策区、潜在增长区。同时该指引对各个区的区域发展提出了具体的规划指引，如对开发商与各地机构进行合作的发展规划、交通规划等。

空间治理，尤其是跨行政区空间治理，为解决区域内的共同问题，协调维护公共利益，需要在市场作用之外，通过强制性或辅助性政策对区域内的空间资源进行合理的优化配置。从体制机制入手，选择符合国情的空间治理方式继而完善产业发展政策、财政税收政策、区域环境政策等政策体系，是实现跨行政区空间治理目标的制度性保障（表3-7）。

全球城市区域空间治理可选择的方式　　　　表3-7

城市区域治理方式		说明
集权	兼并	在新郊区发展并兼并 与已建成区兼并
集权	合并	城市与周围郊区合并 两个及以上相邻的城市合并 城市与县的合并
分权	两层次城市区政府	直接或间接由选举产生
分权	区域行政当局与协调机构	单一的多功能行政当局或其他机构 专门的服务行政当局或其他机构

续表

	城市区域治理方式	说明
分权	业务功能整合	向高层次政府集中 向外部服务机构集中
	省、州的鼓励性发展区域	中央鼓励成立的单目标区域机构 省、州规划和发展区
	单一目的的特区政府	地方间的合作协议
	区域之间的联盟	无权威性的区域会议
	私营化	所有功能的私有化

资料来源：文献［52］。

如前文中提到的，美国在"强市长、强州长式"的治理模式下，民众不愿意在州级与市级政府间再新增一级区域级政府，不同地区根据实际情况会采取不同的跨区域治理方式：一种方法是"集权"，区域内实力较强的大城市兼并或合并周边关系紧密地区，新市县边界重合，政府可以调整区划（zoning），如佛罗里达州的杰克逊维尔市、得克萨斯州的休斯敦市；更常见的做法是"分权"，成立区域层级的规划机构——政府联合会（COG），负责政府间的沟通协调问题、区域交通运输专项规划与协调，各地区间以横向、纵向合作相结合的方式灵活探求解决之道。在注重行政改革的同时，兼顾政府与政府之间、政府与市场之间、政府与社会之间的双边与多边关系，由原先的管理走向体系化的空间治理。

跨行政边界的全球城市区域治理目标的实现，水平方向上需要各部门之间的合作，垂直方向上需要各层级公共管理部门之间的纵向协调与对公私资源和目标的整合。全球城市区域多中心、扁平化的组织形态要求公共、私营、各方利益相关者参与到治理过程中，具体的组织协调方式包括：设立区域协调机制，通过签订具有双边或多边约束力的行政契约、法律协定等协调彼此合作；设立专门协调会组织协调区域性管理事宜；设立城市区域级政府，区分城市区域级与地方级政府各自的权责范围，促进城市区域公共事务管理权限的转移，在尊重地方政府的权力前提下，对传统行政管理体制进行有效补充；同时设立健全的市民、商会团体等参与机制，以形成强自下而上的城市区域治理体系的强大基石。

私营部门已成为都市圈政策的主导领域之一，政府已不能简单地决定都市圈的发展与增长速度。都市圈的发展以及由此产生的对政策协调的需求，是由通过经济、社会和文化网络运作的全球力量共同决定的。经济功能网络，国际移徙的社会形态和国际文化活动网络存在许多不平衡和层级分化。均匀和谐的空间秩序模型，例如以"多中心平衡模式"为目标的欧洲空间发展规划（ESDP），事实上可能会与现实脱节，欧洲各地区间差异巨大且高度不平衡，因此有必要区分不同的都市圈，并依据其自身特点统筹协调。依托高效的信息管理，以整合部门、整合功能、整合公私和整合制度等方式，最大程度地压缩行政成本和释放政府服务职能，推动社会经济协同发展的高效化；后新冠时代以整体性治理作为方法论，应从府际、公私和制度三个方面进行整合，做到善治与善政的有机结合。

2. 功能区网络分工协作途径

合理的区域分工体系是全球城市区域形成和发展的核心。要建设一个公平且具有竞争力的城市区域必须在中心城市和其周边城镇之间进行合理的分工与合作。伦敦、纽约、巴黎、东京等全球城市区域中的大中小城市根据自身的优劣势条件承担了不同的区域发展职能，与周边经济腹地深度整合，共同发挥出了聚集优势与综合竞争力优势。

在国际社会经济和文化网络中，某些都市区比其他地区占据了更加中心的地位。诸如伦敦和巴黎之类的大都市区是全球性的大都市节点，它们相互影响产生高等级的城市化，并且具有多种不同的功能网络。其他区域不仅大小不同，而且通常在多功能互动的强度上也不同。例如，柏林正在成为文化和政治方面的国际首都，但在其在经济地位方面仍只是地方性的首位城市；马德里在全球经济联系上无法与伦敦或巴黎匹敌，但在拉丁美洲的联系网络中扮演着非常重要的角色；布拉格是国际文化和旅游业的中心节点城市，但在其他方面却相对落后。

3. 多元文化与人才储备途径

一个区域未来成功与否，取决于是否能为人们提供更多、更好的发展机遇以及高品质的工作生活环境，全球城市区域所面临的重大挑战之一是如何吸引并留住更多人才。在伦敦、纽约大都市区，创新性国内及国际移民使得全球城市区域的人口和文化呈现突出的多样性，为人们提供了丰富具有吸引力的工作。生活、娱乐环境，也进一步带动了相关基础设施的优化升级。

4. 可达性与流通性提升途径

以发达的交通运输网为依托，跨行政区城市区域内部城市之间需要深度交流合作，形成各具特色的劳动地域分工城市群体系。网络化、体系化的基础设施布局是实现全球城市区域发展的必要条件。同时信息化与全球化一样，持续深刻影响着世界经济空间的构成与重组。信息化作用下的生产要自由流动是全球城市区域形成发展的重要保障。信息网络的普及改变着传统意义上的城市与乡镇，也悄然改变着城市区域的规模与功能结构。美国三州大都市区围绕高附加值产业聚集起来人才与相关支撑服务，使本区域得以在国际经济中扮演信息生产者的领导角色，策略具体在于集中国家主要广播电视网、出版商、在线信息供应商、交互式媒体运营商等，支撑起区域经济中的知识经济部门，有力推动信息要素流畅化。

5. 空间规划一体化途径

全球城市区域发展的核心目的之一是提升区域的生活质量，区域空间质量也影响着全球城市区域的国际竞争力。空间规划能否构建绿色、安全、可持续的城市区域，很大程度上直接决定了人类社会的可持续发展。英国《东南区区域规划指引》把"振兴城市，提高城区人们的生活质量并保护乡村"作为英国东南区的发展愿景之一。美国三州大都市区规划制定了一系列三州协定，确保州长、市政官员、商界、市民等共同承诺采取若干关键行动，如打响"绿地战役"为保护11个指定生态涵养保护区，并投资建设大量城市开放空间以及绿色基础设施，包括公共供水、大气环境、高产农场以及河湖口等，遵循了以环境保护为基础、健康可持续的发展框架。

在一体化的空间治理方面，德国已建立了较为完备的空间治理体系，为打造全国协调的聚落和开放式空间结构、保障建成区及建成区以外地区生态环境系统的功能性，促进地区间基础设施、公共服务、环境保护的一体化协调发展（表3-8）。

德国的空间治理体系　　　　　　　　　　　　　　　　表3-8

空间治理方略	方略内涵
规划区方略	和国土区域规划的目的和目标一致；重视分析区域中心和联系腹地的关系；强调规划区的实用性；注意规划区在时间上的稳定性
类型区方略	类型地区是指结构匀质地区，它们由于在一个或几个特征上具有共同性或相似性而被划归同一类型；划分各种类型地区，针对它们的特点和问题提出不同的规划整治目标和对策
中心地系统方略	确定并建设有不同层次的中心地系统；规定并建设各级中心的服务设施
发展中心方略	根据条件和可能选择合适的中心地，给予重点建设，促进其发展，并带动周围地区的发展
轴线发展方略	在全国或区域范围内，规划建设各级轴线，形成线状网络骨架，是对中心地系统方略的支持和促进；以线状基础设施或它们的束状组合为基础的空间形式；强化发展和组合布局线状基础设施；规划引导经济活动和居民点向轴线靠拢发展
功能协调区方略	划分和规划包括有多种互补功能在内的较大区域。建立一个运转良好的区域性的劳动力就业市场；区域性的劳动力就业市场决定了功能协调区的大小和范围
主导功能区方略	一个地域的主导功能，是它明显有别于其他地域的标志性特征，它决定了这一地域在大区或全国的功能地位；应尽可能保护强化各个区域的主导功能并发挥它们的作用

资料来源：文献［50］。

3.3　展望与启示

从19世纪30年代兴起的古典区位论，到21世纪后浮现的全球城市区域，城市好像绕了一个圈又回到了聚焦于城市本地的讨论上，但全球化和信息化的时代特征赋予它新的内涵。都市圈发展内生与城镇体系，而城市功能与联系是其核心。在国外的研究中，全球经济一体化被认为是跨国公司为主导的，通过有目的的投资与贸易活动，实现着全球生产的分散化与资源市场化配置，并使得要素流动作为遵循价值管理准则的市场过程，呈现出等级结构和地域化的特征。一方面，那些处于世界城市网络中顶尖的城市实现了高端生产性服务业的集聚增长，并通过全球城市所提供的稀缺性信息、人才、服务行使着对经济的支配和控制功能；另一方面，嵌入全球价值链的分工体系，为发展中国家的城市赢得了发展的机遇，地方政府通过宽松的制度结构和服务市场承接全球价值链的垂直分解容量，由此造就了产业集群、新产业区等地方性经济空间，并推动着城市发展升级。对于信息化，它对城市的影响是隐性但显著的。不断嵌入生产和生活中的信息系统与终端，使得要素流动的方式、频次、类型都得到显著改变，"流动空间"对"地方空间"的影响难以被视而不见。

全球经济一体化的更加深入是一面，而另一面则是与信息高度相关的知识生产。在它的支撑下，知识经济的生产空间被高度集聚到世界城市网络的重要节点中，为确保知识的跨界流动，也为了保证其在世界城市网络中的地位，城市需要不断增强生产、加工、传统与转化信息的相关能力，并提高通信基础设施与信息生产各主体的竞争力，而地方化的社会-经济特质和区域治理能力被认为是能否实现这一目标的关键。在某种程度上，这种转变对于城市发展，或者更准确地说是都市圈发展而言，是一次优化自身发展的良好机遇，而这首先需要对都市圈内的各个城市，特别是核心城市及其周边城市的功能角色加以重新认识。具体而言，核心城市需要保持与全球经济的密切联系，通过发展向全球城市看齐的门户功能、高端生产性服务功能、控制与支配功能，以及在服务、知识、创新环境、人才聚集、文化投入、社会资本投资等方面为周边城市提供便捷的外部联系机会。其次，都市圈内部的各个城市之间既要顺应市场的发展规律，也要通过区域战略进行统筹，减少要素流动的盲目性和过度竞争，消弭制度性壁垒，并在"场所特质"的城市竞争要素方面，诸如人文禀赋、基础设施、城市人居环境等方面增加投入和改革力度。现代都市圈的秘密在西方已经被部分揭开，但仍然有很多工作要做，这对于中国现代化都市圈的培育同样如此。

通过对世界四大都市圈治理模式的案例研究证明：大都市圈的跨行政区治理可以归纳为一个政府权责变化的政治过程，是一个集合了城市发展、空间治理、权力变化、价值认同等一系列因素互动的综合结果。由于各大都市圈所在国家的国体、政体、历史文化背景、经济社会发展水平，以及在全球城市网络中的位置都有很大差异，各大都市圈的治理模式在表现形式都不一样。但如果将其表象背后的演变动因、治理规则、整体关系、发展趋势加以剖析，有几个共性特征值得我们深思学习：

1. 跨行政区治理模式的发展应遵循"渐进式"的改革路径

从本质而言，跨行政区治理的根本性难点在于行政区划应该保持总体稳定的基本原则，与培育发展现代化都市圈的体制机制创新要求之间的矛盾。这一点在国外四个大都市圈的发展历程中同样存在，它们最终的基本解决路径和成败经验可归纳为"渐进式"的改革思路。如在日本的跨行政区治理模式探索过程中，从起初的"町村组合"到"市町村组合"，从"单一事务组合"到"部分职务组合"再到"广域联合"，其制度变迁具有明显的渐进式改革特征，而这也支撑了东京都市圈和日本首都圈的稳定发展。与之形成鲜明对比的是20世纪80年代的大伦敦议会的撤销，这项突变式的行政体制变革直接导致了此后在伦敦出现的多头分散、利益纠缠不清、矛盾纠纷不断的混乱局面。因此，在大都市圈跨行政区治理制度的变迁中应当按照谨慎务实的态度，不搞"大跃进"，但也不是"一成不变"，而是直面大都市圈在城市发展、空间治理、公共管理等现实难题，结合原有的治理环境与条件，实现治理的稳定性和长效性累积。

由于我国市级行政区域面积普遍大于国外市级行政单元，大都市圈协同发展战略规划还存在同时涉及的省级与市级行政区，面对如此大规模和多层级结构的跨区域治理单元，大都市圈治理体制的改革必须循序渐进。在试点型改革探索的路径选择上，应注意政策的叠加效应，及时制定长期规划。大都市圈跨行政区治理模式的变革必须坚持与国家发展战略和经济社会发展水平相适应、注重城乡统筹和区域协调、推进城乡发展一体化、促进人与自然和谐发展的方针。

2. 大都市圈规划应为城市和空间提供发展战略框架

大都市圈规划是一种战略性的空间规划，一种"区域性的战略思考"。其主要目的在于为大都市圈内各城市地方政府提出能指导其空间发展的战略框架。这一点在纽约、伦敦、日本、东京都市圈发展中都得到了充分体现。如英国大伦敦都市圈，无论是于1944年由阿伯克隆比提出的《大伦敦规划》，还是2000年大伦敦政府成立后提出的《大伦敦规划》，其关键内容是：为大伦敦地区未来实现经济—社会—环境整体协调发展建立框架，为大伦敦市长和各自治市的发展决策提供政策指导。再如日本提出的五次《首都圈整备计划》，以及由纽约区域规划协会提出的四次区域规划，巴黎大区制定的一系列空间规划都是为应对城市发展需要和社会环境变化提出的具有规划指导性的战略。

需要特别指出的是，在国外四个大都市圈中，日本首都圈规划、英国大伦敦规划和巴黎大区战略规划都是具有法律效力的规划，对土地利用和各地方政府空间发展决策具有约束效力，但纽约仅是由区域协会制定的指导性规划战略，并不具备完全的法律约束。这体现出在不同的政治背景和规划体系中，不同国家对都市圈规划的重要性和价值存在认知差异。相比较而言，法律效力越强的都市圈规划更系统、更成熟，但也需要更多的行政机构和成本作为支撑。此外，就规划内容而言，国外四大都市圈的规划都体现出适应性演变特征，即规划的核心理念会随着中心城市的发展阶段、经济环境、社会价值等多种环境的变化而变化。如早期的大伦敦规划更加注重伦敦中心城区的人口疏解，到后来则更关注城市竞争力与可持续发展能力的提升。因此，我国在借鉴国外大都市圈发展的同时，必须事先认清自身都市圈发展的背景环境、解决问题和现实条件，制定符合自身发展阶段的大都市圈规划战略。

3. 跨行政区治理机构需要建立统筹和协商并重的体制机制

跨行政区治理实施的根本性难点在于如何将原有垂直分割的城市行政架构向平等共融的行政治理体系进行转变，并同时保证行政成本的最小化和行政效率的最大化。本章所研究的四大都市圈在此方向上经历了近百年的探索和实践，但仍无固定和完美的模式。从演变历程来看，自20世纪20年代开始，早期进入工业化的欧美城市大规模进入城市集聚状态，此时中心城市多采用对周围地区实行行政区划合并的方式来解决发展空间受阻的问题。第二次世界之战后，包括日本东京在内的世界许多城市进入郊区化的扩散阶段，城郊和跨市联系日益密切，形成了以联合政府和机构重组的一大批大都市圈政府的行政改革。进入20世纪90年代，受全球经济一体化的影响，区域主义盛行，大都市圈组织与管理等问题再度成为人们关注的焦点。面对更加繁重的治理任务，大都市圈开始采用联盟、契约的方式进行跨行政区治理。演变历程可以归纳为：兼并—整合—联盟的治理探索路径，而背后的推动力量是城市阶段和发展理念的变化（表3-9）。从未来发展趋势看，多行政主体协同治理体系，政府—企业—公众的协作治理框架，并通过法制化和信息化工具来实现利益相关方的参与和响应成为目前国外四大都市圈都在探索的治理新路径。这种模式能够激发地方的创造性，以增强地方政府在大都市圈发展中的"本地内涵"，反过来也能转变政府职能、加快机构改革、实现权责分配的优化。

大都市圈治理模式　　　　表3-9

类型	特点	评价
扩权	赋予中心城市可以管理某项跨越行政界线的公共服务	服务效率较高，行政成本不大，但是易于损害郊区城镇利益和积极性
分权	由州或省向下分权，地方政府各或专对某项服务承担责任	责任明确，地方积极性高，但区域利益难以体现
联盟	如同联邦形式，平等合作，各自独立前提下商谈合作	组织灵活，发挥过一定功效，但是联系松散，效率不高
协约	地方政府资源合作，共同承担某项服务	体现地方政府的自治地位或意愿，但无补于区域利益
互惠	两个地方政府签署合作，共同利用开发资源	体现地方政府的自治地位和意愿，但是无补于区域利益

资料来源：作者自绘。

但值得一提的是，在政府主导模式向多元驱动网络模式的转变中，仍需要注重政府在治理体系的统筹作用。对地方政府而言，是上级行政单元在政策、权责、资金等方面对多个地方政府的领导,提升治理的权威性和约束性,以实现大都市圈治理效益的整体最优。这一点在苏锡常都市圈规划实践中得到了证明,缺乏管理、审批和监督,只强调沟通参与的机制,很难形成有效的都市圈一体化发展效果。其实,在日本东京都市圈和英国大伦敦的治理体系中,现有跨行政区域协调机制的背后,始终拥有中央政府对其进行引导和统筹。

4. 全球化和信息化应成为都市圈协调治理的关注焦点

随着经济全球化和信息化的深度发展,关于全球城市(Global City)、流空间(Space of Flow)的研究逐渐成为西方都市圈研究的焦点。如果说治理的本质是实现秩序与发展的统一,那就都市圈而言,是城市(镇)体系与联动模式的组织优化。从20世纪90年代开始,全球化和信息化加速了城市等级在维度和动态性上的变化。全球城市日趋成为所在国家参与国际竞争的关键平台,以信息为重要载体的新的"流"动形式赋予城市网络化、多中心化新的内涵和方向。在所研究的四个都市圈案例中,几乎所有城市都已将如何应对全球化、信息化挑战作为规划战略的出发点与落脚点。城市的等级从行政等级、规模等级向功能等级转变,而联系也不再仅限于人的移动联系,还包含信息、价值的新关联要素。在此情况下,都市圈跨行政区治理模式将难以简单通过行政等级和固定安排的传统治理路径对城市进行有效管控,新的治理模式会聚焦于因个体的差异特征和复杂外部环境引起的诸多不确定性,以多元协调、过程导向、开放互惠作为路径选择的标准与目标。这既是一种对全球化和信息化挑战的应对措施,也是一种促进都市圈治理现代化的重要推动力量。

需要强调的是,西方的"流空间"的网络侧重于信息基础网络、跨国公司网络、生产性服务业网络等,且市场发育成熟。相比较而言,我国仍处于工业化、城镇化、市场化发展中阶段,"流"的形式与西方存在显著差异,除信息网络外,物流网络、政策网络、社会网络仍发挥着巨大影响力。此外,在信息化的背景下,我国都市圈治理模式本身不仅只是后端的、被动形式的问题解决,还拥有前置的、主动促进区域经济发展的触媒作用,特别是依托新型基础设施的建设,以数据、信息、知识为核心要素,具有高度依赖算力、无边界网络、信息高速流动、处置能力高效、产业服务界面广的特点,对都市圈协同治理模式的影响将很可能是全面性和系统性的,并会出现技术应用倒逼都市圈内各城市制度合作、传统基础设施信息化升级、区域公共服务系统架构的重构。

5. "双循环"新格局下,都市圈是参与新一轮国内国际竞争的重要节点

全球"新冠疫情"持续的影响是对我国的都市圈建设治理的严峻考验,后疫情时代被认为是"逆全球化"加速的时代,在这样的时代大背景下,后疫情时代我国都市圈在全球和国内价值链中应有新的使命与新的发展模式。以国内循环为主体、国内国际双循环相互促进的新发展格局将成为我国来一段时间内的主体战略。"双循环"体系决定我国必然形成自己的全球城市区域,而都市圈是中国与世界全球城市区域接轨重要载体,参与新一轮国内国际竞争的节点。城市的发展与扩张,特别是在跨行政区都市圈中,会带来独特的挑战,包括住房短缺、空气污染、交通拥堵、公共服务均等化等。都市圈的构建并不意味着能够单纯解决单个城市发展中所面临的问题如土地资源紧缺、公共服务配套等,恰恰相反,问题的解决往往需要综合统筹区域层面上的空间资源、产业布局、知识交流、配套支持等互联互通互动关系(见图3-13)。管理良好的增长可以帮助创建可持续的、宜居的城市社区。围绕以人为本的城市科学正在汇聚越来越多的共识,通过鼓励可持续的多模式交

第3章 国外大都市圈跨行政区治理模式研究

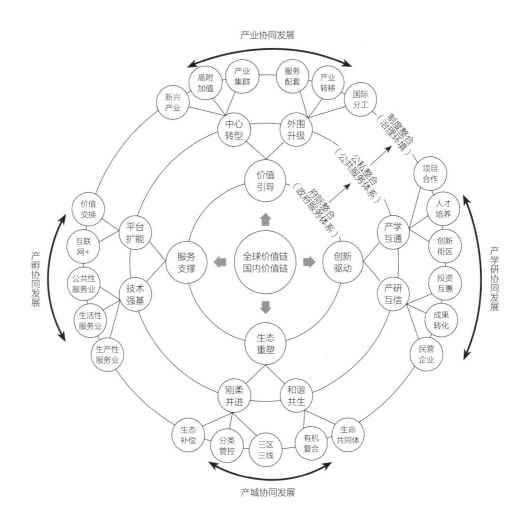

图3-13 后疫情时代都市圈复合协同发展模式与整体性治理框架
图片来源：文献[51]。

通运输，在核心城市周边地区加密交通设施，搭建紧凑的公共服务结构，以确保城市能够公平、宜居、可持续是城市世纪的决定性挑战。

对标卓越的全球城市区域，在"双循环"新发展格局下，在外循环中我国都市圈需要增强科技创新的核心竞争力，深化文化影响力，文化价值输出，强化区域门户枢纽、连通能力，加强创新载体建设，协助国家占领国际竞争高地。为了确保在内循环的重要性不断提升的背景下，我国都市圈需成为内外循环相互支撑的战略节点，不断突破发展中的行政边界局限，同时坚持质量提升，而非简单的规模扩张，为承接国内循环和国际循环奠定地方基础。下一步，需要依托体制机制创新，建立成本共担、利益共享、权责分明的都市圈发展机制，推动都市圈一体化均衡发展。

本章参考文献

[1] Byrne T. Local government in Britain：everyone's guide to how it all works[M]. Penguin，2000.
[2] 刘君德. 中央直辖市政区空间组织与制度模式探析[M]. 南京：东南大学出版社，2012.
[3] DerekGowling，孙刚. 伦敦的城市规划和管理：最近的变化[J]. 国外城市规划，1997（04）：43-47.
[4] 生小刚，李婷，张锦云，艾晓峰. 英国大伦敦市政府的组织机构及启示[J]. 国外城市规划，2006（03）：21-24.
[5] 万鹏飞. 伦敦城市群跨域协同治理制度研究[J]. 公共管理评论，2016（03）：107-122.

[6] 武廷海,高元.第四次纽约大都市地区规划及其启示[J].国际城市规划,2016,31(06):96-103.
[7] 孟美侠,张学良,潘洲.跨越行政边界的都市区规划实践——纽约大都市区四次总体规划及其对中国的启示[J].重庆大学学报(社会科学版),2019,25(04):22-37.
[8] 冯文猛,聂海松.日本首都圈发展历程及规划变迁[J].东北亚学刊,2017(05):49-54.
[9] 杨官鹏.日本跨行政区域组织机构管理经验及其对长三角一体化发展的启示[J].云南行政学院学报,2020,22(02):135-143.
[10] 赵岩,郭小鹏.日本大都市圈广域联合治理模式创新研究——以首都圈首脑会议为例[J].日本问题研究,2019,33(03):73-80.
[11] 陆小成.世界城市行政体制改革:经验比较与模式选择[J].城市观察,2017(02):139-149.
[12] 陶希东.发达国家跨行政区治理模式启示[J].行政管理改革,2015(04):70-74.
[13] 郑德高,马璇,张振广,张洋.基于国际比较的上海大都市圈多尺度土地开发思路研究[J].城乡规划,2019(04):4-12.
[14] 白智立.日本广域行政的理论与实践:以东京"首都圈"发展为例[J].日本研究,2017(01):10-26.
[15] 崔功豪.都市区规划——地域空间规划的新趋势[J].国外城市规划,2001(05):1.
[16] 白智立.日本广域行政的理论与实践:以东京"首都圈"发展为例[J].日本研究,2017(01):10-26.
[17] 罗小龙,沈建法."都市圈"还是都"圈"市——透过效果不理想的苏锡常都市圈规划解读"圈"都市现象[J].城市规划,2005(01):30-35.
[18] 赵宇峰.城市治理新形态:沟通、参与与共同体[J].中国行政管理,2017(07):61-66.
[19] 高鑫,修春亮,魏冶.城市地理学的"流空间"视角及其中国化研究[J].人文地理,2012,27(04):32-36.
[20] 胡彬.双循环发展视角下长三角区域协同治理问题研究[J].区域经济评论,2020(06):46-55.
[21] 周素红,陈慧玮.美国大都市区规划组织的区域协调机制及其对中国的启示[J].国际城市规划,2008,23(06):93-98.
[22] 马学广.全球城市区域的空间生产与跨界治理研究[M].北京:科学出版社,2016.
[23] 高煜,张京祥.后新冠时代的都市圈发展与治理创新[J].区域与城市,2020(12):79-88.
[24] 周一星.城市地理学[M].北京:商务印书馆,1999.
[25] 冷方兴,孙施文.争地与空间权威运作——一个土地政策视角大城市边缘区空间形态演变机制的解释框架[J].城市规划,2017,41(03):67-76.
[26] 李国平.经济地理学.第2版[M].北京:高等教育出版社,2006.
[27] Castells M. The Information Age: Economy, Society and Culture. Vol.I: The Rise of the Network Society [M]. Oxford: Blackwell, 1996.
[28] 彼得·霍尔,考蒂·佩因,罗震东,陈烨,阮梦乔.从大都市到多中心都市[J].国际城市规划,2008(01):15-27.
[29] Hymer S H, Cohen R B, Dennis N. The multinational corporation: A radical approach [M]. Cambridge: Cambridge University Press, 1979.
[30] 谢守红,宁越敏.世界城市研究综述[J].地理科学进展,2004,23(5):56-66.
[31] Hall P. The world cities [M]. Weidenfeld & Nicolson, 1984.
[32] Fröbel F, Heinrichs J, Kreye O. The new international division of labour [J]. Social Science Information, 1978, 17(1): 123-142.
[33] Friedmann J. The World City Hypothesis [J]. Development and Change, 1986, 17: 69-83.
[34] 萨斯基娅·萨森.全球城市:纽约伦敦东京[M].周振华 等译.上海:上海社会科学出版社,2009.
[35] Castells M. The Information City [M]. London: Blackwell, 1989.
[36] 牛俊伟.从城市空间到流动空间——卡斯特空间理论述评[J].中南大学学报(社会科学版),2014,20(02):143-148+189.
[37] 曼纽尔·卡斯特.网络社会的崛起[M].北京:社会科学文献出版社,2001.

［38］Scott A J. Social economy of the metropolis: Cognitive-cultural capitalism and the global resurgence of cities［M］. OUP Oxford, 2008.

［39］Scott A. Global city-regions: trends, theory, policy［M］. Oxford University Press, 2001.

［40］Scott A J. Globalization and the rise of city-regions［J］. European planning studies, 2001, 9（7）: 813-826.

［41］Soja E, Thirdspace W. Journeys to Los Angeles and other real-and-imagined places［J］. Malden, MA: Blackwell, 1996.

［42］Storper M. The regional world: territorial development in a global economy［M］. Guilford press, 1997.

［43］唐燕. 欧洲多中心都市区的网络特征——《多中心大都市：来自欧洲巨型城市区域的经验》引介［J］. 国际城市规划, 2008（02）: 124-126.

［44］彼得·霍尔, 考蒂·佩因, 罗震东, 陆枭麟, 阮梦乔. 从战略到实施：政策回应［J］. 国际城市规划, 2008（01）: 28-40.

［45］唐子来, 李涛, 李粲. 中国主要城市关联网络研究［J］. 城市规划, 2017, 41（01）: 28-39+82.

［46］胡彬. 双循环发展视角下长三角区域协同治理问题研究［J］. 区域经济评, 2020（06）: 46-55.

［47］胡彬. 长三角城市集群［M］. 上海：上海财经大学出版社, 2011.

［48］Kangning Huang, XiaLi, Xiaoping Liu and K.C.Seto, Projecting global urban land expansion and heat islandintensification through 2050.

［49］United Nations Human Settlements Programme.Global State of Metropolis 2020-Population Data Booklet.

［50］马学广. 全球城市区域的空间生产与跨界治理研究［M］. 北京：科学出版社, 2016.

［51］高煜, 张京祥. 后新冠时代的都市圈发展与治理创新［J］. 城市发展研究, 2020, 27（12）: 79-88.

［52］Hamilton D K. Governing metropolitan areas: Response to growth and change［M］. Taylor & Francis, 1999.

第4章
通勤视角的都市圈范围界定研究

4.1 都市圈的概念与界定标准

2014年3月,中共中央、国务院发布的《新型城镇化规划(2014—2020年)》明确强调,特大城市要适当疏散经济功能和其他功能,推进劳动密集型加工业向外转移,加强与周边城镇基础设施连接和公共服务共享,推进中心城区功能向1小时交通圈地区扩散,培育形成通勤高效、一体发展的都市圈。2019年2月21日,国家发展改革委发布《关于培育发展现代化都市圈的指导意见》,明确了发展现代化都市圈的主要目标,都市圈成为推进新型城镇化的重要手段。

4.1.1 概念理解:通勤高效、一体化发展

都市圈是指城市发挥其职能时与周边地区所形成的各种密切联系所波及的空间范围,是一个超越城市行政、景观地区的区域概念。美国、日本等国以都市区与外围区之间的当日往返通勤范围为界限。通常最大单向时距在1小时左右能被通勤者普遍接受,都市圈远郊与中心城区居民可在生活质量与心理感受上大致相同,形成同城效应。

国家发展改革委发布的《关于培育发展现代化都市圈的指导意见》明确提出,以促进中心城市与周边城市(镇)同城化发展为方向,以创新体制机制为抓手,以推动统一市场建设、基础设施一体化高效、公共服务共建共享、产业专业化分工协作、生态环境共保共治、城乡融合发展为重点,培育发展一批现代化都市圈,形成区域竞争新优势,为城市群高质量发展、经济转型升级提供重要支撑(Gu C等,2018)。

培育形成通勤高效、一体化发展的都市圈,能化解城市新移民"大城市进不去、小城市不愿去"的两难困境,提升中国城市的集聚力、辐射力、创新力和竞争力,是促进区域协调发展的强大引擎,是稳增长、扩内需和塑造国家竞争优势的重器。

4.1.2 界定标准:向心通勤率指标广泛使用

界定都市圈的标准主要包括两大类:第一类是衡量中心城市的界定标准,主要包括人口规模(或人口密度)以及城市化水平;第二类是外围地区的既定标准,主要包括到中心城市的通勤率、人口及城市化水平。从国外都市区的界定标准来看,外围地区至中心城区的通勤指标被广泛应用,该指标在很大程度上反映了中心城区与外围地区的经济联系。总体来看,世界上大多数都市区的界定标准,都明确了通勤率的下限值,外围地区至中心城区单向最低通勤率的取值一般在10%~20%。

1. 美国标准

都市区概念最早是由美国在1910年提出的,在此后的50年里进行了多次修订和更改,但其核心内容没有发生太大的变化(表4-1)。在1949年之前,其对人口密度及通勤交通比

美国核心统计区（CBSAs，Core Based Statistical Areas）2010年标准	表4-1

1 人口规模要求 - 每个核心统计区（CBSA）必须有一个美国人口普查局规定的城市化区域（Urbanized Areas，相当于建成区加近郊区，至少5万人）或城市组团（Urban Clusters，至少1万人）。美国的城市化区域（Urbanized Areas）和城市组团（Urban Clusters）统称为城市区域范围（Urban Areas），相当于高密度的城市核心区加外围密度较低的城市地区。 - 城市区域范围（Urban Areas）：包括一个密集居住的普查地段和/或普查街区的满足人口密度最小需要的核心与周边毗邻的人口密度较低的城市地域。一个城市地域根据标准必须包括至少2500人，至少1500人住在监管区（Institutional Group Quarters）之外
2 中心县（Counties，不止一个）满足以下要求： - 至少有50%的人口居住在1万人以上的城市区域范围（Urban Areas）； - 界限内至少5000人口居住在一个10000人以上的城市区域范围（Urban Areas）内； - 中心县与特定的城市地域相连，目的在于量度往来于潜在外围县的通勤人口
3 外围县满足以下通勤需要： - 外围县居住的至少25%的工人在核心统计区（CBSA）的中心县工作； - 外围县至少25%的就业人口居住在核心统计区（CBSA）的中心县。 - 一个县只能划定在一个核心统计区（CBSA）中。如果一个县既符合一个核心统计区（CBSA）中心县的资格，又符合另一个核心统计区（CBSA）的外围县的条件，它应划入满足中心县条件的核心统计区（CBSA）。如果一个县满足成为多个核心统计区（CBSA）的条件，它被划入通勤联系最强的核心统计区（CBSA）。核心统计区（CBSA）的县必须相邻，如果不与其他县相邻，将不会划入该核心统计区（CBSA）
4 相邻核心统计区（CBSA）的融合 - 根据上述外围县前两项条件的需要，如果一个核心统计区（CBSA）的中心县满足成为另一个中心县的外围县的条件，两个相邻的核心统计区（CBSA）就融合成为一个核心统计区（CBSA）
5 首位城市的确定 - 在2010年10000人以上核心统计区（CBSA）人口普查中，人口最多的合并地点（Incorporated Places）为首位城市。如果按照上述方法难确定首位城市，则按照下面方法确定： - 核心统计区（CBSA）中的人口规模最大的合并地点（Incorporated Places）或普查委派地（Census Designated Place）； - 2010年普查中人口在250000以上的任何其他授权地或普查指派地，或者工人数量在10万人以上； - 在2010年普查中，人口高于50000以上但少于250000人的其他授权地或普查指派地，并且在此工作的工人数量满足或超过在此居住的工人数； - 在2010年普查中，10000人以上50000人以下的其他授权地或普查指派地，但是具有最大地区至少1/3的人口。在此工作的工人数量满足或超过在此居住的工人数量
6 类型和术语 - 核心统计区（CBSA）的类型根据核心统计区（CBSA）内最大的城市区域范围划分； - 都市统计区（Metropolitan Statistical Areas）以人口5万人以上的城市化区域（Urbanized Areas）为基础； - 小都市统计区（Micropolitan Statistical Areas）以人口在10000~50000人的城市组团（Urban Clusters）为基础。没有划入核心统计区（CBSAs）的县即为核心统计区（CBSAs）以外的地区
7 都市区联合（Combining Adjacent Core Based Statistical Areas）； - 如果两个都市区之间的就业互换率达到15%以上，任何两个相邻的核心统计区（CBSA）将形成一个合并统计区（Combined Statistical Area）
8 命名 - 首位城市命名。如果有多个首位城市，第二和第三大城市的名字将按照顺序出现在名单上。联合统计区的名字包括两个最大的首位城市； - 名称同样包括所在州的名称

例一直没有要求，至1990年，其规定中心地人口规模大于5万人，外围地区非农劳动力人口比例大于75%或绝对数大于1万人，人口密度为50人/平方英里，单向通勤率达到15%或双向通勤率达到20%的地域可称之为都市区。随着美国城市化的不断推进，通勤率成为划分外围县的唯一指标，并且这一指标的门槛值不断上升，2000年达到了25%。

总体来看，美国大都市区范围的界定经历了从简单到繁琐再到简单的过程。2000年，指征大都市区范围的指标体系取消了所有特征指标，利用通勤率指标进行界定，该指标直接反映了大都市区内中心城和外围地区的社会经济联系，且更加易于统计。

2. 日本标准

日本也于1960年提出了"大都市圈"的概念，其界定标准参照美国都市统计区的标准，但在阈值上有所差别，其规定：中心城市为中央指定市，或人口规模在100万人以上，并且邻近有50万人以上的城市，外围地区到中心城市的通勤率不小于本地劳动力人口的15%，大都市圈之间的物资运输量不得超过总运输量的25%。1975年，日本总理府统计局对都市圈的界定标准设定为人口在100万人以上的政令指定城市，且外围区域向中心城市的通勤率不低于15%。

目前，日本行政管理部门界定的都市圈的标准为：常住地区15岁以上的就业人口和15岁以上的就学人口，在该地区均划入都市圈范围。

3. 欧洲标准

德国类似都市区概念的地域单元称之为城市区域，由中心城市、近郊区及远郊区构成。中心城的人口密度不低于500人/km²，近郊区或远郊区至中心城区的通勤率不低于20%。

以英国为代表的其他欧洲国家大都以圈域人口代替中心城市人口。英国规定，圈域人口在7万人以上；欧洲的城市职能区人口若在20万人以上，外围地区至圈域城市的通勤率不低于15%，则纳入都市区范围。

4.1.3 空间特征：空间尺度1.2万km²

东京都市圈、首尔大都市区和巴黎大区三个大都市区，空间尺度均在1.2万km²左右，三个大都市区人口规模分别为3500万人、2500万人和1200万人，人口高密度聚集区规模大都在600km²左右。其中，东京区部的范围为622km²、首尔市的范围为605km²、巴黎市与近郊三省的范围之和为726km²。根据不同区域就业岗位数量和就业密度，这三个大都市区空间自内向外可划分为极核区、核心区、中心城区和郊区四个圈层，各圈层的面积、范围、居住人口规模与密度、就业岗位密度如表4-2所示。

三个典型大都市区空间地域划分与职住指标　　　　表4-2

名称	圈层	面积（km²）	长轴半径（km）	范围	人口（万人）	人口密度（万人/km²）	就业密度（万人/km²）
东京都市圈	极核区	5.40	—	东京站片区	4.50	0.86	21.50
	核心区	42	—	中央区、千代田、港区	37.50	0.89	5.78
	中心城区	622	15	区部23区	906	1.45	1.19
	都市圈	13368	70	东京都及神奈川县、埼玉县、千叶县、茨城南部	3562	0.26	0.12
首尔大都市圈	极核区	6.30	—	汉阳都城片区	—	—	8.85
	核心区	22	1.50	钟路区南部与东大门区东部	18	0.81	—
	中心城区	605	15	首尔市	990	1.63	0.81
	大都市区	11699	55	首尔市、京畿道、仁川市	2475	0.21	0.10
巴黎大区	极核区	5.50	—	1~4区	10.20	1.85	4.88
	核心区	26	3	1~11区	60.20	2.31	2.50
	中心城区	726	15	巴黎市、近郊三省	670	0.92	0.34
	巴黎大区	12012	55	巴黎市、近郊三省、远郊四省	1140	0.09	0.05

注：上述人口和就业密度统计为2012年之后的数据，东京都市圈面积不包括海域面积。
资料来源：国外大都市区中心体系空间特征解析及规划启示。

4.2 都市圈界定标准面临问题

都市圈空间范围划定的方法研究已有大量的成果，主要是从通勤、特定交通方式（如高铁）下的区域影响范围、人口占比（如非农劳动力占比）、手机信令大数据、地理空间可达性、都市圈构成要素等方面进行计算。然而，在都市圈的规划研究和实践中，仍然存在着都市圈规划范围过于泛化或片面强调日常通勤圈的状况（张晓春等，2009）。

4.2.1 1小时通勤圈的定义过于泛化

近年来，我国编制了大量的区域规划，如《郑州都市区总体规划（2012—2030年）》《南昌大都市区规划（2015—2030年）》《重庆大都市区规划（2015—2040年）》《杭州都市区规划纲要（2014—2040年）》《北京2049空间发展战略研究》《成都2049远景发展战略规划》《武汉2049远景发展战略规划》等，均属于都市区层面的规划。

以1小时通勤圈界定都市区通勤空间范围的认知存在着较大的差异，如对南京、上海、杭州等，其定义的都市区的通勤空间范围少则几千平方公里，多则数十万平方公里，大都没有考虑通勤过程中的交通影响，因而与国外都市区的概念差异较大。

武汉等自主编制都市圈规划，侧重发展愿景的描述，指形成以武汉为圆心，覆盖黄石、鄂州、黄冈、孝感、咸宁、仙桃、潜江、天门周边8个大中型城市所组成的武汉"1+8"都市圈。随后全国各地都市圈规划陆续出台和实施，为中国都市圈的实践提供了越来越多的案例。例如，2019年国务院印发的《长江三角洲区域一体化发展规划纲要》提出，以基础设施一体化和公共服务一卡通为着力点，加快南京、杭州、合肥、苏锡常、宁波都市圈建设，提升都市圈同城化水平。

4.2.2 向心通勤率不适应中国城镇特征

从国外都市区界定标准的演化来看，中心城市具有易识别的特征，而外围地区一般以聚落的形态出现，而我国城镇受历史和行政体制的影响，相对而言有较强的独立性（Hu L等，2020）。且我们尚处于城镇化发展阶段，城镇空间格局仍在不断变化中。

1. 通勤率阈值难以确定

从通勤率阈值的取值情况来看，有研究认为，外围地区到中心城市（城市区域）的通勤率应不小于其本身人口的15%。李国平认为，中心城市规模在30万人以上的都市区，其通勤率应在1.5%~5%以上，这与邹军的研究结论差异较大。上述标准并没有提供通勤率阈值的取值方法，其更多是基于国外的定义和主观判断。

2. 通勤率动态性与可调整性

通勤率指标应具有动态性的特点，即能够根据社会经济发展情况和中心城区与外围地区道路交通条件的改善而不断修订。同时，还要考虑某一阶段内的相对稳定性，防止随意变更，使得统计口径多样化，进而丧失比较意义。

3. 交通可达影响都市区范围

以通勤率指标作为界定都市区范围的主要标准，在很大程度上考虑到交通通达条件。在通达性较好的区域廊道上延展，形成经济活力高、发展速度快、地理优势明显的先行经济带。它具有多元化的特征，受行政影响较大，如成都大都市区的南部区域是天府新区，近年来其快速路和地铁建设速度较快，拓展速度明显快于其他方向。

一般来说，通达条件较好的区域往往与中心城区有着更紧密的联系（Hu L等，2017）；部分地区虽然在空间上距离中心城区较近，但是，受通达条件限制，并没有进入都市区劳动力池，只是在理论上属于大都市区范围，例如成都大都市区东北侧地域。

4.2.3　缺少多种视角的综合参照分析

核心定量方法一般可从四个视角开展（图4-1）：

第一是核心外围视角，用于对研究区空间结构进行初步判断，即确定哪些地区是都市圈的核心以及都市圈内是否存在多核心等问题。具体计算时，主要是基于指标（人口、经济等数据项）占比计算等类似的方法进行（徐明非，2017）。

第二是交通通勤视角，也可以归并到"交通地理"视角类，但考虑到该分析一直是都市圈范围划定中非常重要的手段，故单独作为一类进行说明。计算时，主要是基于通勤人口占比而划定都市圈范围（Cui C等，2020）。需注意的是，该分析视角主要是日本在都市圈划定时所采用的，特别是用于新城与主城之间的关联分析。然而，当前我国城镇化已经发展到一定阶段，纯粹的新城建设较少，多是核心城市内部之间或核心城市与周边已建成城市之间存在较为明显的通勤现象。因此，交通通勤视角可能并不完全适用于我国都市圈空间范围的划定，还需结合其他方法来确定最终范围。

第三是交通地理视角，这里主要是指基于传统交通可达圈、断裂点、加权Voronoi、场强、引力等算法或模型以及城镇体系理论，确定都市圈核心区在一定时间（距离）内的影响范围。

第四是联系强度视角，是在传统交通地理视角分析的基础上，基于手机定位数据高铁客流、金融投资流、客车班次等大数据源，利用复杂网络、流分析等技术手段得出不同区域的联系强度。该类方法可以在较大尺度上研究区域节点之间的关系，且内涵上往往突破了基于传统通勤联系的方法，更多是从经济、旅游等多个方面去解析、研究区域内的空间联系特征。这类研究方法在当前国内都市圈研究中较为常见，较好地弥补了单一研究通勤联系所存在的不足，但应当避免简单地通过联系强度计算使都市圈空间范围划定得过大。

辅助定性方法包括了"空间形态""经验参照""区域协调"等多个方面：

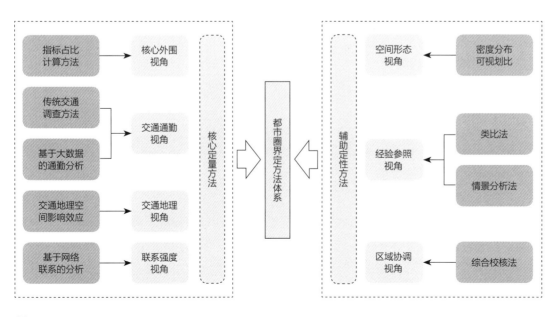

图4-1　都市圈界定方法体系

"空间形态"主要是指通过某项指标数据的可视化（如人口密度、夜间灯光等），判断区域发展的连绵程度，并以此辅助确定都市圈所处的发展阶段等问题。

"经验参照"包含了类比法、情景分析法等。类比法主要是指参考国内外都市圈空间范围的半径、总面积、总人口等各项指标，为都市圈空间范围划定提供最直接的参考依据；情景分析法是城市规划中常见的方法，适合对未来发展愿景的展望，一般通过多个情景来分析都市圈发展可能存在的状况，从而较为全面地为远期都市圈空间范围的划定提供科学依据。需要注意的是，这里的情景分析主要是指参考很多历史经验数据而做出情景设定，如将现有的世界著名都市圈的半径作为成长中的都市圈未来发展的参考范围。

"区域协调"是解决都市圈内重大基础设施、生态环境保护规划等问题的重要手段。这一分析视角在当前我国都市圈发展中具有重要的意义，是落实国家区域一体化和生态文明发展的重要途径。

4.3 多阶都市圈范围界定方法

4.3.1 方法理念：三个圈层特征差异与通勤联系

大都市圈不同于以往的行政区划，这通过其内部经济联系紧密程度可以反映出来，大都市圈强调的是一种功能区域，正是因为密切的经济联系使这个区域成为一个整体。大都市圈由三个部分构成：一是一个或者几个经济中心，这个经济中也有人口要求；二是经济腹地，在经济腹地内有较高的人口密度和人口增长率；三是经济联系，只有紧密的经济联系才能将经济中心和经济腹地联系起来，经济联系可通过通勤、白天黑夜人口变化等容易统计的指标衡量。

1. 考虑都市区三个圈层特征差异

完整的都市区空间应该由中心城区、与中心城紧密连接的中心城通勤区以及由中心城通勤区向外辐射的拓展区三个圈层构成。通勤区与拓展区之间，不仅在与中心城通勤联系紧密程度上有明显差异，而且在人口密度、城市建设用地比例上也有明显差异。制定规划政策时需要考虑到这一差异，需要对都市区范围内的通勤区、拓展区分别制定有针对性的规划指标和管理要求（高昂等，2020）。

以上海为例，早期上海的规划编制和规划管理中，一般将上海市域以外环线为边界，将上海市域分为外环线以内、外环线以外两个部分。其中，外环线以内地区称为中心城，面积664km^2，约占市域面积的10.5%，外环线以外地区视为郊区。近些年来，浦西地区外环线内外的城市建设用地部分已经连绵成片，浦东地区也有部分城市建设用地由中心城向外蔓延。单从现状城市建设用地连绵蔓延的程度上看，已经很难将紧邻外环线区域与中心城区分开来，中心城与周边连绵发展区域面积已经达到1560km^2。

外环线以外是否继续还能作为一个整体看待，是近年来引发讨论的一个议题。例如，有学者认为上述将上海市域空间结构划分为两个部分的观点未考虑与中心城是否有密切联系的通勤影响，应将上海市域划分为中心城、通勤区、郊区三个圈层（张莉等，2009）。通勤区为外环线以外、距市中心半径30km范围内的区域，面积约936km^2。在各类规划中也提出在市域内增加中间层次，便于分区域实施不同规划政策。《上海市国民经济和社会发展第十二个五年规划纲要》在市域内增加了一个拓展区，将宝山区、闵行区作为中心城外的拓展区，面积约674km^2。

2. 考虑从中心城通勤区到外围拓展区的通勤联系

都市区多中心的演化趋势，外围都市区副中心的形成，必然推动网络化的空间格局，单纯的向心联系往往难以刻画都市区的空间连接特征（Liu X等，2016）。

借助复杂网络理论的二度连接，构建都市区通勤联系从中心城通勤区到外围拓展区的度量方法。拥有"人脉广泛"的朋友比仅仅拥有人数众多的朋友更为重要。不是只计算朋友的数量，而是计算每个朋友能带来的更多的朋友的数量，跟踪朋友的朋友——我们称其为"二度朋友"（Second-degree friends）（图4-2）。

南希和沃伦在网络中的度都是2。但他们各自的朋友的人际联系却大为不同，从而导致他们在网络中的整体位置也相差悬殊。这种类型的方程组——每个人的中心度都是其朋友中心度总和的一定比例——是非常自然且易于处理的数学问题。从18世纪到20世纪，有若干大名鼎鼎的数学家为这一领域做出了贡献，其中包括欧拉、拉格朗日、柯西、傅立叶、拉普拉斯、魏尔斯特拉斯、施瓦茨、庞加莱、冯·米赛斯和希尔伯特等。希尔伯特将此类问题的求解命名为"特征向量"（eigenvectors），成为现在的通用术语。特征向量出现在各种研究领域的应用中，从量子力学（薛定谔的方程），到构成面部识别技术基石的"特征脸"（eigenfaces）的定义，并不出人意料。通过求解上述案例中的特征向量，我们会发现南希的分值约为沃伦的3倍，如图4-3所示。

每个节点（人）的特征向量中心度。南希得到的分值约为沃伦的3倍，尽管他们有相同的连接数。迈尔斯的此项得分最高，但中心度最高的则是艾拉。

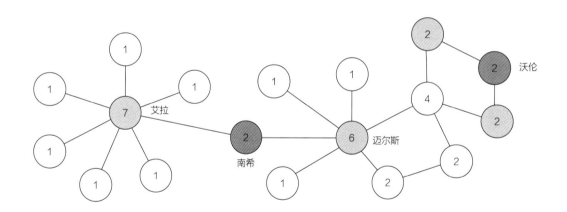

图4-2 "二度朋友"示意图

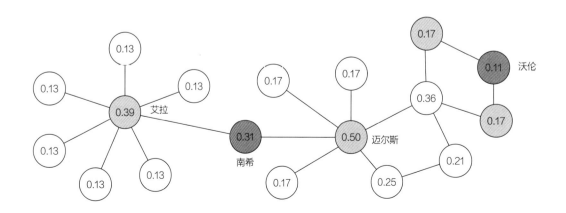

图4-3 中心度示意

4.3.2 概念定义：以行政区县作为空间统计单元

1. 以行政区县作为统计单元

目前世界有两种统计单元划分方法：欧美城市是以县为基本单位；东亚城市是以乡镇为基本单元。

如果以县级行政区为基本单位，则不用打破县级行政界限，只要全县的总体水平满足大都市区外围县的标准，就把整个县纳入大都市区的范围。用这种方法的突出优点是照顾到行政区划的完整性，不会造成管理上的混乱。其缺点是，对于某些形态不规则的县，特别是对于县内地形复杂、内部经济发展差异较大的县，有可能把大面积不满足大都市区要求的乡村地域也划入大都市区。

2. 以规划边界定义中心城区

中心城区范围，以现行城市总体规划中明确提出的中心城区范围为基础，结合区县行政边界以及通勤人口分布进行局部调整，覆盖中心城主要建成区域。具体转化规则为，若该行政区（县）位于中心城区范围以内的面积比例超过30%，则将该街道纳入中心城区。

3. 以通勤联系定义紧密程度

中心城市通勤人口，以居住地或就业地至少一端位于中心城市市域行政边界范围内的通勤人口作为研究对象，包含城区内部通勤、城区居住郊区就业、郊区居住城区就业、城区居住市外就业、市外居住城区就业、郊区居住郊区就业、郊区居住市外就业和市外居住郊区就业。

4.3.3 计算方法：用网络连接度表征通勤紧密度

1. 网络连接度指数

用标准化的网络连接度指数，作为通勤联系程度的度量标准，克服行政区规模大小以及内部通勤比重差异带来的影响。

①行政区间通勤联系：构建行政区间通勤联系指数，通过对行政区间通勤人口数量的标准化处理，克服不同行政区人口规模差异对衡量通勤联系紧密程度的影响。

$$V_{ij}^* = \frac{V_{ij}}{\sum_j V_{ij}} \tag{4-1}$$

式中，V_{ij}是行政区i居住到行政区j就业的通勤人数，$\sum_j V_{ij}$是行政区i居住到各行政区就业的通勤人口之和，V_{ij}^*是标准化后城市行政区i居住到行政区j就业的通勤联系强度指数。

②行政区对外连接指数：借鉴Christaller的中心地理论，采用行政区对外连接指数代表在都市区中的融入程度。

$$N_i = \sum_j V_{ij}^* - V_{ii}^* \tag{4-2}$$

式中，N_i是行政区的对外连接指数，反应行政区i的通勤构成中与其他行政区对外通勤联系所占的比重之和。V_{ij}^*是行政区i居住到行政区j就业的通勤联系强度指数，V_{ii}^*是行政区i内部通勤的比重。

③网络连接度指数：网络连接度反应行政区网络中通勤联系的紧密程度。

$$R_{ij} = V_{ij}^* \cdot V_{ji}^* \tag{4-3}$$

并且，采用最大值标准化，获得网络连接度指数。

$$R_{ij}^* = \frac{R_{ij}}{\text{Max}(R_{ij})} \tag{4-4}$$

式中，V_{ij}^*和V_{ji}^*分别为行政区i和行政区j间通勤联系强度指数，R_{ij}为行政区i和行政区j间的网络连接度，$\text{Max}(R_{ij})$为全部行政区通勤网络中连接度的最大值，R_{ij}^*为标准化后行政区i和行政区j间的网络连接度指数。

2. 中心城通勤区网络连接度

中心城通勤区网络连接度用于计算每个第一设定行政区域的中心城通勤区网络连接度综合指数。根据中心城通勤区网络连接度综合指数确定都市圈的中心城通勤区范围。第一设定行政区域位于研究区域范围内的各行政区域。中心城通勤区网络连接度综合指数为第一设定行政区域与中心城区范围所包含的各行政区域的网络连接度指数的和。

中心通勤区的范围依据设定阈值判定。对候选通勤行政区网络连接度综合指数与预先设定的通勤区阈值做比较，如果候选行政区的网络连接度大于通勤区阈值，则该行政区可被确定为通勤范围。全部识别出的行政区范围则为这一城市的通勤区范围（图4-4）。

以通州区为例，通州区是否被纳入通勤区范围即看通州区到各中心城区的网络连接度之和是否大于设定阈值（表4-3）。

3. 外围拓展区网络连接度

外围拓展区网络连接度用于计算每个第二设定行政区域对应的外围拓展区网络连接度综合指数。根据外围拓展区网络连接度综合指数，判断每个第二设定行政区域是否属于外

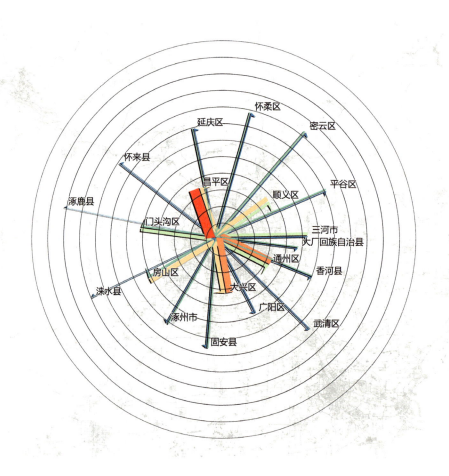

图4-4 中心城通勤区向心通勤联系示意图

中心城通勤区网络连接度计算示例   表4-3

研究城市	居住城市	居住城区	就业城市	就业城区	网络连接度	居住流出（万人）	就业吸引（万人）
北京市	北京市	通州区	北京市	朝阳区	1.89	11.2	3.4
北京市	北京市	通州区	北京市	东城区	0.32	1.7	0.4
北京市	北京市	通州区	北京市	西城区	0.12	1.2	0.4
北京市	北京市	通州区	北京市	海淀区	0.11	1.8	0.7
北京市	北京市	通州区	北京市	丰台区	0.07	1.2	1.1
北京市	北京市	通州区	北京市	石景山区	0.01	0.2	0.2
城区通勤网络连接度（合计）					2.51	17.3	6.0

围拓展区标准，进而得到都市圈的外围拓展区范围。外围拓展区网络连接度综合指数为第二设定行政区域以及与第二设定行政区域所有紧密连接的各行政区域的中心城通勤区络连接度综合指数的和。

外围拓展区的范围依据设定阈值判定。依次判断候选行政区网络连接度综合指数是否大于外围拓展区判别阈值。如果候选行政区网络连接度综合指数大于阈值，则这一行政区可被确定为二阶腹地，对全部候选行政区判断出的结果即为外围拓展区范围（图4-5）。

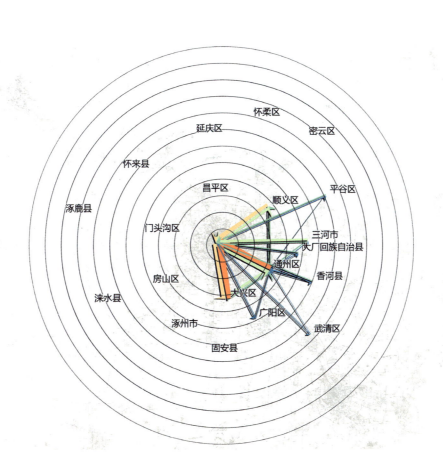

图4-5 外围拓展区辐射通勤联系示意图

以通州区为例，通州区是否被纳入外围拓展区范围即看通州区到行政区的网络连接度之和是否大于设定阈值（表4-4）。

都市圈空间范围即为将中心城区范围、中心城通勤区和外围拓展区合并得到的范围。

外围拓展区网络连接度计算示例　　表4-4

城市	城区	外围拓展区城市	外围拓展区行政区	网络连接度	城区网络连接度
北京市	通州区	北京市	朝阳区	1.89	126.9
北京市	通州区	北京市	大兴区	0.74	3.8
北京市	通州区	北京市	东城区	0.32	45.3
北京市	通州区	廊坊市	香河县	0.20	0.1
北京市	通州区	廊坊市	三河市	0.19	0.4
北京市	通州区	廊坊市	大厂回族自治县	0.12	0.1
北京市	通州区	北京市	西城区	0.12	63.1
北京市	通州区	北京市	海淀区	0.11	125.8
北京市	通州区	北京市	丰台区	0.07	58.3
北京市	通州区	廊坊市	广阳区	0.06	0.1
北京市	通州区	天津市	武清区	0.06	0.1
北京市	通州区	北京市	顺义区	0.04	1.1
北京市	通州区	北京市	顺义区	0.04	1.1
…	…	…	…	…	…
外围拓展区网络连接度					132.44

4.4　中国主要都市圈界定实例

4.4.1　数据基础：以区县行政区汇聚形成通勤OD

通勤OD：来自2019年1~6月，百度地图位置服务和移动通信运营商手机数据获得的用户居住地、就业地信息，以区县行政区汇聚形成通勤OD，将两个相互独立数据源进行交叉验证、融合分析（表4-5）。

行政区通勤联系基础数据样例　　表4-5

居住城市	居住城区	就业城市	就业城区	通勤样本（万人）	平均距离（km）	平均时间（min）
北京市	朝阳区	北京市	朝阳区	69.0	5.08	22.0
北京市	通州区	北京市	朝阳区	11.2	16.19	52.2
北京市	昌平区	北京市	朝阳区	11.2	15.70	52.9
北京市	海淀区	北京市	朝阳区	7.9	13.91	46.8
北京市	丰台区	北京市	朝阳区	7.5	14.32	48.8

续表

居住城市	居住城区	就业城市	就业城区	通勤样本（万人）	平均距离（km）	平均时间（min）
北京市	顺义区	北京市	朝阳区	6.3	18.92	61.7
北京市	东城区	北京市	朝阳区	4.3	6.28	24.0
北京市	大兴区	北京市	朝阳区	4.3	20.57	64.4
北京市	西城区	北京市	朝阳区	3.4	10.46	36.4
廊坊市	三河市	北京市	朝阳区	3.0	28.27	37.2
北京市	房山区	北京市	朝阳区	1.4	40.28	107.8
北京市	石景山区	北京市	朝阳区	1.2	23.73	70.2
北京市	平谷区	北京市	朝阳区	0.8	56.28	89.9
北京市	密云区	北京市	朝阳区	0.7	57.55	99.1
廊坊市	香河县	北京市	朝阳区	0.6	45.69	40.9
廊坊市	大厂回族自治县	北京市	朝阳区	0.5	33.93	32.4
北京市	门头沟区	北京市	朝阳区	0.5	32.02	82.5
北京市	怀柔区	北京市	朝阳区	0.4	43.17	94.2

4.4.2 界定结果：北京、上海、广州、武汉都市圈

1. 北京都市圈通勤空间

北京都市区通勤空间范围2.7万km²，空间半径93km，包含北京市16个区县，廊坊市的三河市、固安县、香河县、大厂回族自治县、广阳区共5个行政区县，天津市武清区、保定市的涿州市、涞水县和张家口市的怀来县、涿鹿县（图4-6）。

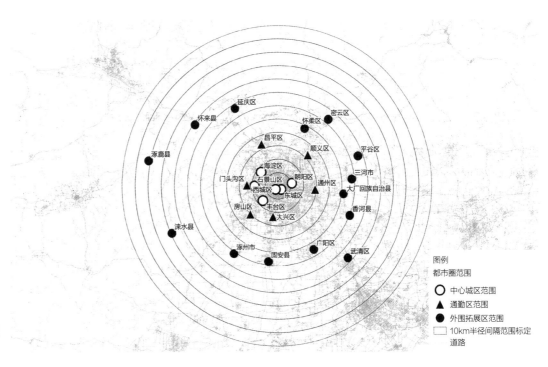

图4-6 北京都市圈空间范围

其中，中心城区面积为1373km²，空间半径21km，区内实现53.2%的内部职住平衡；通勤区面积为7739km²，空间半径54km，包含北京市的通州区、大兴区、房山区、门头沟区、昌平区、顺义区，中心城区和通勤区范围内实现80.1%的职住平衡；拓展区面积为18148km²，职区内实现99.8%的职住平衡（表4-6）。

北京都市圈通勤空间构成与通勤特征　　表4-6

城市	行政区	城区面积（km²）	城区网络连接度		区内通勤比重	向心通勤比重
			中心城通勤区	外围拓展区		
城区	6	1373	—	—	47%	89%
北京市	朝阳区	467	126.89	304.51	64%	88%
北京市	海淀区	426	125.83	309.95	61%	91%
北京市	西城区	51	63.08	356.34	34%	92%
北京市	丰台区	301	58.31	423.00	48%	86%
北京市	石景山区	87	54.89	186.35	47%	88%
北京市	东城区	41	45.31	248.28	26%	92%
中心城通勤区	6	7739	—	—	55%	37%
北京市	昌平区	1330	4.57	256.19	45%	50%
北京市	大兴区	1041	3.78	189.01	53%	34%
北京市	通州区	912	2.51	132.44	54%	33%
北京市	门头沟区	1447	2.21	244.71	46%	48%
北京市	顺义区	1004	1.11	134.49	69%	23%
北京市	房山区	2005	1.01	64.44	63%	31%
外围拓展区	14	18148	—	—	83%	9%
廊坊市	三河市	629	0.36	3.88	65%	23%
廊坊市	固安县	699	0.12	4.07	77%	12%
保定市	涿州市	744	0.11	5.02	87%	6%
廊坊市	香河县	447	0.10	3.01	87%	7%
廊坊市	大厂回族自治县	173	0.08	2.97	82%	11%
廊坊市	广阳区	368	0.06	6.52	90%	4%
天津市	武清区	1576	0.06	2.71	88%	6%
北京市	平谷区	937	0.06	1.54	76%	14%
北京市	密云区	2226	0.06	1.22	80%	11%
张家口市	怀来县	1780	0.05	6.84	88%	5%
北京市	延庆区	2017	0.05	4.68	81%	10%
北京市	怀柔区	2103	0.05	5.79	81%	9%
保定市	涞水县	1652	0.03	3.45	89%	5%
张家口市	涿鹿县	2797	0.01	2.29	89%	4%

2. 上海都市圈通勤空间

上海都市区范围1.1万km², 空间半径60km, 包含上海市16个区县以及苏州市的昆山市、太仓市。其中, 中心城区面积为3105km², 空间半径31km, 区内实现53.2%的内部职住平衡; 通勤区面积为1075km², 空间半径36km, 包含上海市的嘉定区、松江区, 中心城区和通勤区范围内实现64.6%的职住平衡; 拓展区面积为7105km², 职区内实现99.5%的内部职住平衡(表4-7)。

上海都市圈通勤空间构成与通勤特征　　　　表4-7

城市	行政区	城区面积 (km²)	城区网络连接度 中心城通勤区	城区网络连接度 外围拓展区	区内通勤比重	向心通勤比重
城区	10	3105	—	—	45%	94%
上海市	浦东新区	2064	170.69	412.76	79%	96%
上海市	闵行区	374	94.00	290.48	61%	89%
上海市	宝山区	380	78.12	373.60	60%	92%
上海市	杨浦区	59	72.45	287.75	49%	96%
上海市	徐汇区	55	67.68	419.67	38%	95%
上海市	黄浦区	21	60.85	324.64	29%	97%
上海市	静安区	36	47.32	333.89	29%	96%
上海市	长宁区	37	46.81	252.95	32%	94%
上海市	普陀区	55	41.49	174.69	38%	89%
上海市	虹口区	24	38.95	429.42	32%	96%
中心城通勤区	2	1075	—	—	68%	26%
上海市	嘉定区	468	2.45	261.43	68%	27%
上海市	松江区	607	1.52	95.39	68%	26%
外围拓展区	6	7105	—	—	89%	6%
上海市	青浦区	673	0.77	98.23	88%	8%
上海市	奉贤区	739	0.56	266.27	89%	9%
上海市	崇明区	3258	0.15	249.05	91%	8%
苏州市	昆山市	931	0.14	3.46	87%	6%
苏州市	太仓市	835	0.10	80.92	89%	4%
上海市	金山区	668	0.06	2.89	89%	5%

3. 广州都市圈通勤空间

广州都市区通勤空间范围1.9万km², 空间半径79km, 包含广州市11个区县, 东莞市的麻涌镇、夏港街道、沙田镇、高埗镇、中堂镇、石碣镇共6个行政区县, 佛山市的南海区、禅城区、顺德区、三水区、高明区共5个行政区县, 江门市的蓬江区、鹤山市, 惠州市的博罗县、龙门县以及清远市清城区。

其中，中心城区面积为1470km^2，空间半径22km，区内实现40.5%的内部职住平衡；通勤区面积为3220km^2，空间半径39km，包含广州市的番禺区、增城区以及佛山市南海区，中心城区和通勤区范围内实现65.6%的职住平衡；拓展区面积为14681km^2，职区内实现98.8%的职住平衡（表4-8）。

广州都市圈通勤空间构成与通勤特征　　　　表4-8

城市	行政区	城区面积（km^2）	城区网络连接度		区内通勤比重	向心通勤比重
			中心城通勤区	外围拓展区		
城区	6	1470	—	—	53%	90%
广州市	黄埔区	482	139.74	319.19	67%	89%
广州市	天河区	138	118.06	398.67	57%	92%
广州市	白云区	662	117.25	376.97	68%	89%
广州市	海珠区	93	79.45	374.65	53%	88%
广州市	越秀区	33	62.22	367.41	30%	93%
广州市	荔湾区	61	52.65	264.35	44%	86%
中心城通勤区	3	3220	—	—	78%	16%
佛山市	南海区	1079	3.44	173.37	88%	11%
广州市	番禺区	522	1.98	276.42	71%	21%
广州市	增城区	1619	1.59	140.65	74%	18%
外围拓展区	18	14681	—	—	89%	6%
广州市	花都区	982	0.73	121.18	83%	12%
东莞市	麻涌镇	86	0.72	143.38	90%	8%
佛山市	禅城区	156	0.32	3.66	89%	8%
清远市	清城区	1283	0.25	1.09	88%	8%
佛山市	顺德区	808	0.22	6.14	89%	5%
广州市	南沙区	833	0.18	2.61	79%	6%
广州市	从化区	1988	0.12	259.63	83%	11%
佛山市	三水区	827	0.11	4.69	90%	6%
江门市	蓬江区	337	0.05	3.90	90%	7%
佛山市	高明区	927	0.03	3.61	90%	6%
惠州市	博罗县	2869	0.03	1.63	90%	4%
江门市	鹤山市	1086	0.03	3.55	90%	7%
东莞市	夏港街道	0	0.02	140.46	99%	1%
东莞市	沙田镇	108	0.02	3.00	91%	5%
东莞市	高埗镇	34	0.02	1.68	90%	5%
东莞市	中堂镇	57	0.01	2.35	90%	2%
东莞市	石碣镇	34	0.01	1.66	91%	3%
惠州市	龙门县	2266	0.01	1.73	90%	4%

4. 武汉都市圈通勤空间

武汉都市区通勤空间范围2.6万km², 空间半径90km, 包含广州市13个区县, 鄂州市的华容区、鄂城区、梁子湖区共3个行政区县, 孝感市的汉川市、孝南区、孝昌县、大悟县共4个行政区县, 黄冈市的红安县、黄州区、团风县共3个行政区县, 咸宁市的咸安区、嘉鱼县以及仙桃市、黄石市大冶市 (表4-9)。

其中, 中心城区面积为1012km², 空间半径18km, 区内实现46.3%的内部职住平衡; 通勤区面积为5764km², 空间半径46km, 包含武汉市的江夏、东西湖区、蔡甸区、黄陂区, 中心城区和通勤区范围内实现70.3%的职住平衡; 拓展区面积为18868km², 职区内实现99.5%的职住平衡。

武汉都市圈通勤空间构成与通勤特征　　　　表4-9

城市	行政区	城区面积 (km²)	城区网络连接度		区内通勤比重	向心通勤比重
			中心城通勤区	外围拓展区		
城区	7	1012	—	—	46%	84%
武汉市	洪山区	557	111.59	335.51	57%	83%
武汉市	青山区	91	96.72	269.87	54%	92%
武汉市	武昌区	99	83.15	418.35	43%	89%
武汉市	江岸区	77	75.14	361.55	47%	83%
武汉市	汉阳区	119	65.97	330.34	48%	77%
武汉市	硚口区	40	63.56	133.87	41%	81%
武汉市	江汉区	29	61.85	293.87	33%	84%
中心城通勤区	4	5764	—	—	64%	26%
武汉市	江夏区	1940	7.09	200.26	66%	28%
武汉市	东西湖区	494	6.05	273.47	57%	32%
武汉市	蔡甸区	1081	4.14	191.28	69%	22%
武汉市	黄陂区	2249	2.19	193.63	65%	23%
外围拓展区	16	18868	—	—	89%	6%
鄂州市	华容区	475	0.79	119.51	89%	8%
孝感市	汉川市	1664	0.34	10.95	90%	5%
武汉市	新洲区	1472	0.32	114.87	79%	12%
孝感市	孝南区	1040	0.28	8.77	90%	5%
鄂州市	鄂城区	617	0.24	1.50	90%	7%
咸宁市	咸安区	1520	0.18	7.37	90%	7%
仙桃市	仙桃市	2523	0.18	4.64	90%	6%
黄冈市	红安县	1785	0.17	2.59	90%	6%
黄石市	大冶市	1568	0.17	7.72	90%	7%

续表

城市	行政区	城区面积（km²）	城区网络连接度 中心城通勤区	城区网络连接度 外围拓展区	区内通勤比重	向心通勤比重
黄冈市	黄州区	357	0.14	1.25	90%	6%
咸宁市	嘉鱼县	1049	0.10	7.41	90%	6%
武汉市	汉南区	293	0.08	11.57	76%	9%
孝感市	孝昌县	1183	0.07	2.63	90%	6%
鄂州市	梁子湖区	497	0.06	8.29	91%	5%
黄冈市	团风县	831	0.06	1.47	90%	5%
孝感市	大悟县	1995	0.01	2.43	92%	3%

4.5 中国都市圈通勤空间特征

中国主要城市的都市区通勤空间由中心城区、中心城通勤区和外围辐射拓展区三个圈层构成，且具有以下特征。

4.5.1 都市圈通勤空间有职住平衡特征

都市圈通勤空间强调的是完整城市功能的区域范围，由中心城区、中心城通勤区和外围辐射拓展区三个圈层构成，往往具有紧密通勤联系、内部职住平衡的特征。中心城通勤区，与中心城区保持紧密联系的空间范围，尚有20%~30%的通勤联系另一端在中心城通勤区以外，还不是完整的城市功能区域（表4-10）。在中心城区（城区范围）、中心城通勤区范围、外围拓展区构成的空间范围内（表4-11），可以实现95%以上的内部职住平衡。

通勤人口在不同通勤范围的比例　　　　　表4-10

研究城市	通勤人口	城区范围	中心城通勤区范围	外围拓展区范围
北京市	7218883	53.2%	80.1%	99.8%
上海市	8654668	53.2%	64.6%	99.5%
成都市	6269577	35.2%	64.9%	98.4%
广州市	7718555	40.5%	65.6%	98.8%
武汉市	3790442	46.3%	70.3%	99.5%
西安市	5000523	44.1%	69.0%	98.2%
郑州市	4671795	44.9%	56.4%	98.5%

4.5.2 都市圈通勤空间半径60~80km

中心城通勤区目前最大空间尺度是半径40km，由中心城通勤区向外辐射的拓展区，空间尺度在半径60~80km，与国际同等规模城市都市圈通勤空间尺度相当。

不同通勤空间的面积和半径　　　　表4-11

研究城市	城区范围		中心城通勤区范围		外围拓展区范围	
	面积（km²）	半径（km）	面积（km²）	半径（km）	面积（km²）	半径（km）
北京市	1373	21	9112	54	27260	93
上海市	3105	31	4180	36	11285	60
成都市	468	12	3289	32	14722	68
广州市	1470	22	4690	39	19371	79
武汉市	1012	18	6776	46	25643	90
西安市	510	13	2962	31	16339	72
郑州市	1017	18	2798	30	13950	67

4.5.3　通勤90分钟决定都市圈延伸尺度

时耗90分钟是通勤承受上限，也是都市圈通勤空间延伸的边界（表4-12）。

不同通勤空间之间的通勤效率　　　　表4-12

研究城市	通勤圈层	通勤比重	平均通勤距离（km）	平均通勤时间（min）	通勤速度（km/h）
北京市	城区—城区	72%	7	27	15
	中心城通勤区—城区	24%	19	59	19
	外围拓展区—城区	4%	49	92	32
成都市	城区—城区	67%	5	21	14
	中心城通勤区—城区	30%	12	38	18
	外围拓展区—城区	3%	46	88	31
广州市	城区—城区	85%	5	23	15
	中心城通勤区—城区	11%	16	42	22
	外围拓展区—城区	4%	33	54	37
武汉市	城区—城区	82%	5	22	14
	中心城通勤区—城区	14%	14	41	21
	外围拓展区—城区	4%	51	93	33
西安市	城区—城区	81%	5	21	14
	中心城通勤区—城区	16%	11	32	20
	外围拓展区—城区	4%	33	76	26
郑州市	城区—城区	89%	5	21	14
	中心城通勤区—城区	5%	17	46	22
	外围拓展区—城区	6%	34	71	29

4.5.4 网络连接度大于1是都市圈通勤空间界定标准

网络连接度指标比向心通勤率指标能更准确地刻画城区间通勤联系的紧密程度，网络连接度大于1可以作为中国城市都市圈通勤空间界定的标准（表4-13）。

分城区内部通勤率、向心通勤率和连接度　　　　表4-13

城区		城区内部通勤率	向心通勤率	城区网络连接度
北京	北京市昌平区	45%	50%	4.6
	北京市大兴区	53%	34%	3.8
	北京市通州区	54%	33%	2.5
	北京市门头沟区	46%	48%	2.2
	北京市顺义区	69%	23%	1.1
	北京市房山区	63%	31%	1.0
上海	上海市嘉定区	68%	27%	2.5
	上海市松江区	68%	26%	1.5
	上海市青浦区	88%	8%	0.8
	上海市奉贤区	89%	9%	0.6
	上海市崇明区	91%	8%	0.2
	苏州市昆山市	87%	6%	0.1
成都	成都市双流区	53%	36%	8.0
	成都市郫都区	66%	20%	2.5
	成都市新都区	58%	27%	2.2
	成都市龙泉驿区	61%	27%	2.1
	成都市温江区	62%	23%	1.0
广州	佛山市南海区	88%	11%	3.4
	广州市番禺区	71%	21%	2.0
	广州市增城区	74%	18%	1.6
	广州市花都区	83%	12%	0.7
	东莞市麻涌镇	90%	8%	0.7
武汉	武汉市江夏区	66%	28%	7.1
	武汉市东西湖区	57%	32%	6.0
	武汉市蔡甸区	69%	22%	4.1
	武汉市黄陂区	65%	23%	2.2
	鄂州市华容区	89%	8%	0.8

续表

城区		城区内部通勤率	向心通勤率	城区网络连接度
西安	西安市长安区	54%	37%	7.6
	西安市灞桥区	45%	44%	5.6
	咸阳市秦都区	89%	8%	1.1
	咸阳市渭城区	92%	6%	1.0
郑州	郑州市新郑市	73%	17%	1.2
	郑州市荥阳市	69%	23%	1.1
	郑州市中牟县	74%	14%	0.9
	新乡市原阳县	89%	9%	0.5

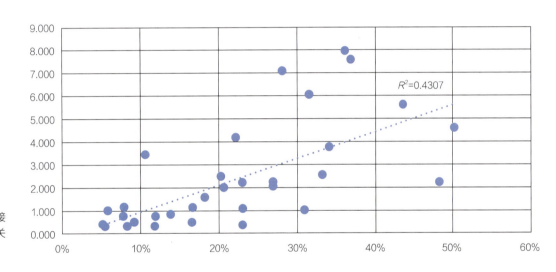

图4-7 城区网络连接度与向心通勤率的相关性分析

图4-7呈现6个都市区35个行政区的网络连接度指标与向心通勤率指标的相关性，同等连接程度下，向心通勤率呈现较大波动。

由于城区内部通勤比重的差异，向心通勤率难以完整划分同等联系程度的空间范围（表4-14）。

主要城市向心通勤率统计结果　　　　表4-14

研究城市	圈层	行政区	城区面积（km^2）	区内通勤比重	向心通勤比重
北京市	城区	6	1373	47%	89%
	中心城通勤区	6	7739	55%	37%
	外围拓展区	14	18148	83%	9%
上海市	城区	10	3105	45%	94%
	中心城通勤区	2	1075	68%	26%
	外围拓展区	6	7105	89%	6%

续表

研究城市	圈层	行政区	城区面积（km²）	区内通勤比重	向心通勤比重
成都市	城区	5	468	42%	81%
	中心城通勤区	5	2821	60%	27%
	外围拓展区	10	11433	83%	5%
广州市	城区	6	1470	53%	90%
	中心城通勤区	3	3220	78%	16%
	外围拓展区	18	14681	89%	6%
武汉市	城区	7	1012	46%	84%
	中心城通勤区	4	5764	64%	26%
	外围拓展区	16	18868	89%	6%
西安市	城区	5	510	42%	84%
	中心城通勤区	4	2453	70%	24%
	外围拓展区	10	13377	83%	9%
郑州市	城区	5	1017	53%	90%
	中心城通勤区	2	1781	71%	20%
	外围拓展区	12	11152	85%	8%

4.6 结语

关于以1小时通勤圈为基础标准的讨论，是基于与中心城市就业岗位带来的职住关系为主要内容展开。都市圈通勤空间是以辐射带动功能强的中心城市为核心、与周边城镇在日常通勤和功能组织上存在密切关系的一体化地区，紧密的通勤联系是都市区通勤空间范围界定的关键要素。美国、日本等国以都市区与外围区之间的当日往返通勤范围为界限，因此衍生出通勤圈的概念。

都市圈通勤空间关注完整城市功能的区域范围，往往具有紧密通勤联系、整体职住平衡的特征。通过对于北京、上海、广州、成都、武汉、西安、郑州7个城市，3.2亿通勤人群的大数据实证研究发现，中国主要城市的都市圈通勤空间由中心城区、中心城通勤区和外围辐射拓展区三个圈层构成，且具有以下特征：①中心城通勤区，与中心城区保持紧密联系的空间范围，目前最大空间半径为40km，但尚有20%～30%的通勤联系的另一端在中心城通勤区以外，还不是完整的城市功能区域；②由中心城通勤区向外辐射的拓展区，空间半径为60～80km，在中心城区、中心城通勤区、外围辐射拓展区构成的空间范围内，可以实现95%以上的内部职住平衡；③时耗90分钟是通勤承受上限，也是都市圈通勤空间延伸的边界。

反观我国主流1小时通勤圈和国外惯用的向心通勤率指标，并不能适用于中国的城市的都市圈空间界定。1小时通勤圈的定义过于泛化，动辄1+X个城市，数十万平方公里的范围与都市圈概念存在较大差异，事实上目前中国主要城市1小时通勤的空间尺度不超过

25km，出行时耗超过1小时的通勤人口只有13%。另外，中国城市的外围组团往往具有相对完善的城市功能，内部通勤比重在80%~90%，向心通勤率在10%以下，而且存在较大范围的波动，使通勤率阈值难以确定，加上通勤率的动态可调整性以及交通通达性差异，向心通勤率指标不适合作为中国城市的都市区界定标准。

都市区多中心的演化趋势，外围都市区副中心的形成，必然推动网络化的空间格局，都市区通勤空间界定需要考虑从中心城通勤区到外围拓展区的通勤联系。网络连接度指标比向心通勤率指标，更准确地刻画城区间通勤联系的紧密程度。另外，随着我国的城镇化发展，都市圈通勤空间范围也存在动态变化特征，持续追踪、动态监测具有重要意义。鉴于都市圈规划和相应政策制定的有效性分析，应当至于县级以上人民政府及其行政区域，这个意义上讲，1小时通勤圈的研究对改善日常通勤效率有积极作用。

本章参考文献

[1] Gu C, Hu L, Cook IG. China's urbanization in 1949-2015: Processes and driving forces [J]. Chinese geographical science. 2017 Dec; 27 (6): 847-59.

[2] 张晓春，林涛. 都市圈背景下城市综合交通规划研究——以佛山市为例 [A]. 中国建筑学会城市交通规划分会、上海市城乡建设和交通委员会、上海市规划和国土资源管理局. 中国城市交通规划2009年年会暨第23次学术研讨会论文集人性化城市综合交通体系规划与实践 [C]. 中国建筑学会城市交通规划分会、上海市城乡建设和交通委员会、上海市规划和国土资源管理局：中国城市规划设计研究院城市交通专业研究院，2009：11.

[3] Hu L, Yang J, Yang T, Tu Y, Zhu J. Urban spatial structure and travel in China [J]. Journal of Planning Literature. 2020 Feb; 35 (1): 6-24.

[4] Hu L, Fan Y, Sun T. Spatial or socioeconomic inequality? Job accessibility changes for low-and high-education population in Beijing, China [J]. Cities. 2017 Jun 1; 66: 23-33.

[5] 徐明非，欧晓培，王元庆. 城市群公路可达性与衔接提升研究 [J]. 中国公路学报，2020，33（11）：245-254.

[6] Cui C, Wu X, Liu L, Zhang W. The spatial-temporal dynamics of daily intercity mobility in the Yangtze River Delta: An analysis using big data [J]. Habitat International. 2020 Dec 1; 106: 102174.

[7] 高昂，王桀，丁勐涛. 次级核心视角下杭绍都市区交通一体化策略研究 [J]. 城市交通，2020，18（04）：13-21，12.

[8] 张莉，陆玉麒，赵元正. 基于时间可达性的城市吸引范围的划分——以长江三角洲为例 [J]. 地理研究，2009，28（03）：803-816.

[9] Liu X, Derudder B, Wu K. Measuring polycentric urban development in China: An intercity transportation network perspective [J]. Regional Studies. 2016 Aug 2; 50 (8): 1302-15.

第5章
中国主要城市 1 小时交通圈的空间特征研究

5.1 1小时交通圈的研究背景

近年来，随着中国高速公路和高速铁路、城际铁路的不断修建，大城市周围的高速交通网日渐完善，"交通圈"的建设逐渐兴起。"1小时交通圈"成为区域交通建设和经济发展领域较热门的概念。在主要中心城市周边，很多城镇都提出了融入"1小时交通圈"的战略规划。

交通圈的规划和建设已成为促进中国区域经济发展和城市发展的主要渠道之一，确定交通圈服务范围对区域道路规划和城市与区域发展战略规划有着深刻而又长远的战略意义。

相比较距离和经济指标，时间指标能够更好评价交通出行的效率。距离交通圈能够直接显示出从某个中心点出发到规定距离的所有地方。它能很好地反映距离因子，但不能反映通行便利程度和消耗的时间。经济交通圈能够反映通勤人员的费用消耗，但是这类交通圈往往未把复杂多变的出行方式如出租车与自驾车考虑在内。而时间交通圈则能够很好地克服经济交通圈与距离交通圈的不足。

许多省市都提出了各自的时间交通圈目标。北京市将利用高速铁路建成通达全国绝大部分省会城市的1~8小时交通圈；长三角很多地级和县级城市都提出了融入上海1小时、2小时交通圈的交通发展战略；珠三角的主要城市也提出组建区域3小时通勤圈；河北省正在打造环北京的1小时交通圈；湖北省提出打造环武汉的1小时交通圈。

对中国1小时交通圈的意涵做出科学的解释，并探索中国1小时交通圈的空间特征，是评估规划科学性、制定符合城市发展规律的目标的重要依据。这在城市以1小时交通圈作为交通基础设施建设和服务水平提升目标的背景下是必要的。

5.1.1 理论基础：核心—边缘、圈层—环节、时空压缩

交通与城镇空间之间存在互动关系。这种互动所基于的理论包括了核心—边缘成长理论、圈层—环点结构理论和时空压缩理论等。中国城市具有与这些理论相一致的特征，但基于交通圈研究视角下的理论研究尚不成熟（姚士谋等，2011）。

1. 核心—边缘成长理论

都市区是在一定地域范围内的地域圈层划分。都市区核心区以服务业为主，近郊区以工业、居住、科创等单一功能为主。都市圈是一个基于城市空间和功能紧密联系、有便捷交通线路相连、结构上分工合作的有机整体。都市区核心—边缘成长理论可以表述为：将增长极理论和地理空间理论相联系，以探索经济发展与都市区系统演化关系的理论。其理论重点是在边缘地带寻找新的增长点，从而激活新的核心区域。依据核心—边缘成长理论，都市区成长可以描述为四个阶段：

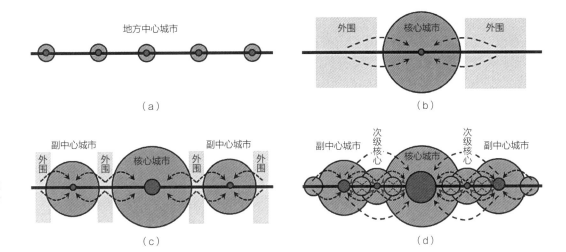

图5-1 基于核心—边缘成长理论模型的都市区成长四阶段
(a)第一阶段;(b)第二阶段;
(c)第三阶段;(d)第四阶段

第一阶段（工业化前阶段），地方中心城市相对独立，每个城市独占一个小区域的中心，形成平行静止关系；

第二阶段（工业化初期极化阶段），一大核心出现，外围环绕该核心发展，形成一个单一都市区，强调极化作用；

第三阶段（工业化成熟阶段），核心城市周围出现强有力的副中心城市，核心与副中心之间的地带由原来的大外围分割为小外围，但极化作用仍大于扩散作用；

第四阶段（工业化完成阶段），核心城市与副中心城市势力范围边缘城镇形成次级核心，区位效能充分发挥，极化与扩散作用均衡，都市区逐渐融为一体。

从都市区核心—边缘成长理论的城镇化组织形式来看，城市群交通主要面向中长距离、以商务为主的出行需求；都市区交通主要面向中短距离通勤出行需求；次级核心内部交通主要面向短距离通勤出行需求（韩艳红等，2014）。

2. 圈层—环点结构理论

圈层—环点结构理论是基于对交通圈范围及内部构成分析所提出的交通圈的形成过程和最终形态结构（黄翌等，2013）。

圈层—环点结构将发育完备的中心城市对外1小时交通圈分为5个圈层，分别为大众圈、货运圈、商务圈、准高铁圈（城铁圈）和高铁圈。在最里层，公众通过自行车、电瓶车等低速交通工具即可到达中心城市，其中高铁被分割在各高铁车站；在第二层，由于距离中心离城市有一定距离，公众只能通过乘坐地铁、大巴、高铁等公共交通工具前往，因此大众圈也被分割在各个城镇内，圈层主体由商务圈（主要运输工具为轿车）和货运圈构成；在第三层，距离中心城市80km以外，货车和客车在1小时内难以到达，圈层运输主体是轿车；第四层和第五层距离中心城市120km以外，只能通过乘坐高速铁路前往（张莉等，2013）。

3. 时空压缩理论

时空压缩理论认为，一定地域范围内人际交往所需的时间和距离，随着交通与通信技术的进步而缩短。更快速度交通设施的建设促进了交通运行速度的提升，一方面压缩了同一空间范围的出行时间，人们得以花费更少的时间预算；另一方面，在同一时间预算的层面上获取更远的出行距离，进而城市的活动空间获得了拓展和跃迁。更大容量交通设施的建设，促进了交通运量的提升，交通服务水平得到保证，交通服务效率和效益大为提高，城市不同空间之间的联系广度和深度扩大。

在时空压缩的过程中，快速、大容量交通设施成为城市空间拓展的抓手和方向，同时城市空间的拓展又倒逼快速、大容量交通设施的服务升级。

5.1.2 规划应用：指导交通政策，完善城镇经济结构

交通圈目标能够指导一系列交通发展政策的制定和实施。交通服务和区域特大城市对区域经济发展具有很强的辐射带动作用，一方面，特大城市空间上促进了人流、物流、资金流和信息流等要素的流通，另一方面，城市与城市之间的交流对道路等交通基础设施的需要也日益增强。交通圈的规划和建设已成为促进中国区域经济发展和城市发展的主要渠道之一，确定交通圈服务范围对区域道路规划和城市与区域发展战略规划意义重大。

1小时交通圈能够对城镇体系的完善和城市经济区的形成起到重要的作用。1小时交通圈大大缩小了城市内部、城市之间、城乡之间的时空距离（梁武昌，2019）。同时，这样的时效目标有利于企业的交流和人们通勤的便利，从而带来了巨大的经济收益和社会发展效益。此外，1小时交通圈也是1小时都市圈、1小时经济圈、1小时生活圈等概念的交通基础，只有在具备1小时通勤的情况下，拉近与中心城市的时间距离，更好地接受其辐射，圈内的生产、生活、经济交往才能成为可能（吴静娟等，2020）。

5.1.3 面临问题：对交通圈空间尺度、模式差异以及出行强度认识不足

目前中国对于交通圈特征和内涵的研究尚浅。在对交通圈的研究中，缺少理论和实证研究基础。首先，中国不同城市的交通圈有比较大的差别，但很难找到口径统一且与交通可达性测量直接相关的数据。因此对很难对中国城市的交通圈有明确的范围划定。其次，交通圈可达性的计算方法尚无成熟的方法，对不同交通方式的可达性差异缺少必要的讨论。最后，对于交通圈的关注点是范围，而对出行量特征却并无深入分析，因此交通圈的范围的解释力非常有限（李艳红等，2020）。

本章从1小时都市圈的空间尺度、模式差异以及出行强度展开实证研究和讨论。第5.2节将对交通圈的定义与内涵作综述。第5.3节将介绍1小时交通圈的识别方法。第5.4节将利用北京市、成都市、广州市的实证数据计算1小时交通圈四种交通方式下的范围、交通量和比例。第5.5节将对实证结果做分析和讨论。本章最后将基于交通圈计算结果提出城市规划政策建议。

5.2 1小时交通圈的定义内涵

5.2.1 概念定义：1小时交通可及空间范围

全国科学技术名词鉴定委员会对交通圈的定义为：各种中心地的交通吸引范围，以各条交通线路上的交通流分界点所包围的范围来表示，一般指以某地为中心在一定时间内的可及范围。在这个定义中，并无对时间和交通工具的确切定义，对不同城市的适用性也无阐述。基于此提出的1小时交通圈概念需要进一步解释。

5.2.2 功能内涵：一体化、同城化、生产物流三个圈层

都市圈按照交通可达性和城市功能可以分为三个圈层，分别为一体化圈层、同城化圈

层和生产物流圈层。

一体化圈层以市域轨道、市郊铁路和城市轨道为主导，结合高/快速路网，构成综合交通体系（田园等，2011）。一体化圈层在结合换乘水平、运营服务水平和可容忍的出行时间（如1小时）条件下，计算出最远可达范围。一体化圈层的半径不大于50km。按照通勤频率的高低和通勤的强度来划分，一体化圈层又可以划分为近郊通勤圈层（30km）和远郊通勤圈层（50km）（表5-1）。

同城化圈层与一体化圈层客运交通体系的比较　　　　表5-1

	一体化圈层	同城化圈层
半径（km）	约50km	约200km
主要出行目的	通勤、通学	公务、商务、商业、医疗等
出行强度	较强、集中	较弱、分散
客流特点	潮汐交通	相对均衡
交通方式	城市轨道、市域轨道、公交	城际铁路、汽车

同城化圈层以满足公务、购物、休闲等弹性出行为主。主要服务跨地市的弹性出行，是城市功能互补的表现，其出行强度要远低于同城化圈层的出行。以目前高速铁路、城际铁路、高速公路为主导的交通模式来看，尺度不应超过200km。其中100km的内圈层联系强度高（钮心毅等，2019）。以同城化为目标，城际出行表示的城际居住、就业、游憩功能联系也会逐步成为都市圈内的主导功能联系之一。

生产物流圈层以满足城市内的生产生活和区域的物流中转为主。物流企业在市域范围内主要分布在城市中心区、重要的物流园与物流基地、各区县级经济中心，且郊区化拓展趋势明显。不同功能、性质与规模的物流企业在空间布局上存在明显的差异性。物流圈的尺度相比较同城化圈层和一体化圈层对时间的容忍度更高，最大半径可达200km以上。货运类型和货运车辆类型对生产物流圈层的范围有影响。

5.2.3 系统要素：各圈层综合交通体系的层次与模式

1. 综合交通体系层次

各圈层对应的综合交通体系层次和发展模式如下（图5-2）：

一体化圈层分为近郊圈层（半径为30km以内）和远郊圈层（半径为30～50km）两个层次。在近郊圈层，公路方面以快速路为主、高速公路兼顾服务，交通工具方面目前以个体小汽车为主，逐步开行点对点定制快车、大站快车、商务巴士等提高公共交通比重；轨道方面以市域轨道快线（含市郊铁路）和城市大运量轨道为主导，部分方面城际轨道兼顾服务，实现至主城区、主城片区的1小时通勤，其中半径20km范围内的心城区，以城市大中运量轨道为主导，实现至主城区45分钟通勤（曾月娥等，2016）。在远郊圈层，公路方面以高速公路为主、城市快速路和地面道路转换，交通工具方面以快客、个体小汽车提供服务，以城际铁路、市域轨道快线（含市郊铁路）为主导，实现至主城片区的1小时通勤、生活联系（田园等，2016）。

同城化圈层（半径为50～200km）：以高速铁路、城际铁路和市域轨道快线（含市郊

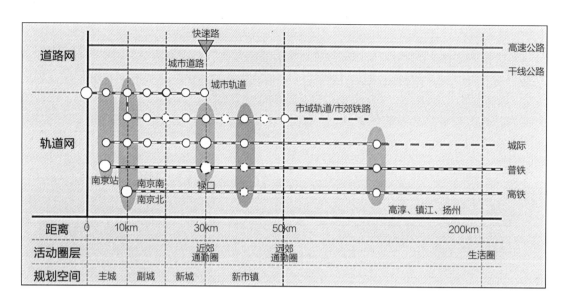

图5-2 交通圈层和综合交通发展模式示意图

铁路)为主导,高速公路为支撑,实现至中心城区的1小时商务联系(张小辉等,2015)。其中内圈层(100km以内)可以采用个体小汽车至中心城市外围枢纽换乘市域轨道快线模式更具吸引力,外圈层(100km以上)采用高速铁路至城市中心枢纽后轨道接驳实际上更具竞争力(张沛等,2017)。

生产物流圈层(半径200km以上):以高速公路为主导。以货运铁路为重要组成部分。其中。小型货车的经济运距相比较大型货车略短。货运通道对城市群发展具有显著影响,既表现出过境交通特征,同时又承担都市圈内部经济社会联系功能。

2. 同城化圈层交通发展策略与模式

同城化作为当前区域合作的重要阶段和高级形态,是指城市或地区之间通过经济、市场、行政、制度、文化、基础设施等手段,破解行政区划壁垒,实现一体化发展的过程。区域一体化有利于提高城市吸引投资的能力,缩小城市之间的差距,促进区域内部协调发展。

同城化的综合交通规划要坚持走廊复合的交通体系布局原则;坚持枢纽一体的交通衔接方式;坚持轨道主导的交通发展模式。同城化圈层轨道交通由区域铁路、市域市郊轨道快线和轨道普线构成。其中区域铁路主要服务于对外联系,兼顾个别方向市郊通勤;市域市郊轨道快线主要服务于市域、都市区30km以上半径范围;普线中,城区普线集中在中心城区20km半径范围;中运量系统局域线服务于外围副城、新城次级客流量走廊,作为干线的补充和衔接(宋家骅等,2019)。

3. 都市圈出行需求特征与演化趋势

(1) 都市区客货运总量不断增长

都市圈作为经济发展水平较高、产业联系紧密的城市集合体,区域内部的人员、资金、技术、信息等交流频繁,都市圈内部客货交通需求总量较高,并随着都市圈的进步协调发展,交通运输需求保持较高的增长态势。

(2) 城市交通区域化、区域交通城市化

随着都市圈内部产业的快速发展和城镇空间格局的逐步完善,呈现城市交通区域化、区域交通城市化的态势,对于交通质量和效率的要求将越来越高。现有的交通条件将越来越难以支撑区域产业发展和城镇空间格局的形成。以交通枢纽为核心，对外交通与城市交通、铁路城市轨道交通、公路客运与城市公交一体化趋势将逐步显现，需要运输效率进一步提高。

随着人们生活水平的不断提高，需求层次也相应会提高，多元化趋势将日益明显。在交通出行目的上，既有通勤交通，也有旅游、休闲、购物、探亲访友的客流需求；在收入水平上，既有高收入者，也有中、低收入者。供给交通方式时，应考虑多元化交通需求，协调公路和铁路的关系，为旅客提供不同出行时间、不同票价的多种可选择交通方式。

5.3 1小时交通圈的识别方法

计算交通圈的方法可以分为推算法和实证法。推算法是指根据道路速度和距离推算的等时圈范围。在各种道路建设之前，需要进行可行性研究和设计，根据道路的设计速度和实际行驶速度以及距离，就可以计算出构成等时交通圈的道路范围，再通过一定的方法将代表道路的线和代表车站的点与周边的面产生联系，就形成了交通圈。实证法是指基于真实的交通调查或大数据，计算得到的反映客观出行规律的可达范围。可利用的数据包括交通调查数据、手机信令数据、收费站车辆出发到达数据等。

5.3.1 要素选取：分圈层主导交通方式的时耗提取

1. 交通工具选取

1小时交通圈计算的核心要素为公路和铁路运输。水运和航空不考虑在内。公路、铁路相比，水运速度慢，客流量低，在大部分区域城际客运量中占很低的比例。航空运输虽然速度快，但机场一般距离市区较远，从市区抵达机场需要的时间甚至可能达到1小时，并且航空客运登机手续繁琐，飞机航班数量较公路和铁路相比少得多，其出行概率和频率比公路和铁路低很多，乘客在机场等待的时间也很长。另外，航空货运的运输密度也远低于公路和铁路，难以成为交通圈内的物流主体，所以在1小时交通圈研究中可以排除航空运输。汽渡虽然速度很慢，其本质上属于公路运输的一部分，客流量较大（张亦汉等，2013）。

2. 主城区范围的界定

以现行城市总体规划中明确提出的中心城区范围为基础，结合街道（乡镇）行政边界以及通勤人口分布进行调整，覆盖中心城主要建成区域。

3. 多种交通方式的换乘

在1小时交通圈研究中不考虑交通方式的换乘。主要的考虑因素有两方面：一是到城市中各出城公共交通站点（长途汽车站、火车站等）之间距离可能较远；二是换乘时间不好准确还原。换乘时间由换乘前后两种交通工具发车和运行的时间间隔决定，但现有数据难以实现精确的换乘时间捕捉。

5.3.2 空间识别：分方式交通可达的空间范围计算

1. 数据构建和路网生成

获取区域道路和行政数据。构建城市外环高速公路以外、距离外环高速公路120km以内的所有高速公路、国道、省道、县道、乡镇道路、汽渡和其他道路数据，以此作为公路研究区的范围。由于研究区经济和交通发达，路网密度很高，故获得全部道路数据有一定难度，考虑到统计单元的设计中是以镇、街道和不设镇的区为最小统计单位，故在构建道路网络时排除了城市道路和一些村级小路。并获取公路研究区范围内高速公路入口和最小统计单元的行政区划图。

设置高速公路出入口。在高速公路和其他道路的交点处，如果存在出入口，将与该交点拓扑关联的所有道路打断，表示交点处的每个方向均为可通行方向；如果不存在出入口，则只打断代表非高速公路的道路。表示经过这个交点的高速公路与其他道路不互通。在实际行驶中，可能出现交点处并非每个方向都连通的情形，可根据各条道路的行驶方向在交点处设置互通属性。最终生成城市周边一定范围内的交通图。

生成道路网络数据集。道路数据处理完成后，根据行驶速度和道路长度建立路网时间成本网络数据集，道路的时间成本计算方法如下：

$$T = \sum_{i=1}^{n} S_i / V_i \times 60 \tag{5-1}$$

式中，T表示机动车在起止路段的行驶总时间（min）；S_i表示其中某一路段的长度（km）；V_i表示机动车在该路段的行驶速度（km/h）；道路的时间成本表示道路对通行时间的阻碍强度。当$T=60$时出发点在道路上蔓延到的位置就是1小时交通圈的道路边界。

2. 构面方法设计

"交通圈"应该是一个面状的图形，可能是多边形或不规则图形，在生成服务区路径和终点的集合之后，还要利用一定的方法利用这些线和点生成面，综合起来，以点构面有凸包法、插值法、格网法这三种方法。

3. 分方式的可达性计算

同城化圈层范围的计算是基于真实的铁路时刻表站点到发时间实现的。站点到发时刻表中的时间和站点可以累加，得到从城市中心区到周边具有铁路线路站点的行政区的通行时间。对于没有铁路站点覆盖的行政区，需要计算从这些行政区到直线距离最近的有记录的行政区的距离，根据经验出行速度计算铁路接驳时间，最后计算接驳时间和铁路出行时间之和。

一体化圈层、货运物流圈层范围的计算是基于行政区间的出发到达量和时间实现的。高速公路可达性的计算方式与铁路客运可达性类似。将从城市中心到达各行政区的分方式出行时间记为行政区的可达时间。从中心城区到各行政区的通行量也可同时计算。

5.4 1小时交通圈的实证研究

5.4.1 数据基础：分车型出行OD数据和铁路时刻两类数据

数据包含两类：一类是高速公路收费站分行政区的车辆出发和到达行政区数量和距离统计；另一类是12306网站的铁路时刻表中列车到达各站点的时间。

高速公路收费站数据记录车辆的出发和到达。对高速公路收费站按照行政区聚合，并处理原始数据。最终得到数据输入表，包含了行政区之间的出发和到达车辆数量、车辆类型和对应平均出行小时（表5-2）。

铁路时刻表数据记录列车的出发和到达行政区和对应时间。对铁路时刻表的数据同样按照行政区聚合。最终得到的数据输入表中包含了行政区之间出行的时间。铁路时刻表只记载了全部具有列车停靠站的行政区（表5-3）。

高速公路收费站数据样例 表5-2

行政区出发	城市出发	行政区到达	城市到达	车辆类型	时间小时	出行量
黄埔区	广州市	东莞市	东莞市	13	1.5	33
南沙区	广州市	东莞市	东莞市	11	2	1228
从化区	广州市	东莞市	东莞市	13	1.5	156
南沙区	广州市	东莞市	东莞市	0	1.5	2307
南沙区	广州市	东莞市	东莞市	15	2	330
花都区	广州市	东莞市	东莞市	15	2	119
增城区	广州市	东莞市	东莞市	0	1	7539
花都区	广州市	东莞市	东莞市	0	1.5	2251
中心城区	广州市	东莞市	东莞市	0	1.5	11794
增城区	广州市	东莞市	东莞市	11	1	2239
…	…	…	…	…	…	…

12306网站铁路时刻表列车出发到达数据样例 表5-3

行政区编码出发	行政区名称出发	城市编码出发	城市名称出发	行政区编码到达	行政区名称到达	城市编码到达	城市名称到达	30min可达	60min可达	90min可达	120min可达	120min以上可达
440104	越秀区	440100	广州市	450103	青秀区	450100	南宁市	…	…	…	…	…
440104	越秀区	440100	广州市	450503	银海区	450500	北海市	…	…	…	…	…
440104	越秀区	440100	广州市	450702	钦南区	450700	钦州市	…	…	…	…	…
440106	天河区	440100	广州市	440507	龙湖区	440500	汕头市	…	…	…	…	…
440106	天河区	440100	广州市	445103	潮安区	445100	潮州市	…	…	…	…	…
440113	番禺区	440100	广州市	110106	丰台区	110000	北京市	…	…	…	…	…
440113	番禺区	440100	广州市	120106	红桥区	120000	天津市	…	…	…	…	…
440113	番禺区	440100	广州市	130104	桥西区	130100	石家庄市	…	…	…	…	…
440113	番禺区	440100	广州市	130127	高邑县	130100	石家庄市	…	…	…	…	…
440113	番禺区	440100	广州市	130403	丛台区	130400	邯郸市	…	…	…	…	…
…	…	…	…	…	…	…	…					

5.4.2 计算结果：北京、成都、广州1小时交通圈

1. 北京1小时交通圈

北京1小时交通圈的最远可达的半径约在180km。其中，铁路的1小时交通圈半径约为200km，公路1小时交通圈半径在140km。北京紧密联系圈层的公路客运可达半径在60km，公路货运可达半径约为50km。

北京1小时铁路交通圈包含市域内14个行政区和市域外21个行政区（图5-3、表5-4、表5-5）。北京1小时公路小客车交通圈包含市域内12个行政区和市域外5个行政区（图5-4）。

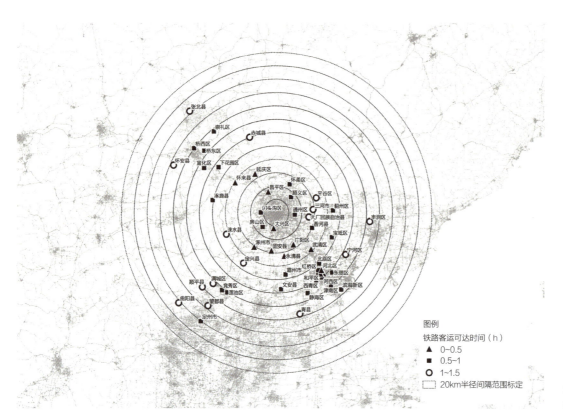

图5-3 北京市铁路客运可达时间（分行政区统计）

北京市高速公路小客车、小货车和大货车可达时间（分行政区统计）						表5-4
中心城市	行政区	行政区所在市	高速公路小客车可达时间-从中心城区	高速公路小货车可达时间-从中心城区	高速公路大货车可达时间-从中心城区	客运铁路可达时间（h）
北京市	朝阳区	北京市	0.5	0.5	0.5	0.5
北京市	丰台区	北京市	0.5	0.5	0.5	0.5
北京市	石景山区	北京市	0.5	0.5	0.5	0.5
北京市	海淀区	北京市	0.5	0.5	0.5	0.5
北京市	东城区	北京市	0.5	0.5	0.5	0.5
北京市	西城区	北京市	0.5	0.5	0.5	0.5
北京市	昌平区	北京市	1	1	1	0.5
北京市	大兴区	北京市	1	1	1	0.5
北京市	通州区	北京市	0.5	1	1	1
北京市	顺义区	北京市	1	0.5	1	1
北京市	门头沟区	北京市	0.5	0.5	0.5	1
北京市	房山区	北京市	1	1	1	1
北京市	广阳区	廊坊市	2	2	1	0.5
北京市	大厂回族自治县	廊坊市	1	1.5	2	1.5
北京市	三河市	廊坊市	1	1.5	2	1.5
北京市	涿州市	保定市	1	1	1	0.5

续表

中心城市	行政区	行政区所在市	高速公路小客车可达时间-从中心城区	高速公路小货车可达时间-从中心城区	高速公路大货车可达时间-从中心城区	客运铁路可达时间（h）
北京市	香河县	廊坊市	1.5	1.5	2	1
北京市	固安县	廊坊市	1.5	1.5	2	0.5
北京市	延庆区	北京市	1.5	1.5	1.5	0.5
北京市	永清县	廊坊市	1.5	1.5	2	0.5
北京市	怀来县	张家口市	1.5	2	2	0.5
北京市	怀柔区	北京市	1.5	1	1	1
北京市	武清区	天津市	1.5	1.5	2	0.5
北京市	密云区	北京市	1.5	1.5	1.5	2
北京市	涞水县	保定市	1.5	2	2	1.5
北京市	蓟州区	天津市	1.5	2	2	
北京市	霸州市	廊坊市	2	1.5	2	1
北京市	定兴县	保定市	2	1.5	1.5	1.5
北京市	定兴县	保定市	2	1.5	1.5	1.5
北京市	涿鹿县	张家口市	2	2	2	1
北京市	宝坻区	天津市	1.5	1.5	2	1
北京市	下花园区	张家口市	2	2	2	1
北京市	文安县	廊坊市	1	1	1	1
北京市	宣化区	张家口市	2	2	2	1
北京市	静海区	天津市	2	2	2	1
北京市	津南区	天津市	2	2	2	1
北京市	桥东区	张家口市	1.5	1.5	1.5	1
北京市	大城县	廊坊市	1	1	1.5	2
北京市	崇礼区	张家口市	2	2	2	1
北京市	桥西区	张家口市	1.5	1.5	1.5	1
北京市	滨海新区	天津市	2	2	2	1
北京市	青县	沧州市	1.5	1.5	2	1.5
北京市	怀安县	张家口市	2	2	2	1.5
北京市	万全区	张家口市	1.5	1.5	1.5	2
北京市	定州市	保定市	1.5	1.5	2	1

北京市高速公路小客车、小货车和大货车可达时间
对应出行比例（分行政区统计） 表5-5

可达时间（h）	北京市		
	高速公路客运	高速公路小货车	高速公路大货车
0.5	26%	26%	19%
1	65%	62%	38%
1.5	9%	11%	35%
2	1%	0%	8%

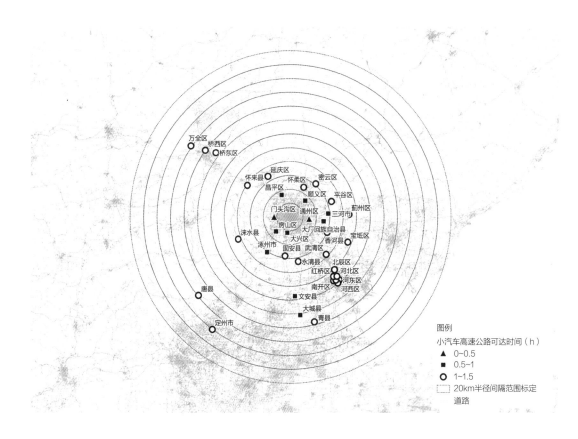

图5-4 北京市高速公路小客车可达时间（分行政区统计）

除密云区外，北京全市域可在1小时内到达。其中最远可达河北省定州、沧州和张家口。1小时铁路客运交通圈能够覆盖天津市域。北京1小时公路小货车交通圈包含市域内13个行政区和市域外3个行政区（图5-5）。北京1小时公路大货车交通圈包含市域内13个行政区和市域外3个行政区（图5-6）。

铁路和公路的拓展方向有差异。铁路客运廊道向南北拓展，可达性高的区域为西北、东南和西南。相比较铁路的拓展方向，公路可达性并未呈现出明显的拓展方向，但是在东西向的行政区，比如门头沟区和通州区，相比南向或北向的行政区可以更快地到达。

铁路客运存在明显的跳跃点，显示出了时空压缩特征。天津市中心城区铁路客运30分钟内可达，保定、沧州、定州等具有列车停靠站的行政区30分钟可达，而与这些城区相邻的区域可达时间均高于30分钟（图5-3）。

第 5 章　中国主要城市 1 小时交通圈的空间特征研究

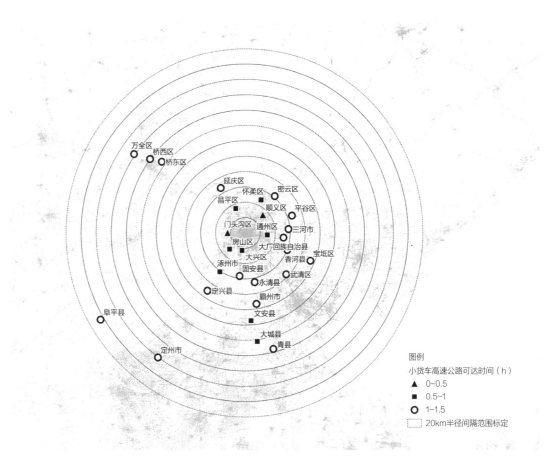

图5-5　北京市高速公路小货车可达时间（分行政区统计）

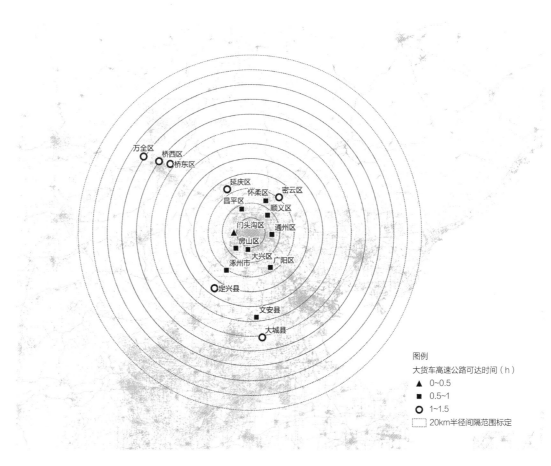

图5-6　北京市高速公路大货车可达时间（分行政区统计）

2. 成都1小时交通圈

成都1小时交通圈的最远可达半径约在220km。其中，铁路的1小时交通圈半径约为250km，公路1小时交通圈半径在160km。成都1小时交通圈最远可达重庆市永川区。成都全市域可在1h内到达。成都紧密联系圈层的公路客运可达半径在60km，公路货运可达半径约为50km。

成都1小时公路小客车交通圈包含市域内14个行政区和市域外5个行政区（表5-6、表5-7）。成都1小时公路小货车交通圈包含市域内11个行政区和市域外5个行政区。成都1小时公路大货车交通圈包含市域内10个行政区和市域外6个行政区。成都1小时铁路交通圈包含市域内20个行政区和市域外13个行政区。

成都市高速公路小客车、小货车和大货车可达时间（分行政区统计）　　表5-6

中心城市	行政区	行政区所在市	高速公路小客车可达时间-从中心城区	高速公路小货车可达时间-从中心城区	高速公路大货车可达时间-从中心城区	客运铁路可达时间-小时
成都市	武侯区	成都市	0.5	0.5	0.5	0.5
成都市	金牛区	成都市	0.5	0.5	0.5	0.5
成都市	成华区	成都市	0.5	0.5	0.5	0.5
成都市	锦江区	成都市	0.5	0.5	0.5	0.5
成都市	青羊区	成都市	0.5	0.5	0.5	0.5
成都市	新都区	成都市	1.5	1.5	1.5	0.5
成都市	龙泉驿区	成都市	1	1	2	0.5
成都市	双流区	成都市	1	1	1	0.5
成都市	温江区	成都市	1	1.5	1.5	0.5
成都市	郫都区	成都市	1	1.5	1.5	0.5
成都市	青白江区	成都市	1	1	1.5	0.5
成都市	新津县	成都市	1	1	1	0.5
成都市	广汉市	德阳市	1	1	1	0.5
成都市	彭山区	眉山市	1	1	1.5	0.5
成都市	崇州市	成都市	1.5	1.5	2	0.5
成都市	简阳市	成都市	1	1.5	1	0.5
成都市	彭州市	成都市	1.5	2	2	1
成都市	都江堰市	成都市	1.5	1.5	2	1
成都市	旌阳区	德阳市	1	1	1	0.5
成都市	大邑县	成都市	1	1	2	0.5
成都市	什邡市	德阳市	1.5	2	1.5	1
成都市	蒲江县	成都市				
成都市	邛崃市	成都市	1.5	1.5	1	0.5
成都市	中江县	德阳市	2	2	2	1

续表

中心城市	行政区	行政区所在市	高速公路小客车可达时间-从中心城区	高速公路小货车可达时间-从中心城区	高速公路大货车可达时间-从中心城区	客运铁路可达时间-小时
成都市	罗江区	德阳市	1.5	2	1.5	0.5
成都市	丹棱县	眉山市	2	1.5	1.5	1
成都市	乐至县	资阳市	2	2	1.5	1
成都市	名山区	雅安市	2	1.5	1.5	1
成都市	涪城区	绵阳市	1.5	2	2	1
成都市	芦山县	雅安市	2	2	2	1
成都市	三台县	绵阳市	1.5	2	1.5	1.5
成都市	荣县	自贡市	1.5	2	1.5	2
成都市	市中区	内江市	1.5	1	1.5	1.5
成都市	东兴区	内江市	2	1.5	2	1
成都市	蓬溪县	遂宁市	2	2	2	1.5
成都市	江油市	绵阳市	1.5	2	1.5	1
成都市	大安区	自贡市	1.5	1	1	1.5
成都市	自流井区	自贡市	1	1.5	1	2
成都市	沿滩区	自贡市	1	1.5	1	1.5
成都市	隆昌市	内江市	2	1.5	1.5	1
成都市	富顺县	自贡市	2	1.5	1	1.5
成都市	翠屏区	宜宾市	2	2	1.5	2
成都市	龙马潭区	泸州市	1.5	2	2	1.5
成都市	江阳区	泸州市	1.5	2	2	2
成都市	江安县	宜宾市	2	2	2	2

成都市高速公路小客车、小货车和大货车可达时间对应出行比例（分行政区统计）　　表5-7

可达时间（小时）	广州市		
	高速公路客运	高速公路小货车	高速公路大货车
0.5	25%	23%	10%
1	61%	59%	68%
1.5	13%	17%	18%
2	1%	1%	4%

　　成都铁路比公路的1小时可达范围更大。铁路1小时可达范围包括了可达城市包括了乐山、内江、遂宁和绵阳。铁路客运30分钟可达区域包括了眉山、资阳、德阳和邛崃市。

　　铁路1小时交通圈的点状特征不明显。成都的铁路高可达性区域沿轨道方向拓展，且连绵为一体。轨道沿线并未出现明显的可达性跳跃点。而相比铁路，公路客运和货运呈现出了三大可达性高片区,分别为成都、绵阳和自贡。在这三个城市之间,存在大范围区域的公路可达时间超过2小时。

3. 广州1小时交通圈

广州1小时交通圈的最远可达半径约在150km。其中,铁路的一小时交通圈半径约为250km,铁路客运30min可达区域包括了佛山市和东莞市。铁路1小时可达范围包括深圳、佛山、江门、韶关和东莞。在广州市域内,花都区和南沙区并不能在1小时内到达。公路1小时交通圈半径在160km。广州紧密联系圈层的公路客运可达半径在60km,公路货运可达半径约为50km。

广州1小时公路小客车交通圈包含市域内11个行政区和市域外7个行政区(表5-8、表5-9)。广州1小时公路小货车交通圈包含市域内11个行政区和市域外7个行政区。广州1小时公路大货车交通圈包含市域内9个行政区和市域外4个行政区。广州1小时铁路交通圈包含市域内9个行政区和市域外11个行政区。

广州市高速公路小客车、小货车和大货车可达时间(分行政区统计) 表5-8

中心城市	行政区	行政区所在市	高速公路小客车可达时间(从中心城区)	高速公路小货车可达时间(从中心城区)	高速公路大货车可达时间(从中心城区)	客运铁路可达时间(小时)
广州市	荔湾区	广州市	0.5	0.5	0.5	0.5
广州市	越秀区	广州市	0.5	0.5	0.5	0.5
广州市	天河区	广州市	0.5	0.5	0.5	0.5
广州市	海珠区	广州市	0.5	0.5	0.5	0.5
广州市	番禺区	广州市	1	1	1	0.5
广州市	白云区	广州市	1	1	1	0.5
广州市	黄埔区	广州市	0.5	0.5	1	0.5
广州市	禅城区	佛山市	1.5	2	2	0.5
广州市	南海区	佛山市	1.5	1.5	2	0.5
广州市	顺德区	佛山市	1	1	1	1
广州市	花都区	广州市	0.5	0.5	1	1.5
广州市	南沙区	广州市	1	1	1.5	2
广州市	三水区	佛山市	1	1	1.5	1
广州市	增城区	广州市	1	1	1.5	0.5
广州市	蓬江区	江门市	1	1	1	1
广州市	东莞市	东莞市	1.5	1.5	1.5	0.5
广州市	清城区	清远市	0.5	1	1	1.5
广州市	江海区	江门市	1.5	1.5	1.5	1.5
广州市	从化区	广州市	1	1	1	1
广州市	鼎湖区	肇庆市	2	2	2	1
广州市	宝安区	深圳市	1.5	1.5	2	1.5

续表

中心城市	行政区	行政区所在市	高速公路小客车可达时间（从中心城区）	高速公路小货车可达时间（从中心城区）	高速公路大货车可达时间（从中心城区）	客运铁路可达时间（小时）
广州市	鹤山市	江门市	1.5	1.5	2	1.5
广州市	四会市	肇庆市	2	2	2	1
广州市	光明区	深圳市	1.5	1.5	2	1.5
广州市	高明区	佛山市	1	1	1	2
广州市	新会区	江门市	1.5	1.5	1.5	2
广州市	佛冈县	清远市	1.5	1.5	1.5	1.5
广州市	清新区	清远市	1.5	1.5	1.5	1.5
广州市	端州区	肇庆市	2	2	2	1.5
广州市	龙华区	深圳市	1.5	2	2	1.5
广州市	高要区	肇庆市	2	2	2	1.5
广州市	南山区	深圳市	1.5	1.5	2	1.5
广州市	福田区	深圳市	1	1	2	1.5
广州市	龙门县	惠州市	1.5	1.5	1.5	1.5
广州市	罗湖区	深圳市	1	1	2	1.5
广州市	广宁县	肇庆市	1.5	1.5	1.5	2
广州市	盐田区	深圳市	1.5	1.5	2	1
广州市	龙岗区	深圳市	1.5	1.5	2	1
广州市	坪山区	深圳市	1.5	1.5	2	1
广州市	新丰县	韶关市	2	2	2	2
广州市	怀集县	肇庆市	2	2	2	2
广州市	英德市	清远市	1.5	1.5	1.5	1.5
广州市	曲江区	韶关市	1.5	2	2	1.5
广州市	武江区	韶关市	2	2	2	1.5
广州市	乳源瑶族自治县	韶关市	2	2	2	1.5
广州市	浈江区	韶关市	2	2	2	1
广州市	仁化县	韶关市	2	2	2	1.5
广州市	乐昌市	韶关市	2	2	2	2

广州市高速公路小客车、小货车和大货车可达时间对应出行比例（分行政区统计） 表5-9

可达时间（小时）	成都市		
	高速公路客运	高速公路小货车	高速公路大货车
0.5	0%	0%	0%
1	92%	89%	91%
1.5	4%	10%	9%
2	3%	1%	0%

5.5 1小时交通圈的空间特征

1小时交通圈是一个由高速铁路廊道、高快速路网络和枢纽—产业格局构成的复合空间形态，依据交通可达性和城市功能可以分为一体化为圈层、同城化圈层和生产物流圈层。通过对于中国典型城市的大数据实证研究，1小时交通圈在的空间尺度、联系强度等方面呈现以下共性特征。

5.5.1 一体化圈层1小时交通空间尺度60km，紧密出行联系范围集中在30km以内

一体化圈层以高速公路、城市快速路、轨道和地面道路为主要支撑，紧密联系圈层范围小于60km。其中，主城圈层半径20km，近郊圈层半径30km，远郊圈层半径在50km。公路大量的客运需求的覆盖区域为都市区中心和次核心地区。北京超过85%的高速公路客运交通联系量在45分钟交通圈范围之内。广州和成都的45分钟高速公路客运量也在80%左右。

5.5.2 同城化圈层1小时交通空间尺度160km，呈走廊辐射形态

同城化圈层以高速铁路、城际铁路和市域轨道快线（含市郊铁路）为主导，空间半径在50～200km范围，呈现沿高速铁路、城际铁路走廊延伸的空间特征。城际与高速铁路主要服务城市中心之间的商旅和生活目的客流，在中国行车密度最高的沪宁城际苏沪段，城际旅客中通勤目的仅占6%。

5.5.3 货运物流圈层1小时交通空间尺度50km，呈现走廊和地缘方向特征

货运物流圈层的范围略小于公路客运交通可达范围。小货车的出行时间和出行量分布与小客车接近。而大货车1小时以上的出行比例则更高。城市货运具有到达城市群边缘以至更大的范围的需求。此外，货运交通圈具有明显的走廊和方向性特征。小货车运输服务的是区域产业协作供应链，大货车服务的是区域物流。

5.6 结语

关于以1小时交通圈为基础标准的讨论，主要是围绕经济功能的互补性为主要出发点来展开。2014年3月，中共中央、国务院发布《新型城镇化规划（2014—2020年）》，明确强调，特大城市要适当疏散经济功能和其他功能，推进劳动密集型加工业向外转移，加强与周边城镇基础设施连接和公共服务共享，推进中心城区功能向1小时交通圈地区扩散，培育形成通勤高效、一体发展的都市圈。在都市圈层面，整合配置空间资源与产业要素，完善多层次城市综合交通系统，有利于引导产业转型升级、拓展城市的发展空间、支撑引领新型城镇化建设。

1小时交通圈是一个由高速铁路廊道、高快速路网络和枢纽—产业格局构成的复合空间形态，依据交通可达性和城市功能可以分为一体化为圈层、同城化圈层和生产物流圈层，需要对于不同类型的城镇化对象，正确选择合理的时空目标值，科学处理容量与时效的关系。

这三类圈层的交通圈范围依据分车辆类型的高速公路行政区级出发到达数据和铁路时

刻数据确定。高速公路客运数据能够代表由高速公路和轨道交通为骨干的一体化圈层范围；铁路时刻数据能够支撑由市郊铁路延展的同城化圈层的范围；高速公路货运数据能够代表生产物流圈层的范围。

一体化圈层，以高速铁路、城际铁路和市域轨道快线（含市郊铁路）为主导的**城际铁路1小时交通圈**，空间半径在50～200km范围，呈现沿高速铁路、城际铁路走廊延伸的空间特征。城际与高速铁路主要服务城市中心之间的商旅和生活目的客流，在中国城际铁路行车密度最高的沪宁城际苏沪段，城际旅客中通勤目的也仅占6%。

同城化圈层，以城市轨道交通、城市高、快速路和地面道路为主要支撑的**客运1小时交通圈**，交通可达空间范围在60km左右，以满足通勤、生活和商务联系出行为主。但紧密出行联系范围集中在30km以内，小于1小时交通可达范围。大量的客运需求的覆盖区域为都市区中心和次核心地区，北京超过85%的客运交通联系量在45分钟交通圈范围之内，广州和成都的45分钟高速公路客运量也在80%左右。

生产物流圈层，一小时公路货运交通圈的空间尺度50km，但生产物流需求往往到达城市群边缘以至更大的范围，货运交通圈具有明显的走廊和方向性特征。

经济活动空间与货运交通流之间存在关联性，都市圈货运交通组织方式与城市等级和职能结构之间具有耦合性。都市圈货运需求源于都市圈经济社会活动及其空间组织关系。都市圈货运需求分布体现了国家层面的经济空间特征，反映了核心城市的中心地位以及区域差异化的空间特征。大型门户枢纽与城市和都市圈产业结构的关联性，以及枢纽内各种运输方式的整合能力和运输效率，是都市圈产业竞争力的实质内容之一。例如，天津港煤炭、矿石、钢铁占吞吐量50%以上，集装箱占25%，与京津冀地区产业具有关联性。依托港口、机场、铁路等重大设施形成的城市群货运枢纽和网络，是都市圈发展的关键。国家级运输大通道对城市群发展具有显著影响，既表现出过境交通特征，同时又承担都市圈内部经济社会联系功能，需要统筹考虑、一体化布局。

在区域一体化布局背景下，交通圈已经成为中国各区域中心城市和周边地区区域规划和城市建设的重要战略，1小时交通圈是都市圈、经济圈和生活圈等概念的基础。**在都市圈的交通组织中，要考虑到不同的交通圈层的出行需求特征**。对中短距离的出行，其时空需求需要兼顾容量和时效；对中距离的出行，其时空需求要面向容量；对中长距离的出行，其时空需求要面向时效。

本章参考文献

［1］姚士谋，程绍铂，吴建楠. 高铁时代我国三大都市圈发展路径探索［J］. 苏州大学学报（哲学社会科学版），2011，32（04）：93-96，191-192.

［2］韩艳红，陆玉麒. 基于时间可达性的城市吸引范围演变研究——以南京都市圈为例［J］. 人文地理，2014，29（6）：95-103.

［3］黄翌，李陈，欧向军，等. 城际"1小时交通圈"地学定量研究——以上海主城区为例［J］. 地理科学，2013，33（2）：157-166.

［4］张莉，朱长宁，曹莉娜. 沪宁城际高速铁路对区域可达性的影响研究［J］. 铁道运输与经济，2013，35（1）：82-87.

［5］梁武昌. 肇庆加快融入粤港澳大湾区1小时交通圈［J］. 广东交通，2019，（6）：25.

［6］吴静娟，李鉴贤，张婷，等. 粤东五市"1小时商圈"规划探讨［J］. 合作经济与科技，2020，（12）：10-12.

［7］李艳红，冯建明，姜彩良. 我国客运123出行交通圈发展水平综合评价及对策［J］. 综合运输，2020，42（6）：1-7.

［8］田园，胡伶倩. 浅谈高速铁路站选址与城市空间结构［A］. 中国城市规划学会、南京市政府. 转型与重构——2011中国城市规划年会论文集［C］. 中国城市规划学会、南京市政府：中国城市规划学会，2011：5.

［9］钮心毅，李凯克. 紧密一日交流圈视角下上海都市圈的跨城功能联系［J］. 上海城市规划，2019，（3）：16-22.

［10］曾月娥，伍世代. 厦漳泉城市群小时交通圈研究［J］. 地理科学进展，2016，35（8）：975-982.

［11］田园. 高速铁路车站选址与城市空间结构辨析——以菏泽高铁站选址为例［J］. 城市，2016，（6）：61-65.

［12］张小辉，过秀成，杜小川，等. 城际铁路客运枢纽旅客出行特征及接驳交通体系分析［J］. 现代城市研究，2015，（6）：2-7.

［13］张沛，王超深. 出行时耗约束下的大都市区空间尺度研究——基于国内外典型案例比较［J］. 国际城市规划，2017，32（2）：65-71.

［14］宋家骅，李娜，周亚楠，等. 一体化合肥都市圈综合交通协同发展思考［J］. 交通与运输，2019，35（4）：61-64.

［15］张亦汉，褚浣桦. 基于城市交通网络的广州"1小时交通圈"划分［J］. 热带地理，2013，33（6）：695-702.

第6章
典型都市圈产业协同特征及边界识别研究

6.1 引言

  都市圈是新型城镇化发展阶段的一种跨行政区域的城市空间形态，是一种跨行政区划的、二个或者多个行政主体之间的经济社会协同发展区域。都市圈产业发展有赖于集聚经济，但当发展到一定程度，中心城市内部高密度集聚和空间有限性之间的矛盾及由此带来的交通拥堵、环境污染等一系列问题促使中心城市以产业转移、产品输出、技术转让等形式将生产要素和经济活动向外疏散，推动着都市圈空间结构的演变。生产性服务业更进一步向核心城市集中，制造业、一般服务业在中心城市周围地域扩散，在一定的地域范围内形成了以核心城市服务业为主、周围地区以工业为主，并有便捷交通线路相连的、结构上相互依赖又各具特色的有机整体。建立现代化都市圈，提升都市圈协同发展水平，应深化区域产业协同集聚，延伸产业一体化网络组织，细化都市圈产业分工体系；促进区域内生产要素的优化整合，提高区域之间的产业关联度，协同建设产业链、供应链，促进创新要素跨区域自由、高效流动，构建密切的人流、物流、信息流、资金流等联系网络，推进产业价值链的空间布局重构，打造符合区域整体利益的产业发展体系，推动都市圈成为参与全国乃至全球竞争的发展平台。

  都市圈作为一种功能地域，本身并不存在既定的行政边界，因此如何确定都市圈的范围成为都市圈规划中首要的问题。目前国内外关于都市圈边界界定的方法研究已有大量的成果，美国、日本等国家普遍使用通勤率作为都市圈范围划分标准，并给出了具体的量化标准，如美国将通勤率单向15%或双向20%的外围县划入都市圈范围，日本对都市圈的界定标准设定为人口在100万人以上的政令指定城市，且外围区域向中心城市的通勤率不低于15%；而国内都市圈范围界定研究主要集中在人口和经济密度、城镇化水平、交通可达性、通勤时间、通勤联系、多要素综合等。从跨城功能联系来看，研究视角更多放在通勤联系、1小时交通圈方面，而以经济活动、商务、旅游购物等为目的跨城功能流动也是都市圈内不可忽视的功能联系，但目前这方面的研究资料相对较少，特别是针对以上功能提出明确的量化标准方面。

  综上提出本章的研究内容，包括两个部分：第一部分通过东京湾区、粤港澳大湾区、长三角地区等典型大都市圈发展案例，总结都市圈产业协同发展特征、规律和潜在问题，旨在对我国都市圈的建设和发展提供可借鉴的经验和应当汲取的教训，以促进我国城市化和都市圈的健康发展；第二部分通过解读都市圈内产业、商务、休闲联系及特征，提出相应的经济圈、商务圈、休闲圈边界划定标准，能够较好地弥补单一研究通勤联系划定边界所存在的不足，更好地认识、理解同城化都市圈。

6.2 国内外典型大都市圈跨区域产业协同发展模式探究

6.2.1 日本东京湾区："专业分工，错位发展"的成功典范

日本东京湾区是世界三大湾区之一，是依托东京湾发展起来的大都市圈，由东京都、埼玉县、千叶县、神奈川县"一都三县"组成。在东京湾区发展历程中，充分发挥了核心城市和外围的比较优势，明确各城市功能定位，形成"专业分工，错位发展"的区域发展格局，实现从"世界最大工业带"到知识型湾区的转变。

东京城市功能的演进与东京湾经济带的发展历程大致可分为三个阶段，如表6-1所示。

东京湾区功能演进历程　　　　表6-1

发展阶段	发展描述
第一阶段：1960年前（核心城市发展阶段）	自1956年颁布《首都圈整备法》以来，五次修正首都圈规划，试图合理引导人口与功能聚集。京滨、京叶工业区产业聚集和企业集中的初级工业化阶段，在食品加工、机械加工等一般制造业行业形成一定的集聚发展
第二阶段：1960~1990年（东京功能疏解和广域城市化阶段）	东京经济高速发展时期，人口快速向东京聚集，造成了东京交通、环境等"大城市病"问题。在20世纪70年代中期日本政府开始积极促进东京的功能疏解，通过编制区域规划、制定土地开发的法律法规、大规模修建轨道交通等措施以促进功能疏散和广域城市化。京滨、京叶工业区开始将重化工业向外围扩散，东京湾区形成重工业大规模产业集聚
第三阶段：1990年至今（多核多中心发展阶段）	京滨、京叶工业区重化工业进一步向外扩散，重点发展电子信息、精密机械等高附加值、低污染的制造业，同时大范围布局服务于制造业的生产性服务业，制造业和服务业融合发展；创新要素集聚进一步推动产业优化升级。都市圈多中心格局基本形成，郊区或周边县构成都市圈不可或缺的重要功能构成板块

资料来源：根据高慧智、张京祥等（2015）整理。

东京通过产业转移促进中心城市产业的调整与升级，并带动周边城市共同发展，形成中心城市与周边城市高度协同的发展格局。政府在都市圈发展过程中发挥了重要作用，积极引导城市人口和功能结构调整及合理配置，保证整体协调性，充分体现了政府强有力的引导。东京湾区总体上遵循集约化、多核心的发展模式及政府主导型的治理机制。

1. 重视城市功能空间布局

为了控制东京向周边地区无序扩张，政府推广实施城市"多中心"建设战略，通过设立副中心和新城疏散中心城区人口和功能，引导都市圈由单一集中型的城市结构向多核多中心结构转变。同时，进一步扩展都市圈外围空间规划管控范围，通过分区差异化的空间政策引导形成"广域功能+分散型网络+环状轴"的扩张模式，在更大范围统筹资源，建设形成多中心、多层级的城市格局。

2. 东京产业转型升级：由劳动密集型向知识密集型转变

保留高端工业，避免城市产业空心化。产业转移过程中，东京仅将机械制造、石化、电器、钢铁等占地面积过大、层次较低、效率较低以及对物流条件要求较高的工业向外迁出，大量向南迁入到位置临近的神奈川县；东京自身仍保留技术含量高、附加值高、占地面积小的精密机械与加工产业，并布局在市中心的边缘位置，以紧邻川崎市的大田区为代表，集中了大量的精密机械与加工企业，如精密机床、钢铁、电子产品、汽车、造船等产业。适时、梯次式的产业转移既保证了中心城市高技术产业发展的空间，有利于中心城市

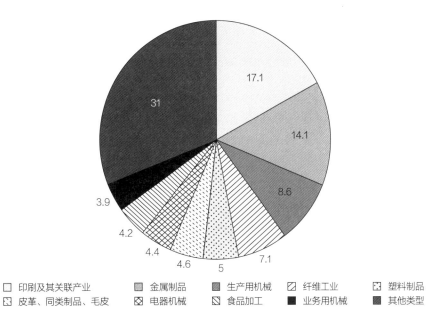

图6-1 2011年东京制造业企业数量分类比例

产业结构的调整，同时又能促进周边城市产业的快速发展，至今电器与机械制造仍是川崎与横滨的主导工业。

都市型产业成为东京第二产业的支柱，大力促进了城市经济能级的提升。东京在产业发展的过程中，除了保留精密制造与加工等高新技术产业外，食品加工等生活消费品、出版印刷业等都市型工业逐步发展成为东京的工业支柱。尤其是印刷业，已经成为东京制造业中所占份额最大的门类，2011年印刷及相关企业数量占全部企业的比重为17%，从业人员超过1/4，产值近1/3，如图6-1所示。

强化高端生产服务功能，促进服务业与制造业的融合发展。东京在撤出低端工业时，腾退空间用来大力发展服务业，特别是生产性服务业。产业逐渐向高附加值工业、服务业及新经济产业发展。

3. 以科技创新引领产业优化升级

随着神奈川县、千叶县等周边工业产业的持续升级，带来研发机构在该区域的集聚，同时东京中心区的众多高校也随着产业外迁或者在外围建立分校。大学、研究所在湾区的密集分布拉近了企业与大学合作创新的距离，促进了企业与高校、科研机构的产学研合作，大力增强了科研实力，提高了科研成果转化率，加速了产业升级创新的进程。

4. 产业梯次渐进，向更远区域渗透

在京滨和京叶沿海地带实现了由生产中心向研发中心的产业转型升级后，开始进一步将相对更为低端的制造业向内陆偏远地区转移，在产业转移过程中根据地区发展特点有针对性地选择其适宜发展的产业，比如神奈川县西部的多摩地区大力发展电子产业，埼玉县则重点发展机械制造和医疗制品业。伴随着生产中心的内陆延伸，各大企业的研究所也跟随生产中心向内陆进发。生产与科研的紧密关联成为日本产业转移的一大特色。

日本通过在都市圈范围合理的功能疏解战略解决了中心城市人口、产业过度集中带来的城市病问题，东京产业发展格局经历了从一般制造业、重化工业为主到以对外贸易、金融服务、精密机械、高新技术等高端产业为主的阶段；同时又促进了周边地区工业的发展，成就了神奈川、千叶等湾区其他地域的制造业崛起，形成了遍及整个湾区的制造业分布格局（图6-2）。此外，重视科技创新，推动产业优化升级，也是促进东京湾区经济发展

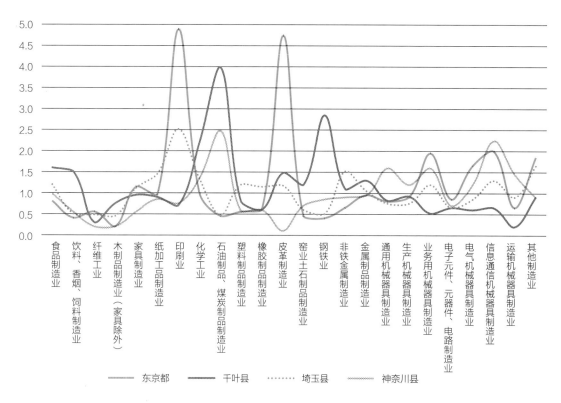

图6-2 2016年东京都市圈"一都三县"制造业细分行业就业区位商分布
图片来源：陈红艳，骆华松等，2020。

的重要因素。合理的产业政策和对科技创新的充分重视，以京滨、京叶工业区为核心的东京湾区成为日本经济最发达、工业最密集的区域。

6.2.2 粤港澳大湾区：协作集群，创新导向的产业链供应链网络

粤港澳大湾区，具有扎实的高端制造基础，经济支柱产业电子信息集群优势明显；城市产业梯度分明，具有协同升级的基础；创新以企业应用导向，企业创新动能强。目前粤港澳大湾区已上升为国家战略，在新时代的背景下，正式迈入"湾区"发展新时代[①]。

粤港澳大湾区协同发展历程，大致可以分为三个阶段，如表6-2所示。

粤港澳大湾区协同发展历程　　　　　表6-2

发展阶段	发展描述
第一阶段：1978~2000年（"前店后厂"模式）	改革开放后，毗邻港澳的珠三角地区率先享受红利，港澳通过投资的形式将大量低附加值制造业转移至珠三角地区，港澳提供资金、技术、设计、管理等，而珠三角地区负责生产加工，同时借助港澳发达的贸易网络将产品销往全球，形成了"前店后厂"的垂直分工体系
第二阶段：2000~2017年（粤港澳合作与竞争并存，"金融+制造"合作模式）	广东省在承接了大量轻工业转移后，要素成本逐渐上升，对工业提出了转型升级的新要求，政府也通过政策引导，积极调整产业结构，使得广东省迈向适度重工业化；广东省内部出现了明显的产业转移，在珠三角区域一体化大趋势下，深圳、广州两大核心城市的产业外溢效应也愈发显著，如深圳"华为入莞"便是典型案例，这种产业扩散效应在一定程度上促成了珠三角地区各类产业集群的壮大
第三阶段：2018年至今（新机遇，新挑战）	持续扩大的区域分化；核心城市的同质化导致竞争大于合作；珠三角现代服务业起步晚，发展水平偏低，与制造业转型升级发展匹配度低；当前贸易保护主义上升，逆全球化思潮抬头的新形势等多种因素的存在，对粤港澳地区产业全面融合发展提出了更高要求，自主创新能力的提升、核心技术的突破成为关键

---

① 粤港澳观察蓝皮书 2018. 中国城市规划设计研究院 深圳分院

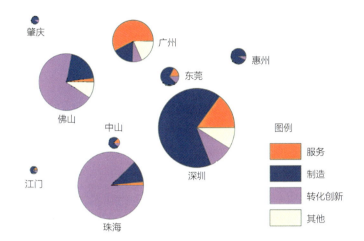

图6-3 2019年珠三角地区主要城市创新层级结构示意图

粤港澳大湾区具备强大的全球产业链供应链网络，有"世界工厂"之称。来自大湾区的"中国制造"市场庞大，且产业层次丰富多元、梯度差异明显，既集聚了华为、中兴、富士康等一批高科技大型企业，同时又有分布在佛山、东莞各个镇的工业区，以及配套为主的村镇型小企业。以深圳都市圈为例，目前已形成了世界级电子信息产业集群，如通信设备制造业企业高度集聚在深莞区域，拥有全球最完整的3C产业链。大量产业联系密切的电子信息企业在深莞惠集聚，初步形成总部在深圳、研发在东莞或惠州、组装制造在惠汕河的区域分工格局（图6-3）。制造业企业以精密制造见长，智能硬件生产容易找到供应商，企业间形成较为完善的生态网络，具有突出的低成本和短交易优势。以智能手机来说，全球每5部就有一部来自东莞，华为、OPPO、vivo手机出口进入全球前5名，总量全国第3；一部手机有上千零部件，50%~60%的供应商都集聚在深圳、东莞两地，长期"世界工厂"的地位逐渐孕育出全球不可替代的产业链和供应链网络，构成了区域强大的核心竞争力。

粤港澳大湾区具备强大的科技成果转化能力，硬件创新和应用创新成为大湾区创新的重要标签。主要表现在三个方面。

（1）科技创新活跃。以深圳都市圈为例，2019年都市圈专利申请量达到37.5万件，专利授权量达到24.7万件，占比均达到广东全省的45%以上；

（2）创新生态系统完备。都市圈逐步形成从研发—创新转化—生产制造的高新技术产业协作分工模式。基于珠三角地区企业之间联合申请的专利数据，利用社会网络分析中的网络中心性、凝聚子群算法进行创新网络分析。从结果看，深圳、广州、东莞等主要城市创新活动竖向分工明确，深圳、东莞以制造技术为主，广州以服务创新为主，佛山以转化创新为主（广州服务+深圳孵化+佛山转化+东莞制造），形成较完整的协同创新链条（图6-4）。具体行业上，深圳在专业设备制造业、电气机械和器材制造业等行业节点中心性高，优势突出；广州科技推广和应用服务业、专业技术服务业行业突出；佛山商务服务业、电气机械和器材制造业、通用设备制造业行业较突出。区域整体呈现出创新功能特色相对明确的"链条式"创新集群特征。

（3）创新转化速度全球领先，产业链能够快速响应创业者的需求，将全球各种技术创新嫁接应用到产业链上，快速转换成为产品。深圳拥有2000多家电子元件和产品制造商、100多家电器配件和设备生产商，与企业在内部将构想转化为产品原型相比，深圳的设计

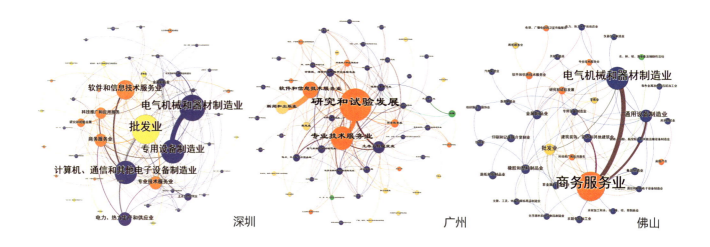

图6-4 2019年珠三角地区主要城市创新行业关联结构

公司完成同样任务最快只需要1/5的时间，成本可降低50%。比如制造一个机器人，在硅谷集齐零部件需要一个星期，在深圳只需半天，且成本相当于硅谷的1%～5%。

根据麦肯锡[①]的相关研究报告，不同行业创新模式呈现较大的差异，如表6-3所示。从珠三角地区各城市创新主导行业看，发现该地区企业在客户中心型和效率驱动型创新的领域优势最大，其中客户中心型创新得益于规模巨大、充满活力的中国消费市场，以及新产品和服务能够快速商业化的能力；效率驱动型创新归功于珠三角地区制造业生态系统的优势，即具备完整的供货商网络、富足且熟练的劳动力资源以及现代化的物流基础设施。而在依靠科学研究和工程技术创新的行业，则与国际对比差距较大，工程技术创新是一个涉及整合多部件和技术的复杂过程，研发投入巨大，产业链冗长，需要市场的不断实践、检验方可实现技术迭代升级；科学研究型创新是指发明新的产品和技术，是最需要原始创新能力的类型，能够对人类的生活产生巨大影响力，例如研发拯救生命的新药，实际上中国在该领域基础仍过于薄弱，全球竞争力远远不足。

不同行业产业创新模式　　　　表6-3

创新原型	行业举例	主要创新来源	特点
科学研究型	半导体设计、生物技术、品牌药等	公司研究、学术研究	通过基础性研究成果的商业化来开发新产品，15%～33%的营业收入用于研发，科研成果转为市场产品的周期长达10～15年
工程技术型	通信设备、汽车制造、铁路、商业航空等	供应商、技术合作伙伴、工程知识	通过整合供应商和合作伙伴的技术来设计开发新产品。研发投入一般占销售额的3%～13%，产品开发周期为5～10年，或者更久
效率驱动型	通用化工产品、纺织、电气设备、施工机械	集群及工艺升级	通过生产环节的优化降低成本，公司之间主要围绕资源的有效利用开展竞争
客户中心型	互联网软件和服务、家居用品、家电、消费电子	消费与市场需求	通过产品和业务创新解决客户问题，产业的特点为营销投入高度密集，一般为销售额的3%～7%。开发周期较短，1～2年

资料来源：根据麦肯锡全球研究院《中国对全球创新的影响》（2015）[①]整理。

---

① 资料来源：麦肯锡全球研究院《中国对全球创新的影响》。

粤港澳大湾区在全球产业转移的浪潮下，在以信息技术为主的科技革命的推动下，成为全球不可替代的产业链与供应链网络并成为世界工厂，也形成香港、深圳、广州等为主导的以"金融+科技+商贸"为特征的科技创新服务走廊，引导整个大湾区的产业升级和重构。但时至今日，大湾区仍然停留在以追赶型为主的应用创新阶段，仍无法摆脱"弱芯之痛"，还缺少关键核心技术。2018年发生的中兴事件、华为事件折射出大湾区在基础创新方面的薄弱，无法摆脱贸易战对经济发展的掣肘，与国际领先的湾区仍存在较大的差距。

大湾区需要充分发挥香港、澳门、深圳、广州核心城市在现代服务业和先进制造业领域的引领和外溢作用，培育三地高端引领、协同发展的开放型、创新型产业体系；进一步整合科技教育、研发创新、高新制造等优势，加大教育、科技、研发等投入力度，尤其是要重视基础创新，推进原创性、关键性、颠覆性、支撑性技术开发；引入国内外高端的教育机构，研发力量与科技人才，利用广深港科创走廊等战略性空间，培育引领大湾区发展的科技创新引擎，并与其他城市的创新空间形成共享的创新网络，推动整个湾区的产业发展从世界工厂的供应链向世界科创引领区的创新链转型；在目前以国内大循环为主体背景下，要持续完善供应链体系建设，加强人工智能、物联网、区块链等新技术应用，推动数字经济和实体经济的深度融合。

6.2.3 长三角地区：规模集群，政府宏观调控下的城市化发展

长三角地区产业门类齐全，集群优势明显。城市群综合实力全国领先、区域协同能力强、工业化水平高、经济发展速度快。上海大都市圈是长三角城市群的"强核"，在"双循环"新发展格局下，成为促进城市间分工协作、参与国内外双循环以及全球竞争的基本单元和重要载体。

长三角地区协同发展历程主要包括三个阶段，如表6-4所示。

长三角地区协同发展历程　　　　表6-4

发展阶段	发展描述
第一阶段：1979～1992年（缓慢发展阶段的内生性增长，内部体现多样性）	上海——国企为主的体制内存量巨大，相对滞后的发展影响了长三角整体发展；江苏——涌现出大量乡镇企业，以"堰桥模式"和"苏南模式"为代表；浙江——涌现大量乡镇企业（浙北）和民营企业（浙南），如"温州模式"
第二阶段：1992～2001年（高速发展阶段的外向型发展，内部差异逐渐缩小）	对外开放——"南巡讲话"、浦东开发、苏州新加坡工业园区、昆山台资工业园区等；内部差异——上海的浦东开发、江浙地区的企业产权制度改革
第三阶段：2002年至今（经济融合发展阶段，内部结构加速调整）	经济地位——上海确立长三角地区龙头地位，江浙两省主动与上海接轨；合作分工——经济结构、市场体系、基础设施、城市布局；范围调整——《长江三角洲城市群发展规划》等规划扩充原两省一市范围

产业基本以"研发在沪，生产在外"的思路进行优化布局，制造业的分散化和生产服务业的集中化趋势，共同推动着区域空间结构的演变。制造业企业热点区域主要分布于由南京、苏州、无锡、常州、上海、杭州、绍兴及宁波为连接节点的Z型发展轴线上，形成连绵发展区，单侧轴线长度可达200km。2005～2019年不同阶段新增制造业企业从以上海为中心的核心区沿主要交通轴线逐步向周边的苏浙地区蔓延，上海范围集聚中心明显减弱，距上海50km以外企业增量明显，大多以外围的各类产业园区为承载地，形成沿沪宁、沪杭、

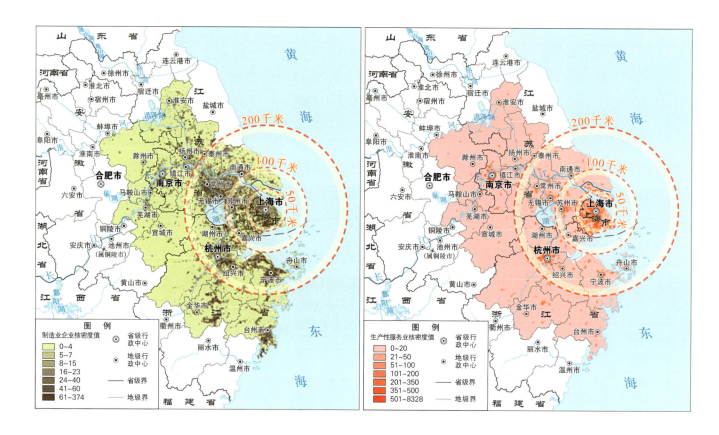

图6-5 长三角地区制造业、生产性服务业空间分布特征图

杭甬等主要交通轴线为核心的产业集聚区；长三角生产性服务业企业现状高度集聚于以上海为中心的20km圈层范围内，新增生产性服务业则随着时间的推进向上海集聚的趋势更加明显，同时南京、杭州、苏州、宁波等城市的核心区也呈现出一定的集聚发展态势（图6-5）。相较于纽约、巴黎等全球城市的中央活动区往往集中了全市50%以上的金融、信息、总部办公、法律、会计等专业服务，以及高端商业等功能，上海核心圈层面向国际的高端服务功能或将进一步集聚，促进城市功能升级与品质提升；长三角一般性服务业呈较明显的中心—外围扩散态势，在南京、杭州、苏锡常、金华等上海周边区域呈广泛分散发展模式。

长三角地区形成核心城市引领的多中心创新功能网络，上海、杭州、南京、苏锡常、宁波等都是区域创新网络的重要中心，并与周边城市形成层级结构。以上海都市圈为例，上海、苏州、无锡、常州创新资源主要集中在制造技术，宁波以服务创新为主（图6-6）。

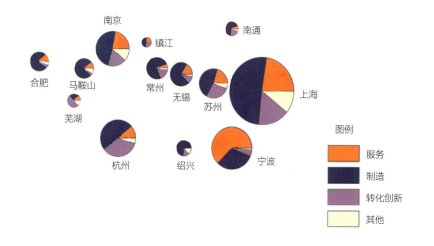

图6-6 2019年长三角地区主要城市创新层级结构示意图

图6-7 2019年长三角地区主要城市创新行业关联结构

从具体行业上看，相对珠三角深圳、广州、佛山等城市，上海、苏州、宁波专利涉及行业门类更为齐全，行业发展较为均衡，其中上海相对突出的行业为专业技术服务业、科技推广和应用服务业等第三产业；苏州相对突出的行业为研究和试验发展、批发业、通用设备制造业、金属制品业、橡胶和塑料制品业等；宁波相对突出的行业为电气机械和器材制造业、通用设备制造业等（图6-7）。从创新模式上看，与珠三角地区类似，创新优势行业仍是集中在效率驱动型和客户中心型类型，基础创新能力不足。总体上看上海都市圈创新功能以横向合作为主，区域整体创新能力强，具有明显的规模效应，但同时也说明各城市间由于经济水平接近、投资环境均质、资源禀赋相似等原因，存在一定程度的产业结构趋同现象。

长三角地区内部形成多个都市圈综合体，要从都市圈全域视角出发，打破行政边界限制，构建都市圈对内紧密一体、对外链接全球的功能体系；要构建更多全球功能节点，拉长长板分工协作，加强在产业链条较长、发展空间较大的重点领域对接协作；都市圈各城市要各扬所长，避免产业同质竞争，构建分工细化、协作紧密的现代产业体系，上海要进一步强化高等级生产性服务业、高等级文化公共服务的功能集聚，充分发挥对周边的辐射带动作用；都市圈内制造业发达、资本实力强，但科技资源还不够均衡，且基础创新薄弱，制约企业转型升级，需要从基础研究入手，不断培养基础科研人才，形成创新人才队伍；需要打破壁垒促进创新要素自由流动，吸纳全球创新资源，强化创新集群，提高都市圈整体竞争力。

6.2.4 京津冀地区：功能集聚，政府干预下的区域合作

京津冀地区长期以来内部经济发展差距大，经济极化问题突出，且近年来有加剧趋势。城市间经济发展上的差距逐步形成了城市群"核心—边缘"的经济发展格局。为缩小城市间差距，促进京津冀协同发展，以及治理"大城市病"的现实需要和面向未来的可持续发展，北京通过去存量、控增量，加速疏解非首都功能，着力改变单中心集聚的发展模式，构建北京新的城市发展格局。

京津冀地区协同发展大致可分为三个阶段，如表6-5所示。

京津冀地区协同发展历程　　　　　　　　　　　表6-5

发展阶段	发展描述
第一阶段：1981~2004年 （萌芽阶段——概念为主，合作态度不一）	1981年，华北地区成立华北经济技术协作区；1982年，提出"首都圈"概念，包括内圈与外圈；1986年，河北主动提出"环京津"战略，依托区位优势，带动河北发展；1996年，提出"首都经济圈"概念，"2+7"模式；2001年，提出"大北京"概念
第二阶段：2005~2013年 （合作阶段——产业出现分工及专业化趋势）	2005年，北京为解决人口聚集、环境恶化、交通拥堵等问题主动寻求合作；2008年，河北与天津共同推进滨海新区、曹妃甸新区、渤海新区建设。河北与北京就张家口、承德地区发展展开合作；2011年，提出"京津冀一体化""首都经济圈"等概念
第三阶段：2014年至今 （协同阶段——国家层面全方位布局京津冀发展）	2014年，京津冀协同发展上升为国家战略，成立协同发展领导小组；2015年，审议通过《京津冀协同发展规划纲要》；2016年，发布"十三五"时期京津冀国民经济和社会发展规划、土地利用总体规划等

近年京津冀协同发展呈现出"功能疏解力度加大，协同发展进程加快，产业合作领域拓宽"特征。制造业外溢已较为显著，空间分布呈都市圈"大"尺度上的扩散以及产业园区"小"尺度的集聚特征。制造业主要分布在北京70km圈层以外的范围，其中，在天津境内形成较大的产业集聚区，但其他地区分布仍较为零散。从不同阶段新增制造业的空间演变来看，由于北京加快产业升级的政策导向，非首都功能疏解力度加快，制造业在中心城区及环京地区的集聚度明显减弱，70km以外区域增量明显，特别是距离北京100km范围的廊坊中部地区呈一定的集聚发展态势；而生产性服务业、一般性服务业仍高度聚集于北京，天津规模仅为北京的1/5~1/4，其他地区同种职能在规模和强度上都远远小于北京，尤其是金融商务服务、商贸流通、信息软件等具有生产效率高，产业层次高，技术、智力或文化导向的产业（图6-8）。虽然三地产业协同进展取得一定的成效，但单中心集聚的空间格局未从根本上得到改变，该区域尚处在外围地区次级中心培育阶段。

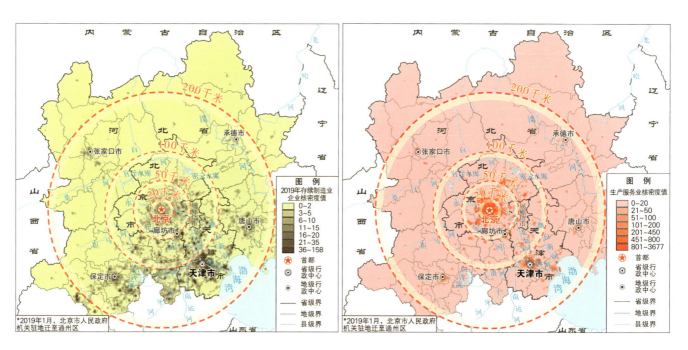

图6-8 京津冀地区制造业、生产性服务业企业空间分布

结合国外大都市地区（东京、大巴黎等）同等发展阶段判断，未来北京的功能疏解与产业转移的圈层扩散趋势依然显著，距离北京100km范围的京津雄保廊地区是功能疏解与产业转移核心地带，该地区未来在先进制造业、科技创新成果转化领域将较为突出。

值得注意的是，近年京津冀整体经济增长趋缓，与区域制造业的发展存在较大关联。2013~2018年京津冀制造业大部分细分行业营业收入占全国的比重出现下降，特别是食品制造业，废弃资源综合利用业，计算机、通信与其他电子设备制造业，印刷和记录媒介复制业、金属制品等，与东京都市圈核心城市在发展高技术产业过程中，仍保留和推进都市型产业发展呈明显差异。京津冀经济结构整体呈服务化特征，第二产业增加值占GDP比重逐年下降，2018年为28.7%，明显低于珠三角和长三角地区（均在40%以上）。北京科技创新中心的建设以及发挥京津冀协同发展引领作用，仍需要依靠制造业，特别是高新技术产业及现代制造业；河北制造业对经济发展的贡献相对较高，但其自身经济增长较缓慢；天津制造业近年呈明显衰退现象，与天津的去工业化有关，工业负增长显现。

京津冀地区创新功能呈现一枝独秀、中心高度集聚特征：天津专利数量仅为北京的1/10，河北专利不足北京的5%。北京以转化创新为主，主要集中在科技推广和应用服务，以及石油、煤炭及其他燃料加工业两个行业；天津以服务为主，在制造、转化方面占比均很低；河北在服务、制造及转化方面均不突出，创新基础薄弱（图6-9）。相较于珠三角、长三角地区，京津冀区域协同创新发展远远不足，北京创新资源对津冀的辐射引领作用未得到充分发挥。究其原因，主要是由于北京创新资源与津冀的产业结构不够匹配，创新链和产业链缺乏有效链接，导致北京的创新成果只能在本市内或者津冀以外的地区转化。数据显示，2019年北京技术合同83171项，技术合同成交总额5695.3亿元，流向外省市的占比为50%，仅有4.9%的技术成果流向津冀两地，仅中关村每年流向珠三角的技术成果就超过津冀之和的1.5倍。从京津冀三地创新合作来看，京津之间创新活动联系较为紧密，但缺乏产业的联动发展；京冀之间虽然在产业联动上发展势头向好，但两地创新联系薄弱；津冀之间不管是产业还是创新联系度均很低（图6-10）。

图6-9 2019年京津冀地区主要城市创新层级结构示意图

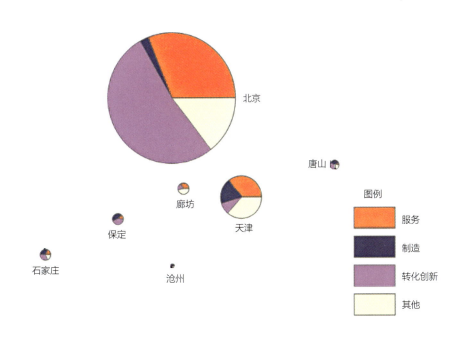

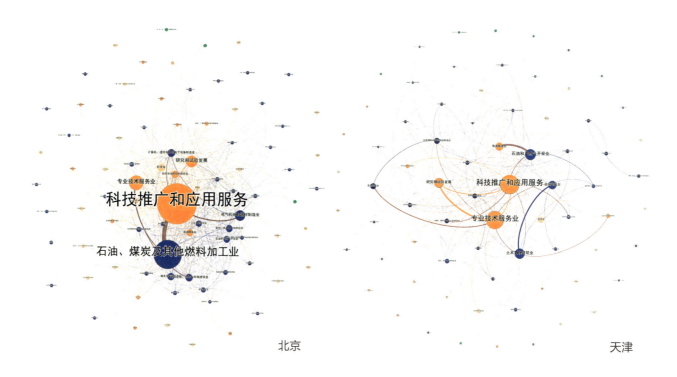

图6-10 2019年京津冀地区主要城市创新行业关联结构

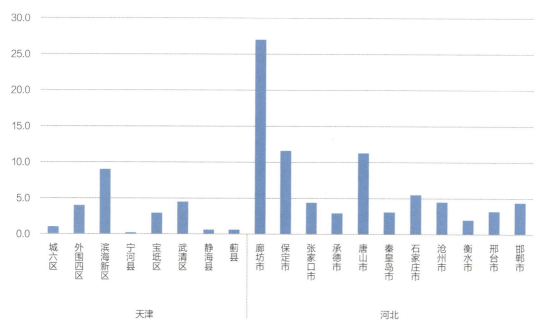

图6-11 北京22万家高新企业在天津、河北制造类投资分布

从区域层面上看,北京科技创新成果在京津冀内转移的特征可以概括为:"近域扩散""中心联动"。

(1)"近域扩散"表现为与北京相邻的城市、县域单位的科技成果转化落地、高新技术企业发展较快。从高新企业投资分布来看,2009年以来,廊坊承接了北京(中关村)22万家高新企业在津冀投资项目数量的27%,占比最高,其次为保定11.7%,唐山11.3%(图6-11);从空间分布来看,制造业"研发—转化—生产"的垂直分工扩散以紧邻北京的廊坊(以固安和北三县为主)为首选地,产研融合的中试、转化以及生产环节趋向分布于首都近郊的紧密圈层和京津走廊。

（2）"中心联动"为北京与天津、石家庄等产业门类比较齐全的区域中心城市、区域次中心城市的投资联动较为紧密。这一特点在技术密集型服务业领域表现得比较突出。信息传输、软件和信息技术服务业方面，北京企业在京津冀范围内的投资主要集中在天津滨海新区、天津中心城区和石家庄；科学研究和技术服务方面，北京企业在津冀范围内的投资则主要集中在天津滨海新区、天津中心城区。

当前京津冀地区在协同发展过程中存在一些突出问题，主要包括：

（1）"多中心"城镇网络不够完善，尚未建立多中心协同发展的格局，区域中的次中心城市发育不足。虽然目前京津冀协同发展对于推动区域要素自由流动与配置方面有一定成效，但对于区域整体的城镇体系发展方面与世界城市群相比依然存在明显短板。与京津冀同等地域尺度的日本东部城镇带相比，无论在高端城市服务职能、区域辐射带动力、产业基地等方面均有不小差距。

（2）北京非首都功能仍过于集聚，导致北京的功能优化与品质提升受到阻碍。同时，周边城镇在配套基础设施、城市服务、营商环境等方面与北京差距较大，尚不具备吸纳中心城市产业转移承接的能力。

（3）京津冀地区各城市创新能力落差较大，产业异构明显，未能依托企业建立紧密的产业链联系，形成了各自为政、相对独立的产业分工体系。梯度差异对协同创新带来的是三地创新链、产业链和服务链的割裂。

针对京津冀地区产业协同发展过程中存在的问题，提出相应的应对措施。

（1）要处理好功能疏解与协同关系。

北京在疏解一般制造业的过程中，要统筹考虑北京高端制造业发展问题，要坚持高质量发展和效率优先原则。要充分利用外围地区制造业集聚优势，特别针对大兴、房山等南部地区目前制造行业仍较为低端的发展现状，给予高端制造业发展政策支持，使之成为高端制造业集聚和创新转化的核心承载区，同时成为带动周边区域产业协同发展的枢纽和辐射节点区域。

（2）推动制造业在区域内的梯度布局、集聚发展。

制造业是推动京津冀区域合作和协同发展的重要基础，要充分发挥中心城市高端要素集聚和周边区域空间优势，加快制造业在区域内的梯度布局、集聚。

加强京津产业联动，尤其是京津创新联系紧密的行业，如仪器仪表制造业，电气机械和器材制造业，计算机、通信与其他电子设备制造业等领域；保持当前京冀产业转移的良好势头，持续推进河北特色优势产业，如通用设备制造业、专业设备制造业、金属制品业等在产业园区的集聚发展，加强北京高端制造业向河北转移和辐射，带动河北省制造业的转型与升级。

（3）加快建立区域创新链和产业链的衔接。

北京创新资源丰富，在科研投入、科技人才数量等方面均领先全国，需要充分发挥北京创新资源辐射带动区域发展的核心作用。要加快完善区域协同创新网络，围绕产业合作的关键领域加强协同创新。完善三地科技创新功能定位，优化科技创新资源和科技园区布局。提高科技成果在区域内的落地转化率，形成三地产业的协同发展。

6.2.5 经验和启示

国际大型都市圈在发展过程中均面临过功能过度集聚及产业转型升级问题。发展初期，核心城市吸引大量城市功能，促进了城市的快速发展；随着城市功能的高度集聚，开始引发城市问题，这是核心大城市发展过程的客观规律。政府通过各类措施对核心城市进行功能疏解，推动传统产业转型升级，促进城市与区域协调发展。虽然不同都市圈的历史阶段和发展背景存在差异，具体措施也存在差异，但其根本机制存在共性。

1. 政府和市场职能的明确界定

在都市圈产业转型升级过程中，政府和市场职能的厘清非常重要。都市圈首先是经济圈，推动都市圈建设必须发挥市场资源配置的决定性作用；同时，要利用好政府的宏观调控，处理好政府与市场的关系。

从产业角度来说，培育现代都市圈需要有良好的产业圈支撑，形成产业分工合理，实体经济、金融、科技、人力等资源相互协调，研发制造和服务这些高附加值的环节互相协同的链条。而落实这些要求必须依靠政府强有力的协同发展机制，做好空间管控推进体制机制的改革，不断地消除阻碍要素流动、阻碍要素高效配置的各种不合理的障碍。东京都市圈在产业升级和转型过程中较好地体现了政府和市场的协调，本质上是在遵循市场发展规律的基础上，最大限度地发挥市场和政府的作用，实现了两者的良性互动。

2. 合理的产业功能疏解、调整

当核心城市功能过度集聚，新的经济发展态势及产业自身发展不相适应时，应遵循都市圈产业结构演变规律，合理调整产业结构。一方面要根据城市发展定位进行产业功能疏解，转移甚至是淘汰一些高能耗的产业，但要保留具有比较优势的产业，比如都市型工业，以提高产业附加值；另一方面要加入新的生产要素，发展新兴产业，促进产业协同发展，形成产业结构与经济发展的良性循环。

以东京都市圈为例，在功能疏解过程中，东京把一些不再适合其自身产业职能定位的企业有选择性地迁出或升级改造、引入新兴产业，东京则重点发展知识密集型产业、生产性服务业，在自身资源不足的情况下探索出了一条产业发展的新途径，同时结合自身区位优势大力发展离岸金融，在世界分工中占据有利地位，为东京都市圈晋升为世界级都市圈打下了坚实基础。

3. 明确的产业分工，错位发展

都市圈各城市要结合自身特色，积极发展优势产业，实行错位发展，使得整个都市圈范围不仅产业功能完备而且避免了产业同质带来的资源浪费，加强了都市圈内各城市的产业联系，同时也为都市圈整体的产业结构转型升级创造条件。

以东京都市圈为例，东京作为日本的首都，承担着政治、经济、文化、金融中心的职能，是全球第三大国际金融中心；埼玉县则定位为副都，积极承接东京产业外溢，并且凭借其发达的交通网成为都市圈的交通枢纽；千叶县和神奈川县均为工业重县，千叶县形成工业集群发展；神奈川县凭借港口优势积极发展对外贸易及侧重于高附加值的工业。各城市形成了特色鲜明、错位发展的分工格局。

4. 产业链与供应链跨区域组织

经济全球化时代的发展经验表明，以关键中心城市为核心的城市圈和都市圈是国与国参与国际产业分工、融入全球产业链和供应链的主体。近年受国际贸易摩擦、新冠疫情暴发等事件影响，国际秩序和全球化进程发生深刻变化，全球产业链与供应链正呈现多元化、近域化、本地化的趋势。为了加强产业链和供应链的稳定和安全，中国提出构建"国内国际双循环相互促进的新发展格局"。单个城市无法实现组织形成相对完整的产业链和供应链目标。因此，都市圈将成为产业链和供应链重组的基本单元和关键区域。

推动都市圈内产业链和供应链的建设和完善，核心是加强跨行政区的产业协同。中心城市应强化技术、资本、人才、信息等要素高度集聚的优势，加强发展科技研发、金融商务、文化创意等生产性服务业，同时加快孵化培育以高技术制造业为代表的新经济、新产业，提升整合都市圈产业价值链的高度，"为外围产业形成适宜的产业结构梯度预留足够空间"。中心城市在推进产业升级过程中，外围中小城市应发挥发展要素和生活成本低的特点，一方面围绕中心城市产业升级要求，发展相关的先进制造业、现代物流业，另一方面结合特色资源优势发展旅游休闲、健康养生、现代农业等特色产业，形成与都市圈中心城市相匹配的产业结构。

此外，要重视新一代信息技术对都市圈产业链与供应链建设的支撑促进作用，构建数字化的产业链与供应链体系。推动新一代移动通信网络、物联网、工业互联网、数据中心、智能计算中心等新型基础设施加快建设，加强人工智能、物联网、区块链等信息通信技术在制造业、服务业中的深度应用，促进都市圈产业链不同环节企业高效衔接，提高供应链总产品供给和服务需求的适配性。

5. 创新要素跨区域的自由流动

都市圈具备地理邻近、经济关联紧密等优势，具有发达的科研共享平台和市场化技术转化体系，有利于创新要素集聚重组，产生创新成果。美国、日本等发达国家的都市圈均是创新产出的核心区域。根据美国著名智库布鲁金斯学会（Brookings Institution）和信息技术与创新基金会（ITIF）研究报告，2005～2017年，美国新增的高技术工作岗位90%位于旧金山、西雅图、圣何塞、波士顿和圣迭戈这5个城市所在的都市地区。

提升都市圈协同创新能力，核心是促进创新要素跨区域的自由流动，使创新要素能够根据创新活动需求在空间上灵活、高效集聚，实现协同创新。对此，首先要在都市圈内构建一体化的要素流动市场，建立一体化的人才互认机制，破除行政区间的政策壁垒，实现人才、技术、资本等创新要素自由跨区流动；其次，加强创新链与产业链升级的有序衔接，结合都市圈培育发展的重点新兴产业吸引创新要素，在重点领域协同开展创新；再次，加快建设协同创新网络，包括推动大型科研仪器设备、公共技术服务平台等科技创新资源开放共享，培育支持都市圈内科研机构、产业园区和企业加强产学研创新联系，推动中心城市创新技术在周边地区落地转化，通过建立跨行政区的创新组织等方式构建都市圈创新共同体平台。

6.3 基于跨城功能联系的都市圈边界识别研究

6.3.1 研究思路和数据来源

采用区县作为都市圈划分的基本单元，选取产业、商务、休闲三个跨城功能联系，对长三角、珠三角、京津冀地区都市圈边界进行划定，并研究确定相关阈值标准。

都市圈的产业联系基于企业之间的投资数据汇总到区县单元，测度中心城市与周边县市的经济联系强度。商务、休闲出行采用LBS（Location Based Services，LBS，基于位置的服务）空间位置大数据进行识别。其中，商务出行反映城市之间以工作为目的的功能联系，与"居住—工作"的通勤联系存在明显的差别；通过工作日一段时间内城市之间的人口迁徙减掉通勤人流后的结果作为商务出行联系。休闲出行反映城市之间以跨城休闲游憩

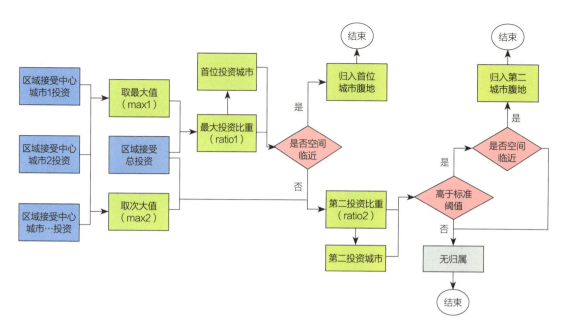

图6-12 单个区域边界划分流程

活动为特征的功能联系，考虑到日常（短期出行）和假期（中长期出行）出行存在较大的差异，因此分别选取周末双休日和十一假期两个时段进行研究。

都市圈边界划分流程（以经济功能联系为例）如图6-12所示：

（1）判断首位联系城市。计算研究区内中心城市对某区县的投资额占该区县总投资的比重为投资关联强度；如果研究区内存在多个中心城市，则统计流向该区县的投资强度最大的中心城市作为其首位投资城市，对应的投资比重为其投资关联强度。

（2）确定划分标准阈值。根据研究区内所有区县投资关联强度数值分布规律，确定关联强度的最低标准值，作为都市圈边界划分的标准阈值。

（3）判断都市圈的归属。按照首位城市归属对腹地范围进行初步划分，如果某区县与该首位城市其他腹地的地理位置相邻，则将其划入首位城市腹地；否则对该区县重新划分归属，查看其次位投资城市，如果满足投资关联强度高于标准阈值且地理位置相邻，则纳入次位城市腹地，否则判定该区县无都市圈归属。以此流程对所有区县单元进行划分，最终划定都市圈边界。

（4）都市圈核心—外围边界划分。综合外围区县与中心城市的投资联系强度、投资比重以及地理空间等多种要素，采用多维数据探索分析方法，对都市圈进一步划定核心—外围边界。多维数据探索方法是空间聚类的一种算法，能够动态、有效地集成空间维度以及多维属性对数据进行深度挖掘和分析，得到空间聚类结果。

6.3.2 都市圈边界识别研究

1. 基于经济功能联系

（1）上海都市圈边界划分

选取上海、江苏、浙江及安徽三省一市作为研究范围，选择省会城市上海、杭州、南京和合肥作为预设中心城市。识别各区县的首位投资城市及对应的投资比重。从结果看，85%以上的区县其首位投资城市的投资金额占总投资额比重在10%以上，数值集中区域分布在10%~30%（图6-13）。因此将10%作为划分都市圈边界的投资联系强度指标的最低标准阈值。

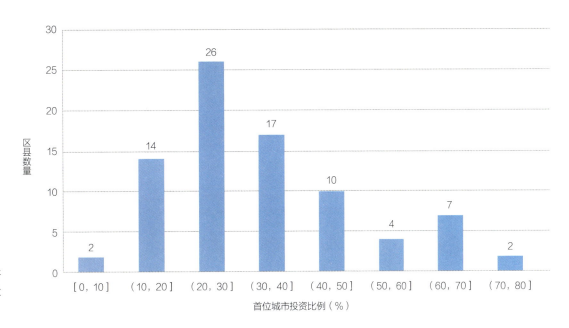

图6-13 上海都市圈研究区各区县首位城市投资比例分布

根据投资联系强度划分中心城市的都市圈腹地。上海的腹地主要集中在苏锡常、南通、嘉兴、宁波等周边城市，同时，盐城、宣城、温州、徐州、连云港等部分较远距离的区域也被划入上海的腹地范围；杭州的腹地集中在省内衢州、丽水、金华、台州等；南京的腹地集中在北部淮安、宿迁等区域；安徽省内除宣城、芜湖、黄山的部分区县外，其他都属于合肥的腹地范围。可以看到，基于投资联系的功能地域存在比较明显的飞地现象，即影响城市投资的因素较为复杂，除了距离因素外，还受行政区划、交通条件、区域产业结构、经济发展水平、投资环境等多种因素影响，与主要受距离、交通条件影响的通勤联系存在较大的差别。因此，在划分都市圈边界时，为了保证都市圈地理空间的连续性，需要对"投资飞地"做进一步的处理，将其划入满足空间相邻和投资强度高于标准阈值的次位投资城市腹地范围（图6-14）。

最后综合上海对周边各区县的投资规模及投资比例，结合地理空间距离，进一步将上海腹地划分为核心区、边缘区及外围区（图6-15）。结果显示，核心区包含上海市域范围及与上海交界的部分区县，代表与上海经济联系最为紧密的地区，主导着都市圈内功能联系强度及方向；边缘区包括苏锡常、湖州、宁波等城市的大部分区县，与核心区经济联系较为紧密；外围区包括泰州、镇江、宣城等区域，与核心区联系强度相对较小，是上海的间接辐射范围。将划分结果与《长江三角洲区域一体化发展规划纲要》提出的上海都市圈规划范围进行比较，发现核心区+边缘区范围与规划范围基本吻合，因此以上经过实证的都市圈边界划分方法具有一定的科学性和政策参考意义。

（2）广、深都市圈边界划分

《广东省新型城镇化规划（2014—2020年）》对广州、深圳、珠中江阳都市圈的范围做了明确界定。其中，广州都市圈包括"广（广州）、佛（佛山）、肇（肇庆）、清（清远）、云（云浮）"，深圳都市圈包括"深（深圳）、莞（东莞）、惠（惠州）、汕（汕尾）、河（河源）"，珠中江阳都市圈包括珠海、中山、江门、阳江。本文将以上城市纳入本次的研究区域，广州、深圳作为中心城市（珠中江阳4个城市与广州、深圳在城市发展上存在较大差距，均不适宜作为现状中心城市）。

从各区县与中心城市的投资联系强度看，95%以上的区县投资比重在10%以上，数值

集中区域分布在10%~40%（图6-16）；因此同样将10%作为划分都市圈边界的标准阈值。腹地划分结果显示，广州腹地集中在研究区的西部和北部内陆区县；深圳除了莞惠源汕外，将珠中江阳沿海区域以及肇庆、江门的部分区县（飞地）也纳入其腹地范围。

根据广、深对各自腹地的投资规模及比重，将广、深都市圈进一步划分为核心区、边缘区及外围区（图6-17）。从结果看，广州与佛山、清远市清城区的经济联系较为紧密，但与其他腹地联系相对较弱；深圳与东莞、珠海市香洲区的联系最为紧密，其次是惠州以及外围的河源、汕尾以及珠中江阳沿海区域。广、深都市圈核心—外围划分区域呈现出与中心城市距离较强的相关性。

（3）首都都市圈边界划分

目前京津冀地区的都市圈在正式规划中尚未有特别明确的范围，名称也叫法各异，如首都都市圈、京津冀都市圈、京津冀城市群等。本文选择北京、天津和河北的唐山、石家庄、秦皇岛、廊坊、保定、沧州、张家口、承德、衡水"2+9"城市作为研究区域，北京、天津作为中心城市。

从与首位城市的投资联系强度看，首都都市圈周边区域对中心城市，特别是北京的依赖程度非常高。北京不仅是周边大部分区域的首位投资城市，且投资占比较长三角、珠三角更高：98%的区县投资占比在10%以上，超过55%的区县位于40%~100%（图6-18）。因此，同样可将10%作为都市圈边界划分的阈值。

腹地划分结果显示，除天津内部区县外，研究区其他地区均被划入北京的势力范围。天津对周边，特别是河北各区县的投资规模及比例均很低，其影响范围未能超出市域行政辖区范围，尚未形成独立的都市圈，因此将天津划入首都都市圈较为合理。从核心—外围边界划分结果看，北京与环京地区的三河、大厂、香河、武清、廊坊市区、固安、涿州、涞水、永清、天津的联系较紧密，是都市圈的核心区，其他构成都市圈的外围地区（图6-19）。

图6-14 上海都市圈基于产业投资联系的首位城市识别

图6-15 基于产业投资联系的上海都市圈边界识别

第 6 章 典型都市圈产业协同特征及边界识别研究

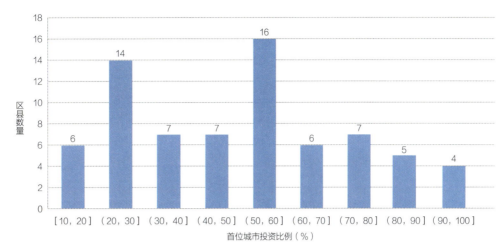

图6-16 广、深都市圈研究区各区县首位城市投资比例分布

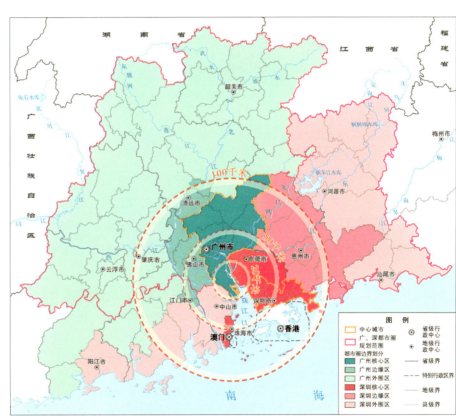

图6-17 基于产业投资联系的广州、深圳都市圈边界识别

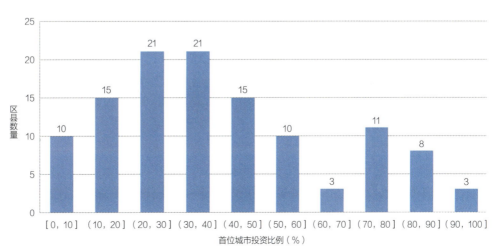

图6-18 首都都市圈研究区各区县首位城市投资比例分布

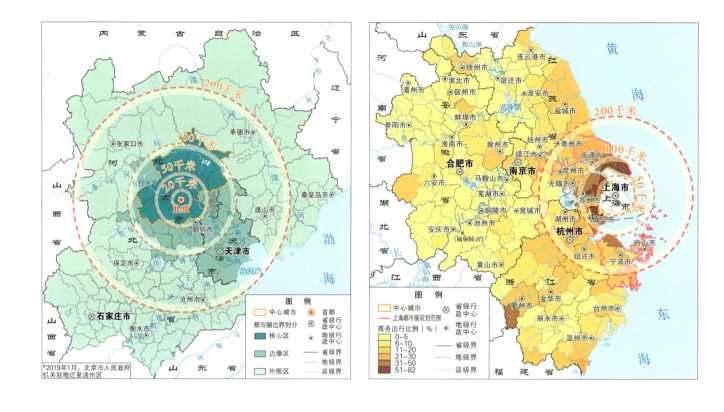

图6-19 基于产业投资联系的首都都市圈边界识别

图6-20 基于商务联系的上海都市圈边界识别

2. 基于商务功能联系

考虑到数据获取情况，基于商务功能联系的都市圈范围识别仅以长三角地区为例。

长三角地区商务出行数量占该地区出行总量的比例接近20%，频繁的商务出行构成城市之间紧密的跨城功能联系，可以作为识别和界定都市圈边界的标准之一。上海都市圈边界界定流程为：以中心城市上海为到达目的地，统计各区县与目的地的人流量及占比，按照从大到小排序，取人流占比在前85%、且非飞地的出发地作为上海的商务势力范围。从结果看，上海商务势力范围主要包括苏州、嘉兴、南通、湖州、常州、舟山等地，划分结果与上海都市圈规划范围基本一致；从商务占比数值分布上看，主要集中在10%以上（图6-20），因此判断10%可作为基于商务功能联系的都市圈边界划分阈值标准。

3. 基于休闲功能联系

考虑到数据获取情况，基于休闲功能联系的都市圈范围识别仅以长三角地区为例。

将各区县到中心城市的休闲出行次数占该区县总休闲出行次数的比重定义为休闲关联强度。分别选择周末和十一节假日两个时段的人口出行数据进行分析。都市圈边界确定流程与商务功能联系的流程一致。

利用周末出行的休闲关联强度数据分析结果表明，以高于1%为标准，划定的上海都市圈范围与规划范围较为吻合；但以节假日出行数据分析结果表明，同样按照高于1%标准，南京、杭州划定的都市圈范围与《长江三角洲区域一体化发展规划纲要》提出的南京、杭州都市圈规划范围较为吻合，但上海都市圈边界却与规划范围存在较大出入。究其原因，主要是周末与十一的休闲客流出行特征存在较大差异：基于周末的短期休闲出行受距离、交通条件因素的影响更大，出行范围呈现出与中心城市距离更高的相关性；而十一假期出行，受城市的经济发展、旅游吸引力、文化活力等因素影响较大，划分结果容易出现大量的飞地。因此建议以周末休闲关联强度1%作为都市圈边界界定的阈值标准（图6-21）。

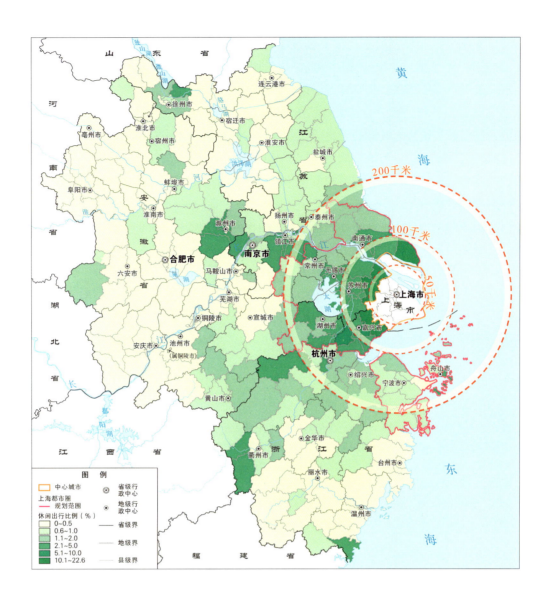

图6-21 基于休闲联系的上海都市圈边界识别

综上，在基于经济流和人流划分都市圈边界时，应充分考虑不同类型功能联系强度指标的内涵特征和适用情况，并根据功能类型选择适当的划分方法、确定相应的划分标准。经过对长三角、珠三角、京津冀地区的实证研究，初步判断产业、商务、休闲功能联系可以分别以10%、10%、1%作为经济圈、商务圈、休闲圈边界划定的阈值标准。

6.4 结语

都市圈产业协同发展是构建我国"双循环"新发展格局的重要途径。通过中心城市产业转移、功能疏解，能让中心城市在有限的空间条件下提高对高端生产要素的吸纳、集聚能力，更多资源用于创新等生产性领域，有助于强化中心城市的技术创新和产业升级功能，加快在关键核心领域实现技术突破，同时也能提高周边城市的专业化制造功能。中心城市与周边城市构建专业分工、优势互补、资源共享的垂直产业体系，通过资本、技术、信息、人才等要素的高效流通，有效提升都市圈产业链、供应链现代化水平，提高都市圈参与全球竞争的核心竞争力。

通过对国内外典型大都市圈跨区域产业协同发展研究发现，与国际成熟的都市圈对比，我国大部分都市圈尚处于协同发展进程中。长三角、珠三角等沿海发达地区的都市圈，功能组织已呈圈层扩散与多中心网络化发展模式，经济发展水平和一体化程度均较高，需要进一步提质增效，加强区域协同，形成统一向外的竞争力；大力引进国内外优质资源，以重要产品和关键核心技术突破作为主攻方向，加强产业链、供应链上下游协同，加快做大做强新兴产业，共同打造优势产业集群。而京津冀及中西部大部分都市圈尚属于发展型或培育型都市圈，功能组织仍呈现单中心聚集模式为主的特征，未来应顺应区域空间与功能演化规律，加快引导都市圈产业功能在区域内有序扩散、集聚，形成多中心、多点协同联动的功能网络。

对于都市圈范围的界定，由于国内外在都市圈概念及空间划分单元等方面存在较大的差异，仅通勤率并不足以准确划分我国的都市圈范围。建议从都市圈"同城化"发展的核心特征出发，综合考虑通勤、产业、商务、休闲等不同类型的跨城功能联系，确定相应的划分标准，更精确地划定流动空间中都市圈的范围。最后，研究认为都市圈划分阈值标准具有动态性和可调整性的特点，未来可根据都市圈不同的发展阶段、发展特点以及对都市圈认识的逐步深入对标准不断地加以验证和修正。

本章参考文献

[1] 汪光焘，叶青，李芬，等. 培育现代化都市圈的若干思考[J]. 城市规划学刊，2019，(5)：14-23.
[2] 陈跃刚，吴艳. 都市圈产业组织形式的研究[J]. 安徽农业科学，2008，36，(7)：2957-2958.
[3] 郑德高，朱郁郁，陈阳，等. 上海大都市圈的圈层结构与功能网络研究[J]. 城市规划学刊，2017，(5)：41-49.
[4] 陆军. 都市圈协同发展的理论逻辑与路径选择[J]. 人民论坛，2020，(27)：54-57.
[5] 徐海贤，韦胜，孙中亚，等. 都市圈空间范围划定的方法体系研究[J]. 城乡规划，2019，(4)：87-93.
[6] 罗海明，汤晋，胡伶倩，等. 美国大都市区界定指标体系新进展[J]. 国外城市规划，2005，20(3)：50-53.
[7] 李国平. 首都圈结构、分工与营建战略[M]. 北京：中国城市出版社，2004：2.
[8] 钮心毅，李凯克. 紧密一日交流圈视角下上海都市圈的跨城功能联系[J]. 上海城市规划，2019，3(3)：16-22.
[9] 王德，顾家焕，晏龙旭. 上海都市区边界划分——基于手机信令数据的探索[J]. 地理学报，2018，73(10)：1896-1909.
[10] 汪德根，章鋆. 高速铁路对长三角地区都市圈可达性影响[J]. 经济地理，2015，35(2)：54-61，53.
[11] 孙娟. 都市圈空间界定方法研究——以南京都市圈为例[J]. 城市规划汇刊，2003，(4)：73-77，96.
[12] 高慧智、张京祥，胡嘉佩. 网络化空间组织：日本首都圈的功能疏散经验及其对北京的启示[J]. 国际城市规划，2015，30(5)：75-82.
[13] 陈红艳，骆华松，宋金平. 东京都市圈人口变迁与产业重构特征研究[J]. 地理科学进展，2020，39(9)：1498-1511.
[14] 吕丹，王等. "成渝城市群"创新网络结构特征演化及其协同创新发展[J]. 中国软科学，2020，(11)：154-161.
[15] 安俞静，刘静玉，乔墩墩. 中原城市群城市空间联系网络格局分析——基于综合交通信息流[J]. 地理科学，2019，39(12)：1929-1937.
[16] 高煜，张京祥. 后新冠时代的都市圈发展与治理创新[J]. 城市发展研究，2020，27(12)：79-88.
[17] 施继元，高汝熹，罗守贵. 都市圈创新效应原因探析——基于都市圈创新系统的视角[J]. 软科学，2009，23(3)：55-60.

第7章
关于公共服务均等化要求的讨论

7.1 公共服务均等化的基础理论梳理

7.1.1 公共服务的概念和分类

1. 公共服务的概念

尽管"公共服务"这一概念在各类领域中被广泛使用，但实际上学术界对其内涵的界定并没有形成统一的共识。根据国外学者的统计，学界中的"公共服务"概念有18种之多（赵子键，2017）。一般认为，"公共服务"的概念起源于1739年大卫·休谟（David Hume）在其著作《人性论》中提出的"公共产品"理论，他在书中讨论了如何处理超越个人利益的公共性问题，被后人总结为"集体消费品"；1976年亚当·斯密（Adam Smith）在其著作《国富论》中对"公共产品"的类型、提供方式、资金来源、公平性以及政府的职能问题进行了更加深入的分析；而E.S.萨瓦斯（E.S.Savas）在《民营化与公私部门的伙伴关系》一书中进一步指出："公共产品分为两类，一类为表现为物质实体的公共产品，如公用设施，另一类为表现为非物质实体的服务性公共产品，如信息"；1912年，法国公法学者莱昂·狄骥（Leon Duguit）在其著作《公法的变迁》中第一次明确提出了"公共服务"概念，他指出"公共服务是指由政府出面规范和调控的某些与社会团体利益不可分割的活动"。因此，可以认为"公共服务"不仅包括有形的物质实体，还包括无形的公共服务，它泛指政府等相关主体立足于当前社会经济发展状况，为社会公众提供的能够体现公平公正的、满足其共同需求的公共性的服务与产品的总和。

2. 公共服务的类型

尽管休谟和亚当都承认政府对于公共产品提供的重要性，但是他们同时也强调政府在公共服务的提供过程中只应充当"守夜人"的角色，即提供最低限度的公共服务，只有自由市场的充分竞争才能使得生产要素合理流动，从而达到效率最大化。因此，"公共服务"又被分为"基本公共服务"和"非基本公共服务"两种。其中，"基本公共服务"应包含以下特征：一是基础性，即基本公共服务应该是面向公民生存发展不可或缺的基础服务；二是无差别性，即基本公共服务是面向社会全体成员提供的，这种需求不因人群、阶层、财富、地域而产生变化；三是可操作性，即基本公共服务的提供应该以国家经济发展水平和人民基本需要作为前提，不同国家不同地区间可能存在差异。

我国政府在《国家基本公共服务体系"十二五"规划》中首次提出"基本公共服务"的概念，它被定义为"由政府主导提供的，与当前经济社会发展水平和阶段相适应，旨在保障全体公民生存和发展基本需求的公共服务"。《政府基本公共服务标准化研究》对"基本公共服务"和"非基本公共服务"的概念和内涵进行了进一步界定。其中，"基本公共服务"是指政府依照法律法规，为保障社会全体成员基本社会权利、基础性的福利水平，必须向全体居民均等地提供的公共服务。包括义务教育、公共卫生、公共文化体育、基本公共福利和社会救助、公共安全保障等服务。"非基本公共服务"则又分为"准基本公共服务"和"经营性公共服务",其中"准基本公共服务"被定义为保障社会整体福利水平所必需的、同时又可以引入市场机制提供或运营的,但由于政府定价等原因而没有营利空间或营利空间较小,尚需政府采取多种措施给以支持的公共服务。"非基本公共服务"中的"经营性公共服务"是指完全可以通过市场配置资源、满足居民多样化需求的公共服务。政府不再直接提供这类服务,而是通过开放市场并加强监管,鼓励和引导社会力量举办和经营。包括经营性文艺演出,影视节目的制作、发行和销售,体育休闲娱乐等服务。如表7-1所示。

中国各类公共服务内容体系表　　　　表7-1

分类	基本公共服务	非基本公共服务	
		准基本公共服务	经营性公共服务
教育	提供义务教育、国防教育等法律法规规定的公共教育服务	包括高等教育、职业教育,提供学前教育、高中教育、非义务教育阶段的特殊教育、中等职业教育、高等职业教育、普通高等教育、青少年校外活动等政府需要支持的教育服务	提供满足特殊需求的学前教育、教育培训、继续教育等市场化的教育服务
医疗卫生	提供各种疾病预防控制、紧急救援、突发公共卫生事件应急处理和医疗救治、健康教育、计划生育、公共卫生信息和卫生监督执法等公共服务	提供社会保障体系之内的基本医疗服务等	提供满足特殊需求的医疗服务和卫生保健服务等
文化	提供历史文化文物遗产保护、优秀民间文化保护、公立文化文物设施和首都文化活动等的公共服务	提供满足人民群众文化需求的、需要政府扶持的文化服务	提供包括影视节目制作、发行和销售,出版物发行和印刷,放映、演出、中介经纪等的文化产业服务
体育	为提高国民身体素质开展的国民体质监测等的公共服务	提供满足人民群众体育健身需求的、需要政府扶持的体育服务	提供体育休闲娱乐、体育竞赛表演、体育用品消费、体育中介等的体育产业服务
社会福利	提供社会救助,优抚安置,以及法律规定的为老年人、残疾人、孤儿和弃婴等特定群体提供的养护、康复、托管等公共服务	为老年人、残疾人等特定群体提供的、政府定价且不足以补偿成本的多样化专业服务	提供满足老年人、残疾人等群体特殊需求的养护、康复、托管等市场化服务
公共安全	提供维护社会稳定和治安,消防安全、交通安全和公共场所安全,反恐反暴和群体性事件处置等的公共安全服务	提供市民人身安全、财产安全的服务和涉及合法、安全、公平等法律专业服务	提供满足特殊需求的公司安保、社区安保等产业服务

资料来源：根据黄恒学、张勇（2011）整理。

7.1.2 公共服务均等化的内涵及其演进

1. 公共服务均等化的理论溯源

"公共服务均等化"本质上讨论的是公共服务的分配原则问题（李佳炜，2020）。西方对于公共服务的分配原则问题经历了较长时期的讨论和探索,从理论溯源上来看,"均等化"的概念起源于西方"公平正义"思想。希腊哲学家柏拉图在苏格拉底的"公正如美德"哲学思想的基础上,提出了自己对于公正理念的理解,较为系统地提出了城邦公正应分为个人公平和社会公正的观点；亚当·斯密在《国富论》中指出公正、平等地提供公共服务是每个国家政府的责任和应尽的义务,但是同时也强调政府在公共服务的提供过程中只应充当"守夜人"的角色；18世纪末以杰里米·边沁（Jeremy Bentham）为代表的功利主义公平观认为"正义的行为或制度应当能够促使最大多数人的最大幸福";而约翰·罗尔斯（John Rawls）在《正义论》一书中则主张"要为每一个社会成员提供真正均等的机会，其中机会均等是起点上的均等，即无论所处身份地位如何，所有社会成员都可以拥有获得基本公共服务的机会，同时政府应当在不牺牲优势人群利益的前提下，公平合理的给予那些处于社会不利地位的人更多的照顾和优惠。"

在"公平正义"思想的指引下，西方城市公共服务均等化思想的内涵演进又经历了地域均等、空间公平和社会公平三个阶段（汪来杰，2007）。20世纪70年代以前，有关公共服务均等化的讨论主要以地域均等为主，其核心概念包括空间均等（spatial equality）和地域公正（territorial justice），它强调人人同等享有、空间均等分配，并通过对一定空间范围内人均水平的测度来衡量公共服务的均等化水平。但是由于地域均等没有考虑公共服务的空间效益，导致管理成本过大、使用效率不高，20世纪70年代初期西方国家发起了"新公共管理"改革，在均等化理念的实施过程中开始注重公共服务的服务效率，通过引入可达性的概念，即人获取公共服务的空间便利性来衡量公共服务的均等化水平（Talen E，Anselin L，1998）。20世纪末至21世纪初以来，西方学界对公共管理中过分重视市场和效率而丧失公平产生了质疑，提出重视公共服务中的公民权利、人文主义和民主价值的"新公共服务"理念，强调服务供给中的公平和平等目标，且这种公平是建立在满足多样化需求，保证适合某一群体也不排斥其他群体利益的基础上（Cho Chun Man，2003），在衡量公共服务的均等化水平的过程中在考虑可达性的基础上又对不同群体的不同需求进行了差别化的区分。

因此，公共服务均等化的内涵包括对公共服务资源获取的均等、对公共服务资源获取的空间便利机会的均等，以及居民最终所享受的服务结果的均等三个方面，可以从规模、距离和质量三个维度来衡量基本公共服务的均等化水平。

2. 我国公共服务均等化的发展目标

我国"公共服务均等化"概念的首次提出是在2005年。2002年党的第十六次全国代表大会首次明确将公共服务与经济调节、市场监管和社会管理一起作为政府的四项职能。2005年中共十六届五中全会上通过的《中共中央关于制定国民经济和社会发展第十一个五年规划的建议》中首次提出"公共服务均等化"的概念，指出"按照公共服务均等化原则，加大对欠发达地区的支持力度，加快革命老区、民族地区、边疆地区和贫困地区经济社会发展"，并提出国家应当加大对欠发达地区的扶持力度，健全区域协调互助机制。2012年《国家基本公共服务体系"十二五"规划》第一次从实践操作层面制定了基本公共服务国家基本标准，并明确指出"基本公共服务均等化，指全体公民都能公平可及地获得大致均等的基本公共服务，其核心是机会均等，而不是简单的平均化和无差异化"，并明确"供给有效扩大、发展较为均衡、服务方便可及、群众比较满意"为国家基本公共服务体系建设的主要目标。2013年11月《中共中央关于全面深化改革若干重大问题的决定》在健全城乡发展一体化体制机制方面，提出要统筹城乡基础设施建设和社区建设，要稳步推进城镇基本公共服务常住人口全覆盖。2014年3月《国家新型城镇化规划（2014—2020年）》提出了"以人为本、公平共享"的基本原则，要求推进农业转移人口享有城镇基本公共服务；提升城市基本公共服务水平，完善基本公共服务体系；推动城乡发展一体化，加强农村基础设施和服务网络建设。2017年召开的党的十九大明确提出到2035年要基本实现基本公共服务均等化，并指出实现基本公共服务均等化的关键是推进基本公共服务的标准化，以标准化手段优化资源配置、规范服务流程、提升服务质量、明确权责关系、创新治理方式，确保全体公民都能公平可及地获得大致均等的基本公共服务，从而切实提高人民群众的获得感、幸福感和安全感。

可以看出，我国公共服务均等化有区域均衡、城乡平衡和城市公平三层内涵，在目标上有由基本公共服务的均等化向差异化需求的多元供给发展的趋势。

7.1.3 小结

"公共服务"不仅包括有形的物质实体，还包括无形的公共服务，它泛指政府等相关主体立足于当前社会经济发展状况，为社会公众提供的能够体现公平公正的、满足其共同需求的公共性的服务与产品的总和。

根据资源配置过程中政府和市场的关系，公共服务又分为"基本公共服务""准基本公共服务"和"经营性公共服务"。基本公共服务是指政府依照法律法规，为保障社会全体成员基本社会权利、基础性的福利水平，必须向全体居民均等地提供的公共服务。包括义务教育、公共卫生、公共文化体育、基本公共福利和社会救助、公共安全保障等服务。而对于"准基本公共服务"和"经营性公共服务"政府主要通过引导或监管的手段联合市场进行配置。

公共服务均等化的内涵包括对公共服务资源获取的均等、对公共服务资源获取的空间便利机会的均等，以及居民最终所享受的服务结果的均等三个方面，可以从规模、距离和质量三个维度来衡量基本公共服务的均等化水平。

公共服务均等化在我国有区域均衡、城乡平衡和城市公平三层内涵，在目标上有由基本公共服务的均等化向差异化需求的多元供给发展的趋势。

7.2 都市圈地区公共服务均等化水平现状评价

7.2.1 研究方法

1. 研究对象

公共服务设施是公共服务的载体，作为公共服务均等化的中间环节，公共服务设施的均等化发展是供给均等到结果均等的转化，促进公共服务设施的均等化发展是落实公共服务均等化，并从空间规划与建设角度推动城乡统筹发展的重要方面和技术支撑（罗震东等，2011）。因此，可以考虑从公共服务设施的角度来分析公共服务的均等化问题。从类型上而言，我国的公共服务设施一般分为文化设施、教育设施、体育设施、医疗卫生设施和社会福利设施五大类型（表7-2）。

国内部分规划规范对公共服务设施分类情况　　表7-2

规划标准	设施分类
《城市公共服务设施规划标准GB 50442（修订）》（征求意见稿）	公共文化、教育、公共体育、医疗卫生、社会福利设施
《城市居住区规划设计标准》GB 50180—2018	公共管理和公共服务、商业服务、市政公用、交通场站、社会服务与便民服务设施

续表

规划标准	设施分类
《杭州市城市规划公共服务设施基本配套规定（修订）》	城市级：教育、医疗卫生、文化、体育、商业、社会福利、行政办公； 居住级：教育、医疗、文化、体育、商业、金融邮电快递、社区服务、市政公用、行政管理及其他
《上海市控制性详细规划技术准则（2016年修订版）》	行政办公设施、商业服务、文化、体育、医疗卫生、教育科研、养老福利设施五大类

2．量化方法

从规模、距离和质量这三个维度出发，量化公共服务设施供给的均等化水平，可以从以下几个维度来分析：

（1）总量规模和人均水平；

（2）覆盖率和可达性水平；

（3）多元供给和服务质量。

3．研究范围

根据识别，我国中心城区人口规模在500万人以上、有潜力发展为都市圈的城市主要有21座，分别是北京、上海、深圳、广州、成都、西安、重庆、天津、杭州、南京、武汉、沈阳、长沙、郑州、青岛、济南、石家庄、厦门、宁波、南昌、福州。从类型上又可划分为成熟型、培育型、发展型三种。

4．数据来源

本研究所采用的数据来源如表7-3所示。

研究采用的数据来源表　　　　表7-3

数据名称	数据时间	数据来源
设施统计数据	2016年	中国统计年鉴2017
设施分布数据，包括教育设施（幼儿园、小学、中学、职高、高校）、卫生医疗设施（综合医院、专科医院、诊所）	2016年	国家测绘地理信息公共服务平台（天地图）
文化设施数据	2018年	POI导航数据
人口统计数据	2016年	中国统计年鉴2017
人口分布数据	2016年	腾讯人口热力分布
人口变化数据	2000—2020年	Landscan

7.2.2　发展现状

1．总量规模和人均水平

以教育和医疗设施为例。2016年我国拥有教育机构508814个，其中高等院校2596个，中学77398个，小学189435个，幼儿园239812个、特殊教育和工读学校2169个[①]；医疗卫生

---

① 数据来源：《中国统计年鉴2017》。

机构983394个，其中医院29140个、基层医疗卫生机构［社区卫生服务中心、乡镇卫生院、村卫生室、门诊部（所）］926518个、专业公共卫生机构（疾病预防控制中心、专科疾病防治院所、妇幼保健院、卫生监督所）24866个。如表7-4、图7-1、图7-2所示。

从空间分布上来看，随着我国基本公共服务均等化政策的实施，我国的公共服务设施与人口分布呈现出较好的协同关系。但是，从人均水平上来看，我国公共服务设施的配置呈现出向高等级城镇和优势地区倾斜的特征，表现为中心城市对公共服务享有的人均水

研究采用的教育、医疗设施数据（2016年）分类数量表　　　表7-4

类型		规模（个）	人均水平（个/万人）
教育设施	总计	508814	3.68
	高等院校	2596	0.02
	中学	77398	0.56
	小学	189435	1.37
	幼儿园	239812	1.73
	特殊教育和工读学校	2169	0.02
医疗设施	总计	983394	7.11
	医院	29140	0.21
	基层医疗卫生机构	926518	6.70
	专业公共卫生机构	24866	0.18

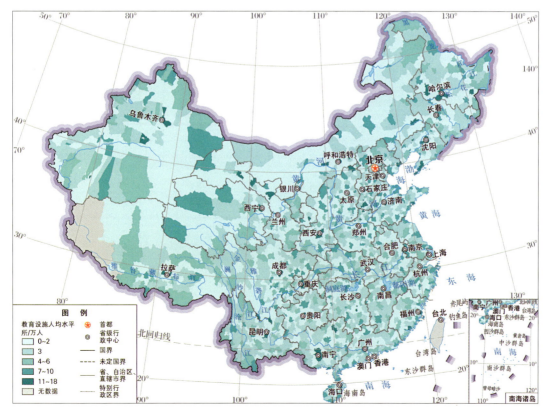

图7-1　2016年我国教育设施人均水平

图片来源：根据国家测绘地理信息公共服务平台天地图设施图层和腾讯人口热力分布计算绘制。

第7章 关于公共服务均等化要求的讨论

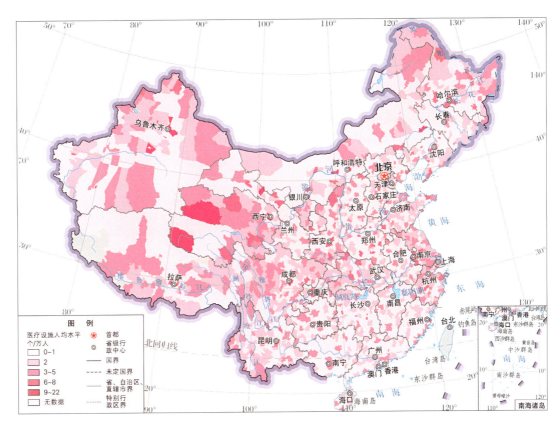

图7-2 2016年我国医疗设施人均水平

图片来源：根据国家测绘地理信息公共服务平台天地图设施图层和腾讯人口热力分布计算绘制。

平普遍高于周边市县。根据测算，2016年全国市辖区医疗设施的人均水平约为县的4.2倍，教育设施的人均水平为县的3.5倍。

从都市圈视角来看，我国都市圈潜力地区区域面积仅为全国国土面积的4%，但是人口比重却占了全国的36%，教育和医疗设施比重分别为29%和32%，设施规模总体不足（表7-5）。

全国都市圈潜力地区与其余地区面积、人口和教育医疗设施数量比重　　　表7-5

区域分类	都市圈潜力地区 （100km以内）	其他地区 （100km以外）
面积比重	4%	96%
人口比重	36%	64%
教育设施比重	29%	71%
医疗设施比重	32%	68%

资料来源：根据国家测绘地理信息公共服务平台天地图设施图层和腾讯人口热力分布计算。

从空间结构看，设施规模的不足主要为10~20km圈层和20~50km圈层。特别是10~20km圈层，根据测算这一区域常住人口比重为18%，但医疗设施比重仅为14%、教育设施比重仅为15%，设施缺口较大（图7-3）。

这种缺口对于不同发育阶段的都市圈而言又有所区别。对于成熟型都市圈，如深圳，人口外溢已经趋于稳定，经过城市功能结构调整和内部平衡，都市圈20km核心圈层设施相对完备，而设施缺口主要在30~50km圈层。深圳都市圈各圈层设施密度和比重情况如图7-4所示。

对于发展型都市圈，如武汉都市圈还处于快速扩张和人口外溢阶段，在都市圈30km范围内都存在一定的设施缺口。武汉都市圈各圈层设施密度和比重情况如图7-5所示。

对于培育型都市圈，如南昌，由于人口还处在向核心圈层集聚阶段，设施缺口主要存在于20km范围内。南昌都市圈各圈层设施密度和比重情况如图7-6所示。

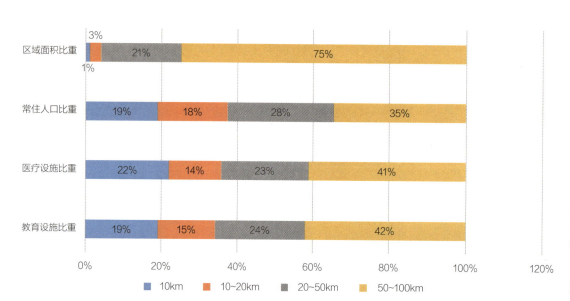

图7-3 都市圈潜力地区常住人口、医疗设施、教育设施圈层分布关系

图片来源：根据国家测绘地理信息公共服务平台天地图设施图层和腾讯人口热力分布计算绘制。

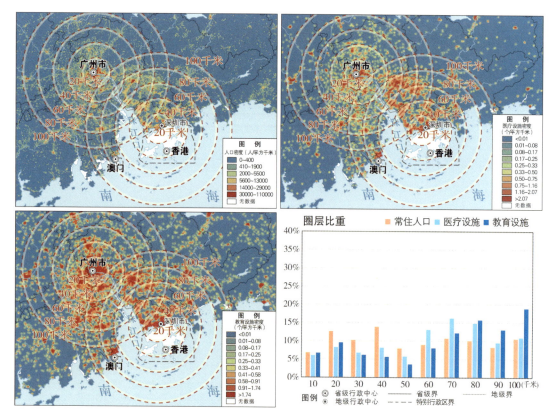

图7-4 深圳都市圈各圈层设施密度和比重情况

图片来源：根据国家测绘地理信息公共服务平台天地图设施图层和腾讯人口热力分布计算绘制。

第7章 关于公共服务均等化要求的讨论

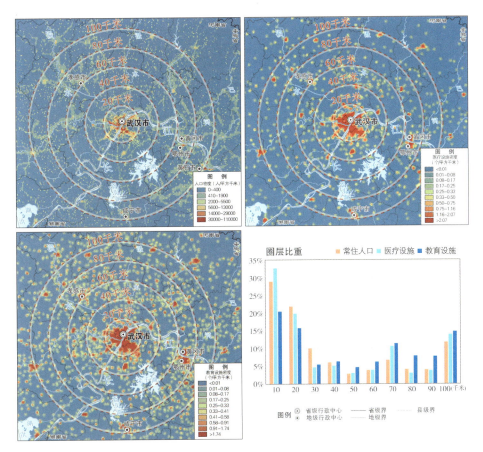

图7-5 武汉都市圈各圈层设施密度和比重情况

图片来源：根据国家测绘地理信息公共服务平台天地图设施图层和腾讯人口热力分布计算绘制。

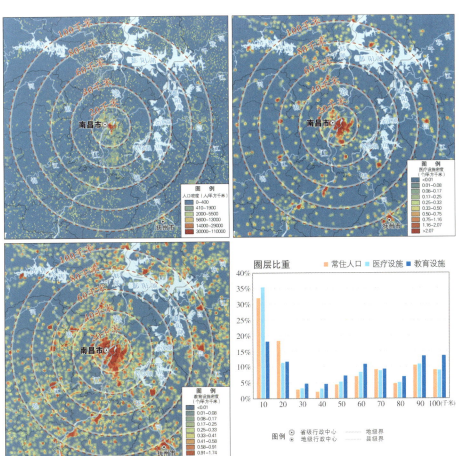

图7-6 南昌都市圈各圈层设施密度和比重情况

图片来源：根据国家测绘地理信息公共服务平台天地图设施图层和腾讯人口热力分布计算绘制。

157

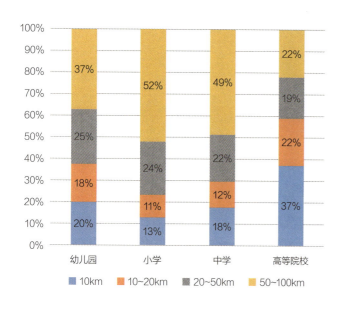
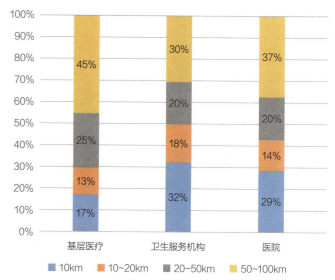

从设施等级看,高等级的公共服务设施在都市圈10km尺度范围内比重较高,例如高等院校、医院、卫生服务机构占潜力地区比重分别在37%、29%和30%;但是一般公共服务设施比重相对不足,例如小学、中学、基层医疗设施均仅占潜力地区的13%、18%和17%,低于所在区域的人口比重(图7-7、图7-8)。

2. 覆盖率和可达性水平

根据我国《城市居住区规划设计标准》GB 50180—2018和《全国民用建筑工程设计技术措施》对各类公共服务设施的服务半径都进行了明确的规定(表7-6)。其中,明确指出小学服务半径不应大于500m,中学服务半径不宜大于1000m等。

图7-7 各类教育设施比重圈层分布情况
图片来源:根据国家测绘地理信息公共服务平台天地图设施图层绘制。

图7-8 各类医疗设施比重圈层分布情况
图片来源:根据国家测绘地理信息公共服务平台天地图设施图层绘制。

各类公共服务设施合理的服务半径(单位:m)　　　　　表7-6

功能种类	名称	服务半径
文化	活动室	300
	文化活动站	500
	文化活动中心(含青少年活动中心、老年活动中心)	1000
教育	托儿所	300
	幼儿园	300
	小学	500
	初中	1000
体育	小型多功能运动(球类)场地	300
	室外综合健身场地(含老年户外活动场地)	300
医疗	卫生室	300
	社区卫生服务站	300
	社区卫生服务中心	1000
	门诊部	1000
	护理院	1000
养老	老年人日间照料中心(托老所)	300

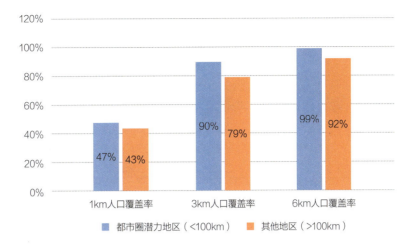

图7-9 都市圈地区和其他地区中学不同服务半径人口覆盖率

图片来源：根据国家测绘地理信息公共服务平台天地图设施图层和腾讯人口热力分布计算绘制。

以中学可达性为例，根据测算，我国2016年中学1km人口覆盖率达45%，3km的人口覆盖率达83%，6km的人口覆盖率达95%[①]。从空间分布上来看，我国东中部地区的设施可达情况要好于东北地区和西部地区，其中东中部地区设施人口覆盖率基本上在80%以上，仅省份交界地区（主要包括河南、湖北、安徽交界地区，湖南、重庆、贵州交界地区，浙江、江西、福建交界地区等）覆盖情况相对较差。

从都市圈视角来看，总体而言都市圈潜力地区设施可达性高于其他地区。以中学为例，根据测算，都市圈潜力地区中学1km的人口覆盖率为47%，高出其他地区4个百分点；3km的人口覆盖率为90%，高出其他地区11个百分点；6km的人口覆盖率为99%，高出其他地区7个百分点。如图7-9所示。

从都市圈潜力地区内部来看，10km核心圈层的人口覆盖率最高，1km、3km、6km的人口覆盖率分别为79%、100%、100%；由都市圈核心区向核心边缘地区可达性逐步下降，到20～50km圈层1km人口覆盖率下降至34%，3km人口覆盖率下降至83%；由核心边缘区向外围1km覆盖率略有上升，3km、6km覆盖率继续下降（表7-7）。

都市圈潜力地区内部不同圈层中学不同服务半径人口覆盖率　　表7-7

圈层	1km人口覆盖率	3km人口覆盖率	6km人口覆盖率
<10	79%	100%	100%
10～20	43%	94%	100%
20～50	34%	86%	99%
50～100	39%	83%	97%
>100	43%	79%	92%

资料来源：根据国家测绘地理信息公共服务平台天地图设施图层和腾讯人口热力分布计算绘制。

从未覆盖地区的分布来看，可达性较差的地区主要为核心圈层的边缘地区（如图7-10～图7-12所示，如上海、深圳、广州的20～40km圈层以及宁波、杭州、武汉的20km圈层附近）及行政区划交界地区（如苏州花桥—上海嘉定、东莞松山湖—平山、惠州龙山等地区）。

---

① 根据国家测绘地理信息公共服务平台天地图设施图层和腾讯人口热点数据测算。

新发展阶段的城镇化新格局研究——现代化都市圈概念与识别界定标准

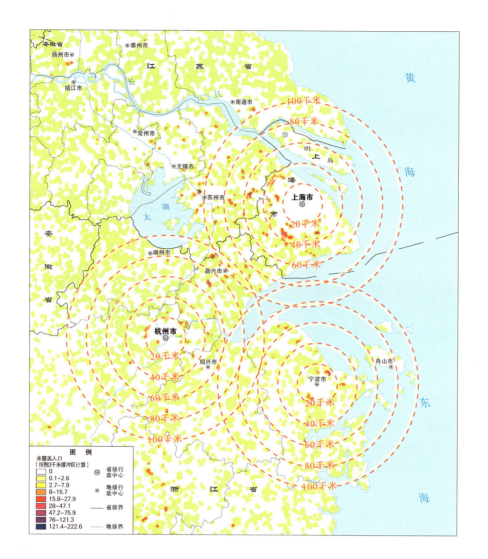

图7-10 长三角都市圈中学3km人口未覆盖情况

图片来源：根据国家测绘地理信息公共服务平台天地图设施图层和腾讯人口热力分布计算绘制。

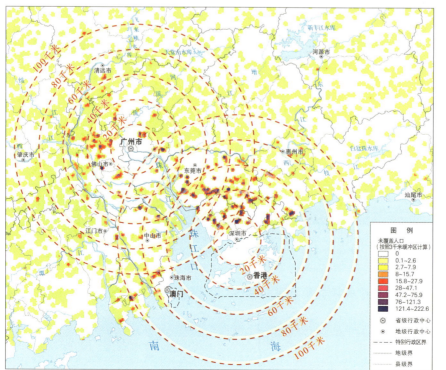

图7-11 广州、深圳都市圈中学3km人口未覆盖情况

图片来源：根据国家测绘地理信息公共服务平台天地图设施图层和腾讯人口热力分布计算绘制。

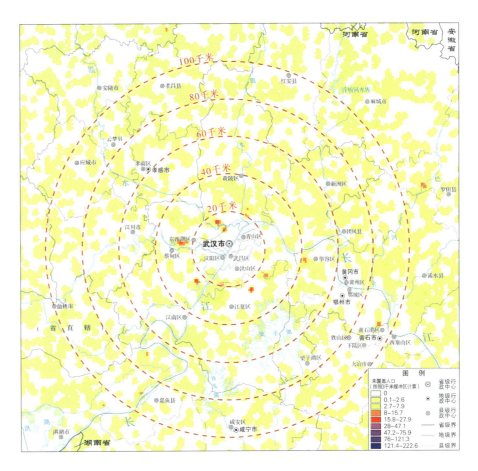

图7-12 武汉都市圈中学3km人口未覆盖情况

图片来源：根据国家测绘地理信息公共服务平台天地图设施图层和腾讯人口热力分布计算绘制。

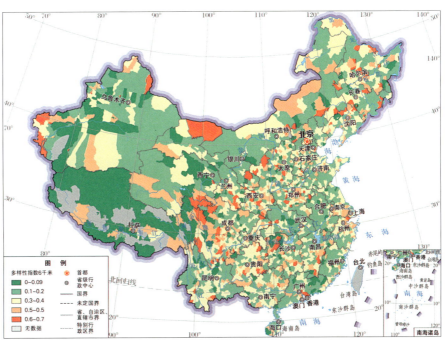

图7-13 我国文化设施多样性水平评价（6km辐射半径）

图片来源：根据导航POI计算。

3. 多元供给和服务质量

总体而言，我国都市圈地区设施供给的多样化水平要高于其他地区。利用文化设施的POI种类进行多样性水平（辛普森指数）计算，发现从都市圈核心区向外围地区多样化水平圈层递减（图7-13，表7-8）。

文化设施多样性水平的圈层统计　　　　　　　　　　表7-8

圈层（km）	辐射半径3km	辐射半径6km	辐射半径10km
0~10	0.58	0.65	0.67
10~20	0.41	0.54	0.62
20~50	0.25	0.33	0.44
50~100	0.22	0.27	0.35
>100	0.20	0.24	0.28

资料来源：根据导航POI计算。

从都市圈内部来看，设施的多样性水平基本与城镇的中心体系呈正相关关系，中心的规模等级越高，设施类型越完备，设施的多样性水平越高，城乡之间存在较大差异。

7.2.3 小结

尽管我国中心城市市辖区对公共服务享有的人均水平普遍高于周边市县，公共服务的设施配置呈现出向中心城市倾斜的特征，但是对于突破市辖区范围的都市圈地区而言，由于城市的区域化发展，公共服务设施的供给水平实际上是整体不足的。这种不足随着都市圈的不同发展阶段有所差异，对于不同都市圈而言也有所区别。对于人口还在向核心圈层集聚阶段的培育型都市圈，设施缺口主要存在于20km范围的核心圈层；对于处于快速扩张和人口外溢阶段的发展型都市圈，从核心圈层到30km的区域范围都存在一定的设施缺口；而对于人口和功能外溢已趋于稳定的成熟型都市圈，核心圈层的人口和设施相对平衡，设施缺口主要在30~50km圈层。此外，对于不同区域而言其公共服务设施的不足又存在类型差异，其中对于核心圈层，高等级的公共服务设施的规模水平较高，但是基本公共服务设施比重相对不足，低于所在区域的人口比重。

从可达性水平来看，总体而言都市圈潜力地区设施可达性水平要高于其他地区。从内部结构来看，核心圈层的人口覆盖率最高；由都市圈核心圈层向核心边缘圈层可达性逐步下降，由核心边缘圈层向外围逐步趋于稳定。

从设施未覆盖情况来看，核心圈层边缘地区设施未覆盖人口比重最高，对于不同规模的都市圈而言，核心圈层边缘地区的范围有所差异，但总体在20~40km范围。此外，跨行政区划交界地区设施未覆盖情况也较为突出。

从多样性水平来看，由于我国的设施供给是按照中心体系分层配置的，因此设施的多样性水平与中心的规模等级高度相关。尽管都市圈地区设施的多元供给总体好于其他地区，但是对于都市圈内部圈层之间的设施完备程度存在明显的差异。

7.3 都市圈发展趋势和公共服务供给面临的挑战

7.3.1 公共服务对都市圈发展的重要意义

从国际经验上来看，大都市圈地区普遍将社会公平的目标导向提升到区域战略的高度，而且关注的重点从高能级公共服务设施的配置转向一般公共服务的均等化，从关注总体设施数量转向关注设施的差异化需求。例如伦敦提出"需要更多、更高质量的社会基础设施来满足人口增长和多样性需求",要给"所有人提供平等的生活机会";"纽约2040"提出"公民应当公平、公正的享有资产、服务、资源和机会",要建立一个"强大而公正的全球城市";东京提出要建设"福祉先进城市",为不同阶层、不同类型的城市提供差异化的服务。这种转变一方面来源于发达国家多元包容的人文精神,另一方面来源于都市圈地区发展过程中解决人居环境、区域平衡等问题的现实需要。

1. 纽约经验:重建经济增长和社会繁荣的联系

根据纽约区域规划协会(Regional Plan Association)的研究,过去几十年,虽然纽约的经济增长得到了长足的发展,但是由于经济增长的不均衡带来了诸多社会问题。包括低收入和中等收入家庭的城市居民的增多、小规模城镇和郊区经济增速的滞缓、高额的生活成本、缺少中等收入就业机会,都为区域经济的持续增长和社会繁荣带来了不确定性,2000~2010年由于生活成本的增加,纽约地区的人口外流达100万人(Regional Plan Association,2016)。

另外,由于外来人口的流入和人口的快速集聚,纽约的种族和文化较美国大部分其他地区都要多元,移民增加了该地区种族和民族的复杂性,这种复杂性造成了人们对住房、就业、服务的需求差异,公共服务供给的多元性带来了挑战。同时由于种族和世代分化会造成政治和社会关系紧张甚至是种族隔离,据统计,纽约地区是美国种族隔离率最高的大都市地区之一,其区域的贫富分布的地理空间分异为区域发展的不平衡埋下了伏笔。

此外,外来人口的流入还会更快地改变城市的人口结构。据统计,1950~2000年,纽约地区年龄段在20~34岁的年轻人受到就业机会和生活方式的吸引不断移入纽约,这些人群主要目标区域是核心城市地区,而老年人特别是退休年龄的老年人,则选择离开转移到生活成本更低廉的区域。

为应对上述各类社会问题,纽约2040提出"公民应当公平、公正的享有资产、服务、资源和机会",要建立一个"强大而公正的全球城市"。要加强核心以外地区的基础设施投资和公共服务供给,提升区域总体的城市服务水平;加强贫困社区的投资、提升社区服务的可达性;通过社会繁荣来保障经济的可持续增长。

2. 伦敦经验:以公平促共享,以品质促增长

近几十年来,伦敦地区人口持续增长,且人口结构趋于多元,大量移民来自欧洲、非洲、亚洲、北美洲、南美洲和加勒比地区、澳大利亚等世界各个区域,且人口数量逐年增加。但是研究指出,这种人口增长在支持伦敦地区经济发展的同时,也带来了两极分化的问题。包括居民无法平等地分享经济增长带来的利益;由于贫困、疾病和歧视等原因而带来的社会隔离;人口的快速集聚强化了区域的社会分化:伦敦集中了英国收入最高和最低的人群;就业机会增长但分布却极不均衡,造成失业率的不断提升(邹兵,2015)。

面对上述问题,2004年的《大伦敦区域空间战略规划》指出"在促进经济增长的同时维护社会公平、消除贫困是本次规划努力的方向",并提出"充足的公共投资的支持将有助于大大促进经济的快速增长,从而赋予整个伦敦地区生活品质的全面提升。同时,通过发挥伦敦经济增长的辐射和带动作用,对英国其他地区的经济产生积极的影响。"

《大伦敦区域空间战略规划》中明确提出"在边界内不侵蚀开敞空间条件下包容伦敦的发展,使伦敦城为更适宜人居的城市,促使伦敦成为经济强劲、多元增长的繁荣城市,促进社会包容性,消除剥夺和歧视,改善可达性,成为更具有吸引力、设计得更好的绿色

城市"。并在规划中加入了专门的《社会性设施补充规划指引》，作为指导区域设施统筹协调的纲领性文件，明确提出"伦敦需要提供更多且更好的社会基础设施以满足日渐增长且趋于多元化的人口需求"的发展战略，并指出要"在地方和战略需求评估中，首先支持提供高品质社会设施的开发计划"和"各类设施应该兼顾各类人群的可达性（包括残疾人和老年人），应该做到步行、骑车和公共交通易达，且如果可能，房屋基地的多用途利用应该被鼓励"。同时，《大伦敦区域空间战略规划》还强调对特定人群和少数群体的关注，包括弱势群体和老人，明确指出对于减少满足特定群体需求的各类设施和服务的开发计划需要给出充分的理由或替代方案，否则应否决；发布了专门的规划性补充指引《可达性的伦敦：塑造包容性环境》来指导对特定人群的服务的供给策略。此外，对于文教体卫福利设施的指引上，也都体现了"平等"的导向（张敏，2017）。

3. 东京经验：面向结构调整的公共服务更新

区别于伦敦、纽约来自种族分异、社会分化的问题，东京都市圈发展面临的最大挑战是来源于老龄少子化和人口负增长对社会可持续发展带来的压力。按照东京都预测，至2060年，东京都总人口将较2015年减少300万人；老龄化率将高达36%，比2015年提高13个百分点；其中，东京都区部的老龄化率将普遍在35%~50%之间。另一方面，由于《首都圈规划》基本确定了日本国土开发的增长边界，城市发展基本被限定在既有的建成范围内，如何应对基础设施的老化和更新，推动城市再开发，提高城市活力和环境品质，是东京都市圈发展需要解决的问题。

面向这一问题，东京都在面向2020的战略规划《创造未来——东京都长期展望》中提出建成"福祉先进城市"，通过建立精细化的针对儿童和老年人等特定人群的服务倾斜政策，同时倡导对低效存量设施的归并、改建和提升服务效率，来调整存量设施结构和人口结构的供需匹配关系。

4. 上海经验：提升城市竞争力，统筹城乡问题

上海在《上海市城市总体规划（2017—2035年）》中提出全球城市战略，指出尽管当前国外等大都市圈地区在公共服务的供给上都更多地关注公平性和多元化，但这是由都市圈的发展阶段所决定的。由于高能级设施（包括大学、国家图书馆、研究机构等）对于专业人才集聚具有巨大的吸引力，因此从区域的竞争力角度出发，高能级设施的配置对于都市圈地区来说依然具有不可或缺的重要意义。而根据《全球城市影响力报告》，与其他都市圈相比，上海中心城（距离人民广场5km范围内）在高能级教育、文化设施两方面相对不足，需要建设具有一定影响力的高能级设施，以此来提升区域的国际竞争力。

另外，由于都市圈地区城市化区域的范围已经超出了单中心空间组织的服务范围，如国际上，伦敦、巴黎、日本等城市在历版规划中都提出通过多中心网络化的区域组织来防止城市化区域的无序蔓延和职住分离等问题。其中通过公共服务设施的配置来调整区域的空间组织结构是常见的应对策略之一。上海早在20世纪50年代就开始探索郊区卫星城模式，《上海市城市总体规划（2017—2035年）》中明确提出上海将建设形成"网络化、多中心、组团式、集约型"的空间结构，以"中心城—主城片区—城镇圈"的结构来组织市域空间，通过城镇圈来作为平衡郊区职住关系、供给高等级基本公共服务的载体。此外，《上海市城市总体规划（2017—2035年）》还提出以城乡社区为基础构建15分钟社区生活圈，满足居民基本生活需求。通过构建覆盖城乡、公平均等的多层次公共服务体系，统筹区域发展过程中的城乡问题。

7.3.2 都市圈人口集聚趋势和公共服务配置面临的挑战

从国际经验来看，人口将持续向大都市圈地区集聚。从1970~2015年，美国500万人以上都市圈人口比重增加了9.9个百分点，远高于其他规模的都市圈（图7-14）。纽约都市圈作为美国最大的都市圈，其土地面积为1.7万km²，到2015年其常住人口达到了2018万人，占全国比重的6.3%，GDP总量达1.6万亿美元，占全国比重的8.9%，人口的集聚效应为区域经济带来发展动力，反过来，由此创造的就业机会又为人口的进一步集聚产生了巨大吸引力，人口向大都市圈集聚态势明显。

这种趋势同样适用于日本，日本的都市圈在1955~1973年间吸引了大量的人流，其中东京都市圈人口占全国比重由17.3%上升至23.9%，大阪都市圈人口占全国比重由12.3%上升至15%，名古屋都市圈人口占全国比重由7.3%上升至8.4%。但是1973年以后三大都市圈的人口流动态势逐步出现了分化，其中东京都市圈依旧保持了人口的持续增长，到2015年东京都市圈人口比重上升至28.6%；名古屋都市圈人口则相对稳定，到2015年名古屋都市圈人口比重基本稳定在8.9%；而大阪都市圈则出现了人口净流出，到2015年大阪都市圈人口比重下降至14.4%。

从我国的情况来看，根据测算，从2007~2017年我国都市圈地区（100km范围内）人口占全国人口的比重总体提升了2.5%，其中核心圈层人口规模在1000万人以上或接近1000万人的上海、北京、广州的人口比重增加最多，平均在0.5%左右；1000万人以下的都市圈地区除天津、杭州、厦门外人口增长普遍在0.1%以下；武汉、重庆和沈阳甚至呈下降趋势。如图7-15所示。

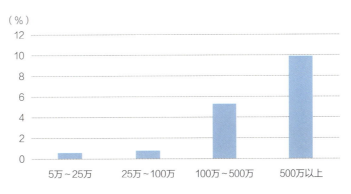

图7-14 美国都市圈规模和人口比重变化情况
图片来源：根据张伟（2020）整理。

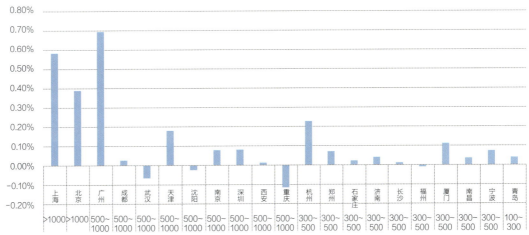

图7-15 2007~2017年我国都市圈潜力地区（100km圈层）人口比重占全国的变化
图片来源：根据Landscan数据计算。

另一方面，由于人口向都市圈地区的集聚趋势存在圈层差异，因此对都市圈内部的不同地域范围而言将存在以下挑战。

1. 城市核心区：城区功能调整与设施更新挑战

从我国都市圈内部的人口集聚现状上看，2007~2017年我国都市圈潜力地区人口比重增长最大的是10~20km圈层和20~50km圈层，人口比重分别增加了0.9%和1%，0~10km圈层人口比重增加了0.7%，而50~100km圈层则下降了0.1%。如表7-9所示。

2007~2017年都市群潜力地区不同圈层常住人口比重变化　　表7-9

圈层（km）	人口比重（2007年）	人口比重（2017年）	人口比重变化
0~10	4.8%	5.5%	0.7%
10~20	2.3%	3.2%	0.9%
20~50	6.5%	7.5%	1.0%
50~100	14.8%	14.7%	-0.1%
>100	71.6%	69.1%	-2.5%

资料来源：World Scan数据。

其中，成熟都市圈如上海（图7-16）、深圳（图7-17）10km圈层范围人口出现减少，而对于发展期和培育期的都市圈如武汉（图7-18）和南昌（图7-19）人口还在向20km圈层范围集聚。

从国际经验来，国际大都市圈地区都经历了内城疏解和城市再更新的过程。《上海市

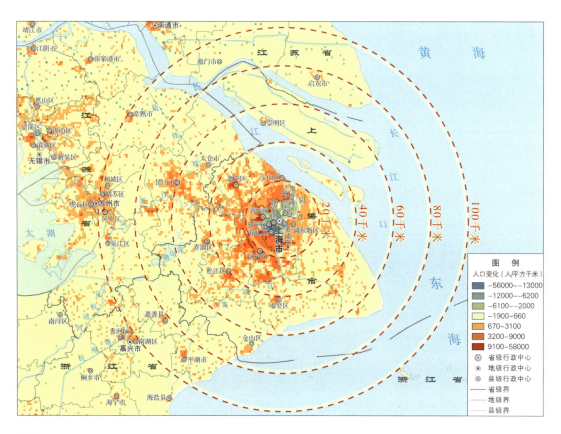

图7-16　2007~2017年上海人口密度变化图
图片来源：Landscan数据。

第 7 章 关于公共服务均等化要求的讨论

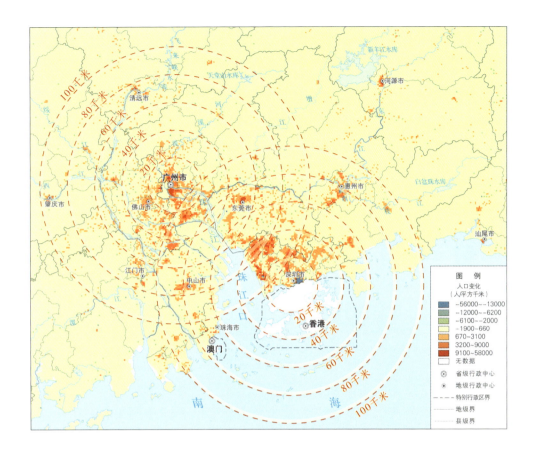

图7-17 2007~2017年深圳人口密度变化图
图片来源：Landscan数据。

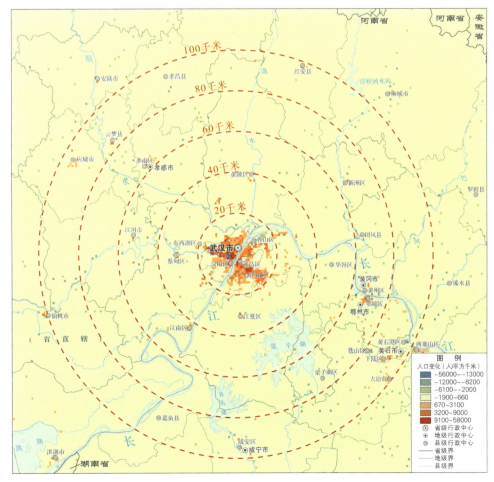

图7-18 2007~2017年武汉人口密度变化图
图片来源：Landscan数据。

167

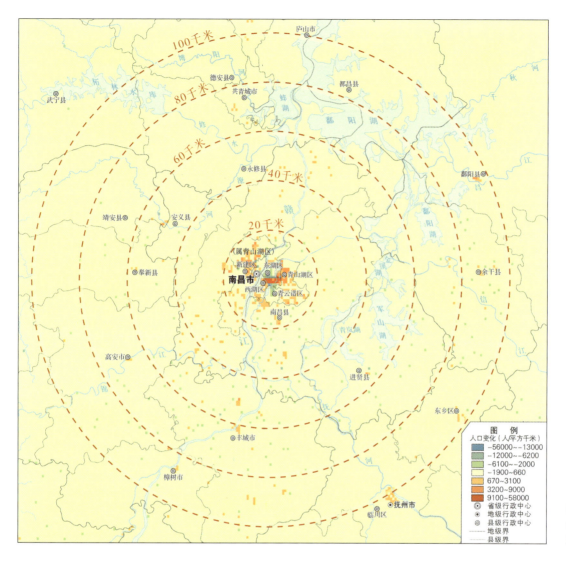

图7-19 2007~2017年南昌人口密度变化图
图片来源：Landscan数据。

城市总体规划（2017—2035年）》提出在中心城区打造中央活动区，通过发展高水平、多元化的世界级公共服务，引导建设体现世界一流水平、在国际上有重大影响的高端标杆公共服务设施，提升整个城市的服务能级和国际影响力。因此，对于城市核心区而言，如何进行设施更新、提升设施服务能级，适应城区功能调整是城市核心区将面临的挑战。

2. 城市化连绵区：外来人口快速集聚与规模挑战

从国际经验来看，国外大都市圈一般会在30km的范围内形成城市化连绵区，其外围30~40km圈层范围形成一体化功能区域，在50km范围内形成以轨道交通（含市郊铁路）为主导的通勤区，在超过50km半径的空间范围形成次级区域中心区，并通过高速公路、城际铁路辐射到100km左右的区域，共同形成更大尺度的大都市圈范围，如图7-20所示。

因此对标国际经验可以判断，无论是对于成熟型都市圈还是发展型都市圈，我国都市圈20~30km附近都将是人口进一步集聚的区域。另一方面，由于我国户籍制度的制约，外来人口如何和本地市民一样同等地享有城市公共服务，一直是我国公共服务供给的难点问题。因此，对于人口快速导入区，规模和公平是这一区域公共服务供给面临的挑战。

3. 次级中心区：人口空心化和供给模式挑战

随着我国人口结构发生变化，我国进入老龄化社会。根据全国老龄工作委员会办公室

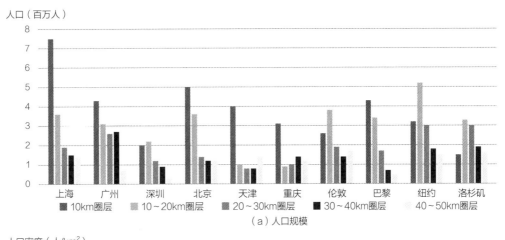
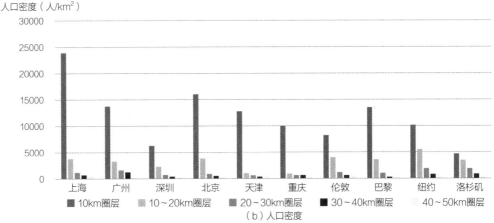

图7-20 2000年中国超大城市与国际城市人口规模与密度圈层结构比较

图片来源：根据Landscan数据测算。

数据显示，根据第七次全国人口普查公报，我国60岁及以上人口为26402万人，占总人口的18.7%，与2010年相比上升5.44个百分点。对于都市圈地区，由于外来青壮年劳动力的导入，整体人口结构将好于其他地区。从2015年日本人口普查数据来看，东京都市圈劳动年龄人口达64%，显著高于日本全国平均水平；其65岁及以上老年人口占比为24%，低于日本全国平均水平。

但是由于外来人口主要向城市核心区以及城市化连绵区集聚，对于城市外围的远郊地区，人口的老龄化水平将明显高于核心地区。如2015年东京都市圈的劳动年龄人口比重东京都、近邻三县和周边四县分别为66%、63%和60%，而老年人口比重则分别为22.7%、24.7%和26.9%。由于人口外流和人口老龄化，远郊地区人口密度进一步降低，对于按照"服务半径"+"行政边界"的公共服务设施空间布局模式，将导致资源供给效率不高和居民享受设施服务机会的不均等问题（赵万民等，2017）。如何应对人口的空心化、优化资源的供给模式，将是这一区域面临的挑战。

4. 外围地区：跨界地区和设施共享挑战

跨界地区用地连绵，是大都市圈地区的典型特征之一。跨界地区分多个层次，中心城区以外、市域以内地区通常是特大城市布局动迁社区、大型居住社区和产业项目的首选；第二层次是在市域边界以外，由于特大城市外溢效应，贴边地区往往利用相对低廉的要素成本建设通勤社区，承接产业转移。例如在北京外围的廊坊、燕郊地区，上海市域外围的昆山花桥国际商务城、太仓科教新城、吴江汾湖新城等。但是由于行政区划的存在，这些地区在用地上虽然连绵，但是在公共服务设施的配置上缺乏统筹，表现为覆盖率水平不足、邻避设

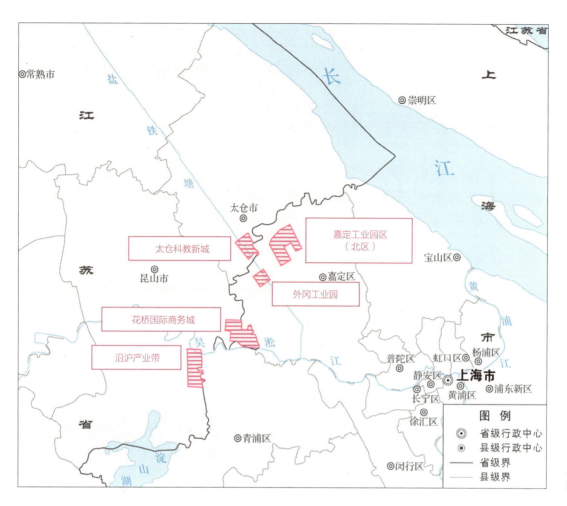

图7-21 2000年来上海—苏州跨界地区产业空间发展与邻避设施布局形势

图片来源：郭磊贤等（2019）。

施统筹不足等。因此对于外围地区，如何统筹跨界地区的设施共享是这一区域面临的挑战。

例如上海和江苏两地的发展曾长期受困于"相互设卡""恶性竞争""重复建设"等问题。根据吴唯佳等的梳理，2003年到2005年期间，上海嘉定、青浦、松江等地和江苏昆山等地曾发生多轮建设竞争，造成空间的过度供给和邻避设施的贴边选址（郭磊贤等，2019）。包括2003年上海为降低制造业成本，推行"173计划"，大幅增加嘉定、青浦、松江等长三角腹地方向区县的工业用地供给，政策所涉范围达173km^2；2004年，昆山推出"沿沪产业带"规划，规划面积197km^2；2005年，在江苏省的大力支持下，昆山又启动花桥国际商务城建设。多轮低成本商务计划与土地供应计划为上海—苏州跨界地区提供了超过500km^{2}的规划用地增量。另一方面，这一地区的多个生产与生活废弃物处理设施被布局在紧邻边界的位置。包括2004年建成的上海固体废弃物处置中心，2005年建设的青浦垃圾综合处置场和2015年启动的外冈垃圾焚烧厂、嘉定垃圾填埋场扩建项目都距离沪苏边界均不足1km（图7-21）。工业用地竞争与邻避设施的贴边选址一度给边界另一侧的居民生活带来干扰，并加剧了双方在行政层面的战略不信任。

又例如北京外围的北三县地区，由于外来人口的快速导入，区域公共服务设施大量短缺。一方面这种短缺存在区域分异。例如，燕郊、潮白等紧邻通州的地区由于人口快速聚集，对于高等级公共服务设施和基本公共服务设施都存在巨大需求；而北三县东部等一般城镇由于经济社会发展相对平稳，公共服务设施改善的需求相对平缓；东南部农业地区则由于人口向城镇聚集，农村中小学等基本公共服务设施甚至出现衰退的迹象。另一方面由于市场的逐利性特点，市场对于盈利空间较大的非基本公共服务设施的投资具有更高的热情，而对于政府主导的基本公共服务设施热情不高。此外由于基本公共服务设施配置标准通常以行政区为单元、以城市等级为依据，难以和人口的集聚趋势相匹配，更加剧了公共服务供需的结构性矛盾。

7.3.3 小结

合理配置公共服务设施是都市圈地区实现高质量发展的基础保障。一方面，高品质的公共服务供给是影响都市圈区域竞争力和吸引力的重要因素；另一方面，公共服务设施配置也是优化完善都市圈地区空间组织结构、平衡区域发展问题的重要手段。

从国内外经验来看，人口将持续向大都市圈地区集聚。由于人口集聚趋势在都市圈地区存在圈层差异，因此对都市圈内部的不同地域范围而言将存在不同挑战。对于城市核心区，由于功能外溢、人口疏解和设施老化，如何适应城市功能调整、进行城市更新、提升服务设施的能级是这一区域公共服务配置面临的挑战；对城市化连绵区而言，由于外来人口的快速导入和我国户籍制度的政策限制，如何保障公共服务供给的规模和公平是这一区域公共服务配置面临的挑战；对于次级中心区，由于人口的外流和老龄化，人口密度将进一步降低，如何优化公共服务的空间配置模式，保障公共服务的供给效率和居民享受服务设施机会的均等性是这一区域公共服务配置面临的挑战；对于外围地区，由于公共服务按行政等级配置，对于行政区划交界地区往往是公共服务辐射的边缘，如何加强跨界地区的规划对接、统筹跨界地区的设施配置，是这一区域公共服务设施面临的挑战。

7.4 我国都市圈战略中公共服务设施的配置建议

7.4.1 以服务人口为基数提升公共服务的覆盖水平

由于我国公共服务的财政转移支付制度，传统上城市的公共服务配置标准是与户籍人口挂钩的。但是对于都市圈地区，人户分离的现象相对普遍；对于城镇化连绵地区，外来人口的大量流入为公共服务的供给造成了压力；而对于人口流出的远郊地区，公共服务的过度配置又会降低设施的配置效率。因此，按照常住人口进行公共服务资源的配置，保障市民对公共服务的公平享有，是提升公共服务的人口覆盖水平、实现公共服务均等化的基础。例如《上海市城市总体规划（2017—2035年）》中提出立足常住人口，提供全生命周期的健康管理、文体活动和学习教育等社会服务，逐步推进基本公共服务全覆盖与均等化，构建可持续、有弹性、网络化的基层服务设施体系。2020年5月份公布的《中共中央国务院关于新时代加快完善社会主义市场经济体制的意见》中提出，要建立健全统一开放的要素市场，推动公共资源由按城市行政等级配置向按实际服务管理人口规模配置转变。

此外，有学者在研究中指出，在常住人口指标反映的长期定居行为以外，短期居住和短期到访行为已成为城市中不可忽视的普遍现象。《北京城市总体规划（2016—2035年）》提出，构建面向城市实际服务人口的服务管理全覆盖体系，在常住人口2300万人控制规模的基础上，考虑城市实际服务人口的合理需求和安全保障。自然资源部在《国土空间规划城市体检评估规程》中提出"城市日均实际服务管理人口数量"体检评估指标。石晓东指出，"超大城市的特点是需要承载海量的交流活动和到访人群，其高水平的公共服务资源也需要承担服务区域乃至全国的责任，因此，合理保障实际服务管理人口对城市服务的需求是超大城市优化完善城市功能和提升城市运行保障能力的重要一环。"因此，都市圈地区城市服务设施在常住人口之外还应考虑出差、旅游、就医等短期停留人口需求的导向。北京市各类公共服务设施推荐人口服务保障系数如表7-10所示。

北京市各类公共服务设施推荐人口服务保障系数　　表7-10

教育	卫生	对外交通枢纽	商业	休闲	总计
1.24	1.37	1.75	1.33	1.32	1.31

资料来源：Wu Yimin等，2020。

7.4.2 构建扁平化、网络化的公共服务体系

由于都市圈地区的尺度已经超出了传统公共中心服务范围，而通过行政单元来配置公共服务由于层级过多也会降低设施的可达性和服务水平，还容易产生服务盲区。因此对于都市圈地区应当考虑结合中心体系和公共交通节点建设，构建扁平化、网络化、城乡一体的公共服务体系。

对于高等级公共服务设施，主要依托地区中心和轨道交通节点，构建30～45分钟可达的城镇复合设施网络；结合重点地区，打造特色功能区。对于一般公共服务设施，主要通过均衡布局社区中心，构建15分钟生活圈满足居民日常公共服务需求。

例如，伦敦将设施分为战略型和邻里型两种，战略型设施包括中学、医院，由市级层面统筹配置，并强调与公交枢纽结合设置；邻里型设施包括小学、诊所等规模较小的设施，引入社区引导市场调节的机制，强调设施的可达性。《上海市城市总体规划（2017—2035年）》中提出，"结合公共活动中心体系，推进各类市级、地区级高等级公共服务设施布局""进一步强化公共交通的引导作用，优化中心城公共活动中心体系，促进公共服务功能向轴线和各级公共活动中心集聚，鼓励高强度发展和空间复合利用，并增加就业岗位、改善职住平衡""在郊区构筑若干以新城、新市镇为核心的城镇圈，作为空间组织和资源配置的基本单元""结合15分钟社区生活圈的优化完善，推进基本公共服务均等化，提高社区级文化、体育、医疗等设施的服务效率和水平。"上海市域城镇圈规划如图7-22所示。

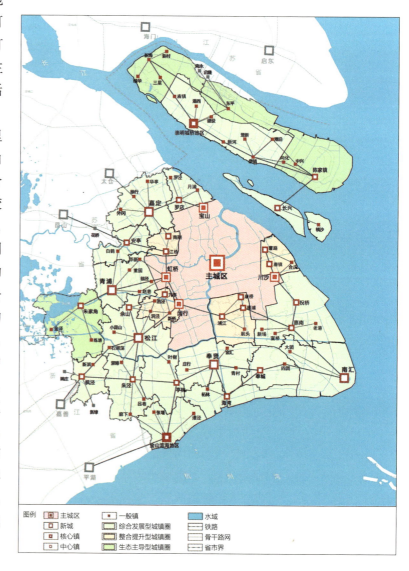

图7-22　上海市域城镇圈规划图

图片来源：上海市人民政府，2017。

7.4.3 建立动态评估更新机制，保障公共服务的精准配置

从国际经验来看，公平、高效是大都市圈地区公共服务优化配置提升的重要方向。考虑到设施配置和人口规模、结构的匹配程度对设施服务效率有直接影响，因此建立精细化的人口和设施空间数据平台是识别差异化的设施需求、实现公共服务精准配置的重要保障。

例如，日本建立了完备的设施空间数据库，围绕设施建筑年代、服务水平、使用效率、资金维护、所在地区需求预测等多个方面对存量设施进行跟踪评估，根据评估结果对设施进行归类处理和存量更新，特别是围绕老龄人口和儿童，提供精细化的设施供给。

7.4.4 统筹跨界地区公共服务的共享共建

在我国城市与区域发展的传统制度环境下，跨界地区边界两侧行政主体各谋发展、各自规划，开展规划统筹协调的机制长期缺位，造成有效规划的缺失与既有规划的失效（郭磊贤等，2019）。在公共服务领域主要表现为跨界地区基础公共服务覆盖水平的不足和邻避设施统筹不足。随着跨界地区的流动性越来越高，基础设施与公共服务的互联互通、共建共享成为跨界地区空间治理的重要内容。因此，边界两侧公共部门应通过分担投资、跨界服务开放等形式，利用基础设施的外部效应重构跨界空间。

以上海—昆山交界的安亭—白鹤—花桥的跨界空间治理为例（图7-23），2012年，经白鹤、花桥两地协商，花桥商务区的公交服务、市政设施对白鹤邻花桥的两村开放共享，而白鹤镇则开展总体规划修编工作，在不改变镇域规划建设用地总规模的前提下调整规划用地边界，将两村范围划入集中建设区，纳入"正规空间"序列管理，但也以压缩镇域内其他组团的建设用地规模，减损白鹤镇镇区公共设施的服务规模效益为代价。在此合作经验的基础上，白鹤镇也进一步明确了"向北融合发展"，对接、服务花桥、安亭两镇，而非向南依靠青浦城区的战略。

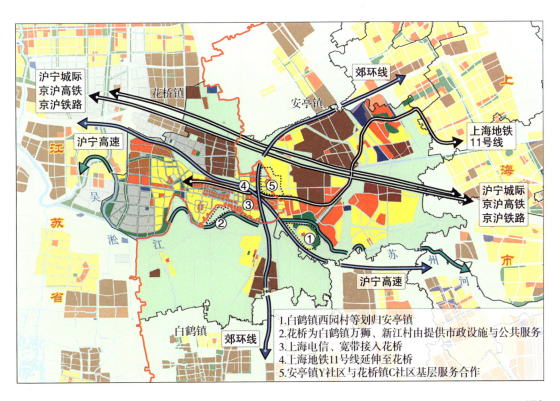

图7-23 安亭—白鹤—花桥地区的跨界空间治理实践项目空间分布
图片来源：郭磊贤等，2019。

7.4.5 小结

在都市圈地区，由于人户分离的现象相对普遍，且城镇功能多元，因而在公共服务设施配置的过程中，不仅要由户籍人口均等化走向常住人口均等化，还应在城市服务能力内统筹考虑短期停留人口的服务需求，提升城市的服务能级和区域竞争力。

在空间布局的过程中，应当考虑结合中心体系和公共交通节点建设，构建扁平化、网络化、城乡一体的公共服务体系。对于高等级公共服务设施，主要依托地区中心和轨道交通节点，构建30～45分钟可达的城镇复合设施网络；结合重点地区，打造特色功能区。对于一般公共服务设施，主要通过均衡布局社区中心，构建15分钟生活圈满足居民日常公共服务需求。

建立精细化的人口和设施空间数据平台，建立动态评估的更新机制，是识别差异化人群多元化的设施需求、实现公共服务精准配置的重要保障。

对于人口流动性越来越高的跨界地区，基础设施与公共服务的互联互通、共建共享应成为跨界地区空间治理的重要内容。边界两侧公共部门应通过分担投资、跨界服务开放等形式，利用基础设施的外部效应重构跨界空间。

本章参考文献

［1］赵子键. 京津冀协同发展中基本公共服务均等化问题研究［D］. 保定：河北大学，2017.
［2］黄恒学，张勇. 政府基本公共服务标准化研究［M］. 北京：人民出版社，2011.
［3］李佳炜. 基本公共服务均等化研究综述［J］. 西部学刊，2020（23）：154-156.
［4］汪来杰. 西方国家公共服务的变化：轨迹与特征［J］. 社会主义研究，2007（6）：89-92.
［5］Talen E, Anselin L. Assessing Spatial Equity: An Evaluation of Measures of Accessibility to Public Playgrounds［J］. Environment and Planning A, 1998, 30（4）：595-613.
［6］Cho Chun Man. Study on Effects of Resident—Perceived Neighborhood Boundaries on Public Services Accessibility and Its Relation to Utilization: Using Geographic Information System, Focusing on the Case of Public Parks in Austin, Texas［D］. 2003.
［7］罗震东，韦江绿，张京祥. 城乡基本公共服务设施均等化发展的界定、特征与途径［J］. 现代城市研究，2011，26（7）：7-13.
［8］Regional Plan Association. Charting a new course a vision for a successful region［R/OL］.（2016-06-02）［2021-04-13］. https://rpa.org/uploads/old-site/library.rpa.org/pdf/RPA-Charting-a-New-Course.pdf.
［9］邹兵. 案例借鉴｜《大伦敦空间发展战略（2004）》简介［EB/OL］. 规划中国，2015-01-30［2021-04-13］https://mp.weixin.qq.com/s/jsLyJ8HPR61BaWKIhCkx4g.
［10］尹章海. 我国人口老龄化发展特点、影响及对策［J］. 人口与计划生育，2009，（06）：22-23.
［11］张敏. 全球城市公共服务设施的公平供给和规划配置方法研究——以纽约、伦敦、东京为例［J］. 国际城市规划，2017，32（6）：69-76.
［12］Wu Y, Wang L, Fan L, et al. Comparison of the spatiotemporal mobility patterns among typical subgroups of the actual population with mobile phone data: A case study of Beijing. Cities 100（2020）：102670.
［13］张伟. 都市圈时代的人口集聚潜力研究（上）［EB/OL］. 2020-08-28［2021-04-13］. https://mp.weixin.qq.com/s/bg6P7Iy_Fl1fwGZ_TUbjUw.
［14］赵万民，冯矛，李雅兰. 村镇公共服务设施协同共享配置方法［J］. 规划师，2017，33（3）：78-83.
［15］郭磊贤，吴唯佳. 基于空间治理过程的特大城市外围跨界地区空间规划机制研究［J］. 城市规划学刊，2019，（6）：8-14.
［16］上海市人民政府. 上海市城市总体规划（2017-2035年）图集. 2017. http://www.shanghai.gov.cn/newshanghai/xxgkfj/2035003.pdf.

第8章
关于生态环境保护理念对都市圈发展要求的讨论

习近平总书记在党的十九大报告中，首次将"树立和践行绿水青山就是金山银山的理念"写入了中国共产党的党代会报告，且在表述中与"坚持节约资源和保护环境的基本国策"一并，成为新时代中国特色社会主义生态文明建设的思想和基本方略。2020年在全面决胜小康社会的历史性时刻，党和国家对生态文明建设做出了根本性、全局性和历史性的战略部署，为"十四五"时期生态文明建设实现新进步，以及2035年生态环境根本好转、美丽中国建设目标基本实现奠定了坚实基础。

我国将开启全面建设社会主义现代化国家新征程，传统城镇化发展模式向以人民为中心的生态文明思想新发展范式转型时，培育建设"立足新发展阶段、贯彻新发展理念、构建新发展格局"的现代化都市圈的目标是统筹兼顾经济、生活生态、安全、健康等多元需求，推进中心城市核心建成区功能升级，优化布局。如何破解传统城市发展中存在的诸多环境污染、生态破坏、生物多样性降低等生态风险，生态环境保护在城市发展中的缺失，以及城市间各自为政的双重缺失的现状？对此，应充分利用现代化都市圈的全新理念和方法，整合都市圈大区域范围的生态环境资源，增强区域自然修复能力，并建立生态补偿机制，打造生态文明发展新范式，实现"生态共保"，是都市圈一体化发展的重要且基础的一环。

本章提出，实现都市圈的可持续发展需要以生态环境优先为出发点，在多个行政主体之间形成协同规划、协同治理的运作模式，提升政府区域生态治理意愿，实现区域生态治理中的政府间合作；在行政区内部，基于生态环境容量的绿色城镇化思维方式，根据所在地的资源环境容量"科学地"规划和控制发展规模，实现生态系统宏观、中观和微观多层级衔接。统筹推进"五位一体"总体布局高度，正确处理保护与发展的关系，正确处理人与自然的关系，全面提高资源利用效率。关注环境的保护与利用，促进人与自然和谐发展；标准保障安全底线，为城市安全提要求；提升自然资源治理体系和治理能力现代化水平。并在系统分析梳理都市圈和生态环境保护关系的同时，收集整理了上海都市圈、南京都市圈、苏锡常都市圈等相关案例，以此为都市圈生态环境规划建设提供思路和经验借鉴。

8.1 在城市发展的同时应注重"生态空间修复"

8.1.1 我国城市发展面临的生态环境问题

形态丰富的城市空间为人类经济发展提供了强劲发展动力，也带来了如环境污染、社会不平等、风险积聚等诸多新问题、新挑战。当作为城镇化基础的传统发展模式，因为不可持续而向生态文明新发展范式转型时，相应的城镇化模式也必然要进行重新定义和深刻转型（张永生，2020）。全球范围看工业革命以来，区域性、全球性环境污染、生态破坏、资源短缺等问题，使人类社会出现各种各样的"公害病"，大气、土壤、农田、海洋、河流、森林、草原等生态系统受到损害，生物多样性减少，废弃物和废弃生产设备全球堆积，大量生活垃圾以及有毒有害物质超过环境自我消纳能力。这都在整体上改变着地球生物化学结构，导致人类共有生态系统自然价值严重透支，地球生态环境濒临人类生存环境极限。改革开放以来，我国城镇化和城市建设取得巨大成就，但同时资源约束趋紧、环境污染严重、生态系统遭受破坏等生态环境问题突出，亟须转变传统的城市发展模式和治理方式。

（1）随着经济的增长，资源消耗速率超越资源的更新速率，废弃物的排放超出环境自我净化能力，环境问题逐渐尖锐和凸显。

（2）随着城市人口的增加，城市建设用地逐渐蚕食生态用地，原有生态基质、斑块破碎化，以及空气污染、噪声污染、光污染、水污染等威胁生物生存环境，造成生物多样性降低。

（3）空气污染、噪声污染、生物多样性降低使城市人口对生态环境和生态产品的需求大大提升，人民日益增长的优美生态环境需要成为新时代社会主义主要矛盾的一个重要方面。人民群众从过去"盼温饱"到现在"盼环保"、从过去"求生存"到现在"求生态"，期盼享有更加优美的生态环境。

当前，我国70%的城市，包括有些典型超大城市，经济持续高速增长的同时，城市空间资源利用与生态环境保护的矛盾日益凸显。尤其是中心城市建成区，作为城市建设用地扩张、生态空间被侵蚀、人口与建设规模集聚的核心区域，河流污染、城市内涝、大气污染、城市热岛、水土流失、土壤重金属化等一系列生态环境问题尤为突出。

1. 大气污染问题

根据IQAir Air Visual发布的《2019年世界空气质量报告》，中国城市空气质量比上一年继续有所改善，从2018~2019年，污染物平均浓度下降了9%，然而，98%的中国城市空气质量仍然超过了世卫组织的指导原则（图8-1）。在《2019年世界空气质量报告》中，中国有48个城市跻身污染最严重的100个城市之列。此外还有数据显示，许多城市的臭氧水平近几年不断上升，成为需要重点治理的新课题。

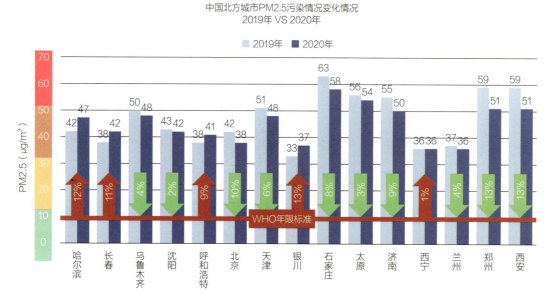

图8-1 中国北方城市PM2.5污染情况变化情况（2019~2020年）

2. 城市热岛效应问题

城市气温或地表温度比周边乡村地区要高的现象称为城市热岛（曹畅等，2017）。城市地区植被减少，导致地面蒸发散热减少；混凝土、沥青一类的建筑材料吸收储存更多的太阳辐射热；太阳辐射热在高密度的建筑物之间多次反射，导致城市环境变热；城市建筑物阻挡了风的流动，阻碍了城市的散热；城市的交通工具、工业生产设备、家用电器、人口等自身会发热，导致气温升高，等等，导致城市热岛效应明显。以北京地区为例，气象数据显示，1961~2000年，北京城区的日平均气温大概比郊区高出3.3℃左右；夏季城市的地表温度可以比农村地区高出近20℃（图8-2）。

3. 生态用地破碎化

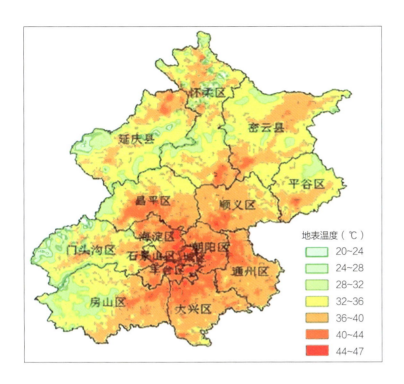

图8-2　2013年北京市夏季城市地表温度空间分布图

由于都市圈人类活动强度不断增加，建设用地快速扩张，大量的生态用地受到侵占，生态环境问题日益严重，景观破碎化加剧。造成问题的原因，一是建设空间需求强劲；二是空间精细化管控不足，城市总体规划缺乏建设用地规模总量管控，也未进行详细的布局规划，更未提出生态保护和修复规划指引。

相关政府部门应该划定明确的城市增长边界，以紧凑的城市形态遏制城市的无序蔓延，科学编制区域生态保护与建设规划，优化空间布局，减轻生境破碎化。

8.1.2　城市生态保护和修复的重要性和必要性

生态环境是人类生存和发展的基本条件，要实现经济社会的可持续发展，决不能再走破坏生态环境、掠夺自然资源、追求短期效益的老路。"十三五"以来，我国完成国土绿化面积4593亿m²，完成森林抚育4253亿m²，落实草原禁牧面积8000亿m²。2020年全国森林覆盖率达到23.04%，森林蓄积量超过175亿m³，草原综合植被覆盖度达到56%。但是，由于我国人口众多，人均资源占有量少，经济社会发展对生态环境的压力大，"十四五"期间生态环境建设的任务更加艰巨。

（1）生态环境还比较脆弱。土地利用是影响生态环境质量的重要原因，建设用地的增加无疑会占用生态用地，如水域、林地、耕地等，必然会对生态环境造成一定影响，从而改变气候、水文、大气体等多方面的生态调节能力，要关注、改善和提升生态用地质量。水资源是最易受人类活动影响和破坏的领域，它同其他环境要素如土地、生物、大气等构成了一个有机综合体。当改变某一区域的水环境状况时，必然引起其他要素的变化。生物多样性是生态系统具有活力的重要内容。丰富的生物构成了城市赖以生存发展的生态环境，对保证城市生态系统功能的持续性具有重要价值。

（2）生态环境建设的成效还很不平衡。经济发达的东部地区及重点生态环境建设工程覆盖并完成治理的地区，生态环境建设的成效已显现出来；经济欠发达的中西部地区，生态环境建设还远远达不到需要的水平。

（3）生态环境建设成果巩固的任务越来越重。林草植被大面积增加，植被管护、森林草原防火、鼠害及病虫害防治的压力越来越大，生态环境建设的管护能力、科技和人才队伍建设与需要相比还有一定差距。

2018年5月发布的《住房城乡建设部关于加强生态修复城市修补工作的指导意见》指出，我国"城市病"普遍存在，严重制约城市发展模式和治理方式的转型。开展生态修复、城市修补是治理"城市病"、改善人居环境的重要行动，是推动供给侧结构性改革、补足城市短板的客观需要，是城市转变发展方式的重要标志。2019年，国务院新一轮机构改革加快推进生态文明建设，提出编制实施国土空间生态修复规划这一创新举措，加大力度推进山水林田湖草生命共同体的全方位系统综合治理。科学编制国土空间生态修复规划，成为系统实施国土空间生态修复重大工程的优先任务。相应的，四川省、陕西省、杭州市纷纷成立国土空间生态修复处，承担国土空间综合整治、土地整理复垦、矿山地质环境恢复治理、全域土地综合整治与生态修复等工作；承担生态保护补偿相关工作，指导区、县（市）国土空间生态修复工作。

都市圈作为一个自然生态整体，一般来说具备合作、资源共享和风险共担的必要性，也存在资源和优势的互补性（崔晶，2013）。然而，当前"都市圈"区域的生态治理问题与"封闭式"的行政区生态治理模式又存在逻辑冲突，这在一定程度上使得区域生态处于治理上的"盲区"状态。一方面，要进行有效的生态治理，就必须提升政府区域生态治理意愿，实现区域生态治理中的政府间合作（沈承诚，2011）；另一方面，基于生态安全格局理论的系统性规划，可以充分体现和实践生态优先的发展思想（申世广，刘小钊，范晨璟，2018）。都市圈内各城市和城市间要实现生态环境的共建，必须坚持推动生态环境协同共治，强化生态环境联防联治，在实现产业协作的同时，同步提升区域生态环境质量，建设美丽、绿色、高效的现代化都市圈。

8.1.3 我国生态环境政策历程

自20世纪70年代以来，我国生态环境的实践经历了从环境污染到优化生态系统，再到全面建设生态城市的不同发展阶段，内涵不断丰富。20世纪70年代，"改革"成为从官方到民间的主流政治话语，"在摸索中前进"成为改革初期建设中国特色社会主义事业的总基调（张忠跃，胡昃坊，2020）。改革初期（1978～1992年），全国人大五届一次会议第一次对环境做出明确规定，"国家保护环境和自然资源，防治污染和其他公害"（《中华人民共和国宪法》），为我国环境法制建设和环境保护事业的发展奠定了基础。

从1992年开始，我国改革的步伐开始加快，经济总量迅速增加，同时也出现一定的社会问题和生态效益受损问题。针对日益严峻的生态环境，国家及时制定出台了一系列环境保护政策和制度。"六五"期间，环境保护首次被纳入国民经济和社会发展计划。1983年国务院召开的第二次全国环境保护会议，正式把环境保护确定为我国的一项基本国策。"七五"期间，我国发布首个五年环境规划——《"七五"时期国家环境保护计划》，从此环境保护成为国民经济与发展计划的重要组成部分。"八五"期间，我国提出了《环境与发展十大对策》，明确指出走可持续发展道路是中国的必然选择。"九五"期间，国务院相继发布了《关于环境保护若干问题的决定》《污染物排放总量控制计划》《跨世纪绿色工程规划》，我国环境保护事业进入快速发展时期。"十五"期间，党中央提出树立科学发展观，构建和谐社会的重大战略思想，颁布了一系列环境保护方面的法律法规和规范性文件。2002年第一部循环经济立法《中华人民共和国清洁生产促进法》制定出台，标志着我国污染治理模式由末端治理开始向全过程控制转变。"十一五"期间，为深入贯彻落实科学发展观，国家提出要建设资源节约型、环境友好型社会，大力发展循环经济，加大自然生态和环境保护力度，强化资源管理，建立了节能降耗、污染减排的统计监测及考核体系和相关制度（国家统计局，2019）。

进入21世纪以来，我国的生态文明建设事业得到进一步推进。从法律制度上看，环境治理的法律手段不断增强，出台了的《清洁生产促进法》（2002年发布，2012年修正）、《环境影响评价法》（2003年实施，2018年修正）、《环境行政处罚办法》（2010年修订实施）等一系列法律法规。国家环境保护机构经历了8次变迁，治理理念和权责体系不断升级强化。从经济体制上看，环境治理不断市场化，比较典型的市场经济手段有环境税、排污费、生态补偿费、排污权有偿使用和交易等。环保举报、社会听证等社会手段也不断增强。从国际上看，我国政府签订了以《京东议定书》为代表的50多个国际环境公约（陈吉宁，马建堂，2017），开始系统、深入地思考经济社会发展与资源环境的协调问题。构建人类命运共同体、绿色"一带一路"等先进理念的提出，不仅向世界展示了我国负责任大国的形象，而且生态文明建设体现了我国在生态环境治理方面处于全球领先。

8.2 针对跨领域生态环境问题，实施生态环境协同治理

8.2.1 我国现有行政区划体制下的跨边界生态环境问题

"都市圈"区域的生态治理问题与"封闭式"的行政区生态治理模式的内在逻辑冲突，使都市圈区域生态处于治理上的"盲区"状态，而且，信息和财税资源的有限性也使区域的生态问题超过区域内各层级政府的治理意愿和治理能力。内在的自发性、滞后性和逐利性使市场机制本身无法通过自我调适实现对行政区内生态污染的治理，更无法对"都市圈"的生态污染进行有效治理。而"散沙状"结构及引致的"集体行动困境"也使公民和社会难以成为生态污染治理的中坚力量。

跨边界生态环境问题的关键在于：一方面，以大气、海洋、土地、森林、草原、野生动物等为载体的生态环境，往往以区域或流域的形式而存在，或者说各生态组成要素以某种内在逻辑联系在一起成为一个整体系统。整体性是人类与生态环境、自然资源之间的最基本的关系。特别是空气和河流进行川流不息的跨国界与区域流动，其生态状况直接或间接地影响全球的生态状况和各区域的生态状况。另一方面，以"都市圈"为组织空间形态的生态环境也具有一定意义的整体性，市域行政体系下切割式的生态环境治理自然违背了这种整体性，引致现有行政区划体制下的跨边界生态环境治理的低效。

要进行有效的生态治理，就必须提升政府区域生态治理意愿，优化组合并升级政府间的生态治理能力，实现纵横向政府间生态治理上的"集体行动"，即实现区域生态治理中的政府间合作（沈承诚，2011）。一方面，在区域生态治理中，政府间关系是"合作"还是"不合作"取决理念的同一性程度、利益的重叠程度和行为调适程度。另一方面，生态文明建设战略地位的提升，使得经济社会的发展必须同生态文明建设统筹起来。基于环境议题的持续扩大，需要更加广泛、更加多元的民主参与，来确保环境决策的民主与科学，进而保证环境政策的合法性与合理性。为此，应大力推动环境信息公开和政务信息公开，积极开展环境政策专家咨询和社会听证，推进环境保护和环境影响评价的公众参与。

8.2.2 生态环境协同治理现状

都市圈跨域生态环境问题已呈现出显著的系统性、区域性、复合性和长期性特征，如何实现跨域生态环境的有效治理成为各级政府、相关职能部门及企业等面临的现实问题。都市圈转型升级是新常态下供给侧结构性改革的内在要求，目前苏锡常生态环境"硬约束"持续强化，要求加强都市圈城际合作，推进协同治理进程（杨立，2019）。

2016年6月，国家发展和改革委员会、住房和城乡建设部印发《长江三角洲城市群发展规划》，提出苏锡常都市圈需重塑城镇空间，尽快修复生态空间。2019年2月，国家发展改革委印发《关于培育发展现代化都市圈的指导意见》，提出科学构建都市圈协同发展机制，健全跨行政区社会治理体系，强化生态环境共保共治。2019年12月1日，中共中央国务院印发《长江三角洲区域一体化发展规划纲要》，在"强化生态环境共保联治"方面提出了一系列措施。在长三角区域一体化上升为国家战略的背景下，作为长三角重要组成部分的苏锡常都市圈面临难得的发展机遇。

1. 生态环境协同治理原则

党的十九大报告指出，既要满足人民日益增长的物质和精神财富需要，也要提供更多优质生态产品以满足人民日益增长的优美生态环境需要。都市圈的建设必须坚持保护优先、自然恢复为主的方针，形成节约资源和保护环境的空间格局。

（1）着力解决突出环境问题

坚持都市圈全民共治、源头防治，持续实施大气污染联防联治行动，打赢蓝天保卫战。加快水污染联防联治，实施流域环境和近岸海域综合治理。强化土壤污染管控和修复，加强农业面源污染防治，开展农村人居环境整治行动。加强固体废弃物和垃圾处置。提高污染排放标准，强化排污者责任，健全环保信用评价、信息强制性披露、严惩重罚等制度。构建政府为主导、企业为主体、社会组织和公众共同参与的环境治理体系。积极参与全球环境治理，落实减排承诺。

（2）加大生态系统保护力度

实施重要生态系统保护和修复重大工程，优化都市圈生态安全屏障体系，构建都市圈生态廊道和生物多样性保护网络，提升都市圈整体生态系统质量和稳定性。协调统筹不同城市政府完成生态保护红线、永久基本农田、城镇开发边界三条控制线划定工作。开展都市圈绿化行动，推进荒漠化、石漠化、水土流失协同治理，强化湿地保护和恢复，加强地质灾害防治。完善天然林保护制度，扩大退耕还林还草。严格保护耕地，扩大轮作休耕试点，健全耕地草原森林河流湖泊休养生息制度，建立市场化、多元化生态补偿机制。

（3）改革生态环境监管体制

加强对都市圈的总体设计和组织领导，完善协同生态环境管理制度，统一行使全民所有自然资源资产所有者职责，统一行使所有国土空间用途管制和生态保护修复职责，统一行使监管城乡各类污染排放和行政执法职责。构建国土空间开发保护制度，完善主体功能区配套政策，建立以国家公园为主体的自然保护地体系。坚决制止和惩处破坏生态环境行为。

2. 都市圈生态环境协同治理案例

（1）上海都市圈

《上海市城市总体规划（2017—2035年）》，提出上海主动融入长三角区域协同发展，

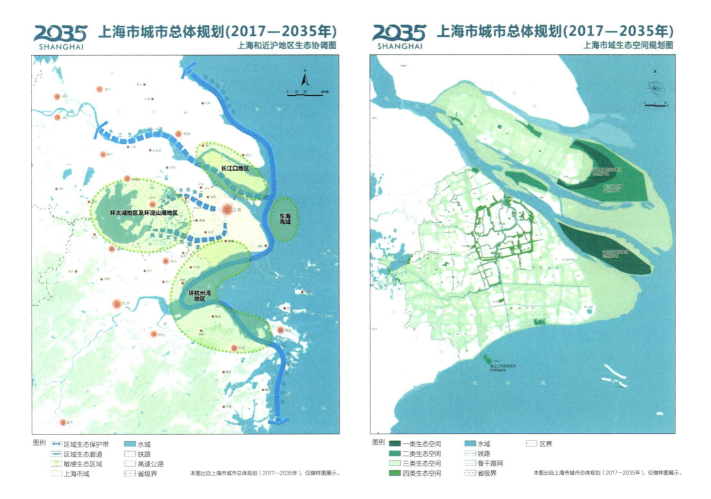

图8-3 上海和近沪地区协调图

图8-4 上海市生态空间规划图

构建上海大都市圈,打造具有全球影响力的世界级城市群(图8-3、图8-4)。"上海2035"规划的上海大都市圈包括上海、苏州、无锡、常州、南通、嘉兴、宁波、舟山、湖州。以都市圈全面承载国家重要战略和要求。发挥上海在"一带一路"建设和长江经济带发展中的作用,强化上海对于长三角城市群的引领作用,以上海大都市圈承载国家战略和要求。规划提出,要转变城市发展模式。坚持"底线约束、内涵发展、弹性适应",探索高密度超大城市可持续发展的新模式。牢牢守住人口规模、建设用地、生态环境、城市安全四条底线。缓解人口快速增长与资源环境紧约束之间的矛盾。按照规划建设用地总规模负增长要求,锁定建设用地总量,控制在3200km²以内。把生态环境要求作为城市发展的底线和红线,锚固城市生态基底,确保生态用地只增不减。

在生态环境方面,规划提出要建设更加可持续的韧性生态之城。聚焦城市生态安全和运行安全,提高人民群众的安全感,让人民群众生活得更放心。构建"双环、九廊、十区"多层次、成网络、功能复合的市域生态空间体系,建设崇明世界级生态岛。至2035年,全市森林覆盖率达到23%左右,人均公园绿地面积达到13m²以上。全面推动绿色低碳发展,降低碳排放,加大海洋、大气、水、土壤环境的保护力度,显著改善环境质量,2035年PM2.5年均浓度控制在25μg/m³左右。构建城市防灾减灾体系,强化灾害预警防控和防灾减灾救援空间保障,提升城市抵御洪涝、地面沉降等自然灾害以及资源能源供给、突发公共事件等城市运行风险的能力。

（2）南京都市圈

南京都市圈地处我国东部长三角城市群和中部皖江城市带的结合部，地域覆盖江苏和安徽两省的南京、镇江、扬州、淮安、芜湖、马鞍山、滁州、宣城等八市，是我国为数不多的跨省级行政区的城市区域。2013年成立了南京都市圈城市发展联盟，共同编制了《南京都市圈区域规划》。

2019年南京市政府发布《南京都市圈一体化高质量发展行动计划》。提出创新融合、市场融合、交通融合、生态融合、智慧融合，到2020年，基本建成一体化程度较高、具有较强影响力和竞争力的国家级现代化都市圈的目标。绿色发展格局基本形成作为四大目标之一，彰显南京都市圈对生态融合的重视。提出生态文明体系加快构建，区域突出环境问题得到有效治理，跨区域环境污染联防联治协同机制进一步完善，生态环境质量总体改善，优质生态产品供给能力不断提升，基本形成一体化、多层次、功能复合的区域生态网络，努力建成青山常在、绿水长流、空气常新的绿色美丽都市圈，打造长江经济带绿色生态品牌。并提出打造绿色生态共保示范区的重点任务。

1）共抓长江经济带生态大保护。严格保护跨区域重要生态空间，共筑长江生态廊道、太湖生态保护圈、西部丘陵等重要生态屏障。探索开展"生态+"保护性开发模式，共同打造具有全国影响力的长江经济带绿色生态品牌，协同推进宁杭生态经济带建设。

2）构建区域生态安全格局。共同打造长江生态保护带，构建宁镇山脉、芜马山脉等为主的江南生态屏障以及老山、琅琊山等为主的江北生态屏障。重点建设绿色长江廊道、江淮生态大走廊等水生态廊道，加强防护林体系建设与湿地资源保护，构建以河流、道路交通线为联系的生态绿道健康网络，打造由生态廊道、绿地系统和绿道组成的绿色生态网络。

3）推动生态环境联防联治。以空气污染和水环境污染联防联控为突破口，加强都市圈区域多领域、深层次的环境保护合作与交流，建立区域大气环境信息共享与发布常态制度。建立长江水源地保护突发水污染事件应急通报制度，加强都市圈跨界污染联防联治、联合执法，推进都市圈环境监测网络相互开放和共建共享，建设环境友好的都市圈。建立健全跨区域排污权交易平台，探索建立都市圈环境资源交易中心。

4）推动毗邻地区生态共保先行。研究制定毗邻地区新增产业禁止和限制目录，共同划定生态红线和开发边界，加强房地产开发联动监管，防止城镇连片蔓延开发。推进毗邻区域重点湖泊水库水环境协同治理。

2021年4月，江苏、安徽两省人民政府联合发布《南京都市圈发展规划》，成为国家层面批复同意的第一个都市圈发展规划。

（3）成渝双城经济圈

成渝双城经济圈是西部大开发的重要平台，是长江经济带的战略支撑，也是国家推进新型城镇化的重要示范区。《成渝城市群发展规划》指出要培育发展成渝城市群（图8-5），发挥其沟通西南西北、连接国内国外的独特优势，推动"一带一路"和长江经济带战略契合互动，有利于加快中西部地区发展、拓展全国经济增长新空间，有利于保障国土安全、优化国土布局。

规划提出共筑成渝城市群生态屏障（图8-6、图8-7）。坚持区域生态建设一体化，推动群内群外生态建设联动，加快推进与城市群生态安全关系密切的周边重点生态功能区建设，筑牢城市群生态安全屏障。构建以长江、岷江、大渡河、沱江、涪江、嘉陵江、渠江、乌江、赤水河为主体的城市群生态廊道，维护流域水生态空间。加强流域水生态系统

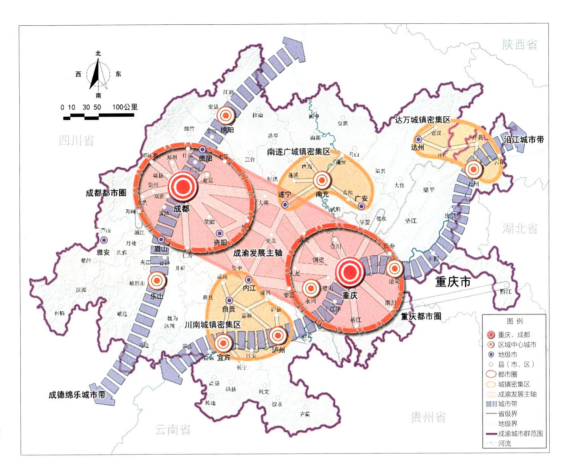

图8-5 成渝城市群空间格局示意图

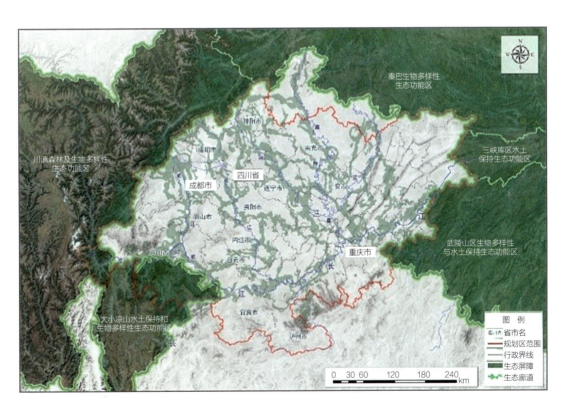

图8-6 成渝城市群生态屏障示意图

图8-7 成渝城市群陆域生态廊道示意图

保护与修复，开展湖滨带、重点湖库及小流域水土流失综合治理。恢复河流上下游纵向和河道—滨岸横向的自然水文节律动态，拓展河湖横向滩地宽度。提升农田、农村集水区河段滨岸植被面源污染截留功能，提高城市河段植被的固岸护坡和景观等功能。统筹考虑自然保护区、风景名胜区、湿地、鱼类产卵场等敏感区域的生态需水要求，加强水利水电工程的联合调度。依托龙门山、龙泉山、华蓥山及盆地南北部边缘和川中等自然丘陵、山体，构建城市群生态隔离带。渝东北生态涵养发展区要坚持点上开发、面上保护，突出生态涵养和生态屏障功能。渝东南生态保护发展区要突出生态保护和生态修复功能，增强黔江的区域辐射带动作用，推动石柱等地实现集约式开发、绿色化发展。

（4）雁栖湖生态发展示范区

北京雁栖湖生态发展示范区（以下简称示范区）位于北京市区东北部，地处怀柔区雁栖镇，南邻怀柔新城集中城市建设区，红螺山—雁栖湖市级风景旅游度假区的东区，首都机场以北45km。通过提炼影响都市圈生态环境基本状态的关键因素，以土地利用、水资源、大气、节能减排和新能源利用、生物多样性5个方面作为主要评估内容，对雁栖湖生态发展示范区进行了生物多样性绩效综合评价。

1）土地

雁栖湖生态发展示范区所在的怀柔区属于生态涵养发展区，是首都的生态屏障和重要水源保护地，属于在城市限建区内发展的生态示范区。该生态示范区建设的核心目标是污染物削减（削减规划范围内外的）、生态价值提升（区域内土地用途改变后能否提升生态价值）。对示范区建设的环境绩效评估将关注土地利用变化是否与生态示范区自身应承担的生态功能相矛盾，是否维持了自身限制发展区的生态涵养功能，以及是否对改善区域环境起到了积极的作用。

根据国际及国内相关标准和规划，确定雁栖湖生态示范区土地环境治理的环境目标，如表8-1所示。示范区建设前后各项指标的数据标准化结果如表8-2所示。

雁栖湖生态建设土地环境治理指标的目标值　　表8-1

目标层	准则层	一级指标	二级指标	目标值	目标值确定依据
土地修复治理的环境绩效	土地的修复治理	治理规模	已修复治理土地比例	100%	雁栖湖生态建设规划目标
		治理效果	土地综合污染指数	0	理想状态
			地下水监测达标率	100%	国家生态城市建设指标
	修复土地的再利用	生态建设	绿化覆盖率	40%	世界卫生组织

雁栖湖生态发展示范区建设前后各项指标的数据标准化结果　　表8-2

序号	指标	规划建设前	规划建设后
1	已修复治理土地比例	0	100%
2	土地污染综合指数	83.67%	65%
3	地下水监测达标率	100%	100%
4	土地再利用绿化覆盖率	54.05%	100%

从综合土地环境绩效指数来分析，示范区建设后土地修复治理的绩效指数从4.08提升至99.65，说明目前示范区的土地环境治理的目标已基本实现。

2）水

雁栖湖水系局部改造工程通过建设沟通水系，可以有效改善湖区的水动力条件。此外，为进一步从源头提高雁栖湖的入水水质，需要对雁栖河上游沿岸村庄的污水处理设施升级改造，严格要求餐饮单位的污水水质，以及修复河道生态。为控制面源污染负荷，生态示范区建设了多个生态湿地，最大程度实现自然净化（图8-8）。在雁栖河入湖两侧，设置净湿地面积大于8hm²的台田湿地。在6个区域设置中水处理设施，污水日处理量2500m³，并兼备展示、教育功能。在雁栖湖生态示范区建设了生态植物边沟、下凹绿地、雨水收集区等，使5年一遇（历时10分钟）的雨水被有效滞留与收集，利用率达到90%以上，用于回补地下水，并涵养雁栖湖下游地区的地下水（图8-9）。

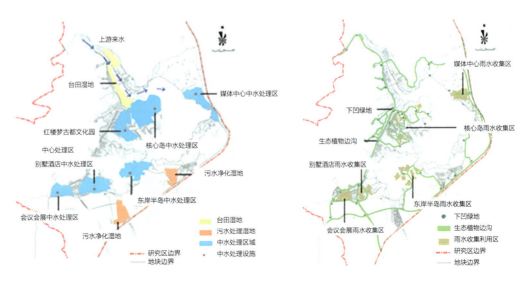

图8-8　雁栖湖生态发展示范区湿地分布

图8-9　雁栖湖生态发展示范区雨洪收集系统设计

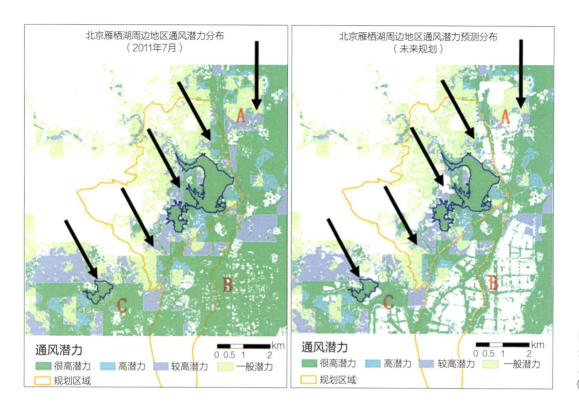

图8-10 北京雁栖湖生态发展示范区建设前后通风环境评估示意图（箭头表征主导风向）

3）局地气象与大气质量

随着各类生态城市建设的快速发展，大气污染、热岛效应等在内的一系列城市大气环境问题日益突出。如何科学合理的开展城市规划建设使得对局地大气环境造成的负面影响最小，已成为各类城市特别是生态城市规划建设时的关注点。

示范区的一系列建设在局地气象、大气质量和能源消耗方面产生了新的影响，如图8-10所示。这就要求我们能从局地气象和大气质量角度出发，对规划方案实施后的城市建设大气环境绩效进行有效的评估，以评价规划方案的合理性，为今后调整优化生态示范区的规划提供支撑。

4）节能减排和新能源利用

节能减排和新能源利用两方面对示范区的示范意义重大。示范区通过建筑围护结构优化设计、暖通空调优化设计实现了采暖能耗、空调能耗、照明能耗的大幅降低，通过太阳能光伏、太阳能热水等的应用，实现新能源利用率的较大提高，从而实现雁栖湖生态发展示范区规划建设后能源利用环境绩效得到较大提高的目标（表8-3）。

雁栖湖国际会都会展中心建设前后能源环境绩效指数　　表8-3

建设阶段	总指数	单位面积采暖能耗降低率	单位面积空调能耗降低率	单位面积照明能耗降低率	新能源利用率
规划建设前	0	0	0	0	0
规划建设后	100	25	25	25	25

从能源利用环境绩效指数来看，雁栖湖生态示范区规划建设后能源利用目标实现程度较高。雁栖湖国际会都会展中心的总能耗（供暖、空调、照明）为参照建筑总能耗（供

暖、空调、照明）的61.5%，供暖、空调、照明能耗分别为参照建筑的60.3%、67.9%、53.8%；新能源利用占供暖能耗、空调能耗、照明能耗的10.30%，满足《绿色建筑评价标准》GB/T 50378—2014、《建筑照明设计标准》GB 50034—2013的规定。

5）生物

就城市生态系统而言，生物多样性不但是城市工业、农业，经济持续稳定发展的物质基础和人类物质生活的主要来源，还具有极其重要的环境保护与环境资源价值。因为雁栖湖是雁鸭类的主要越冬地和迁徙停歇地，所以施工过程中应重点注意对迁徙通道的保护。建设过程期间应注意施工方法、施工区域、施工时间等对生物多样性的影响，影响方式包括栖息地的直接破坏和改变、迁徙通道的阻断、水质污染、噪声污染等。

雁栖湖生态发展示范区生物多样性保护绩效综合评价结果如表8-4所示。将上述各项参数加权重归一化后，计算得到示范区生物多样性保护绩效综合评价结果为3.88，百分化后为77.6%，级别为二级（好）。

北京雁栖湖生态发展示范区生物多样性保护绩效综合评价结果　　　表8-4

目标层分值	准则层分值	指标层分值	指标	实际值与分值
生物多样性绩效综合评价，3.88	物种多样性，3.00	物种多样性，3.00	本地鸟类指数	16.3%，2
			本地植物指数	87.8%，4
	生态系统多样性，4.00	森林生态系统多样性，4.00	森林覆盖率	68.38%，5
			天然林面积比例	18.72%，3
		湿地生态系统多样性，4.00	湿地面积比重	11.52%，4
			典型湿地比重	19.77%，4
	生物多样性受到的威胁，3.50	自然生境破坏程度，3.50	公路密度	30.35%，3
			代表物种栖息地变化率	-7.39%，4
	生物多样性保护措施，5.00	自然环境保护情况，5.00	受保护的生境比例	46.50%，5

8.3 以生态优先为出发点实现都市圈可持续发展

8.3.1 生态优先的理念

党的十八大要求把生态文明建设放在突出地位，融入经济建设、政治建设、文化建设、社会建设各方面和全过程。十八届三中全会要求紧紧围绕建设美丽中国深化生态文明体制改革，加快建立生态文明制度。2013年12月，国家发展改革委等六部委下发了《关于印发国家生态文明先行示范区建设方案（试行）的通知》，以推动绿色、循环、低碳发展为基本途径，促进生态文明建设水平明显提升。对此，全国各地积极响应，纷纷将加快"生态文明建设示范区"提上了日程。2014年3月10日，福建成立生态文明先行示范区后，截至2014年5月先后有37个县市被授予国家生态文明建设示范区。

2016年1月，习近平总书记在推动长江经济带发展座谈会上提出，长江经济带要"共抓大保护，不搞大开发""走生态优先、绿色发展之路"（庄贵阳，薄凡，2017）。在生态文明建设中，这一开创性的战略思想打破了保护和发展相对立的思维禁锢，首次将生态优先和绿色发展相结合，统一于生态文明建设的实践中，空前提升了生态保护的战略高度，不仅为长江经济带的发展提供了重要思想指引，也为其他区域的转型发展指明了方向。这一理念，明确将生态规律、生态资本和生态效益置于首位，有助于在新常态下凝聚发展转型的共识，弥补生态欠账，以生态环境保护倒逼发展方式向绿色化转型。

生态优先原则与经济优先原则相对，体现为生态规律优先、生态资本优先和生态效益优先三个层面。生态优先原则不等于"一刀切"地禁止发展、完全保护，其基本要求是立足于区域资源环境约束条件的差异而实现精准发展，既要把握好发展中的共性问题，将生态环境保护作为发展的前提条件，又要处理好发展中的个性问题，精准识别区域的资源禀赋和发展优势、精准判定区域的发展阶段和发展需求、精准定位区域的功能和发展方向、精准规划区域的产业布局和城乡布局，使经济社会发展水平与资源环境承载力相协调。

国际上对于"生态优先"的讨论由来已久。从可持续发展理论来看，突出生态效益的优先地位是当今资源环境约束趋紧条件下新的发展任务。20世纪末，《增长的极限》等著作先后问世，反思粗放式工业化道路所带来的弊端，深刻地揭示了忽视环境保护、片面追求经济增长的灾难性后果。从1972年联合国人类环境会议首次探讨全球环境治理、1987年世界环境与发展大会委员会第一次提出"可持续发展"的概念、1992年联合国环境与发展大会通过《21世纪议程》，到2000年联合国首脑会议提出千年发展目标，经济增长、社会公平、生态可持续发展成为人类发展的共同愿景。2015年联合国峰会通过《2030年可持续发展议程》，提出了发展应遵循"以人为本、维护全球环境安全、保持经济繁荣、促进社会公正、提升伙伴关系"的原则。

为了实现生态优先的发展理念，大自然保护协会定义了基于自然的解决方案（Nature-based Solution，NBS），是指保护、可持续管理和恢复自然或改善生态系统的行动，可以有效地应对各种社会挑战，同时为人类福祉和生物多样性带来好处。其中，应对气候变化、粮食安全、灾害风险、水安全、社会和经济发展以及人类健康是共同的社会挑战（Cohen-Shacham，et.al，2016）。虽然通常以对人类福祉和经济的直接利益来评价生态系统服务，但NBS更注重对人类和环境本身的利益，以此提供能够长期应对环境变化和危害的可持续解决方案。NBS超越了传统的生物多样性保护和管理原则，将辩论重新"聚焦"于人类，并特别整合了诸如人类福祉和减贫，社会经济发展和治理原则之类的社会因素。

生态优先的理念充分汲取了人类探索可持续发展的有益成果，将自然资源承载力作为发展的基础和刚性约束，指出发展的首要任务是让自然休养生息、优先修复生态，以良好的生态环境为发展赢得更广阔的空间。

8.3.2 生态优先理念对都市圈规划和发展的要求

建设生态环境优先的都市圈对于我国实现绿色发展、促进区域协调发展、推进城乡融合发展和落实城市群发展规划具有重要的战略意义。

第一，制定合适的生态空间布局。构建和优化生态保护格局不仅是落实国家生态文明战略的重要手段，也是保障区域生态空间安全的关键，可以为加强国土空间生态边界管控，构建山清水秀的良好生态提供支撑。

第二，强化环境联防联治。核心城市要与其他城市加强生态环境保护方面的合作，联防联治大气污染和流域污染，倡导和推广生产、生活、出行等方面的绿色方式，建立生态、流域等方面的横向补偿机制。

第三，体制机制创新以解决跨区域协调问题。都市圈规划的范围一般跨越了现有行政区，突破了现有的行政体制和利益机制。应加快构建都市圈协商合作、规划协调、政策协同、社会参与等方面的新机制。

1. 空间布局

以苏锡常都市圈为例。该区域位于长江三角洲，包含了苏州、无锡、常州3市，在其经济快速发展的同时，城市建设用地迅速扩张，打破了原有的生态空间格局。城镇建设在林地周边的干扰活动明显加剧，其后果是人类活动对生物栖息地影响的增加，野生动物迁徙也会受到阻碍。在《长江三角洲都市圈发展规划》中明确提出：苏锡常都市圈在城市发展的同时应注重"生态空间修复"。苏锡常都市圈绿化体系布局，在绿色生态空间周边留出足够的缓冲空间，构建绿廊连接被隔离的绿色生态空间，降低人类对绿色空间的干扰（范晨璟，2018）。

苏锡常都市圈绿化系统空间布局形成"一核、一带、五脉、十廊、多斑块"的多层次、多功能、网络化的绿化系统布局结构：一核，即环太湖绿核；一带，即沿长江绿带；五脉，即都市圈内5片大面积的绿色生态基底空间；十廊：依托都市圈内的10条主要骨干河流，强化滨水生态涵养绿化空间培育，形成跨越行政边界的10条区域级生态绿廊；多斑块，即都市圈内各具特色的城镇绿化。

基于生态安全格局理论的苏锡常都市圈绿化系统规划，体现了生态优先的发展思想，有助于整体解决苏锡常都市圈各城市的空间扩展与生态保护之间的矛盾，也为跨多个行政区域的生态绿化用地与城乡建设用地布局与管控提供了新的规划途径。如果将生态安全格局作为区域生态绿化系统规划的主要依据，那么以下几点值得注意：

（1）在生态安全格局模型中，绿化用地"生态源"的确定对评价结果影响很大；

（2）由于不同区域生态资源的禀赋存在差异，在生态绿化用地生态安全格局评价中阻力阈值的大小也不应相同；

（3）都市圈绿化系统既包括城市之间的绿化用地，也包括城市内的绿地，基于生态安全格局选定区域性绿化用地较为科学，城市绿地的选定则人为主观性较强。

通过生态安全格局分析和结构优化，立足于保护资源、尊重自然，旨在最大限度地发挥城乡绿化空间的复合效应，打造与世界级宜居都市圈定位相匹配的绿化环境，建设美丽城乡宜居示范区。如图8-11、图8-12所示。

图8-11 2018年苏锡常都市圈行政区划与生态源分布图

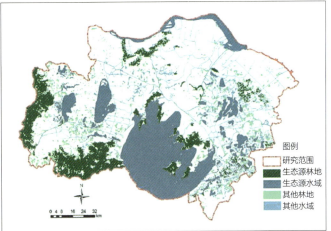

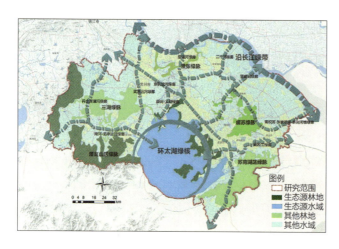 

图8-12 苏锡常都市圈绿化体系布局结构

图8-13 长三角生态绿色一体化示范区区域位置（季永兴等，2021）

2. 联防联治

以"长三角生态绿色一体化发展示范区"为例（季永兴等，2021），该地区由上海青浦区、江苏省苏州市吴江区、浙江省嘉兴市嘉善县约2400km²的区域组成，包含"一河三湖"（即太浦河、汾湖、淀山湖、元荡），河网纵横、湖荡密布，水资源极其丰富。如图8-13所示。

上海片区水环境既受上游太湖来水水质影响，也受太浦河穿越江苏吴江、浙江嘉兴沿线汇水水质影响，还受来自江苏昆山经淀山湖下泄来水水质影响。虽然近年来部分河道进行了综合整治，但都是局部零星治理，未形成整体系列治理，仍然存在河湖水环境面貌不佳和水质状况不稳定等现象，与《长三角生态绿色一体化发展示范区总体方案》提出的要求还有很大差距。为了尽快提升上海片区水环境质量，在示范区尚未完全形成一体化协作机制前，上海市有关部门希望先行研究示范区上海片区水生态环境综合治理方案，梳理河湖水系资源，分析水环境状况，提出水生态环境治理原则、目标、思路和措施，并明确近期重点任务。

上海片区的河湖既是示范区的生态绿色基底，也是上海重要的水源地，所以，水生态环境综合治理需要按系统治理的思维和流域治理的思路，总体以促进人与自然和谐相处、维护河湖健康、保障水资源可持续利用为主线，以保障水生态安全、防洪安全、供水安全为核心，统筹陆上、滨水、河湖及信息系统4个空间治理与管控，对标世界著名生态河湖群建设标准，通过雨污水源头治理与管控、清洁小流域与河湖生态修复、清洁水源与管网互连互通、防汛安全与水动力提升、智慧水务一体化管理协同五大治理措施，逐步实现水生态环境综合治理目标。

雨水方面，坚持自排为主、强排为辅的排水模式，根据城市发展和排水设施建设情况，采用不同提标途径，形成"一网、一城、多区"的规划布局，并实施排水系统提标改造、海绵示范工程等建设。污水方面，一方面改变零星处理模式，调整"七片、十厂"格局为"三片、六厂"布局；另一方面通过污水处理厂扩建、管网互连互通等措施，提高污水处理率，提升出厂水质。

河湖生态修复方面，通过"三道防线、五大措施"综合治理，改善了单一的河道治理难以提高整体水环境的问题。"三道防线"，即生态修复、生态治理、生态保护；"五大措施"，即河湖水系治理、面源污染治理、水土流失综合防治、生态修复及人居环境改善。根据各河湖水系在示范区的重要性，拟定分4批实施（图8-14）。

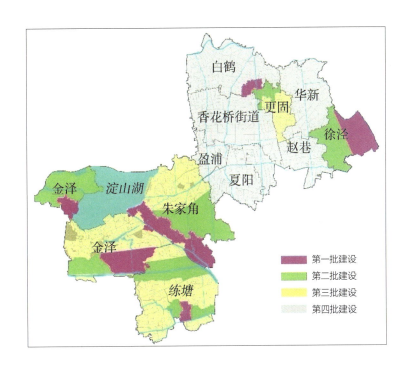

图8-14 清洁小流域治理分区及实施顺序（季永兴等，2021）

另外也提出了清洁水源与管网互连互通、防汛安全与水动力提升和智慧水务一体化管理协同的思路。

3. 联合执法

2020年4月，四川省生态环境厅、重庆市生态环境局共同签订了《联合执法工作机制》。根据机制，双方将成立川渝两地生态环境保护联合执法工作协调小组，建立联席会议机制，定期研究讨论联合执法工作中的热点、重点以及重要协调事项，共同研究生态环境保护执法重点工作，定期通报联合执法过程中出现的新情况、新问题，研究分析两省市联合执法工作形势，提出工作措施和要求，部署联合执法行动。

双方将建立信息互通平台，及时通报边界敏感区域建设项目的审批情况，有关污染防治工作进展，环境风险隐患排查整改，河流断面水质，大气高架源排放监管信息，重点时段重点点源运行状况，预警预报信息研判等情况。当边界地区发生污染事件或其他可能威胁相邻地区环境的事件时，事发地生态环境部门要立即向相邻生态环境部门通报并报告当地政府。当本地区发生严重污染事件并确认由相邻地区所致时，要及时通报相邻生态环境部门。

双方将开展联合执法，每年组织跨界污染问题联合执法行动，由四川省、重庆市轮流组织，双方要紧密配合，共同对交界处污染问题开展现场检查和交叉检查。重点加强对敏感区域、重点污染源等环保措施落实情况的督查和突发环境事件风险隐患排查，重点行业交叉检查，重点打击各种跨界水、大气、固废违法转移等环境违法行为。发生跨省市污染违法案件时，两地共同开展监测。

为保障双方联合执法的顺利进行，四川省、重庆市生态环境执法队伍要加强与司法机关的衔接，推动完善联合执法、"两法"衔接、委托执法、异地交叉执法等措施，持续加大对生态环境违法行为的打击力度。双方相邻地市、区县可以结合实际，建立双边、多边跨区域联合执法工作机制或流域联合执法工作机制，并开展联合执法行动。同时，对在跨省联合执法过程中涌现出的先进集体和个人进行表扬，提高联合执法积极性和工作效率。

8.4 基于生态环境容量的绿色城镇化思维

以生态环境承载力的动态平衡探索发展路径,首先要以城市生态系统理念评估城市生态环境,即要把城市看成一个城市生态系统,而不是孤立的地块,这种系统的建立是基于人类自身对自然生态系统的认识制定的既适应人的生活、就业、休憩和交通需求,又对自然生态系统干扰影响最小的城市生态系统方案,包括处理好土地利用与水生态系统的关系,节能和能源利用与大气污染的关系,物流与垃圾处理的关系等(汪光焘,2019)。其次,要开展城市空间公共资源总量发展模式的研究,通过全生命周期管理,空间功能和使用方式的调整,确保公共资源的高效配置和相对稳定。

8.4.1 基于生态环境容量的绿色城镇化思维

城镇化一直被视为经济发展的重要驱动力。当作为城镇化基础的传统发展模式,因为不可持续而向生态文明新发展范式转型时,相应的城镇化模式也必然要进行重新定义和深刻转型。未来大量农业人口以何种模式实现非农化和城镇化、现有城镇如何实现绿色转型,以及乡村如何重新定位,是中国城镇化面临的重大战略问题。

为此,中国城镇化必须跳出传统工业化思维框架,在生态文明新的思维框架下重新思考。基于生态文明的绿色城镇化,是解决城市不可持续问题的根本出路。如果说传统工业化思维下的绿色城镇化概念更多的是类似"在城市里面建公园",那么生态文明思维下的绿色城镇化,则类似"在公园里面建城市"。

关于绿色城镇化,或者关于城市如何实现可持续发展,有两种基本思路:

(1)基于传统工业化思路理解发展问题和城镇化。

(2)强调生态环境容量的绿色城镇化思路,强调城市的发展要根据所在地的资源环境容量"科学地"规划和控制发展规模。

在环境科学领域中,环境容量分析的概念由来已久。所谓"环境容量",就是指在受纳环境具体功能所对应的环境标准范围内,可容纳并通过自然条件进行净化的环境污染物排放量。显然,它是与一定的区域、一定的时期和一定的状态条件相对应的,并依据一定的环境标准要求推算而得(王俭等,2005)。常见的环境容量分析涉及的内容有水环境、大气环境、土壤环境等。

对于城市规划研究来说,仅考虑环境因素是远远不够的,应该将资源与生态环境作为一个统一体来考虑,这就需要引入生态环境容量分析的概念。生态环境容量分析就是通过城市内部及周边区域所能供给的生态资源和所能消纳的污染废物两方面相结合,从而更为合理、科学地确定城市规模(包括人口与用地规模)。具体说来,生态容量分析关注区域的生态支撑能力,即维持城市人群进行社会经济活动所需要的生态用地、可用水资源量,其着眼点在于宏观土地、水等生态资源,与资源承载力的概念相类似;而环境容量分析关注的是区域大气环境容量与水环境容量,即大气污染物、水污染物在本地区的消纳能力,其着眼点在于微观的污染物排放水平,是一种环境承载力。两者分析的结果,可以借助人均水平标准和地均水平等一系列指标折算成可持续的城市人口与用地规模容量。生态环境容量分析在城市规划研究中有着重大意义。

任何城市都不可能超过其生态环境容量,但是,当城市承载的内容及其组织方式发生改变时,其对应的环境容量亦会发生改变。同样的生态环境容量,可以对应非常不同的城市规模。这种强调生态环境容量的城镇化思路，同传统工业化思路，本质上是一致的，因为给定的发展内容不变，则经济发展就必须依靠技术突破，否则环境容量就成为经济发展的限制。而城镇化是经济发展的空间表现形式。当经济发展的技术条件、内容发生变化，它要求的空间形态也会发生相应的改变。因此，城镇化并不总是能够提高生产力。例如，农业活动依赖土地，农业时代大规模的城镇化不仅不能提高生产力，反而会降低生产力（中国环境与发展国际合作委员会，2020）。

因此，思考绿色城镇化问题，必须在生态文明的基础上，对现有基于传统工业化模式的城镇化进行重新塑造，以绿色城镇化促进中国经济转型和高质量发展。

8.4.2 基于生态环境容量的思维对都市圈的重要性

伴随着中国城市化进程的不断加快，城市群地区已经成为我国经济发展格局中最具活力和潜力的核心地区，主宰着中国经济发展的命脉。同时，城市群地区是一系列资源环境问题高度集中且激化的地区。生态环境容量是一个区域性问题，作为衡量人地关系协调发展的重要判据，已成为衡量区域可持续发展的重要指标之一。都市圈的生态环境容量研究对解决城市群问题、促进区域可持续发展理论研究的深化和发展具有十分重要的理论意义；同时，都市圈的生态环境容量研究是开展都市圈各项规划的前提和基础，对促进都市圈可持续发展具有重要的实践指导意义。

国外的生态环境综合容量的研究最早可追溯到20世纪60年代末到70年代初，《增长的极限》一书就利用系统动力学模型对世界范围内的资源（包括土地、水、粮食、矿产等）环境与人的关系进行评价，构建了著名的"世界模型"，深入分析了人口增长、经济发展（工业化）同资源过度消耗、环境恶化和粮食生产的关系，并预测到21世纪中叶全球经济增长将达到极限。为避免世界经济社会出现严重衰退，该书提出了经济的"零增长"发展模式（刘晓丽，方创琳，2008）。

20世纪90年代以来，国内生态容量、环境容量的研究不断深入，越来越多的学者开始认识到资源或环境单要素承载力研究的局限性及片面性，积极探讨生态容量、环境容量研究的理论和方法。

1. 首都圈水资源生态环境容量

以首都圈为例，生态环境容量问题主要表现在水、土地、交通和空气等四个方面。缺水是整个首都圈区域社会经济发展最为关键的制约因素，北京作为首都圈的核心，更是严重缺水的城市。因此，从水的生态环境容量的角度考虑都市圈的发展尤为重要。水资源的生态环境容量系统由三部分构成：承载体、承载对象及利用方式。承载体，即自然水文循环系统，包括水资源、水环境、水生态等要素；承载对象，即人类经济社会生产，包括人口规模、产业、城镇发展等；利用方式，即承载体支撑承载对象在发展过程中的支撑、保障过程，主要包括水利工程设施建设、水资源利用水平、水资源管理水平等。

水资源的生态环境容量问题包括四个方面：

（1）过量取用水。即取用水量超过了水资源生态环境容量的上限，导致地下水位下降、地面沉降、生态用水不足等问题。

（2）超量排污。即排入河湖的污染物超过了水体纳污能力，使得水环境无纳污容量，导致水域水质下降，严重时出现重金属水污染等。

（3）过度占用、开发水域空间。即过度开发、占用湖泊等水域，引起自然水生态空间不足,导致水域生态系统退化等。

（4）过度开发水能资源。即人为过度干扰河流自然水文状态导致河流连通性受阻,引发河流生态系统退化等。

京津冀各城市用水总量呈现下降的态势,用水效率（万元GDP用水量）曲线均呈现指数函数变化。此外,水资源总量也逐年减少,2000~2016年,京津冀年均地表水开发利用程度为63%,浅层地下水开发利用程度为130%。综合地表水与地下水,区域水资源开发利用程度高达109%。通过对水资源承载力进行综合评价分析,张家口市、承德市水资源承载力综合评价等级为优;秦皇岛市、唐山市评价等级为中;其他城市评价等级为劣。

京津冀地区各城市因其自身水资源—水环境—水生态基础、经济基础、发展方向等不同,导致水资源承载力各有差异,其中张家口、承德综合评价得分较高,是因为这两个城市生态环境状况较优,为重要的水源涵养地,生态环境本底质量较好。石家庄、沧州、邢台、廊坊、衡水和邢台这6座城市评价得分较低,因其工业结构偏重,工业用水量大,水资源利用效率较低。此外,北京、天津得分也较低,缘于北京和天津市经济发达,人口密集,生活用水量大,如2016年北京、天津两市人口占京津冀的33.36%,生活用水量高达$22.50 \times 10^8 m^3$,占京津冀生活用水量的50.11%,水资源压力大。

首都圈乃至京津冀地区想要提升水资源的生态环境容量,要以京津冀协同发展为契机,区域内加强生态环境保护协作,形成一条水资源保护—水环境治理—水资源管理等多领域的合作协作机制。由于各城市经济基础不同,城市类型不同,功能定位不同,水资源禀赋、生态环境本底等不同,京津冀地区各地市不能"各扫门前雪",应该共同面对风险与挑战,加强流域与区域间统筹管理,实现水源共建、环境共治、资源共享、风险共御,以实现区域水资源的生态环境容量的提升。

2. 珠三角都市圈综合生态环境容量

珠三角包括广州、深圳、珠海、佛山、惠州、东莞、中山、江门以及肇庆9个核心城市,并在1994年提出广佛肇、深莞惠和珠中江三大都市圈的概念。依托珠港澳之间的互补共赢关系,得益于资源禀赋及区域联动发展,珠三角整体城市建设开发在全国处于领先水平。随着交通网的不断完善,珠三角城市群已显现出强联系、多核心、网络化的趋势。广深科技创新走廊、粤港澳大湾区的建设也促进了地域空间的融合。

城市建设开发与生态环境容量之间的关系对于国土空间规划与生态修复有重要的影响。城市建设开发是指以城市土地使用为核心,通过资金和劳动的投入,形成与城市功能相适应的城市物质空间并提供服务,从而实现经济、社会或环境效益的城市化进程。城市群建设应综合考虑生态环境容量和社会经济容量,可以通过资源环境承载力来考察。资源环境承载力可从自然资源承载力（耕地面积、人均公园绿地面积等）、社会经济资源承载力（人均GDP等）、环境承载力（污水处理率、空气质量达标率等）三个方面考虑。

珠三角资源环境承载力状况并不乐观,其中东莞和佛山出现赤字。各城市提升资源环境承载能力的增长动力也存在差异。经济拉动型城市（如深圳、广州）,其社会经济资源环境支撑力及环境承载力较高。这一类城市由于经济快速增长的需要,耕地大量转变为建设用地,绿地覆盖率低,自然资源环境支撑力较弱。自然拉动型城市（如江门、肇庆）的生态环境容量较高。这一类城市建设进程缓慢,经济社会承载能力欠缺,但保存较好的耕地及绿色空间为其提供了独特的自然资源承载力,有效巩固了城市的协调可持续性。但该类城市已出现边缘化趋势,整体发展缓慢封闭。

城市的可持续发展涉及自然、经济、社会等多个相互依存甚至竞争的系统，城市群建设应综合考虑生态环境承载力和社会经济的协调发展。

8.5 对都市圈生态修复规划的建议

对生态修复规划的建议主要包括三个方面。

1. 生态环境绩效评估

生态环境绩效评估的目的是持续客观地评估城市生态建设对环境情况的实际影响和效果，力求发现环境治理、监测指标变化和生态环境直观结果的关系。通过对都市圈中城市生态建设开展环境绩效评估，将城市建设工作对环境的影响，转化为易于识别的环境状况指标、数字、影像，便于直接了解对生态环境影响的特征、程度和对环境保护的成效，从而引导都市圈的规划建设工作更加注重实际的生态环境效益情况，并用于绿色生态城区开展生态环境绩效的考核评估工作。根据已有的研究情况看，前人的生态环境评估内容主要包括土地、水资源、大气、生物多样性和林、农、渔业等自然资源。对城市自然生态本底和环境质量状况进行全面调查，并结合城市发展阶段、自身特色，对现状主要问题进行综合评估。评估对象可分为土地利用、水资源、大气、生物多样性四个方面。

2. 构建生态网络，系统性修复

严格保护跨行政区重要生态空间，加强中心城市生态用地维护与建设，编制实施都市圈生态环境管控方案，联合实施生态系统保护和修复工程。针对生态修复的重点问题（山体、水体、绿地、棕地等），提出系统性修复方案。以生态优先为出发点，优先遵循生态系统的动态平衡规律和自然资源的再生循环规律，从而满足必要的资源供给条件，维护基本的发展空间；优先修复生态环境、维护生态功能，从而保证生态资本的保值增值；优先保护长远的生态效益，从而通过绿色、循环和低碳发展等手段带来"经济结构优化、生态环境改善、民生建设提升"等长远的生态红利，实现对短期经济效益和社会效益损失的抵补。

3. 强化生态共保，联防联治

推动都市圈生态环境协同共治、源头防治、生态共保、联防联治，在一体化发展中实现生态环境质量同步提升。强化生态环境共保联治，逐步统一相关标准，严守生态保护红线，推进水、大气、固废跨界协同治理。加强分区生态环境建设、资源利用协调规划、跨界环境污染整治、区域性防灾减灾规划。都市圈跨多个行政主体，内部的行政关系复杂，因此规划应该提出区域性协调措施和区域推进政策，为都市圈一体化发展提供发展平台，协调整个地域的共同发展。

本章参考文献

［1］ Lauri Myllyvirta. Air Pollution in China 2019, Center for Research on Energy and Clean Air［R/OL］. 2020：https://energyandcleanair.org/publications/china-winter-targets-2019-2020/.

［2］ 曹畅，李旭辉，张弥，等. 中国城市热岛时空特征及其影响因子的分析［J］. 环境科学，2017，38（10）：3987-3997.

［3］ 王志春，徐海秋，汪宇. 珠三角城市集群化发展对热岛强度的影响［C］// 中国气象学会年会. 2017，43（12）：1554-1561.

［4］ Zhou D，Zhao S，Zhang L，et al. The Footprint of Urban Heat Island Effect in China［J］. Scientific

Reports, 2015.

[5] 国家环境保护总局,中共中央文献研究室. 新时期环境保护重要文献选编[M]. 北京:中央文献出版社, 2001.

[6] 陈吉宁, 马建堂. 国家环境保护政策读本(第二版)[M]. 北京:国家行政学院出版社, 2017.

[7] 张忠跃, 胡炅坊. 中国生态文明建设历程回顾与经验分析[J]. 长春师范学学报(人文社会科学版), 2020, 39(1): 39-41.

[8] 国家统计局. 环境保护效果持续显现 生态文明建设日益加强——新中国成立70周年经济社会发展成就系列报告之五[EB/OL]. (2019-07-18) [2021-04-13]: http://www.stats.gov.cn/tjsj/zxfb/201907/t20190718_1677012.html.

[9] 吕国旭, 陈艳梅, 邹长新, 等. 京津冀植被退化的空间格局及人为驱动因素分析[J]. 生态与农村环境学报, 2017, 33(5): 417-425.

[10] 彭震伟, 唐伟成, 张立, 等. 长江三角洲城市群发展演变及其总体发展思路[J]. 上海城市规划, 2014, (1): 7-12.

[11] 季永兴, 韩非非, 施震余, 等. 长三角一体化示范区水生态环境治理思考[J]. 水资源保护, 2021, 37(1): 103-109.

[12] Cohen-Shacham E, Walters G, Janzen C, et al. Nature-based Solutions to Address Global Societal Challenges [M]. 2016, Gland, Switzerland: IUCN. 2016.

[13] 庄贵阳, 薄凡. 生态优先绿色发展的理论内涵和实现机制[J]. 城市与环境研究, 2017, (1): 12-24.

[14] 中国环境与发展国际合作委员会专题政策研究报告. 区域协同发展与绿色城镇化战略路径——基于生态文明推进中国绿色城镇化转型[R/OL]. 2020.7: http://www.cciced.net/zcyj/yjbg/zcyjbg/2020/202008/P020200911142865726542.pdf.

[15] 刘晓丽, 方创琳. 城市群资源环境承载力研究进展及展望[J]. 地理科学进展, 2008, 27(5): 35-42.

[16] 汪光焘. 对未来城市绿色发展的思考[J]. 城市规划, 2019, (7): 19-20.

[17] 张仲良, 曹国华, 张丹, 等. 大都市区生态修复规划编制思考——以郑州市为例[C] // 2019城市发展与规划论文集, 2019.

[18] 刘小钊, 吴弋, 张彧, 等. 新型城镇化背景下基于复合功能的苏锡常都市圈绿化系统构建[J]. 现代城市研究, 2018, (11): 8-12, 19.

[19] 范晨璟, 田莉, 申世广, 等. 1990—2015年间苏锡常都市圈城镇与绿色生态空间景观格局演变分析[J]. 现代城市研究, 2018, (11): 13-19.

[20] 张永生. 基于生态文明推进中国绿色城镇化转型——中国环境与发展国际合作委员会专题政策研究报告[J]. 中国人口·资源与环境, 2020, 30(10): 19-27.

[21] 崔晶. 生态治理中的地方政府协作:自京津冀都市圈观察[J]. 改革, 2013, (9): 138-144.

[22] 申世广, 刘小钊, 范晨璟. 基于生态安全格局的苏锡常都市圈绿化系统空间布局研究[J]. 现代城市研究, 2018, (11): 20-25.

[23] 张茜, 索超. 基于生态网络理论的生态一体化规划与治理探索——以大伊宁都市圈为例[C] // 2019城市发展与规划论文集, 2019.

[24] 广州市城市规划编制研究中心. 广州市都会区生态廊道总体规划与东部生态廊道概念规划[J]. 城市建筑, 2018, (3): 88-92.

[25] 官卫华, 叶斌, 周一鸣, 等. 国家战略实施背景下跨界都市圈空间协同规划创新——以南京都市圈城乡规划协同工作为例[J]. 城市规划学刊, 2015, (5): 57-67.

[26] 沈承诚. "都市圈"区域生态的府际合作治理[J]. 苏州大学学报(哲学社会科学版), 2011, 32(3): 59-61.

[27] 杨立, 黄涛珍. DPSIR框架下都市圈生态环境协同治理效应评价模型构建及综测——来自苏锡常都市圈的经验证据[J]. 学术论坛, 2019, 42(6): 41-53.

[28] 李磊, 张贵祥. 京津冀都市圈经济增长与生态环境关系研究[J]. 生态经济, 2014, 30(9): 167-171.

第9章
行政区划视角下的都市圈城镇体系组织与跨界协同

9.1 引言

都市圈是新型城镇化发展阶段的一种跨行政区域的城市空间形态，是一种跨行政区划的、两个或者多个行政主体之间的经济社会协同发展区域。都市圈能够更好发挥辐射功能强的中心城市在发展中的主导作用，实现跨区域的资源合理配置，即中心城市建成区与周边中小城市建成区间互动的城市空间形态，这是我们对都市圈概念的基本认识（汪光焘 等，2019）。

我国的都市圈在社会经济方面，表现为跨一个或多个行政主体内的产业经济紧密联系地区；在城镇体系组织方面，表现为以一个或若干中心城市为核心，市域范围中小城市和跨行政区次级中心城市、小城市、小城镇紧密联系的城镇网络体系。过去20年里，我国主要都市圈的中心城市行政区范围不断扩大，城镇体系空间组织也顺势而为逐步优化调整。未来，应该立足都市圈的功能、产业与重大设施布局，遵循都市圈发展规律，有序引导中心城区、核心地区城镇体系和跨界城镇体系的协同发展。

9.2 近20年来我国主要中心城市的行政区划调整

9.2.1 我国近20年来的行政区划变化

我国行政区划调整的类型主要包括以下四种：①市管县体制的实施，由原来的省管县转变为市管县，主要集中在20世纪70~80年代；②县改市，大规模调整主要集中在1995年之前，涌现出一批县级市，是城市数量增加的主要来源；③撤县（县级市）设区，集中出现在1997年以后，是中心城市市辖区范围扩大的主要形式；④区界的重组，一种情况是对一个或几个市辖区进行拆分、合并或重组，另一种情况是将原属于县或县级市的部分空间（乡、镇）划归到市辖区管辖。

与都市圈密切相关的主要是后两种的区划调整。撤县（县级市）设区直接增加市辖区的面积，有助于扩大都市圈中心城市的规模；区界重组的调整形式在我国的特大、超大城市尤为突出，通过各种类型的区界重组，调整城市空间的管辖范围，有助于优化各类空间资源的配置，并灵活应对管理。

图9-1显示了1999年以来我国进行撤县（市）设区和区界重组两类行政区划调整的设区市数量情况。可将近20年里我国的行政区划调整分为两个阶段，以2008年作为分界点，原因是2008年前后国家暂缓了行政区划调整审批。两个阶段分别出现两次区划调整的高峰，分别对应于2000~2002年、2014~2016年。区划调整后，全国各类县级区划单元数量发生巨大变化，2019年全国市辖区为965个，比1998年增加了31%；县（自治县）数量从1998年的1709个下降为2019年的1450个；同期，我国县级市的数量也有大幅下降，从437个下降到387个，下降了11.4%。县级市数量下降与中心城市的市辖区范围扩大有着直接关系，如表9-1所示。

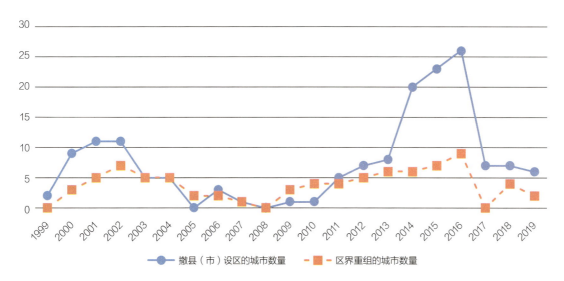

图9-1 不同类型行政区划调整城市数量（1999~2019年）
图片来源：民政部官网。

区县级行政单元数量变化　　　　表9-1

年份	县（自治县）（个）	县级市（个）	市辖区（个）
1998	1709	437	737
2019	1450	387	965

资料来源：中国统计年鉴。

9.2.2 主要中心城市的行政区划变化

对于已经形成都市圈或者有潜力构建都市圈的中心城市进行行政区划变化分析。综合考虑我国城市的行政层级及经济发展规模情况，选择全国40座中心城市进行分析，主要包括直辖市、副省级城市，省会城市以及经济总量排在全国前列的大城市[①]。40座城市的经济与人口数据如表9-2所示：

全国40座城市主要经济、人口指标（2019年）　　表9-2

城市	全市地区生产总值（亿元）	市辖区地区生产总值（亿元）	市辖区人均地区生产总值（万元）	建成区面积（km²）	建成区人口（万人）
北京	30319.98	30319.98	14.02	1702.79	1794.85
天津	18809.64	18809.64	12.07	1904.27	1045.38
石家庄	6082.62	3417.79	6.92	414.47	461.10
太原	3884.48	3606.09	10.02	403.12	414.14
呼和浩特	2903.50	2280.58	10.33	209.47	212.08
沈阳	6292.40	5617.48	8.11	774.72	655.31
大连	7668.48	5936.77	12.03	638.96	450.13
长春	7175.71	5708.22	13.40	540.71	494.51
哈尔滨	6300.48	4759.20	8.64	455.47	518.37
上海	32679.87	32679.87	13.50	2568.51	1870.57

① 拉萨由于经济体量小，不具备发展为潜在都市圈的条件，不作为分析评价对象。

续表

城市	全市地区生产总值（亿元）	市辖区地区生产总值（亿元）	市辖区人均地区生产总值（万元）	建成区面积（km²）	建成区人口（万人）
南京	12820.40	12820.40	15.29	980.04	692.21
无锡	11438.62	5919.16	16.18	508.44	439.40
苏州	18597.47	8779.59	15.83	690.81	633.03
杭州	13509.15	12506.08	14.88	1039.24	897.59
宁波	10745.46	6768.07	15.86	639.94	467.01
合肥	7822.91	5265.58	13.51	419.42	468.60
福州	7856.81	4778.48	12.19	236.35	349.53
厦门	4791.41	4791.41	11.80	430.96	413.91
南昌	5274.67	3980.17	10.82	359.68	316.14
济南	7856.56	7270.59	11.26	726.48	643.08
青岛	12001.52	9302.98	14.76	1006.43	629.36
郑州	10143.32	6012.93	10.26	477.86	650.53
武汉	14847.29	14847.29	13.51	969.48	978.31
长沙	11003.41	7070.90	16.30	386.07	584.61
广州	22859.35	22859.35	15.55	1131.94	1577.14
深圳	24221.98	24221.98	18.96	1065.42	1601.08
佛山	9935.88	9935.88	12.77	392.93	567.96
南宁	4026.91	3289.72	7.52	389.74	485.63
海口	1510.51	1510.51	6.60	195.62	230.20
重庆	20363.19	17782.60	7.32	1001.85	898.61
成都	15342.77	12300.63	11.38	1147.52	1305.53
贵阳	3798.45	2875.93	8.35	209.36	389.06
昆明	5206.90	4125.68	9.48	664.98	563.05
西安	8349.86	8014.60	10.44	867.24	1020.07
兰州	2732.94	2240.90	8.34	201.64	300.24
西宁	1286.41	1004.08	7.65	193.53	186.89
银川	1901.48	1255.83	8.72	251.79	177.05
乌鲁木齐	3099.77	3074.73	8.93	576.43	346.83
烟台	7832.58	3461.95	14.22	283.22	229.76
泉州	8467.98	2041.42	12.97	94.38	121.40

注：1. 地区生产总值来源：《中国城市统计年鉴2019》；
2. 建成区面积为城市中心城区的集中连片地区建设用地；
3. 建成区人口为百度LBS大数据的统计结果。

1. 市辖区范围增长情况

以上述40座中心城市为统计对象，20年间通过行政区划调整后，40座城市的市辖区面积从1998年的10.97万km²增加至2019年的21.42万km²，规模扩大近1倍。40座城市的市辖区占市域面积的比重达到45.02%。其中2008年以后的市辖区调整幅度尤其大，1998～2008

年间市辖区面积共增加4万km²，平均每座城市0.1万km²；2008~2019年市辖区面积共增加6.45万km²，平均每座城市增加0.16万km²。如表9-3所示。

全国40座大城市市辖区面积变化情况（1998~2019年）　　表9-3

年份	40座城市市辖区面积（万km²）	40座城市市辖区占市域面积比重（%）	40座城市市辖区面积全国占比（%）
1998年	10.97	23.06	—
2008年	14.97	31.45	—
2019年	21.42	45.02	22.41

2. 市辖区平均半径变化情况

以中心城市的市级行政中心为原点，考察与市辖区最远边界的距离作为覆盖市辖区圆圈的半径。1999年以前，有22座城市市辖区在半径30km范围以内，有14座城市在30~50km；同时北京、重庆、武汉、乌鲁木齐和兰州五座城市的半径超过了50km。其中兰州因特殊的河谷地形造成城市框架延伸比较长，市辖区范围较大。

1999~2008年，有18座城市扩大了市辖区范围。其中有11座城市划入市辖区的县（县级市）在距市中心50km范围内；5座城市将距市中心超过50km的县（县级市）划入市辖区范围。2008~2019年，40座城市中有23座城市扩大了市辖区范围，其中有15座城市将距市中心50km外的县（县级市）纳入市辖区，占绝大多数，如表9-4所示。

经过20年的行政区划调整，40座城市中，市辖区的半径在30km以内的由22座减少为8座，30~50km的由14座变为12座，而50km以上的由5座增加至20座，如图9-2、表9-4所示。

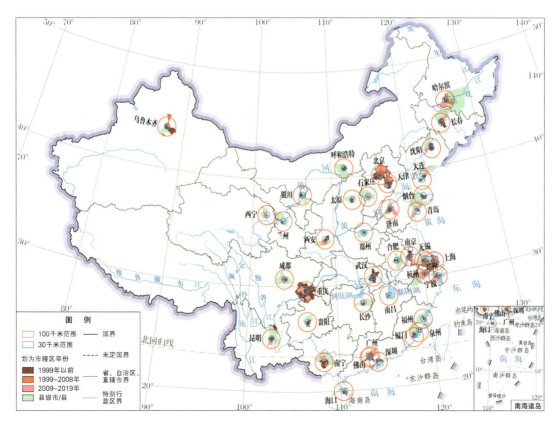

图9-2　全国40座中心城市市辖区空间范围变化情况（1998—2019年）

全国40座中心城市市辖区范围变化空间特征统计　　　　　　　　　　　　　　表9-4

空间范围	1998年前市辖区范围	1999~2008年撤县设区范围	2008~2019年撤县设区范围
半径30km范围以内	哈尔滨、青岛、呼和浩特、太原、石家庄、济南、银川、西安、郑州、西宁、成都、昆明、佛山、厦门、泉州、福州、杭州、无锡、苏州、合肥、长沙、南昌	宁波、无锡	长沙
半径30~50km范围	长春、沈阳、天津、大连、烟台、贵阳、南宁、海口、广州、深圳、宁波、上海、南京	济南、西安、成都、南宁、海口、广州、杭州、宁波、上海、苏州、南京	石家庄、西宁、成都、苏州、南昌、昆明、福州
半径超过50km范围	北京、兰州、重庆、武汉、乌鲁木齐	哈尔滨、天津、北京、佛山、乌鲁木齐	哈尔滨、长春、沈阳、天津、大连、青岛、济南、西安、重庆、北京、广州、杭州、上海、南京、南宁

相较于多数城市撤县设区相对单一的行政区划调整方式，京津冀、长三角和珠三角地区主要中心城市的区划调整的方式更加复杂。表9-5以上海、广州和深圳为例列举了20年来行政区划调整的过程，显示出我国超大城市在人口与经济规模快速扩张的同时，不断通过行政区划调整来适应发展的需要。

上海、广州、深圳近20年行政区划调整历程　　　　　　　　　　　　　　　　表9-5

城市	区划调整过程
上海市	1999年，撤销青浦县，设立青浦区； 2000年，撤销黄浦区和南市区，设立新的黄浦区； 2001年，撤销奉贤县，设立奉贤区；撤销南汇县，设立南汇区； 2005年，将宝山区的长兴乡、横沙乡划入崇明县管辖； 2009年，撤销南汇区，将其行政区域并入浦东新区； 2011年，撤销黄浦区和卢湾区，设立新的黄浦区，以原黄浦区和卢湾区的行政区域为新设黄浦区的行政区域； 2015年，撤销闸北区、静安区，设立新的静安区，以原闸北区、静安区的行政区域为新的静安区的行政区域； 2016年，撤销崇明县，设立崇明区，以原崇明县的行政区域为崇明区的行政区域。
广州市	2000年，撤销番禺市，设立番禺区，撤销花都市，设立花都区； 2005年，撤销东山区、芳村区，设立南沙区、萝岗区；将原东山区的行政区域，白云区的矿泉街道，天河区的登峰街道、天河南街道的杨箕和中山一2个居委会、沙东街道部分区域划归越秀区管辖；将原芳村区的行政区域划归荔湾区管辖；将番禺区的南沙街道和万顷沙镇、横沥镇、黄阁镇、灵山镇的庙商村、七一村和庙青村的部分区域，东涌镇的庆盛村、沙公堡村、石牌村的各一部分区域划归南沙区管辖；将白云区的萝岗街道，钟落潭镇的九佛、穗北2个居委会和红卫、凤尾、埔心、蟹庄、枫下、佛朗、燕塘、莲塘、山龙、重岗、黄田、何棠下、逵下、长庚14个村，黄埔区的夏港街道、荔联街道的笔岗居委会、穗东街道的东基和西基2个自然村，天河区新塘街道的玉树村，增城市中新镇的镇龙居委会和镇龙、逵头、九楼、大坦、麦村、金坑、均和、福洞、福山、大涵、汤村、旺村、洋田、新田14个村，新塘镇的贤江、新庄、永岗、禾丰4个村划归萝岗区管辖； 2012年，将番禺区的东涌镇、大岗镇、榄核镇划归南沙区管辖； 2014年，撤销黄埔区、萝岗区，设立新的黄埔区，以原黄埔区、萝岗区的行政区域为新的黄埔区的行政区域；撤销县级从化市，设立从化区，撤销县级增城市，设立增城区。
深圳市	2016年，设立龙华区，将宝安区的龙华街道、大浪街道、民治街道、观湖街道、福城街道、观澜街道划归龙华区管辖，以龙华街道、大浪街道、民治街道、观湖街道、福城街道、观澜街道的行政区域为龙华区的行政区域；设立坪山区，将龙岗区的坪山街道、坑梓街道划归坪山区管辖，以坪山街道、坑梓街道的行政区域为坪山区的行政区域； 2018年，设立深圳市光明区，将深圳市宝安区的光明街道、公明街道、新湖街道、凤凰街道、玉塘街道、马田街道划归光明区管辖，以光明街道、公明街道、新湖街道、凤凰街道、玉塘街道、马田街道的行政区域为光明区的行政区域。

9.2.3 行政区调整与都市圈发展的关系

行政区划调整是空间治理的重要手段。我国城市的社会经济发展与行政区划资源的配置是紧密关联的。不同行政等级的行政管理区之间的行政权力和政策供给存在较大的差异，对于经济要素的流动、资源的分配方面有很大的影响。由于中心城市的市辖区能够获得更多的资源，并取得更高效的社会经济效益，因此地方政府往往通过并入新地区来提升中心城市的辐射带动能力。不同的政区层级或政区类型会有不同的管理与审批权限，如表9-6所示。有学者梳理区划调整历程时发现，城镇群内最主要的城镇发展轴沿线的行政区划调整最为频繁。城镇群发展水平越高，区域内的行政区调整越早，也越频繁（林拓、申立，2015）。

不同类型的县级行政区政策供给差异 表9-6

政策领域		县	县级市	市辖区
财税金融	独立性	较独立，有独立户头的一级财政，财政资金和结算与省财政直连	独立，有独立户头的一级财政，财政资金和结算与省财政直连	不独立，无独立财政账户（部分新社区除外），不能与省级财政账户对接
	财政上解比	较低	低	高
	转移支付比	较高	高	低
	城市维护建设税	5%	7%	7%
土地利用	独立性	较独立，土地征收、供应、审批自主负责	独立，土地征收、供应、审批自主负责	不独立，各类园区必须纳入所在城市统一管理与供应
	受限情况	基本农田保护、建设用地指标、国有土地上房屋征收计划指标受限	建设用地指标增加	土地利用规划空间增加，建设用地面积扩大。耕地占补平衡指标市里统筹
	审批面积	建设用地面积审批权限较小	建设用地面积审批权限比县大	
用电用气		指标额度低	指标额度中等	纳入城市市区统筹

资料来源：根据匡贞胜（2020）整理。

都市圈行政区划调整与都市圈区域协调发展都是新时代国家治理体系的重要组成部分，其本质上是行政区划与经济区划相互适应的过程。正是由于我国行政区划导致的行政资源、经济资源配置存在极大的差异，使得都市圈的协调发展往往存在极大的壁垒效应，制约了都市圈的一体化进程和进一步发展，因此过去20年里都市圈内主要中心城市的行政区划调整就成为最重要的空间治理手段。通过不断的行政区划调整，可以从法律层面、制度层面、行政管理层面及规划建设管理权限等方面化解人流、物流、资金流和信息流方面的制约，同时扩充中心城市的发展空间，并在一定程度上能将因壁垒效应导致的外部负效应消除掉。

张京祥（2002）认为，地方政府对于追求自身利益最大化有着强烈的驱动力，政府频繁调整行政区划是对于经济发展的不合理干预。"行政区划壁垒"成为阻滞经济、社会要素自由流动的强大障碍，适当的行政区划调整可以减少不必要的资源浪费和无谓的区域内消耗，但无法从根本上跳出区划调整—竞争膨胀—区划再调整的怪圈，并不是实现区域管治的根本途径。因此，也应看到行政区划调整并非都市圈发展阶段空间治理的唯一手段。在中心城市快速扩张，处于快速工业化和城镇化发展时期，行政区划调整后的正效应最大；但当都市圈进入到后工业化时期和城镇化相对稳定时期（60%以后），区划扩大的作用往往就不甚明显，但内部的次级层面的行政区划优化配置更为重要。因此，在推进都市圈协同发展过程中，需要根据发展阶段有的放矢地推进行政区划调整工作。

9.3 基于行政区规划管理视角下的都市圈空间结构与组织

9.3.1 城乡规划法下的城市空间与管理范围

1984年《城市规划条例》和1989年《城市规划法》颁布时，我国城镇化率仅不到30%，城市建设用地占国土面积的比例较低，城市的建成区实体地域远远小于行政地域（行政区范围）。为了更好地引导城市的合理扩张和推动各项设施的有序配套，在城市总体规划中建立了"规划区"管理单元。规划区是城市总体规划编制的重要空间层次，明确了规划许可的管理范围，这样使得政府的规划权限在一个有限的空间范畴内；同时，也是行政区域与建成区之间引导城市发展和需要管控的空间范畴。

2008年颁布的《城乡规划法》对于我国城市空间的管理范畴有明确界定，在很大程度上限定了我国城市发展建设的边界。《城乡规划法》涉及的城市空间范围包括城市的规划区、市域等层次。由于我国大城市的市域行政区范围较大，除了作为城市功能实体的建成区外，还包括郊区、新城、工矿地区和具有农业生产职能和生态涵养职能的远郊县市。对于规划区，是管理城市规划及开发建设最核心的地区。《城乡规划法》第二条指出：规划区，是指城市、镇和村庄的建成区以及因城乡建设和发展需要，必须实行规划控制的区域。《城乡规划法》对于市域范围的规划内容包括：城市发展布局，功能分区，用地布局，综合交通体系，禁止、限制和适宜建设的地域范围，各类专项规划等。除了前三项属于中心城区的规划策略外，其他内容均包括市域范围内的资源与设施统筹布局。王新哲指出：随着城市的发展，特别是土地市场开发的兴起后，规划区作为协调中心城区与各下辖行政主体之间矛盾的作用将日益凸显，可在不调整行政区划的情况下对规划管理权重新分配（王新哲，2010）。

但随着中心城市建成区的不断扩大，调整城市总体规划也意味着进一步调整规划区范围。规划区的扩大化成为一种趋势，反映了城市管理、规划、研究者对区域统筹的重视，将区域空间管治等要素纳入法定规划体系中。从客观上讲，规划区范围扩大与市辖区范围扩大都是政府行政管理的重要手段。特别是当城市规模较大、全市范围均为辖区管理时，规划区往往与市域范围相重叠。如《北京城市总体规划（2016—2035年）》的规划区为全市域范围，对全市范围的城镇、交通等基础设施、"三生空间"和"三线"进行统筹布局与控制。但由于北京市域范围面积远远大于中心城区的规划建设用地范围，因此在全市范围内也需要围绕城镇体系模式布局城镇与设施。

9.3.2 市域城镇空间组织与跨市域空间组织关系

1. 市域范围城镇体系

市域范围内的城镇空间组织是《城乡规划法》确定的城镇体系规划，其中包括市域城镇体系和中心城区规划两个层面，部分超特大城市还有城乡统筹区的规划管理。中心城区是大城市发展建设的核心区域，在人口密度上、功能设施承载方面均是一座城市最集中的区域。中心城区在规划区范围内，一般包括规划期内的规划建设用地和发展备用地范围，也包括与其紧密相邻的农业和生态地区。在中心城区之外往往还有诸多中小城市和小城镇存在，因此需要在市域范围内规划布局市域城镇体系。市域城镇体系的规划内容通常包括如下方面：①提出市域城乡统筹的发展战略，为中心城市与相邻行政区域在空间发展布局、重大基础设施和公共服务设施建设、生态环境保护、城乡统筹发展等方面进行协调的建议；②确定生态环境、土地和水资源、能源、自然和历史文化遗产等方面的保护与利用的综合目标和要求，提出空间管制原则和措施；③预测市域总人口及城镇化水平，确定各城镇人口规模、职能分工、空间布局和建设标准，同时提出重点城镇的发展定位、用地规模和建设用地控制范围；④确定市域交通、通讯、能源、供水、排水、防洪、垃圾处理等重大基础设施布局原则，并对重要社会服务、安全设施提出布局要求。

《北京城市总体规划（2016—2035年）》提出构建"一核一主一副、两轴多点一区"的城市空间结构。其中"一主"为中心城区，即城六区，包括东城区、西城区、朝阳区、海淀区、丰台区、石景山区，总面积约1378km^2。北京的"一副"与"多点"为市域范围内的城镇布局。"一副"指北京城市副中心，其规划范围为原通州新城规划建设区，总面积约155km^2；"多点"是市域范围内的新城，分布在中心城区周边30～50km范围地区的新城，包括顺义、大兴、亦庄、昌平、房山新城，是承接中心城区适宜功能和人口疏解的重点地区。

上海的城镇体系演变体现了不同时期规划政策的调整。《关于上海城市总体规划的初步意见》（1959年编制完成）是新中国以后上海的第一版城市总体规划，在考虑疏散中心城人口和培育近郊和卫星城的指导方针下，为了将社会主义工业基地建设与卫星城配套结合得更好，全市范围内集中布局了若干卫星城。《上海市城市总体规划》（1986年）提出上海要建设全国的经济中心、全国最重要港口、最重要工业基地之一和太平洋西岸最大的经济贸易中心之一的目标。围绕这一目标，全市城镇体系按照"中心城—卫星城、近郊工业区—郊县小城镇—农村小集镇"体系来组织，其中卫星城计划建设闵行等7个。《上海市城市总体规划（1999—2020年）》是在上海加快对外开放全面接轨WTO形势下，建设国际经济、金融、贸易中心的重要规划。本次规划确定了市域范围"中心城—新城—中心镇—一般镇"的城镇体系，在空间组织上更加强调沿海的临空、临港的开放与开发；同时也强调了面向沪杭、沪宁两大长三角主要发展走廊上的新城发展。该时期，在承接之前卫星城的基础上扩展并培育11座新城。在其后，经过了近20年的发展，上海中心城人口估计已经超过2000万人，人口与功能疏解的压力十分急迫；与此同时国家也明确要进一步加强以上海为中心的长江三角洲区域一体化发展步伐。因此，《上海市城市总体规划（2017—2035年）》着眼于将上海建设成卓越的全球城市和与江浙共同打造世界一流的全球城市区域的目标，重新调整了市域城镇体系布局。原来的近邻中心城闵行、宝山，以及新出现的虹桥枢纽地区、川沙等新区与中心城进一步融合发展成为边缘组团；同时，在沿海突出了门户地区南汇的新城地位，并且在嘉定、青浦、松江、奉贤四个重要战略走廊上培育战略新城。全市按照"主城区—新城—新市镇—乡村"的城乡体系统筹全市城乡空间资源。

2. 跨市的城镇协调发展

当中心城市的辐射带动力进一步增强，更多的产业经济将超越行政区划在更大区域范围内重组与布局，既有的市域城镇体系将纳入更大区域范围的城镇空间组织。这类跨行政区的城镇空间组织不能套用市域范围内单一政府的规划管理方式，而应该立足于区域内政府的协作与城镇合理分工来加强对接与协调。特别在都市圈范围内，需要立足中心城市与周边若干城市政府之间的协商机制和规划建设专项工作组等机制来加强跨界城镇的协调发展和区域管控。

如日本建立了中央层面的规划管理机构来推进首都圈规划，推动跨行政区的城镇体系与重大基础设施布局。1968年日本推出的第二次首都圈规划，其规划范围从东京周围100km左右的"一都三县"扩大到"一都七县"，面积达3.63万km²，已经大大超过东京市的范围。首都圈规划由中央总理府设立首都圈整备委员会直接管理，因此规划中涉及的大型基础设施由中央政府统一实施，其他方面则作为都道府县层面的规划规定。首都圈规划的核心内容是在首都圈范围内统筹配置城市建设，如城市开发区域（新城）、研究学园、物流基地，以及高速铁路和高速公路等区域性交通基础设施等。

其中有两个方面的规划引导与管控政策值得中国都市圈学习。第一，为了能够推动跨市的管控，日本的首都圈规划根据《首都圈整备法》规定，对于首都圈规划（第一次）制定的绿带（近郊地带）和紧邻绿带的"市街地开发区"（新城）明确了控制开发的要求，形成首都圈建成区与生态绿地之间协调发展，防治城市的无序蔓延。第二，将近郊整备地带作为独立的政策分区，对于其中的城市功能发展、空间布局等提出了指引要求，同时明确了国家给予该区域（跨行政区）的各类财政政策。1966年日本颁布了《国家财政对于首都圈、近畿圈、中部圈近郊整备地带整备特别措施法》，对近郊整备地带实施了相应的施行令和施行规则，如从地方债券的利息补给，国家的负担比率的特例等方面提供国家财政上的支持，并对基础事业的建设等给予财政补给。

9.4 都市圈跨行政区协调发展的进展与问题

9.4.1 跨行政区协调发展面临的突出问题

（1）跨行政区的交通、能源等基础设施建设和国土空间协同规划推进难度大。如北京市在2004年城市总体规划提出建设外围11座新城策略后，加快推动中心城区与外围新城的交通基础设施建设。目前，距中心城区80km的密云、延庆新城除多条高速公路通道外，还开通了联系城区的市郊铁路轨道。而临近通州副中心，且距离中心城区仅30km的河北省燕郊镇，虽然目前城镇人口已达60万人，并有大量居民日常往返北京通勤，但燕郊通往北京的快速交通通道、轨道网规划布局等问题却迟迟得不到解决，致使通州与燕郊之间长期拥堵[①]。原因在于燕郊镇作为镇级单元难以和"局级"的通州区平等对话，同样三河市也难以和北京市平等协商。2017年中央国务院批复《北京城市总体规划（2016—2035年）》，明确要求"北京应加强与天津、河北交界地区统一规划、统一政策、统一管控，严控人口规模和城镇开发强度，防止城镇贴边连片发展"。直到2020年初，国家发改委发布了《北京市通州区与河北省三河、大厂、香河三县市协同发展规划》，使得既有的行政壁垒导致的规划不衔接、建设不对接、管理不协同问题有了转变。

（2）行政壁垒一定程度上制约了对重大安全风险的防控能力。2020年新冠疫情暴露出我国都市圈地区在面临重大安全事件、重大传染病事件时，区域协同防治机制和工作经验明显不足。由于都市圈内人口稠密，除了中心城市和次中心城市外，还有大量小城市、小城镇和广大农村地区。这些地区的安全防控条件，公共服务设施水平均低于中心城市，且

---

① 赵坚：破解"城市行政区划面积倒置"等体制障碍，https://www.jiemian.com/article/2933871.html

都市圈内的人口流动性强，因此在防控工作方面的任务十分艰巨。此外，行政壁垒也容易造成信息阻隔，特别是在突发事件下的重大安全信息共享交换方面依然存在困难。因此，未来应加快建立跨行政区的联合协调机制，保障在发生重大安全事件时统筹调配好各类资源和设施，保障应急通道畅通，共享安全信息。

（3）全国都市圈普遍存在优质公共服务设施空间分布不均衡的问题。教育、文化、医疗、卫生等各类优质的公共服务设施主要在都市圈中心城市的核心区集聚，都市圈的外围地区存在高等级公共服务配套设施不足的问题，如表9-7所示。以北京市为例，城六区及1999年前设立的通州、房山、门头沟区聚集了全市75%的高等教育设施、77%的医院；而后续"县改区"的大兴、昌平等区高等级公共服务设施资源相对稀缺，医院、高等教育设施密度仅为核心区的40%；北京市周边的河北各县域单元高等级服务设施更加匮乏。优质公共服务设施过度集中在都市圈核心区，不仅不利于都市圈公共服务的均等化，也会使核心区持续吸引大量流动人口，导致人口密度过高、交通拥堵等城市问题。

部分超大、特大城市核心区、非核心区（1999年后设立市辖区）医院、高等教育设施密度（个/km²）　表9-7

		核心区医院密度	非核心区医院密度	核心区高等教育设施密度	非核心区高等教育设施密度
超大城市 （1000万人以上）	上海市	16.4	15.8	44.2	51.5
	北京市	19.7	7.6	86.3	37.4
	重庆市	5.9	4.3	20.4	7.8
	天津市	11.9	3.2	34.5	9.2
	广州市	21.3	6.5	57.4	41.0
特大城市 （500万人~1000万人）	成都市	16.1	6.8	37.1	40.8
	南京市	9.9	3.0	52.4	40.7
	西安市	18.8	10.5	34.1	56.0
	杭州市	8.5	6.5	50.3	20.5
	济南市	12.6	3.8	41.2	19.6
	沈阳市	38.3	2.0	19.7	1.0
	青岛市	15.0	7.0	25.2	35.0

9.4.2　近年来我国大城市跨区域协作模式探索

1. 广佛都市圈的规划统筹模式

广佛关系历来紧密，广州是一个没有西部郊区的城市，佛山是一个没有中心的城市，广州与佛山在一起才构成了一个完整的"核心—边缘"结构，成为一个相对完整的"经济地理单元"（袁奇峰，2015）。受行政区划制约，广佛都市圈的建构包括两个并行的过程：一是通过广州、佛山两市分别撤县（市）设区，扩展城市空间，实现城市区域化发展；二是两市共同加强相邻地区的城市开发和跨界合作，通过同城合作，实现区域一体化。由此，广佛两市逐步形成了完整的"核心—边缘"的圈层式空间形态，两市建成区已基本连为一体（班鹏飞、李刚等，2018）。

近年来，广州、佛山进一步加强跨界规划统筹。2019年5月广佛两市签订《共建广佛高质量发展融合试验区备忘录》，提出围绕197km边界线，共建"1+4"广佛高质量融合发展试验区，其规划总面积为629km²。从交通设施、基础设施、产业协同、政策对接、实施机制等领域开启"边界地区融合发展"合作创新模式。

2. 厦漳泉都市圈的基础设施与民生一体化先行

厦漳泉都市圈发展基础良好，是福建经济最具活力的地区。2018年厦漳泉地区以占福建省约1/5的土地面积贡献了福建省近一半的地区生产总值与财政收入、近七成的进出口总额。早在20世纪80年代末，《厦门经济社会发展战略（1985—2000年）》中就提出"建设以厦漳泉为主体的城市群体"。近年来，该区域加快推进都市圈一体化建设，主要做法包括以下几个方面。

（1）基础设施一体化先行。一是加快区域交通设施网络一体化建设。三地共同建设厦漳泉城市联盟高速公路，合力打通一批跨区域"断头路""瓶颈路"，厦漳跨海大桥、国道324复线、厦漳同城大道先后建成通车；取消厦门进出岛"四桥一隧"通行费、大幅降低厦漳跨海大桥通行费，基本形成1小时交通圈；厦门地铁6号线延伸至漳州角美、4号线预留泉州接口，厦漳泉城际R1线等项目有序推进，"轨道上的都市圈"日趋成型。二是空海枢纽跨区优化。完成厦门港与漳州港的资源整合，形成优势互补、互惠共赢的港口、航运、物流服务体系，2017年厦门港集装箱吞吐量首破千万标箱，超过高雄港；构建厦泉临空产业区，翔安新机场首期建成后吞吐量将超过4500万人次。三是公用设施跨区覆盖。推进长泰枋洋水利枢纽工程、九龙江北溪雨洪利用工程、区域气象中心等项目建设，统一三市通信资费标准，实现区域公交支付"一卡通"。

（2）推动民生服务一体化。医疗方面，厦门6家市级医院对口帮扶漳州10家县级医院，成立厦漳泉儿科医联体，建立跨区域远程医疗平台、同城化应急管理平台，实施医学影像和检查报告互认制度。教育方面，建立名校名师对口支援、师资培养培训和职业教育结对等山海教育交流合作机制，厦门大学、双十中学、外国语学校先后在漳州、泉州合作创办分校，实现优质教育资源共享。文体方面，共建"闽南文化生态保护实验区"，规划建设中的东部体育会展新城将辐射厦漳泉区域。社会保障方面，建立三市参保信息共享机制，已实现社保无障碍转移接续、医疗信息"一卡通"和医疗费用即时结算。

3. 长株潭建设绿色城镇群

长株潭城镇群范围包括长沙市、株洲市、湘潭市全域，面积2.8万km²。该区域近年来加快绿色发展，推动生态文明跨区域共建。

（1）立法谋划区域"绿心"

以长株潭生态绿心为主体，联动周边大托、暮云、跳马、云龙、昭山等区域，大力发展科创研发、信息技术、数字经济、设计创意、医养健康、文体旅游等绿色创新产业，共建长株潭生态绿色融合发展示范区。

（2）完善生态环境协同治理机制，共护绿水青山，构筑区域生态安全体系

持续实施湘江保护和治理"一号重点工程"，加强重要水源地及湖库保护。推进区域环境联防共治，联防联控大气复合污染，深化水污染联防联治，共同推进固废处置与土壤修复，强化环境治理联合监管。

9.4.3 都市圈协作的区域政策与制度创新

1. 政策制度创新

长三角生态绿色一体化发展示范区包括上海市青浦区、江苏省苏州市吴江区、浙江省嘉兴市嘉善县面积约2413km²。2019年10月底，《长三角生态绿色一体化发展示范区总体方案》获国务院批复同意，2019年11月正式揭牌。

在制度改革方面，长三角一体化示范区聚焦八个方面率先开展了一体化制度创新。比如在规划管理上，示范区国土空间规划已经沪苏浙两省一市人民政府审议通过，即将联合会签上报国家审批。这是国内首个跨省级行政区域的具有法定效力的国土空间规划，将实现"一张蓝图管全域"。此外，生态环境、水利、产业、综合交通、文旅、燃气、电力等专项规划都已进入征求意见阶段。在土地管理上，示范区执委会牵头制定了示范区存量土地盘活工作方案，为示范区建设拓展新的空间。在生态环保上，上海市生态环境局正会同苏浙两省生态环保部门研究建立示范区生态环境标准、监测、执法"三统一"制度。并联合制定了《进一步加强长三角区域生态环境保护协作任务清单》等多项生态环境保护管理政策文件。在要素流动上，两省一市科技外专部门会同执委会制定了《长三角生态绿色一体化发展示范区外国高端人才工作许可互认实施方案》，在支持授予三地外国人工作许可审批权、设立外国人业务单一窗口、突破三地平均工资差异实现互认、建立外国人跨区域转聘减免材料绿色通道四方面实现制度性突破，目前已经印发实施。

2. 协同机制创新

在当前"双循环"经济发展态势下，地方政府更应该主动适应新发展形势的要求，以区域协同视角来看待城市之间的协同发展问题。通过不同主体之间的网络与合作来培育竞争力，必然需要强调城市之间的多元主体共同参与和网络化合作。因此，大都市圈的空间治理也需要从单一的政府行政行为（government）走向多元公共治理行为（governance）。各级政府不应再是决策过程中的唯一参与主体，各种私营机构、非政府组织（工会、学校和各类经济组织等）应该也能广泛参与决策。

（1）长三角一体化示范区模式

长三角一体化示范区通过政府、市场和社会各界力量协同，探索"理事会—执委会"和"开发者联盟"运行机制，构建形成跨区域治理新格局。建立"理事会—执委会—发展公司"三层架构、业界共治的模式，同时示范区执委会和上海市青浦区、苏州市吴江区、嘉兴市嘉善县等"两区一县"政府共办开发者大会，邀请三级八方政府部门、市场主体、社会机构、高校智库共同参会。沪苏浙两省一市人大协同立法，制定发布关于促进和保障示范区建设若干问题的决定，明确赋予执委会跨区域项目审批权，先行启动区控制性详细规划审批权等，保障示范区加大改革创新探索力度。

（2）长株潭的协同发展机构模式

2009年，湖南省人民政府印发《长株潭城市群资源节约型和环境友好型社会建设综合配套改革试验总体方案》，成立长株潭"两型社会"建设改革试验区领导协调委员会，并以长株潭"两型社会"建设改革试验区领导协调委员会办公室（即"两型办"）作为常设机构。"两型办"为正厅级，归省发展和改革委员会管理，主任由省发改委主任兼任，常务副主任高配正厅。2011年，湖南省进一步成立长株潭"两型社会"建设综合配套改革试验区工作委员会（即"工委"）和长株潭"两型社会"试验区建设管理委员会（即"管委"），作为省委派出机构，专门负责统筹、协调和指导长株潭城市群"两型社会"试验区改革建设各项工作。两型试验区工委、管委实行两块牌子、一套人马，合署办公。主任由省委、省政府有关领导同志担任，常务副主任正厅长级。湖南省将跨行政区协调机构实体化，提高了区域协调能力，有力推进了跨行政区的一体化发展。

9.5 中国特色的都市圈城镇体系空间组织

9.5.1 都市圈城镇空间结构与布局

要充分考虑我国行政区划对都市圈规划和空间组织与布局方面的影响，但同时又要立足都市圈的一体化发展目标要求组织都市圈城镇空间，积极破除行政壁垒带来的不利因素。总体上我国都市圈按照中心城市人口规模能级及社会经济影响力划分为两大类。

1. 广域型都市圈

对于北上广深等人口规模超过1000万人的超大城市，产业经济发展已经超出市域行政辖区范围，与周边城市形成一定程度上的紧密协作关系和人员通勤联系。该类都市圈是广域型都市圈空间结构，类似东京都市圈、首尔都市圈的空间结构。

2. 区域型都市圈

对于人口规模在300万～1000万人的大城市、特大城市，目前普遍处于中心城区的产业经济要素逐步外溢的阶段，逐步与周边城市形成产业协作基地。该类都市圈是区域型都市圈空间结构，主要的功能与服务设施布局、城乡建设还主要位于市域辖区范围内；跨市协调重点主要是重大基础设施布局与生态环保的协同。

9.5.2 加大跨区域的城镇协调发展与城乡统筹

1. 加强城镇体系与产业功能区布局的协同规划

引导都市圈内不同行政单元发挥比较优势，加强产业转移和协作，实现功能协同和差异化发展，引导人口和资源要素在不同规模城镇间合理集聚，形成都市圈中心城市、中小城市和小城镇协调发展的城镇体系格局。加强对都市圈内重点创新空间、先进制造业产业平台、区域性交通枢纽、重点新城单元等战略地区的空间布局、规模和功能协同规划指引。对中心城市与周边行政区交界地区空间规划进行统筹管控，避免城市无序蔓延发展。

2. 加强生态环境协同保护和治理

建立跨行政区的生态环境共同保护机制，针对区域环境现状问题加强空气、水、土壤等环境监测保护。加强对生态空间、农业空间的保护，从都市圈整体角度优化完善区域生态安全网络格局，引导城市间形成绿色生态隔离地区，构建区域通风廊道等绿色基础设施。统筹推进生态修复工程，按照流域等自然地理单元推进修复项目。

3. 做好区域基础设施统筹布局

加强跨行政区的高快速路、轨道交通等快速交通设施建设，加快打通现有断头路，加快构建"1小时"都市圈交通圈。推动空港、水港、高铁枢纽等区域交通枢纽在都市圈内的统筹布局，强化跨行政区的服务能力。

4. 推动优质公共服务普惠共享

加大各级城镇公共服务设施供给，优化都市圈公共服务设施布局，扩大高等级公共服务设施辐射半径，完善公共服务资源共享机制，在都市圈内建立普惠共享的优质社区生活圈。

5. 推动城乡融合发展

加快推动公共服务、基础设施向乡村延伸，提升乡村建设品质和服务设施配置，逐步实现城乡基本公共服务均等化。支持乡村产业振兴空间保障，培育强化乡村地区的都市农业、生态保育、休闲游憩、电子商务等多元功能，增强乡村活力。推进农村集体建设用地制度改革，建立城乡统一的建设用地市场，建立集体经营性建设用地直接入市制度，加强中心城市周边的集体建设用地统筹规划利用。

9.5.3 加强空间规划改革背景下的都市圈规划编制

1. 空间规划改革对都市圈规划要求

在加快生态文明建设的新时代，针对原有的各类空间规划类型过多、交叉重叠、衔接不足的问题，国家推动空间规划改革，将主体功能区规划、土地利用规划、城乡规划等空间规划融合，建立新的国土空间规划体系。

2019年5月，《中共中央 国务院关于建立国土空间规划体系并监督实施的若干意见》正式印发，明确了在全国建立"五级三类"国土空间规划体系，作为国家空间发展的指南、可持续发展的空间蓝图，是各类开发保护建设活动的基本依据。为了更好地促进区域协调，该意见提出特定区域（如都市圈）可在"五级三类"国土空间规划体系下，编制国土空间专项规划。目前，上海等多个地区已启动都市圈国土空间规划的编制工作。

2. 都市圈规划与国土空间规划的衔接

都市圈规划是一类特殊的区域规划，涉及跨行政区的空间格局组织、空间资源配置等国土空间规划相关内容。但都市圈规划与国土空间规划体系在规划目标、规划内容、规划管理方式等方面存在诸多差异。因此都市圈规划不等同于都市圈国土空间规划，不能将都市圈规划简单纳入国土空间规划体系。而是应围绕建设现代化都市圈的目标，做好都市圈规划与国土空间规划的深度衔接，做好跨行政区的规划协调，实现都市圈内不同区域的合作共赢。

（1）都市圈的规划作用在于促进都市圈跨区域的一体化发展，提高都市圈的发展质量和综合竞争力，实现都市圈的可持续发展。所以都市圈规划具有战略性，是一种"区域性的战略思考"（顾朝林等，2007）。而都市圈国土空间规划作为国土空间规划体系的组成部分，核心作用是明确都市圈国土空间总体格局，协调跨区域的国土空间开发保护活动，并对范围内市县国土空间规划和相关专项规划编制提供指引。

（2）都市圈规划的内容具有综合性，应包括都市圈的社会经济生态文化总体战略和目标、空间格局组织和城镇体系规划、基础设施网络建设、产业功能协同、生态环境协同保护、区域协调机制和政策保障等内容。都市圈国土空间规划作为以国土空间为核心的专项规划，规划内容应聚焦在区域空间层面的协同、跨界空间的协调、产业空间的布局、生态空间的共同保护、跨区域的基础设施布局协调、关键国土资源的统筹配置等方面（徐海贤等，2019）。

（3）都市圈规划涉及不同行政单元发展诉求和利益的综合协调，需要加强多元主体间的沟通，形成发展共识。因此，建立地方政府间的横向协调合作机制是保障都市圈规划实施的重点。国土空间规划体系则强调自上而下的层级传导。都市圈国土空间规划作为区域性专项国土空间规划，在编制中既要落实上层次国土空间规划的管控要求，也要对下层次国土空间规划编制提出指引。因此，都市圈国土空间规划应由地方上级自然资源主管部门牵头，联合地方政府共同编制，以保证国土空间规划要求的有效传导。

综上，都市圈国土空间规划在编制中应体现双重属性，一方面作为国土空间规划体系的组成部分，另一方面加强与都市圈规划的呼应衔接，作为都市圈规划的重要专项，重点明确国土空间领域的主要规划内容。

本章参考文献

[1] 班鹏飞，李刚，袁奇峰，等. 区域视角下大城市的功能疏解及广佛都市区的实证 [J]. 规划师，2018，34（9）：18-23.

[2] 袁奇峰. 分权化与都市区整合："广佛同城化"的机遇与挑战 [J]. 北京规划建设，2015，（2）：171-174.

[3] 福建省厦门市发展改革委. "五个一体化"的厦漳泉都市圈探索与实践 [EB/OL]. 国家发改委网站. 2019-6-10 [2021-01-15]. http://www.ndrc.gov.cn/xwdt/ztzl/xxczhjs/zhsd/201906/t20190605_972699.html.

[4] 中共湖南省委、湖南省人民政府. 长株潭区域一体化发展规划纲要 [EB/OL]. 2020-10-20 [2021-01-15]. http://www.hunan.gov.cn/hnszf/xxgk/tzgg/swszf/20201030_13946516.html.

[5] 顾朝林，俞滨洋，薛俊菲. 都市圈规划——理论·方法·实例 [M]. 北京：中国建筑工业出版社，2007.

[6] 徐海贤，孙中亚，侯冰婕，等. 规划逻辑转变下的都市圈空间规划方法探讨 [J]. 自然资源学报，2019，34（10）：2123-2133.

[7] 马燕坤，肖金成. 都市圈规划编制的重点 [J]. 中国投资（中英文），2020，（Z1）：72-74.

第10章
都市圈交通与空间组织协同发展研究

10.1 引言

一体化的交通系统对塑造都市圈空间形态、优化产业和人口格局、打造宜居生活环境具有重要的支撑和引领作用，是建设现代化都市圈的重要前提和基础。《中华人民共和国国民经济和社会发展第十四个五年规划和2035年远景目标纲要》（简称《纲要》）中提出，"依托辐射带动能力较强的中心城市，提高1小时通勤圈协同发展水平，培育发展一批同城化程度高的现代化都市圈"。基于现阶段我国城市发展的基本特征，为促进以城市群为主体形态的新型城镇化发展格局，应加快构建以中心城市为核心、面向区域腹地的一体化交通系统，扩展中心城市的辐射能力，带动周边大、中、小城市和小城镇协调发展，形成资源要素的主要集聚地和经济社会发展的主要增长极，并进一步培育和建设现代化的都市圈空间形态。

由于我国的城镇化整体上处于快速发展时期，尚未达到稳定阶段，因此，尚不存在成熟的都市圈发展模式。尽管北京、上海、广州、深圳、成都、西安等城市由于功能外溢，在中心城区与周边城镇之间形成了紧密的通勤出行联系和产业协作关系，具备了都市圈的典型特征，但是这些空间联系的强度和网络化水平仍有待进一步培育，交通系统与上述地区的空间形态、产业布局、人员和货物流动等方面的协调性仍有待改善。

在支撑和服务都市圈发展的多个层次的交通体系中，1小时交通圈是最重要、同时也是交通特征最复杂的圈层。在内涵上，1小时交通圈不仅限于密切的人员通勤联系，也包括紧密的经济联系和协同协作的产业功能网络，除了考虑通勤因素，还要考虑区域产业分工、物流体系组织、创新要素流动和休闲旅游等功能要求。在设施上，各个层次的交通网络发育程度差别较大，以高速铁路、高速公路为代表的国家干线交通网络逐步完善，以城市轨道、公共汽（电）车、快速路、主次干路为代表的城市内部交通网络也日益成熟，但是城际之间、都市圈各功能节点之间的交通支撑网络却相对不足，成为制约都市圈一体化发展的短板。因此，《纲要》提出以城际铁路和市域（郊）铁路等轨道交通为骨干，打通各类"断头路""瓶颈路"，推动市内市外交通有效衔接和轨道交通"四网融合"，提高都市圈基础设施的连接性、贯通性。

本章内容聚焦都市圈交通与空间组织协同发展这一主题，从空间与交通互动演变机理出发，总结都市圈客、货交通需求与空间形态、交通网络、产业分工和城市功能组织之间的特征和规律，提出都市圈交通规划的基本原则和重点内容，为编制都市圈交通规划提供技术支撑，其主要结论见本书附录《都市圈交通规划指南》。作为当前都市圈交通规划研究的重点议题，都市圈多层次轨道发展策略、交通枢纽与中心体系协同布局两项内容在本章中以较大篇幅展开，以问题为导向，借鉴国内外案例，提出适合我国都市圈发展实际的关键对策。最后，本章对促进都市圈交通一体化运行和协同发展的体制机制提出了相关建议。

10.2 都市圈空间与交通互动演变机理研究

10.2.1 基于运输成本的都市圈集聚与扩散机理

运输成本是人员和货物以不同方式进行位移（客货运输活动）所消耗的资源。在农业区位论、工业区位论、市场区位论及中心地理论等古典区位理论中，运输成本均是着重考虑的区位因子。

新经济地理学认为，经济的空间集聚是规模经济、运输成本和要素流动三大因素相互作用的结果。运输成本和规模经济之间的权衡是决定经济活动空间结构的关键因素。运输成本的变化，在一定的程度上引导经济活动在空间的集聚—扩散与再集聚—扩散，进而影响区域空间格局，呈现出从低水平均衡—集聚—扩散—高水平均衡的演进过程。如图10-1所示。

（1）在交通基础设施不完善、运输成本高企、要素流动不足的阶段，统一市场和分工尚未形成，城市—区域呈现出封闭格局下的低水平均衡状态。

（2）随着综合运输体系建设的推进，中心城市和枢纽城市获得运输成本下降的先发优势，要素高度集聚，并在规模报酬递增的效应下实现快速发展，空间格局进入收敛阶段。

（3）运输体系的进一步完善，实现更大尺度的运输成本下降，推动产业链区域化组织，功能区域化扩散，都市圈形成强关联性经济活动区域。

（4）都市圈内部运输体系重构，在"空间密实化填充"和"中心体系发育"的作用下，逐步演变成为功能等级合理、规模和密度分布有序的高水平均衡的大都市圈。

在运输成本的作用下，区域经济活动以中心城市为中心形成向周围地区辐射的圈层化结构。根据运输成本在经济集聚向心力和离心力变化过程中的作用机理，运输成本促成城市体系的"中心—外围"模式。在单中心的城市体系中，到中心城市距离和当地市场潜力存在"∽型"曲线关系（图10-2）：随着到中心城市距离的增加，集聚的向心力占主导，市场潜力开始下降；随着距离以及运输成本的上升，离心力逐渐发挥主要作用，市场潜力由下降转为上升；随着距离进一步增加，市场潜力再次下降。

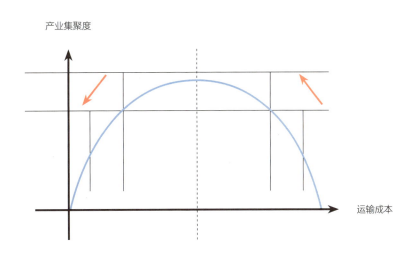

图10-1 新经济地理学：运输成本与产业集聚度相关性模型
图片来源：参考文献[2]。

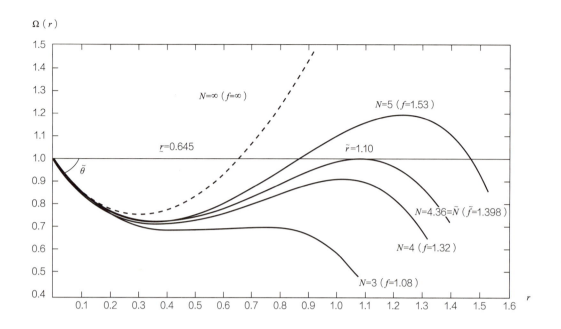

图10-2 新经济地理学：不同N值情况下单中心体系的市场潜力曲线
图片来源：参考文献[2]。

10.2.2 基于空间交易成本的通勤圈理论增长边界

通勤出行是都市圈交通供需矛盾最为突出的部分。都市圈边界由个体职住空间的叠加所形成。对通勤圈增长边界的识别，是合理确定交通服务范围和适配模式的重要前提。

基于新制度经济学的"交易成本"原理，城市空间形态的演变存在"空间交易成本"，具体包括物的空间位移成本、人的通勤成本、人与人的交流成本、政策制度成本。通勤成本即生活性空间交易成本，是影响职住选择和通勤行为的关键因素。其影响机理如图10-3所示：

生活性成本主要由通勤成本、公共设施使用成本组成：①通勤成本既体现为出行所花费的货币价值，也体现为出行时间价值；②公共设施使用成本包括教育、休闲、住房、停车等。

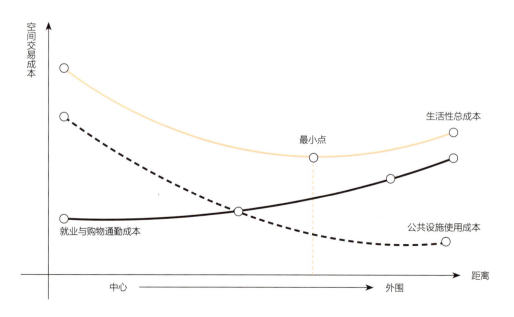

图10-3 空间交易成本曲线
图片来源：参考文献[3]。

单中心城市体系下，就业岗位和城市服务功能在中心城市和城市中心区集聚。离中心区距离越近，通勤成本越低，公共设施使用成本越高；自中心区向外，随距离的增加，通勤成本逐渐升高，公共设施使用成本显著降低（突出表现为居住成本的降低）。

因此，自中心区向外，生活性总成本呈现出先高、后低、再高的U形曲线。总成本的最低点是自然人选择居住地的理论边界，进而预示了基于空间交易成本的通勤圈理论增长边界。

10.2.3 基于出行时耗预算的通勤圈合理增长边界

"居民出行时耗预算"是指平均一个出行者一天分配给（所有方式）出行的时间。效用理论认为，出行时耗预算是人们做出使其效用最大化的理性决策。实证研究显示，出行时耗预算是一个不随时空变化而普遍存在的常量：有的出行者日平均出行时耗约为66~78分钟，城市居民日平均出行时耗50~66分钟。

厦门市1995年和2003年两次居民出行调查结果显示，8年间厦门城市居民人均日出行时耗从63.69分钟上升至68.92分钟，变化不过8%。国内几个城市/地区人均日出行时耗也集中在60~70分钟这一区间。国外，东京都市圈不同圈层通勤时间峰值在60分钟以内（图10-4）。

因此，当通勤圈实际边界处于1小时通勤范围内，则可以实现社会总体效用最佳、空间绩效最优。当都市圈存在大量超过1小时的长距离通勤出行，则社会总体效用受损。近年来，北京、上海等特大城市出现大量极端通勤出行，通勤时间高达1.5~2小时，表明通勤圈实际边界已经大大超出合理边界。通勤圈的无序扩张，带来环境污染、交通拥堵、空间组织低效、居民生活幸福感下降等特大城市的共性问题，凸显出特大城市集聚力和承载力之间的矛盾。

大都市圈通勤时耗突破极限值、居民自我调节机制失效，是中心城区功能过度集聚、生活成本畸形高涨、轨道交通供给不足等因素共同作用的结果。

一方面，产业、功能在中心城区高度集聚，使得居民就业地选择空间极为有限，难以避免绝大部分的通勤出行仍然以中心城区为目的地，职住大尺度分离的问题趋于恶化。另

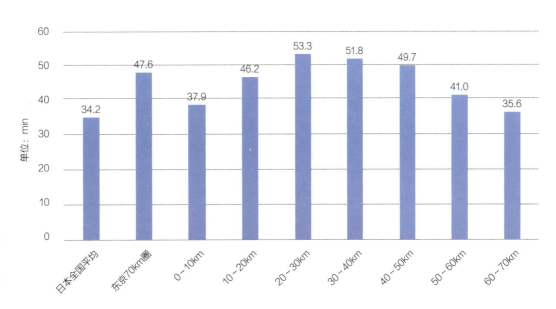

图10-4　2003年东京不同圈层通勤时间
图片来源：作者自绘；
资料来源：东京都市圈居民出行调查。

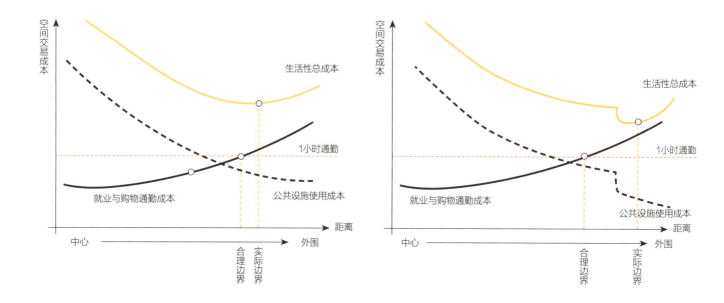

图10-5 大都市圈空间交易成本曲线
图片来源：作者自绘。

图10-6 居住成本突变推动都市圈外扩
图片来源：作者自绘。

一方面，中心城区稀缺的土地资源和高昂的土地价格，迫使居民选择远离中心城区居住。当1小时通勤圈范围的居住价格仍然远远高于居民的承受能力时，一部分居民则选择通过高昂的通勤成本来换取相对低廉的居住成本。通勤成本显著增加，使得生活性总成本的最低点位于中心区远端，超越1小时通勤圈边界。

10.2.4 通勤圈边界变化影响因素分析

1. 交通系统影响都市圈边界

轨道交通系统、快速道路、快速公交等交通设施的布局，显著提升交通系统服务水平和运行效率，单位时间内通勤距离快速增加。在时间价值不变的前提下，通勤时间成本显著下降，从而促使生活性空间交易总成本的最低点向外推移，通勤圈理论边界外展（图10-7）。

轨道交通走廊沿线通勤成本下降较其他地区更为明显，引导都市圈边界沿轨道走廊向外轴向延展。哥本哈根、东京等国际大都市圈依托轨道交通形成的指状空间形态，印证了交通系统与空间的互动演变关系。

2. 多中心体系影响都市圈边界

在单中心城市，自城市中心向外，生活成本随着距离增加而降低。当都市圈外围地区形成次级中心，就业岗位和功能集聚，围绕次级中心形成新的通勤圈。与单中心交易成本平滑下降曲线相比，多中心格局下，交通成本呈现为波浪形曲线。在空间上，体现为多个通勤组织圈层的叠加（图10-8）。最终体现为中心城市辐射带动周边城镇，共同形成发展相对均衡、空间组织高效的大都市圈。

培育多中心城市空间结构，是支撑都市圈空间扩张、提升承载能力的重要方向。大伦敦、巴黎大区、东京首都圈与首尔首都圈都在其空间规划中，出于集约发展、中心辐射、地区带动的目的，进一步强化规制了"多中心"发展格局。

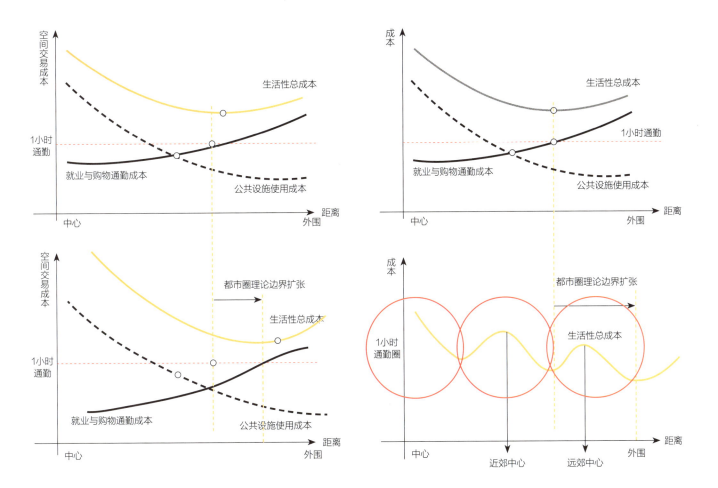

图10-7 交通系统影响下的空间交易成本曲线
图片来源：作者自绘。

图10-8 中心体系影响下的空间交易成本曲线
图片来源：作者自绘。

10.3 都市圈交通需求特征及发展态势研究

10.3.1 客运需求特征

都市圈是城市化地区居民活动的自然地域概念。都市圈客运交通的规模、结构和空间分布，是都市圈空间组织特征的直接体现。

1. 交通出行呈现圈层差异化分布

城市交通区域化是都市圈功能培育和空间拓展的必然结果，中心城市与周边城镇之间形成高强度的紧密联系圈层。例如，杭州与毗邻的嘉兴海宁、绍兴越城日联系量达到12万~15万人次，南京与毗邻的镇江句容日联系量达到15万人次，如图10-9所示。

都市圈交通的向心特征和圈层分异特征突出。中心城市是都市圈最重要的交通发生和吸引中心，临近中心城市的圈层，去往中心城市的通勤人口占区内就业人口的比重较高，随着距离的增加，外围圈层与中心城市之间的通勤人口比例逐步下降（图10-10~图10-12）。

2. 弹性出行增加，需求多元化

工作日出行中，通勤通学出行仍然占据主导地位。东京都市圈上下班及上下学出行占全部出行的50%（2018年）。但1978~2008年因私出行的增长态势最为突出。2008~2018年，由于日本老龄化的加剧，各类目的出行量均出现下降，如图10-13所示。

弹性需求随着经济的增长逐步增多，并最终形成相对稳定的出行结构。伦敦通勤出行比例持续下降，从1971年的70.52%下降至2011年的44.3%（图10-14）。但是受到出行时间预算等因素的限制，弹性需求不会无限制的增多，两种目的的出行会最终稳定在一定的范

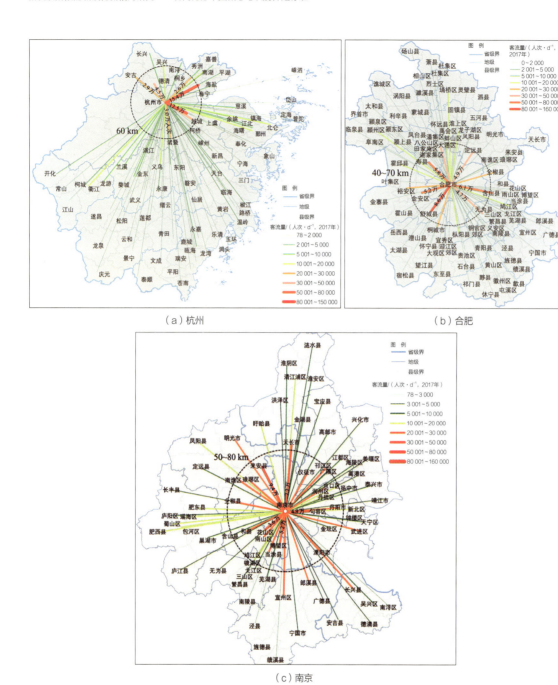

图10-9 杭州、合肥、南京都市圈中心城市与外围地区跨界交通分布示意图

图片来源：参考文献[7]。

围内，通勤交通一般稳定在45%左右的下限值。

从国内的城市也可以看到类似的规律。近30年来，上海和北京的通勤交通比例持续下降，上海的通勤出行比例自1995年的68%降低至2009年的49%，北京的通勤交通比例自1986年的76.8%降低至2005年的50.1%，如图10-15所示。同伦敦类似，上海通勤交通比例在2004~2009年五年时间

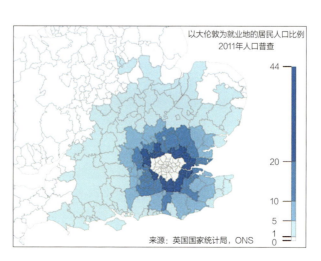

图10-10 伦敦外围地区与大伦敦地区通勤人口比例及分布

图片来源：https://beleben.wordpress.com/2014/11/01/hs2-and-long-distance-commuting/。

第10章 都市圈交通与空间组织协同发展研究

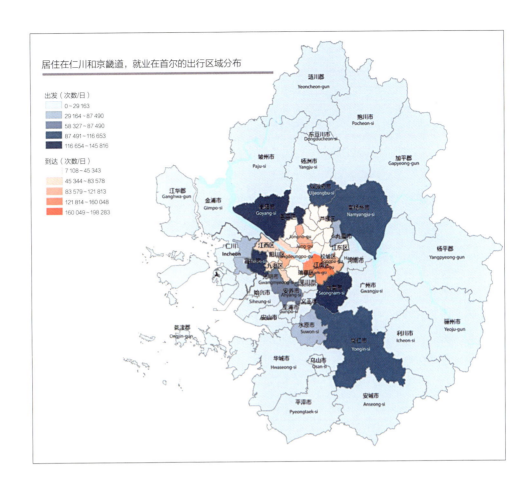

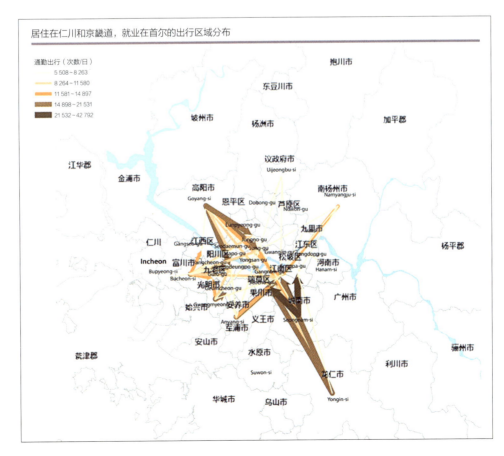

图10-11 以都市圈外围地区为出发地、以首尔市为目的地的通勤人口比例和交通分布

图片来源：Metropolitan Transportation Authority, Survey on Household Trips, 2010。

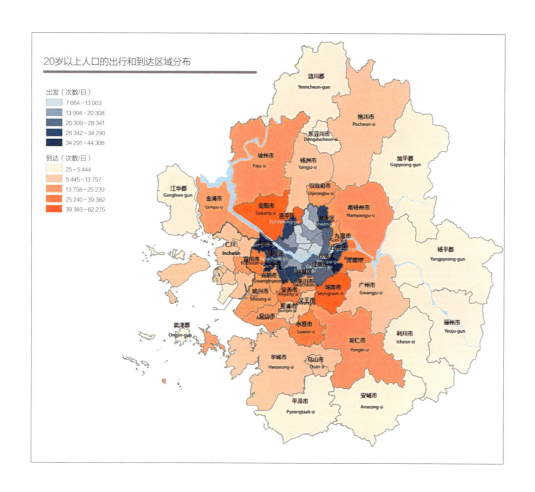

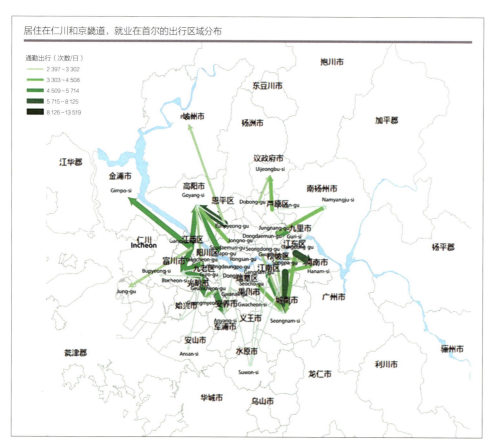

图10-12 以首尔市为出发地、以都市圈外围地区为目的地的通勤人口比例和交通分布

图片来源：Metropolitan Transportation Authority, Survey on Household Trips, 2010。

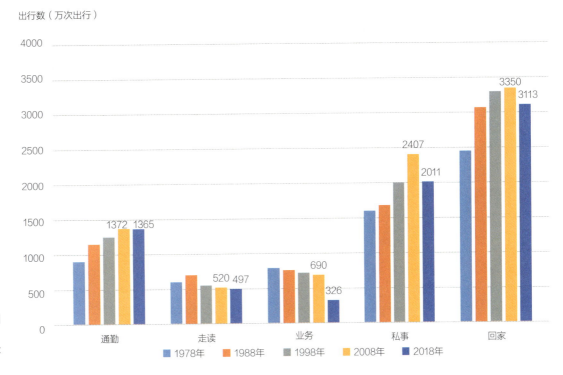

图10-13 东京都市圈按目的出行量变化
图片来源：东京都市圈第六次居民出行调查的结果概要。

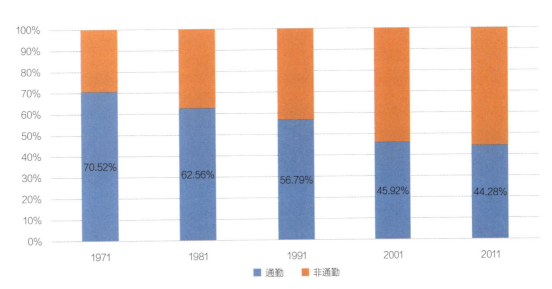

图10-14 伦敦都市区出行目的
图片来源：作者自绘；
资料来源：伦敦居民出行调查。

图10-15 北京、上海出行目的对比
图片来源：作者自绘；
资料来源：各城市居民出行调查。

内仅仅降低了2%，呈现出相对稳定的发展趋势。

3. 出行结构以公共交通为主体

都市圈中心城市均逐步形成了以公共交通为主体的机动化出行结构，上海、北京、南京等城市公共交通出行占比均超过了私人机动化出行（图10-16）。随着城市轨道线网的完善，轨道交通逐步确立了公共交通的骨干地位，运输效率极大提升。

伦敦机动化出行结构中，公共交通（含通勤铁路、地铁/轻轨、公交）出行比例经历先降低再升高的过程，2011年公共交通出行比例达到47.46%，较2001年增加14个百分点（图10-17）。东京都市圈全方式出行结构中，公共交通（含铁路、公交）出行比例逐步上升，从1978年的27%上升到2018年的36%，占机动化出行的57%（图10-18）。

都市圈城际/市域轨道系统功能突出。东京都市圈轨道出行比例是公交出行的10倍。同时，轨道系统中的国铁和私铁系统所承担的出行比例远高于城市地铁。东京都市圈轨道系统日均运送4100万人次，铁路运输占比达到92.2%，京阪神和中京都市圈这一比例也都超过60%，如图10-19所示。

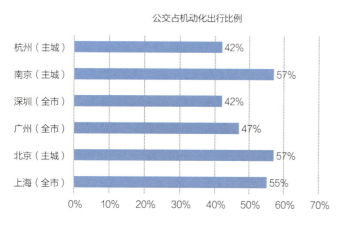

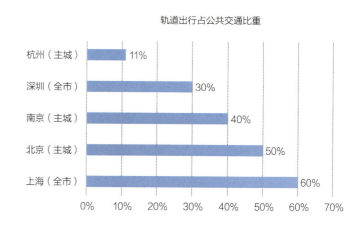

图10-16 国内部分都市圈中心城市交通出行结构

图片来源：作者自绘；
资料来源：各城市居民出行调查；
数据来源：各城市年度统计公报。

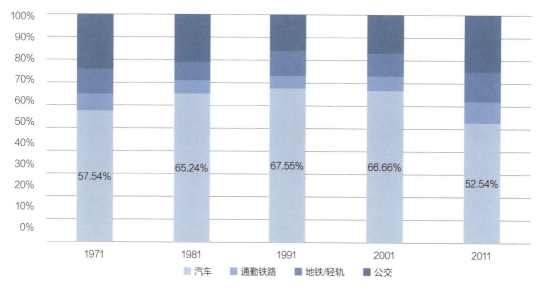

图10-17 伦敦机动化出行结构

图片来源：作者自绘；
资料来源：伦敦居民出行调查报告。

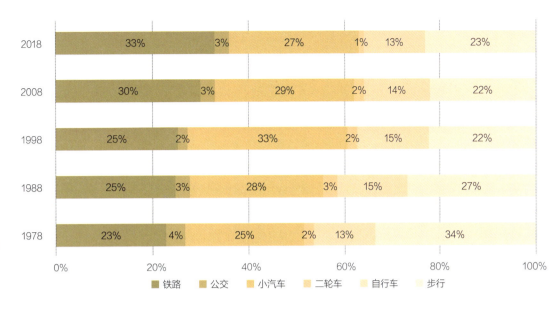

图10-18 东京都市圈出行结构
图片来源：作者自绘；
资料来源：东京都市圈交通调查。

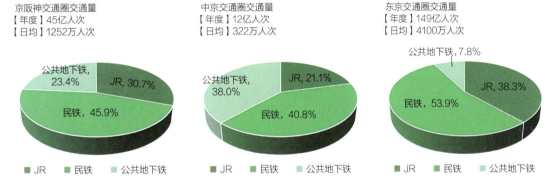

图10-19 日本三大都市圈轨道交通结构
图片来源：作者自绘；
资料来源：日本都市圈居民出行调查。

我国都市圈轨道系统仍然处于以中心城市地铁建设为主的阶段。近年来，都市圈城际出行的时效要求不断提高，铁路短途运输优势凸显，分担率不断攀升。上海对外客运结构中铁路运输占比从2010年的45.3%上升至2016年的54.2%。2010～2013年，沪宁沿线城市城际铁路客流总量增幅超过50%。沪宁段高铁短途旅客增长迅猛，上海至苏州日均客流4.5万人次，南京至镇江日均客流1.0万人次。上海至苏州之间，商务、公务、通勤出行占沪苏铁路运输量的40%，每月往返4次以上人群占比40%。

10.3.2 货运需求特征

货运需求是都市圈各个功能节点之间经济协作、职能分工和产业布局的直接作用结果，在空间分布、运输方式、货物品类等方面呈现典型特征。

1. 货运需求旺盛，呈区域化交流特征

都市圈是人口和产业高度集聚的区域，为了保障和满足都市圈经济社会的运行，需要有效的货物供给。居民的大量日常消费活动和经济产业的高度发展，派生出大规模的货运需求，因此，都市圈也是货运量最为集中的区域。以东京都市圈为例，东京都市圈仅占日本全国8.6%的国土面积，但集中了30%以上的人口，实际总产值和家庭消费支出水平分别占日本全国的近40%，货物发生量占全国的20%以上。如图10-20所示。

据东京都市圈第五次货物流动调查结果显示，2013年东京都市圈内部的货运总量将近280万吨/日，东京都市圈与外部交流的货运量约为160万吨/日，如图10-21所示。

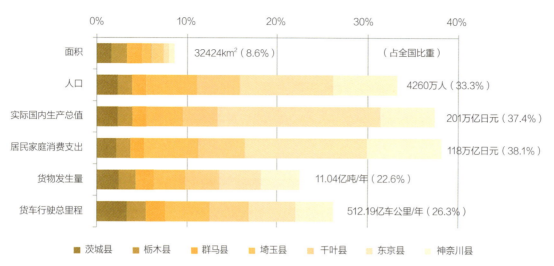

图10-20 东京都市圈在日本全国的重要地位（2013年）
图片来源：东京都市圈交通计划协议会第5次物资流动调查，2013。

与客运出行基本在都市圈内部的特征不同，都市圈的货物联系具有明显的区域化交流的特征。根据东京都市圈的居民出行调查显示，都市圈与外部的居民出行量仅占都市圈总出行量的1%，而货运方面，总体呈现以都市圈内部运输为主体，但是都市圈与外部交流的货运量占比高达40%，且这一比例呈现逐年增长的态势。

2. 以公路货车运输为主体

从货运方式结构来看，货运方式与运输距离相关，都市圈内部的货物运输主要依赖货车，在都市圈对外的货物运输中仍

图10-21 东京都市圈的货运量（2013年）
图片来源：东京都市圈交通计划协议会第5次物资流动调查，2013。

以货车占比最大，但铁路、水运等适合长距离、大运量的方式占比明显提高。2013年，在东京都市圈内部的货运当中，货车运输比例高达96%；在都市圈对外货运当中，货车运输比例下降到56%，铁路运输比例为2%，水运方式占比提高到了40%。如图10-22所示。

3. 产业转移带来品类和空间分布的变化

从国外发达国家都市圈发展历程可以看到，都市圈作为城市化的高级形态，随着经济全球化和产业信息化的发展，都市圈产业结构重心向三产转变，同时推动产业向外转移。产业的调整升级带来了货物运输品类和货运空间联系上的变化。

以东京都市圈为例，为提升中心城区的宜居品质，东京实施"工业分散"战略，东京保留高端工业，发展食品加工、出版印刷业等都市型产业，同时推动低端工业向外围梯次转移，将机械制造、石化、电器、钢铁等大量南迁到位置临近的神奈川县。

反映在东京都市圈的货物品类结果上，可以看到呈现以生活消费品、轻工产品为主的货物品类结构，如图10-23所示。按运输所使用的货物车的台数来统计，生活相关品类和机械工业品类等轻量型货物占比约61%，其中，农水产品、食品工业产品占比27%，印刷品占比5%，日用品占比9%，轻杂工业产品占到6%，机械工业产品占14%。重工业制品（矿石产品、化工制品等）仅占39%。

从货运的空间联系特征上看,与"单极向心性"的客运交通联系完全不同,货运交通联系呈现为"多中心、全域运输"的特征。为满足每个县的居民消费和产业所需,除了东京都区部外,外围的群马县、茨城县、埼玉县、神奈川县等县市都有很强的货运量,如图10-24所示。

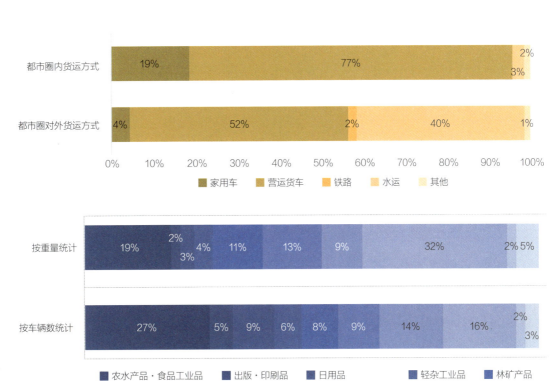

图10-22 东京都市圈货物运输结构(2013年)
图片来源:东京都市圈交通计划协议会第5次物资流动调查,2013。

图10-23 2013年东京都市圈的货运品类结构
图片来源:东京都市圈交通计划协议会第5次物资流动调查,2013。

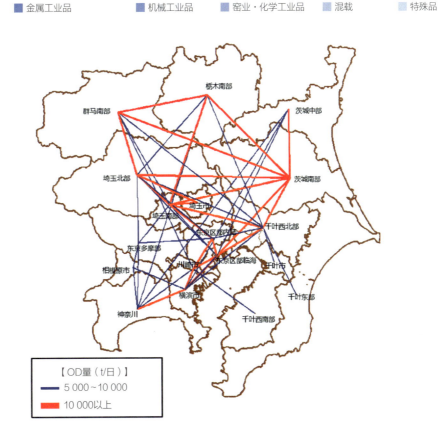

图10-24 东京都市圈的货运联系空间分布(2013年,全货类)
图片来源:东京都市圈交通计划协议会第5次物资流动调查,2013。

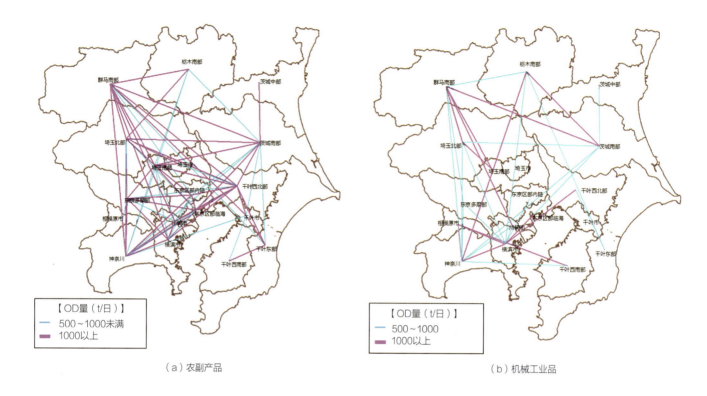

(a）农副产品　　　　　　　　　　　　（b）机械工业品

图10-25　东京都市圈的货运联系空间分布（2013年，主要货类）
图片来源：东京都市圈交通计划协议会第5次物资流动调查，2013。

从主要货物品类的货运联系空间分布（图10-25）可以进一步看到，农产品、水产品和食品除了以东京都区部为中心向整个都市圈运输之外，以群马县、茨城县、埼玉市、神奈川县为中心向周边地区输送的货物量也很大；而机械工业品的运输活动主要在都市圈的外围，其货运联系主要集中在神奈川县、埼玉市、茨城县等外围县市之间。

10.3.3　小结：都市圈交通发展态势与应对

在都市圈功能培育和快速发展阶段，伴随区域一体化进程的推进，都市圈交通需求趋于活跃，呈现出规模更大、强度更高、范围更广、出行目的更多元的发展态势。

都市圈交通设施和服务的供给面临两个主要的挑战：第一，要突破行政壁垒，实现都市圈交通跨行政边界的统筹布局和组织；第二，要防止超长距离通勤、小汽车出行的过度蔓延。

从全球发达都市圈的发展经验来看，都市圈交通发展策略致力于如下两个方面：①形成以轨道交通为主体的都市圈出行结构，引导交通需求向都市圈核心走廊集聚；②引导多中心组团职住相对平衡，约束通勤交通出行距离。

因此，合理引导都市圈交通需求，促进结构和布局优化，提升都市圈空间组织效率和整体竞争力，实现交通碳排放下降，是都市圈交通发展的主要任务。

10.4　都市圈轨道交通发展的问题与策略

10.4.1　我国都市圈轨道交通发展现状及问题

建设现代化都市圈是推进新型城镇化、完善国家城镇空间格局的重要举措，其中轨道交通是实现都市圈高质量发展的有力支撑。目前，我国都市圈层面的轨道交通体系主要由干线铁路（高速铁路、普速铁路）、城际铁路、市域（郊）铁路、城市轨道4类构成。截至2019年年底，全国高速铁路营运里程超过3.5万km，京津冀、长三角、粤港澳等重点城市群城际铁路运营里程超过3000km，全国市域（郊）铁路运营里程约2495km，其中利用既有铁路1942km、新建线路553km，40个城市共开通城市轨道交通运营总里程约6736km。

当前，我国都市圈发展正处于培育起步阶段，都市圈概念和识别界定标准尚未形成共识，对都市圈的出行需求特征认识仍然不足，导致都市圈轨道交通发展缓慢，严重制约了都市圈的发展进程。现阶段我国都市圈轨道交通发展具体表现出轨道层次不完善、功能相重叠、供需不匹配、融合不顺畅等主要问题。

1. 层次不完善

当前，由于发展阶段的原因，我国的轨道交通规划建设仍呈现以"高速铁路、城市轨道"两头为主的推进模式，支撑城市群、都市圈空间发展的城际铁路、市域铁路、市域快线等轨道交通系统严重不足，难以满足未来都市圈内的差异化出行需求。由于都市圈轨道层次的不完善，我国部分地区在规划建设中不断涌现出都市圈城际、市域铁路、市郊铁路、市域快轨、市域快线等轨道层次概念，以及城市内部轨道系统向外围组团和县市过度延伸，造成服务水平低、运行效率低下等问题。

2. 功能相重叠

我国大部分都市圈仍以一个中心城市为核心、外围中小城镇协调发展的空间组织形态为主要发展模式，中心城市向外的出行需求将呈现出以城镇、组团轴带为主的通道型需求，通道上将集成通勤、商务、旅游等多目的和多时间目标的差异化、复合型出行需求，这对未来都市圈交通需求预测提出了更高、更精确的要求。由于目前我国城际铁路、市域铁路等制式轨道在设计速度、站间距等服务指标上存在着交叉，在功能定位、轨道服务供给上仍存在着一定的重叠，部分地区规划时出现通道内城际铁路与市域（郊）铁路功能替代问题。

3. 供需不匹配

我国都市圈轨道交通仍以高速铁路、城际铁路兼顾服务为主，部分地区出现利用既有铁路资源开行市郊列车、城市轨道向外围延伸等服务形式，但总体供给与需求不相匹配，服务效果不理想。高快速铁路以长距离、点对点为主，利用既有铁路开行市郊列车受干线铁路早晚高峰集中到发影响，服务能力有限，铁路站点与沿线空间布局不协调，造成客流需求与轨道供给不匹配现象层出不穷；中心城区轨道向外过度延伸造成线路运营时间过长、效率下降，亦无法满足都市圈外围城镇快速到达中心城区的出行需求目标。

4. 融合不顺畅

由于体制机制、运营管理模式等差异，服务于都市圈的"四网"之间在网络、通道、枢纽等层面还存在融合不畅等问题，往往导致多层次轨道重复建设，通道资源被过多占用；同时，不同层次网络之间缺乏高效的运营组织协同，乘客出行体验较差，目前尚无法为都市圈范围提供多层次、一体化的轨道交通服务。

10.4.2 国际大都市圈轨道交通发展经验

通过分析东京、巴黎、伦敦等国外大都市圈轨道交通发展情况，总结出以下成功经验：

1. 层次明晰的轨道网络

东京都市圈构建了由"JR线、私铁、城市轨道、中运量轨道"组成的多层次轨道网络，网络总规模3000km左右，其中市域层面的JR线和私铁占88%左右；巴黎都市圈构建了由"RER+市郊铁路+城市地铁+中运量（有轨电车）"组成的多层次轨道网，总规模

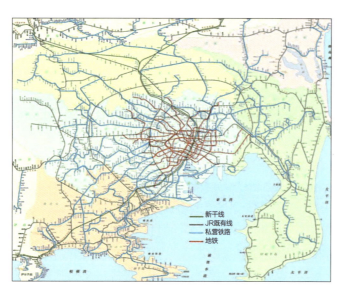
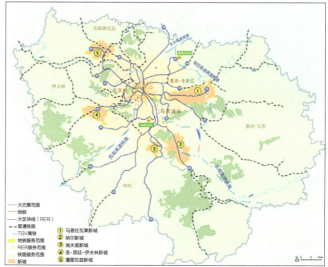

2000km左右，其中RER线和Transilien市郊铁路占86%左右。东京通过多层次网络过轨直通运营，巴黎RER、伦敦Crossrail等均直接贯穿中心城区，实现都市圈外围城镇组团与中心城区的高效通达，如图10-26、图10-27、表10-1所示。

图10-26 东京都市圈轨道交通线网示意图
图片来源：参考文献[12]。

图10-27 巴黎都市圈轨道交通线网示意图
图片来源：参考文献[13]。

国际四大都市圈轨道交通系统对比　　　表10-1

都市圈名称	轨道交通类型	线路数量（条）	线路长度（km）	车站数量（座）	服务半径（km）	客流量（万人次/日）	客流强度（万人次/km）
纽约	小计	46	2705.2	—	—	638.5	—
	城市地铁	26	375	469	15	560（2014）	1.49
	通勤铁路	16	2308	—	103	54.3（2002）	0.02
	PATH	4	22.2	13	5	24.2（2012）	1.09
东京	小计	105	2471.9	1416	—	4099.1	—
	城市地铁	13	304.1	294	15	1103（2010）	3.63
	市郊铁道	78	2045.1	964	100	2927（2010）	1.43
	中运量轨道	14	122.7	158	5	69.1（2010）	0.56
伦敦	小计	—	3486	1018	—	691.4	—
	城市地铁	12	415	270	25	351.4（2013）	0.85
	区域铁路	—	3071	748	100	340（2013）	0.11
巴黎	小计	56	2156.8	1050	—	808.1	—
	城市地铁	16	221.6	303	6	421（2012）	1.90
	市郊铁路	28	1263	345	>60	77（2011）	0.06
	RER	5	589.9	257	60	270（2011）	0.46
	中运量轨道	7	82.3	145	10	40.1（2011）	0.49

资料来源：参考文献[14]。

2. 相对明确的服务圈层

国际三大都市圈在20km范围以内构建了相对完善的地铁系统，以服务中心城区主要客流走廊的出行需求。在距中心城区20～40km范围的都市圈近郊区域，东京都市圈的JR线和私铁、巴黎都市圈的RER区域快线、伦敦都市圈的市郊铁路满足了近郊区域中心城区各组团间的通勤出行需求。在距中心城区40～60km范围内，东京的JR线、巴黎RER线与区域铁路、伦敦的远郊区市郊铁路满足了远郊区域近郊区、中心城区各组团间的多样化出行需求。对于距中心城区更远范围的长距离和点对点出行需求，主要以东京新干线、巴黎TGV线、伦敦国家铁路等来满足，如表10-2所示。

国际典型都市圈轨道交通系统构成与服务圈层　　表10-2

都市圈轨道服务层次	空间范围（km）	站间距（km）	旅行速度（km/h）	轨道系统
服务中心城区主要客流走廊的出行	0～20	1左右	25～35	地铁
服务近郊区与中心城区各组团间出行	20～40	2～3	40～80	地铁延伸 东京JR+私铁 巴黎RER 伦敦市郊铁路
服务远郊区与近郊区、中心城区各组团间出行	40～100	5左右	40～80	东京JR市际铁路 巴黎RER线 伦敦远郊线
服务近远郊与中心城区长距离、点对点的出行	20～100	30～50	200～300	东京新干线 巴黎TGV线 伦敦国家铁路

3. 灵活的运营组织模式

东京以过轨直通运营和快慢车混合运营实现多层级轨道交通一体化（图10-28），东京都市圈的地铁线路只有304km，但与其他国铁和私铁的贯通运营里程达595km；快慢车混

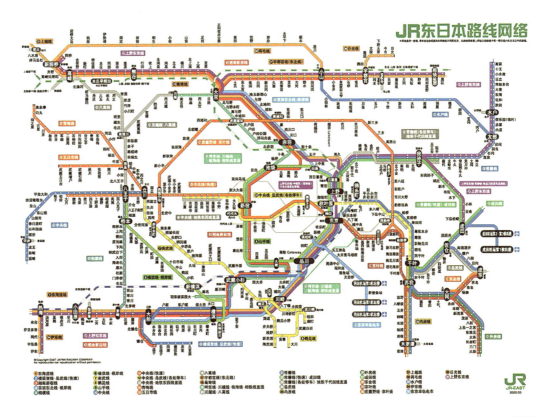

图10-28 东京轨道多样化运营组织模式示意图
图片来源：参考文献［15］。

合运营则是在主要客流通道采用双复线或多复线，如京王线就是通过车站多站台和多股道设计实现了快慢车运营。巴黎以共线运营组织线路实现资源共享，在市区内由RATP经营的RER-B线列车和由SNCF经营的RER-D线列车共线运营，在郊区RER线与Transilien线以及货运列车共线运营。

4. 统一的服务标准体系

多样化的运营组织是以统一或相互兼容服务标准体系为技术来实现的，既包括为实现线路互联互通所要求的车辆选型、限界、系统制式、信号系统的技术标准统一，也包括运营管理、票制票价的服务标准体系统一。如日本自1951年后，新规划建设的每条地铁线都考虑了与郊区铁路的相互直通。除新干线外，其他轨道采用统一的技术及系统制式，为后期线路的直通运营奠定了基础。在票制方面，国外城市基本实现了票制互通，且具有统一票务清分系统和清分规则。

10.4.3 都市圈轨道交通组织要求及策略

1. 以多层次轨道网络引导都市圈有序扩张

以1小时通勤圈作为都市圈通勤交通组织的主体空间范围，重点以市域轨道（市域铁路/市域快线）为依托，引导中心城市核心区功能疏解与空间结构优化，提升中心城市与近郊组团的交通服务和组织功能，在解决通勤服务的同时避免空间范围的无节制蔓延。以城际铁路、高速铁路、高速公路等综合交通网络，培育通勤圈以外的1小时交通圈空间范围作为都市圈的二级腹地，强化区域产业分工协作、物流体系组织、创新要求流动，辐射带动周边中小城市、小城镇协同发展，完善形成高水平的都市圈空间形态。

2. 以时空紧约束目标完善都市圈轨道网体系

以出行时空目标为导向，明确各层次轨道交通服务标准，完善轨道交通网络体系。打破都市圈轨道交通扁平化线网布局，改变以中心城区地铁向都市圈延伸的布局模式。以解决1小时通勤圈范围为主，鼓励已形成大规模卧城的超大城市、特大城市为核心的都市圈规划建设市域轨道（市域铁路或市域快轨）等大站距、大容量、快速的轨道系统，满足都市圈大规模、长距离通勤出行需求，提高城市运行效率、缓解城市交通拥堵。加强近郊圈层枢纽布局和功能培育，推动近郊新城从城市节点向区域性功能中心转变，摆脱对中心城枢纽的依赖，逐步改变都市圈大尺度职住分离的现象，促进对放射走廊客流的截流和优化，有效降低整体通勤时耗，实现主体通勤距离可控。强化都市圈通勤走廊的分析和差异化轨道供给，一体化组织廊道，避免重复建设和资源浪费。

3. 以一体化组织运营提升都市圈轨道服务品质

加强都市圈多层次轨道"四网融合"规划研究，推广MaaS一站式出行服务，通过票务一体化、信息一体化、管理一体化等举措，在售检票方式、票制票价、安检、运输组织、管理体制等方面实现一体化运营。通过多层次融合的轨道系统提供灵活的载运能力和运送速度，合理安排行车组织计划，提升都市圈轨道的服务品质，以满足都市圈不同人员、不同层次的差异化服务需求。

10.4.4 都市圈轨道交通"四网融合"关键对策

1. 时空紧约束下划分都市圈轨道交通功能层次

以1小时门到门通勤，1小时点到点或城到城商务、旅游、生活出行时间目标为导向，

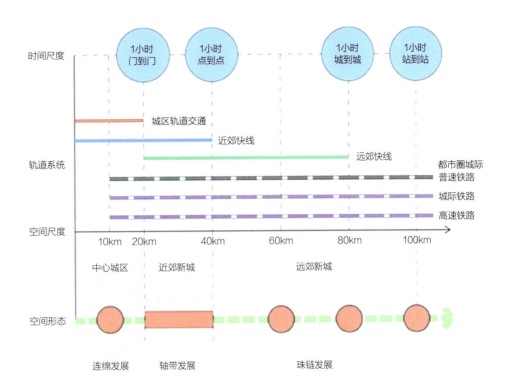

图10-29 南京都市圈多层次轨道交通构成示意图
图片来源：参考文献[18]。

结合各层次轨道交通系统技术特点，明确与服务圈层和客流需求相匹配的各层次轨道交通服务标准，满足都市圈不同尺度、不同目的出行需求。城市轨道主要服务于都市圈首位中心城市中心城区、城市半径10～20km范围；市域轨道（市域铁路/市域快线等）主要服务于都市圈内同城化趋势明显、有较高通勤需求的区域，范围一般以首位中心城市半径40～50km为主；城际铁路主要服务于都市圈二级腹地及城市群相邻城市间，一般服务范围可达到100～300km；干线铁路主要服务于城市群、重点中心城市间长距离出行，一般服务范围在300km以上（图10-29）。

在都市圈轨道功能层次划分时，应剥离轨道交通线路功能层次与系统形式，避免混淆概念，原则上一种功能层次可对应多种系统型式。系统型式的确定应综合考虑线路功能、需求特征、技术标准、敷设条件、工程造价、资源共享等多种因素。

2. 强化都市圈通勤走廊轨道交通客流需求分析

结合都市圈空间布局特征，都市圈在向外扩展过程中，除了呈现典型的圈层化特征以外，大都沿着交通廊道或城镇走廊形成放射型廊道，进而产生明显的轴向客流组织特征。走廊在承担都市圈中心城区与郊区间联系功能的同时，往往会叠加区域客运通道的功能，呈现出时空目标下都市圈客流与区域客流重叠的现象，放射型走廊成为目前都市圈轨道交通规划供给和多方式协同发展的重点区域。

都市圈轨道交通规划应重点强化都市圈轴带走廊上的客流需求分析，区分通道内中长途、区域城际、都市圈间、市域等多尺度，商务公务、生活、通勤等多目的出行需求，以及不同出行需求的时间目标、联系中心目的地等具体要求，以精细化的出行需求特征为基础，综合确定廊道内多层次轨道交通供给数量和具体制式，优化资源合理配置，充分发挥通道内各方式的组合效率。

3. 以运营需求为导向一体组织都市圈轨道网

面对都市圈轨道交通一体化发展趋势，应以满足居民的轨道出行服务需求为导向，打破现有行政壁垒，统筹研究都市圈轨道交通网络布局，推动干线铁路、城际铁路、市域（郊）铁路、城市轨道交通"四网融合"，实现轨道交通网络全面对接和融合发展，引导都市圈空间拓展和结构调整。

在都市圈轨道交通网络布局时，借鉴国际都市圈轨道交通发展经验，应充分考虑运营需求，研究论证多层次网络跨制式互联互通、共线运营、快慢车运营等灵活多样化的运营组织模式的实施可行性，网络融合时干线铁路、城际铁路在经过都市圈时要兼顾都市圈出行需求和服务功能，车站选址尽量靠近人口密集的组团中心；市域轨道（市域铁路/市域快线）要尽量深入首位城市中心，外围尽量采取中心放射、主支线布局，在中心城区与城市轨道交通做到多线多点换乘或跨线运营，最终实现都市圈轨道交通网络一体化、换乘一体化、票务一体化。

4. 站城融合理念下构建多层轨网枢纽衔接体系

在一体化轨道网络融合基础上，充分践行站城融合理念，建立多层次轨道交通与城市融合发展的互动机制，重点推进轨道交通线路进中心、枢纽即中心，实现多层次轨道网、枢纽布局与城镇空间的高度融合，合理优化站点周边用地性质和开发强度，使站点选址更接近实际出行起讫点，提高轨道交通运行效率。

结合都市圈城镇体系、多层次轨道交通网络布局，按照"主辅清晰、衔接高效"原则，构建"四网融合"的三级衔接枢纽体系。一级枢纽为衔接干线铁路、城际铁路、市域轨道（市域铁路/市域快线）、城市轨道四张网的"四网融合"枢纽，主要由都市圈首位中心城市大型铁路客站和机场枢纽构成。二级枢纽为衔接城际铁路、市域轨道（市域铁路/市域快线）、城市轨道三张网的"三网融合"枢纽，主要由都市圈首位中心城市或其他中型城市的大型铁路客站和辅助客站构成。三级枢纽为衔接市域轨道（市域铁路/市域快线）、城市轨道两张网的"两网融合"枢纽，主要指市域轨道网的换乘站点。

5. 以管理体制创新突破都市圈轨道发展机制障碍

积极推进都市圈轨道交通建设规划的审批制度改革。从落实国家培育发展现代化都市圈发展战略入手，全面推进跨层级、跨行政区界的都市圈轨道交通一体化协同规划、设计、建设和运营，推进都市圈轨道交通共生共融。

打破国铁、城际和地铁行业间、城市间的技术壁垒，从国家层面尽快制定多层级轨道交通网络互联互通、协同运输的技术标准体系和服务评价体系。在线网管辖权关系、系统设施资源、区域协同运输组织、票务清分规则、信息互联互通规则、安全应急处理机制等方面取得突破，推动都市圈轨道交通资源共享。创新跨城市、跨层级轨道交通管理机制，从规划设计、投融资、工程建设、运营管理、资源经营、项目验收、资产管理等方面，构建都市圈轨道交通管理体系。突破由于行政主体不同、实施主体不同、管理主体不同存在的机制障碍。

10.5 都市圈交通枢纽与中心体系协同布局研究

针对枢纽与中心体系脱节、布局不均衡、辐射能力不足等问题，提出枢纽功能定位和布局原则，强化站城融合、均衡布局，发挥中心城市的辐射带动作用，促进周边节点城市和新城、组团、小城镇的发展。

10.5.1 都市圈枢纽功能定位和选址存在的问题

1. 城市核心功能区与交通枢纽之间空间错位

目前，我国面向都市圈的交通系统还远未完善，在公路及大铁路运输组织模式下，都市圈中心城市的核心功能区对区域的辐射带动不足，成长性地区偏离区域发展主轴线，与区域的联动不足。目前北京的大型客运枢纽主要呈现面向全国的对外交通运输功能，核心功能区与区域交通枢纽之间空间错位，缺乏与区域联动的功能区枢纽。从京津冀地区的区域性功能中心和铁路枢纽分布现状来看，北京的中关村、CBD和天津的北部新区、未来科技城、中新生态城等面向区域的功能中心与各大铁路枢纽、机场全部不耦合。

2. 新城缺乏交通枢纽功能培育

当前，区域性对外交通枢纽基本都布局在都市圈中心城市内部，外围地区、新城缺乏综合交通枢纽的培育，限制了外围地区功能的提升和发展，加剧了外围地区、新城对中心城的依附关系。以北京市为例，目前北京的铁路客站、公路客运站集中于三环内或其附近，新城与外围地区的交通系统整合发展不足，不具备服务组织功能。轨道线路延伸至近郊新城，而新城作为面向远郊、外围地区常规公交与轨道衔接转换枢纽的功能尚未建立。这就导致外围地区与北京中心城区间联系密切，而与近郊新城间联系松散，单中心城市结构不断加强。

3. 枢纽之间无法互联互通影响都市圈培育

都市圈的中心城市一般都呈现多铁路枢纽布局。一方面，铁路枢纽之间功能存在分工；另一方面，铁路枢纽之间是否互联互通也直接影响了铁路枢纽功能的发挥。

在很多都市圈的中心城市，某个车站通常以某些方向的列车始发终到组织为主。例如北京西站，以组织京广走廊及西北、西南方向的列车到发为主，北京南站以组织京津走廊、京沪走廊及华东方向列车到发为主，北京站以组织东北方向列车到发为主，北京北站以组织京张高铁及内蒙古方向列车到发为主，新建成的北京朝阳站以组织京沈高铁及东北地区高铁列车到发为主。但是，铁路枢纽之间缺乏互联互通，北京朝阳站、北京北站目前还是尽端站，京张高铁、京沈高铁无法与京津城际、京沪高铁、京广高铁衔接，客流必须经过城市交通进行换乘，这就使得位于京张铁路清河站附近的中关村，无法与已经呈现一体化通勤的天津实现城际铁路直达。

4. 铁路枢纽与周边用地缺少互动

当前，我国大部分城市的铁路枢纽对城市功能的吸引力普遍不强。

传统的"道路—大广场—车站"的布局手法，适应传统对外交通客运集散组织的需要，但也造成枢纽与周边地区的功能割裂。周边地区需要穿越机动车道路、绿色隔离带和大尺度的广场后才能到达车站。而与之相反，欧美日发达国家的枢纽尺度宜人，没有大广场的布局，城市出行人群可便捷地进出车站，车站与周边地区形成功能一体化的紧凑布局。

枢纽与周边地区的路网和慢行系统连接性普遍不佳，周边环境混杂，对高端功能形成排斥，高档百货跳出火车站商圈。以北京站为例，其火车站商圈在短短几年内经历了四次转型，不断变换着经营项目，北京站强大的客流并没有转换成相应的商业势能，甚至成为商业地产开发的经典失败案例。从以高档服饰为主体的赛特入驻，调整为以高档箱包为主的中商百货，在高档商业难以为继的情况下，转为以低档批发为主的千百千小商品批发市

图10-30 北京站周边商业设施布局情况
图片来源：作者自绘。

场。在低端批发业发展不利的情况下，又转向高端市场。目前，在与其相距不远的东方广场商业航母的压力下，定位高端的恒基商城和中粮广场并不成功，如图10-30所示。

10.5.2 都市圈枢纽体系布局的原则

1. 促进枢纽与城市功能中心的耦合布局

客运枢纽地区具有双重属性，既是网络中的节点，也是城市中的场所。促进客运枢纽与城市功能中心的耦合布局，将有助于两者互动发展，并有助于城市功能核心借助客运枢纽及与其相连的网络，实现对都市圈的辐射。

为了更好地解释客运枢纽与城市功能的关系，荷兰贝托里尼（Bertolini）教授于1996年提出节点—场所模型来解释客运枢纽地区的双重属性。节点—场所模型的核心观点是节点和场所应平衡发展以产生协同效应（synergy），改善节点交通可以提高场所的可达性，从而导致场所"增值"的可能。车站及附近地区场所价值高，就可以保证甚至增加铁路站和铁路系统的使用率。

2. 实现枢纽体系与都市圈功能体系的匹配

都市圈的城市功能区是分级的，枢纽也是分级的，两者之间层级应相互匹配。以京津冀为例，北京中心城、天津中心城是北京都市圈、天津都市圈的核心，需匹配国家级的铁路枢纽，例如北京站、北京南站、北京西站、天津站、天津西站，这些枢纽承担面向多个方向的始发终到功能。都市圈外围的城镇节点，如燕郊、亦庄、昌平等新城，应布局一般城际站点，保证和都市圈核心的连通性。位于中心城区内部的重要功能区，如中关村、金融街、CBD等也需布局一般城际站点，保证这些地区与区域的便捷联系和对区域的辐射和服务。通州升级为北京城市副中心后，其枢纽功能也应有相应提升，应实现与更多方向的联系以及始发终到功能。

3. 促进枢纽的交通方式整合和强化枢纽地区的综合开发

随着我国铁路系统的政企分开，我国的铁路公司乃至一个个铁路车站，将会成为自负盈亏的企业个体。基于企业经营的逻辑，铁路车站除铁路运输主业外，还应通过满足乘客的更多需要来获取更多利润，如发展相关的房地产、商业服务、零售等业务，来实现企业成长。

在日本，轨道交通主动复合城市服务功能（商业开发）的车站商业综合体建筑，被称为车站城（station city）。在保证车站的交通功能的基础上，"垂直"叠加多元化的商业服务功能，试图打造使人停留时长仅次于家、办公室的城市生活消费空间。在过去的30年中，车站城已经在多个城市收获了城市开发和车站建设的双成功，并被认为有效落实了紧凑城市、以公共交通为导向的开发、全民社会、低碳等城市发展理想。

10.5.3 都市圈枢纽与中心体系协同布局对策

1. 促进枢纽与城市功能中心的耦合布局

东京、纽约等城市极力推动枢纽与功能中心的耦合布局，建立枢纽与都市圈空间之间良好的互动关系，强化重要功能中心面向区域的辐射带动作用，重视枢纽布局对潜力地区（成长型地区）的功能培育。

东京山手线是环形通勤铁路，全长34.5km，共行经29个车站。依托山手线上多条私铁、JR线、地下铁路线共同汇集的大型转乘站，形成了以东京站附近地区为核心，外围的上野—浅草（传统与现代文化旅游活动中心）、池袋（文化娱乐中心）、新宿（商业文化活动中心）、涩谷（文化信息中心）、大崎（高新技术信息交流中心）、锦丝町（工业文化中心）和临海（国际活动与信息交流中心）7个副都心，如图10-31所示。新宿车站建设之

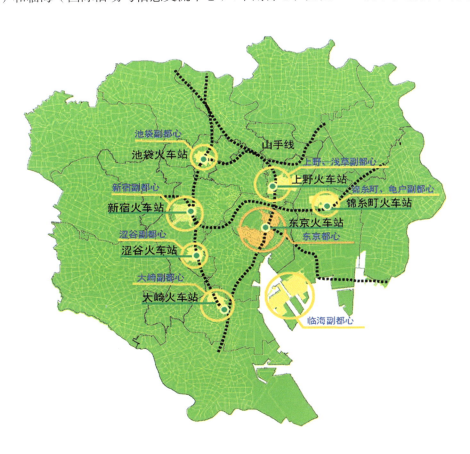

图10-31 东京综合交通枢纽与城市功能区布局

图片来源：参考文献[22]。

初选址于东京外围偏僻空旷之处，距银座约6km。东京大地震后，随着铁路站客运人次的增加，新宿商业设施面积逐渐扩大，二战之后，铁路客运站带来的旺盛人气使得新宿迅速恢复了商业中心的地位。20世纪50年代，其商业设施已占东京总量的10%。新宿站不仅是日本也是世界上平均每天客流量最多的车站（160万人次/日），经济、行政、商业、文化、信息等部门云集于此，金融保险业、不动产业、零售批发业、服务业成为新宿的主要行业。随着东京都部分政府办公机构的迁入，副都心的魅力大增，各行业更加积极地涌入新宿，仅在以新宿站为中心半径7km的范围内，就聚集了160多家银行。

天津滨海站（原名为于家堡站）就是城际铁路引入CBD核心区的例子。于家堡商务核心区是天津滨海新区的核心功能区，滨海站是京津城际延伸线的终点站，为地下尽头式车站，位于于家堡商务核心区。车站与CBD一体化布局，实现于家堡核心区可便捷、快速地通达天津中心城区和北京，促进于家堡与区域的功能联动，增强功能集聚效应。

2. 加强近郊圈层区域性枢纽及功能培育

东京、巴黎等世界大都市区均致力于优化空间结构，将中心城功能提升和外围新区功能培育并重，加强近郊圈层枢纽布局，推动近远郊圈层功能完善，诱导主体向心通勤圈范围的适度可控。

东京都市区着力诱导区部通勤圈范围缩小。20世纪60年代，东京在第二次首都圈规划期以首都功能转移为契机展开了新城建设；而到了20世纪70年代，第三次首都规划期规划方向开始转向通过城市功能再配备而形成的区域核心城市的建设。此后一系列的规划旨在促成自律性城市群/业务核都市的形成，扭转单极集中型的不平衡状况，整个规划开始朝着"多极分散型网状结构"方向发展。在东京《第五次首都圈基本计划》中进一步明确：诱导和促进周边核心城市业务功能发展，培养具有一定独立性的地方中心城市，形成多级多圈域的都市圈结构体系，减轻外围地区对东京区部的依赖，改变现有就业和通勤业态；着力加强郊区铁路环线建设和服务水平提升，增强横滨、埼玉、多摩等城市的枢纽功能。

3. 统筹推进枢纽功能增强与线网优化

枢纽新建、既有枢纽功能增强是在区域铁路网整体优化调整的框架上统筹进行的，并与城市轨道网、市郊铁路网相结合，加强枢纽对各网的锚固作用，增强区域枢纽的功能，推动枢纽地区的再开发和功能提升。

纽约曼哈顿仍在强化枢纽功能，在曼哈顿岛半径5km范围内，构筑与功能布局相耦合的三大铁路客运枢纽格局，进一步加强中心辐射能力。纽约既有区域铁路引入曼哈顿岛的中央火车站（GCT）和宾夕法尼亚车站（Penn）两大车站，并扩建两站的交通基础设施；新增的区域铁路线引入Penn站，增强Penn站区域功能；并在曼哈顿下城，通过新建纵、横联络线，规划新增Fulton车站，如图10-32所示。

伦敦通过Crossrail铁路建设，强化面向英国东南部地区的中心功能。历史原因造成伦敦的国家铁路站点大多分布在伦敦中心区外围，缺乏穿越伦敦市中心的轨道线路。虽然城市地铁网络在相当程度上弥补了这一不足，但是，伦敦地铁网络的运量趋于饱和，在高峰时间更是超负荷运转。由于各种交通方式之间的衔接性差，大量轨道交通乘客只能改为步行换乘公交车或出租车等其他交通方式。因此，轨道交通存在一系列制约因素亟待解决。Crossrail铁路横贯东西，连接伦敦主要的就业、休闲、商业商务中心，包括帕丁顿（Paddington）火车站、法灵顿（Farringdon）车站、利物浦街（Liverpool Street）火车站等枢纽以及金丝雀码头（Canary Wharf），将市郊150万人在45分钟之内运送至伦敦中心地

图10-32 纽约区域铁路枢纽在曼哈顿岛的布局
图片来源：参考文献[22]。

区，且在中心区与主要地铁站交汇。

建设"轨道上的京津冀"是京津冀协同发展的重要支撑。京津冀城际铁路网络的完善不仅促进了京津冀世界级城市群的发展，也强有力地支撑了北京、天津都市圈的发展。以天津市为例，城际铁路完善的重点是加强城际铁路与滨海新区核心区（于家堡）、中心城区的潜力发展地区（天津南站地区）、滨海国际机场的耦合布局，改善这些功能区与区域互联互通的条件。同时，通过完善联络线，使得中心城区和滨海新区均可以实现与京津冀周边城市的直接的城际铁路联系，支撑天津"双城"格局的形成，如图10-33所示。

4. 促进站城融合，建设"枢纽上的中心"

面向都市圈一体化功能组织体系的建立，转变公路主导的运输模式，以多层次轨道为主体，建立高效、安全、可靠、大容量、顺畅流动的客运体系，实现以轨道交通引导的中心城区功能"有机疏解"和都市圈功能中心的合理布局。依托枢纽的高可达性交通优势，强化枢纽地区综合开发。完善各类轨道衔接，合理布局地下空间和轨道出入口，有效扩大"枢纽地区"功能影响范围。

在日本及欧洲，车站不仅是一个交通枢纽，而是通过功能的扩大，与周边地区共同形成了"车站地区"。车站是城市功能的集合体，城市的结构也以车站为中心，市民以车站为纽带进行城市生活。在车站，商业空间占绝对比例，一般在45%以上，而我国车站商业面积比例较低，北京西站商业空间只占全部建筑面积的11%。国内外车站商业空间面积比较，如表10-3所示。

图10-33 天津市铁路枢纽总图
图片来源：参考文献[23]。

国内外车站商业空间面积比较　　　　　　　　表10-3

车站名称	日发送旅客数（万人次）	建筑面积（万m²）	商业面积比例（%）
日本京都站	30	23.7	79.3
日本大阪站	20	13.8	64.4
英国滑铁卢站	20	4.4	70.4
法国巴黎北站	56	5.6	76.7
德国柏林中央站	24	16.4	45.7
中国北京西站	13	17	11

资料来源：参考文献[22]。

在站城融合方面，国内已经陆续开始了一些实践，包括广州新塘站、上海莘庄站、重庆沙坪坝站。重庆沙坪坝站铁路综合交通枢纽，是全国最大规模的地下铁路综合交通枢纽，位于重庆市沙坪坝区三峡广场商圈，是在城市核心建成区复杂条件下，对既有铁路站场实施上盖改造，形成站城一体格局的大型城市综合体。在设计布局上，地下枢纽工程27万m²，地上商业开发48万m²，站前广场4.3万m²。同时，站城综合体将通过无缝衔接和"交通核"设计，优化人行路线、设置节点广场等方式，便捷、高效地打通交通人流、过境人流与商业中心之间的联系，形成中心效应，成为高效集约的交通枢纽体系。

10.6 都市圈交通规划目标及重点内容

10.6.1 工作目标与规划原则

1. 工作目标

都市圈交通规划以构建都市圈高品质复合交通网络为目标，立足我国城镇体系和经济活动的基本特征，遵循城市化地区空间形态发展规律，适应以城市群为主体形态的发展趋势，提升都市圈交通一体化发展水平，发挥首位中心城市的辐射带动能力，促进各类要素自由流动和空间协同布局，实现都市圈交通"人便其行、货畅其流"。

规划重点是基于城市群首位中心城市向都市圈发展，辐射和带动周边新城和中小城市、小城镇，形成高水平城镇化空间形态的总体趋势，明确都市圈各层次交通组织的要求，完善市域（郊）铁路通勤系统，推动铁路和城市轨道融合发展，优化多种交通方式的衔接，实施一体化运行组织管理，构建高效、绿色、可持续的都市圈多层级、网络化客货交通运输网络，支撑和引领城市化地区迈入1小时交通圈发展格局，建设同城化程度高的现代化都市圈。

2. 规划原则

（1）坚持国家战略引领。认真落实中央颁布的关于促进城镇化、城市群和都市圈高质量发展的相关文件精神，以及《关于构建更加完善的要素市场化配置体制机制的意见》和实施乡村振兴战略的精神，通过交通系统的完善，提升都市圈经济结构、产业结构、社会结构。

（2）坚持低碳绿色优先。在资源配置上，优先发展资源利用集约、效率高，污染排放、碳排放水平低的交通方式，如铁路、城市轨道、大运量公交、水运等低能耗、低排放交通方式。

（3）注重经济可持续性。有序推进都市圈交通基础设施建设，加强不同层级交通网络融合、互补，预留直连直通的条件，提高设施运行效率，有效降低运输成本，保障设施全生命周期经济可持续。发挥市场在配置资源中的决定性作用，避免城市交通系统过度延伸和服务范围盲目扩张。

（4）加强区域空间协调。尊重都市圈和城市发展规律，按照大中小城市功能差异、需求差异，发展贴合需求、符合规律、与国土空间开发和保护格局相匹配的综合交通系统。

（5）推动系统融合发展。为实现出行的一体化服务和运营的经济性，打破行政壁垒和部门界限，通过工程技术手段或运营管理措施，实现不同方式和功能的交通系统融合发展、互联互通，建立一体化的组织发展模式。

（6）创新规建管运机制。由重视设施建设，转变到提升和完善现有设施和重视创新运行机制为重点，探索都市圈交通发展新模式、新业态、新技术，促进都市圈交通设施智能化、运输服务品质提升和管理现代化，增强规划实施的效益。

10.6.2 都市圈交通规划重点内容

立足中国发展实际，在新阶段的都市圈交通规划编制中，应突出以下五项重点内容，着力补齐短板，引导都市圈从通勤圈迈向经济圈、服务圈。

1. 都市圈多层次交通衔接与组织

当前，都市圈交通的突出问题是交通网络层次不清晰、功能不健全。都市圈交通由中心城区内部交通、中心城区与郊区联系交通、城际交通、区际交通等多个层级组成，每个层次都具有不同的特点和主要矛盾。区际和城际交通服务于城市之间，采用相对独立的体系化运输组织。目前，我国在以高快速铁路、高速公路为代表的区际和城际交通建设方面已经取得了长足进展。城市内部交通是城市群交通的终端环节，服务门到门的出行需要，其设施网络在城市集中建设区已经相对完善。但是，以中心城市为核心、联系郊区或周边功能节点的跨行政区交通联系仍存在短板。

相应的规划对策应注重城市内部交通、都市圈交通、城市群交通、国家干线交通之间的协同发展关系，针对不同层次的需求特征，制定差异化的交通发展目标和组织策略。

都市圈交通网络建设要弥补首位城市外围交通服务不足的短板，特别是填补轨道交通网络的缺位。规划应立足以首位城市为核心一体化布局的中心服务体系、空间结构、职能分工、经济社会联系等特征，提出以首位城市为核心，覆盖周边新城、次级城市、中小城市和小城镇的轨道交通网络布局，与都市圈空间层次、功能组织相匹配，实现不同圈层交通服务差异化、组织一体化，促进就业市场、城市基本服务要素的自由流动，推动中心城市与外围城镇功能互补，产业与城市服务一体化。

2. 都市圈轨道交通多网融合发展

推进都市圈首位城市的复合交通网络规划和建设，与外围新城、功能组团之间形成高效衔接、互相贯通的网络系统，适应城市功能布局，满足居民日常活动的出行需要。

按照承担的交通功能，通过线路互联、枢纽衔接、服务互通，融合干线铁路、城际铁路、市域（郊）铁路、城市轨道，形成以功能为基础、互联互通的网络。重点协调国铁系统与中心城市的城市轨道交通系统，以体现空间组织意图、引导空间开发、高效服务通勤和商务出行为目的，确定运营管理组织模式。

在客流集中的轴带上，建立由多方式组成、快慢线协同的复合廊道组织模式。根据服务范围、服务对象和需求强度的差异性，按照一体化组织的原则，统筹考虑城际铁路、市域（郊）铁路、城市轨道快线在同一廊道内并行、共线、过轨条件，提高沿线节点连通性和可达性，引导城市功能要素沿走廊集聚。都市圈内复合交通走廊应集中布置、集约用地，减少对空间的分隔。

加快建设以市域（郊）铁路为主体的通勤轨道网络，支撑中心城区功能有机疏解与提升，服务通勤出行和其他目的的人员流动，提高都市圈社会经济联系效率。通勤轨道网络应与都市圈中心体系、职住空间等特征动态耦合，宜尽量引入城市核心区，或在首位城市中心城区边缘副中心设置换乘枢纽与城市轨道交通系统衔接。根据城市不同阶段的发展格局与需求特征，有序建设外围城镇之间的市郊铁路线，保留发展弹性，提供灵活的载运能力和运送速度，满足都市圈不同圈层的差异化通勤需求。为提高经济可持续性，通勤铁路尽可能地面布设，避免采用中心城区地铁模式向外延伸。

3. 客运枢纽与城市功能要素融合

都市圈客运枢纽规划应遵循高效、安全、有序、均衡原则，形成层次清晰、均衡布局的枢纽体系，枢纽之间尽可能实现联通，避免枢纽腹地过大而导致服务品质降低。

发挥首位城市大型客运枢纽的门户功能，采用站城融合发展模式，促进枢纽与周边要素协同布局，形成面向都市圈、城市群的战略功能支点。都市圈的机场、高铁枢纽站等重大交通设施应按照服务整个都市圈考虑，统筹选址，与产业、用地、交通一体化协同布局。

都市圈枢纽建设时序应结合城市空间发展时序和规划意图进行空间控制，与中心城市的各级商务中心、公共服务中心结合布置，多站点布局，形成城市功能之间"直连直通"的高效联系网络，推进中心城市区域化发展和都市圈城市分工，提高商务客流的时间利用效率，促进都市圈公共服务区域共享。

4. 都市圈物流和货运交通组织

打造绿色、经济、高效的现代物流系统。生产物流根据都市圈产业分工和生产、流通、消费体系进行多层级、一体化布局；生活物流按照城市空间组织和消费行为特征进行合理布局。都市圈内城市交通组织要为区域货运交通组织提供便利，重要货运通道应在都市圈统一规划、管理。

优化运输结构，加快推进港口集疏运铁路、物流园区及大型工矿企业铁路专用线等"公转铁"重点项目建设，推进大宗货物及中长距离货物运输向铁路和水运有序转移。推动铁水、公铁、公水、空陆等联运发展，依托都市圈重大对外枢纽建立多式联运组织中心。发挥公路货运"门到门"优势。完善航空物流网络，提升航空货运效率。

促进城际干线运输和城市末端配送有机衔接，鼓励发展集约化配送模式。综合利用多种资源，完善农村配送网络，促进城乡双向流通。

5. 都市圈交通出行一体化服务

提供覆盖城乡的优质出行服务，推广城际道路客运公交化运行模式，打造旅客联程运输系统。推进城乡客运服务一体化，提升公共服务均等化水平，保障城乡居民行有所乘。

深化交通运输与都市圈内旅游资源、美丽乡村融合发展，完善客运枢纽、公路服务区等交通设施的旅游服务功能。

大力发展共享交通，培育新业态，打造基于移动智能终端技术的服务系统，实现出行即服务。

10.7 都市圈交通一体化运行和协同机制

建立适应都市圈发展的功能机构和常态化协商机制，有条件的地区建立都市圈统一的综合交通系统规划与实施的编制、管理机构，创新投融资机制，开展都市圈整体规划的公众参与，推动都市圈交通基础设施统一规划、统一建设、统一管理、统一运维。

形成都市圈统一的客运市场管理机制，推进公共客运服务共网，建立符合客运市场运行，以乘客为核心、公共交通为主导、一体运营管理的跨界通勤系统。跨界公交纳入都市圈各城市的城市公交系统进行管理，创新运营机制，实现同标准、一体化组织。

建立统一的交通数据平台。完善交通数据衔接标准和服务的共享、联动，建立都市圈层面的交通信息统计指标和发布方式。建立都市圈综合交通系统统一的碳排放核算与交易平台，促进都市圈综合交通规划、建设与管理体系的融合。

本章参考文献

[1] 吴威，曹有挥，梁双波. 区域综合运输成本研究的理论探讨 [J]. 地理学报，2011，66（12）：1607-1617.

[2] 藤田昌九，保罗·克鲁格曼，安东尼·J·维纳布尔斯. 空间经济学——城市、区域与国际贸易 [M]. 梁琦，译. 北京：中国人民大学出版社，2005.

[3] 彭坤焘,赵民.大都市区空间演进的机理研究——"空间—经济一体化分析框架"的建构与应用[J].城市规划学刊,2015,(5):20-29.
[4] 吴子啸,宋维嘉,池利兵,等.出行时耗的规律及启示[J].城市交通,2007,5(1):20-24.
[5] 蔡军,张奕.出行时耗预算机理解析[J].城市交通,2014,12(2):69-77.
[6] 吴骞.尺度重构下的国外首都特大城市地区空间规划分析[J].国际城市规划,2019,(2):78-85.
[7] 蔡润林.基于服务导向的长三角城际交通发展模式[J].城市交通,2019,17(1):19-28,35.
[8] 汪光焘,王继峰,赵珺玲.新时期城市交通需求演变与展望[J].城市交通,2020,18(4):1-10.
[9] 国家铁路局.2019年铁道统计公报[R].北京,2020.
[10] 索明亮.关于促进市域(郊)铁路发展的思考及建议[EB/OL].https://www.163.com/dy/article/FLEPJNF30550A54Z.html.
[11] 中国城市轨道交通协会.城市轨道交通2019年度统计和分析报告[R].北京,2020.
[12] 赵国堂,周诗广.我国市域铁路发展现状及未来展望[J].中国铁路,2018,(8):1-10.
[13] 潘昭宇.都市圈轨道交通规划建设关键问题研究[J].都市快轨交通,2020,33(6):7-14.
[14] 刘子长,汪景.轨道交通对都市圈城市发展的特征影响研究[J].交通技术,2016,5(3):67-81.
[15] 潘昭宇,唐怀海,王亚洁,等.加快构建都市圈多层次轨道交通体系[J].宏观经济管理,2020,(11):33-38.
[16] 廉菲.城市轨道交通票务清分系统研究[D].西安:长安大学,2016.
[17] 凌小静,滕爱兵.对推进轨道交通"四网融合"发展的思考[J].交通工程,2020,(4):21-25.
[18] 林群,江捷.时空紧约束的大都市圈轨道交通规划研究[J].城市交通,2017,15(1):31-37.
[19] 周晓勤.城市轨道交通高质量发展的创新之路——周晓勤在2019北京国际城市轨道交通高峰论坛上的讲话[J].城市轨道交通2019,(8):14-23.
[20] Bertolini L. Spatial Development Patterns and Public Transport: The Application of an Ana-lytical Model in the Netherlands [J]. PlanningPractice and Research, 1999, 14(2): 199-210.
[21] 吴友奇,何晓延,庄世广.超大城市潜力地区"车站城"发展对策研究——以深圳市光明城站为例[C].成都:2019年中国城市交通规划年会.
[22] 中国城市规划设计研究院.客运枢纽与城市功能协调研究[R].2016.2.
[23] 中国铁路总公司.京津冀核心区铁路枢纽总图规划[R].2018.

附录 1
学习贯彻十九届五中全会精神关于建设现代化都市圈问题的建议

十九届五中全会关于《中共中央关于制定国民经济和社会发展第十四个五年规划和二〇三五年远景目标的建议》（以下简称《建议》）中明确强调：优化行政区划设置，发挥中心城市和城市群带动作用，建设现代化都市圈。到目前为止，都市圈的概念和识别界定标准仍没有形成共识。2014年中央制定的《国家新型城镇化规划（2014—2020年）》提出，"推进中心城区功能向1小时交通圈地区扩散，培育形成通勤高效、一体发展的都市圈。"2019年以来，国家发改委、自然资源部等部门下发文件提出，基于"1小时通勤圈"的划分标准。都市圈的识别界定，直接关系到在"十四五"规划中如何落实培育和建设现代化都市圈的要求。我们课题组研究成果显示，国际常用的向心通勤率不适合作为我国都市圈界定标准。建议按《国家新型城镇化规划（2014—2020年）》里界定的"1小时交通圈"为基础，建立符合我国国情的都市圈空间范围识别标准，并研究制定有关指导意见。具体情况汇报如下：

我们课题组体会到，《建议》提出的"建设现代化都市圈"是落实习总书记区域发展重要讲话精神的具体体现。2015年习近平总书记在不同场合的讲话中指出："从国内外区域经济圈发展看，超大城市周边都有一批布局合理、层次鲜明、功能互补、规模适度的重要节点城市，对区域经济社会发展起着强有力的支撑作用。""要强化大城市对中小城市的辐射和带动作用，弱化虹吸挤压效应，力戒把县区、小城市作为大中城市的'提款机''抽水机'，避免出现'市卡县''市刮县'现象。"当前我国城镇化水平已超过60%，发挥中心城市的辐射带动作用，建设现代化都市圈对于优化我国区域发展战略，推进高质量的全国城镇空间新格局建设具有重大意义，也是破解大城市病问题，促进乡村振兴发展的重要途径。

结合学习十九届五中全会精神，我们再次开展对现代化都市圈概念和识别界定标准的研究。研究中，我们对国际语境下的都市圈概念与界定标准以及我国学者的相关研究进行总结，对我国相关法律和政策文件进行了梳理，并运用大数据等定量分析方法，选择影响都市圈发展的诸多要素进行了系统分析，并且分析了地方层面都市圈有关规划，得出以下结论：

（1）通勤率阈值难以确定，加上通勤率的动态可调整性以及交通通达性差异，向心通勤率不适合作为我国都市圈界定标准；

（2）1小时交通圈是都市圈、经济圈和生活圈等概念的基础；

（3）都市圈的产业集群是一种高级生产关系；

（4）都市圈公共服务的一体化和均等化需作为重要的公共政策；

（5）应探索实践都市圈生态保护和修复的协同规划与发展模式；

（6）行政区划作为关键因素之一，其调整与都市圈发展同步或适度超前有利于都市圈培育。

此外，还强调了都市圈建设应坚持整体思维、系统思维、底线思维、成果共享以及城乡统筹原则，同时从明确发展目标与方向、确定容量、建构格局、制定标准和建立机制等方面提出了相关建议。

1. 对研究成果的概括

国际常用的向心通勤率不适合作为我国都市圈界定标准。以1小时交通圈为基础，建立符合我国国情的都市圈空间范围识别标准。即：以市域城镇体系为依托，一级腹地（以1小时通勤圈为主，反映都市圈发育初期，为低发育阶段）和二级腹地（1小时交通圈为主，反映中心城市向区域辐射影响范围和跨区域协作能力，为高发育阶段），二者反映都市圈发育程度。建设现代化都市圈着重推进从低发育阶段向高发育阶段发展。因此，应因地制宜制定规划，促进形成高效、低耗、可持续的轨道交通网络，引领建设现代化都市圈。

2. 对研究成果的认识

对都市圈的内涵达成了共识。即都市圈是以中心城市建设区为核心的，与跨行政区的其他城市形成紧密联动，与中小城市和小城镇协同发展的。而对于采用"1小时交通圈"还是"1小时通勤圈"，来识别界定都市圈范围，则存在着不同认识，这关系到符合国情和区域协调发展思想的落实。在实践中，已经影响到轨道交通网络化的实现以及现代化都市圈的建设。

（1）改革开放40年来已经形成的中心城市市域城镇体系。现代化都市圈建设，应当建立首位中心城市和新建城区与周边中小城市、小城镇之间快捷交通为重点，形成以首位城市和新建城区为中心，周边若干个功能完善的节点城市和新城，构建城市建成区网络。改革开放以来，上海市经历了1986年以来的三轮城市总体规划的实施。由此，上海市域建成区格局，从一个中心区域和9个边缘城区的布局，发展成一个中心城区和5个新城、22个中心镇、80个左右的一般镇的统筹城乡发展的格局。还有广州—佛山、深圳—东莞、苏州—无锡—常州，以及重庆市的主城区都是典型的案例。

（2）运用大数据实证研究近40座大城市、特大城市和超大城市，从分析结果来看，一方面，我国特大、超大城市的1小时通勤圈空间半径一般约30~40m^2；相当比例的中心城市1小时通勤圈范围局限在本市行政辖区内，并未体现跨区域协调发展的要求。另一方面，现代化都市圈内涵不仅限于密切的人员通勤联系，也包括紧密的经济联系和协同协作的产业功能网络。都市圈空间范围的界定除了要考虑通勤因素，也需要考虑区域产业分工、物流体系组织、创新要素流动和休闲旅游等功能要求。

（3）本研究专题以"1小时通勤圈"与"1小时交通圈"等作为空间范围，从产业链和供应链布局、公共服务均等化水平，以及生态环境保护要求等角度，开展了系统研究。结果显示，以"1小时通勤圈"为主的都市圈，具有向心通勤主导的特征，处于低水平发育阶段，即初级阶段；以"1小时交通圈"为主的都市圈，反映出中心城市向区域辐射影响范围和跨区域协作能力的转变，处于高水平发育阶段，即高级阶段。

（4）制定都市圈高效、低耗、可持续轨道交通网络化规划是当务之急，建设运营机制尚待创新，也是落实《建议》的要求。2020年12月国务院办公厅下发了《关于推动都市圈市域（郊）铁路加快发展意见的通知》，这个通知很及时。汇总了当前都市圈轨道交通网络化存在的主要问题：一是，线路层次不清晰，网络体系不健全。国际上都市圈城市轨道交通与市域（郊）铁路运营里程之比约1∶3，而中国仅为1∶0.25，市域（郊）铁路无法实现公交化运营。二是，都市圈轨道交通廊道与沿线地区发展缺乏协同。铁路选址距离城市核心功能区之间往往都在10km以上，使得铁路站点周边和沿线用地普遍开发强度低、发展滞后。总之，都市圈轨道交通只具有"看上去是一张网"的概念，但在实际操作中却没有形成各个城市功能要素集聚、客流集中的轴带上的快慢线协同的廊道运输组织模式。这是在建设现代化都市圈过程中亟待解决的突出问题。

综上所述，建设现代化都市圈是中心城市和城市群之间的城市化空间形态，中心城市辐射和带动周边城市发展，因此，宜采用"一小时交通圈"范围来确定都市圈的范围边界。制定都市圈规划建设时，应着重推进从以"1小时通勤圈"为主的都市圈低水平发育阶段，向以"1小时交通圈"为主的高水平发育阶段的转变；应当重视发挥相关城市的行政管理职能，通过同城化政策、体制机制等创新来形成发展的合力；同时，要与法律法规、行政管理体制等方面密切衔接。

3. 课题组的建议

现代化都市圈是贯彻新发展理念、构建我国城镇化发展新格局的重要空间载体，也是承载国家竞争力、创新策源力和人民幸福感的重要空间载体。各地十分重视该项工作，正在加紧开展规划建设。在此建议，国务院就贯彻《建议》要求，应在"十四五"规划中对现代化都市圈的建设，颁布指导意见。指导意见可以包括：①发布制定符合我国国情的都市圈空间范围识别标准；②发布建设现代化都市圈规划导则；③发布都市圈轨道交通网络规划、建设导则。

课题组的《建设现代化都市圈规划编制导则》和《现代化都市圈空间范围识别导则》建议稿同时附上，可供参考。

以上意见，妥否请指示。

附录 2
建设现代化都市圈规划编制导则

1 导则

1.1 适用范围

《建设现代化都市圈规划编制导则》(以下简称《规划导则》)适用于全国范围内开展的现代化都市圈规划的编制工作。

1.2 术语定义

中心城市：指具有一定人口规模、经济总量，具有一定区域辐射影响力，承担一定范围内区域综合服务职能的城市。

都市圈：都市圈是以具有一定区域性影响力、辐射力的一个或多个中心城市为核心，包含周边次级中心城市和一批中小城市、小城镇，跨一个或多个行政主体的城镇化空间形态。都市圈内部具有高度的产业经济、交通、信息联系。

同城化：都市圈内中心城市与周边各级各类城市之间建立密切的产业、交通联系，城市之间建立统一的金融、社会服务、民生等无差别化服务体系。

1小时交通圈：以都市圈内主要中心城市为起点或者目的地，交通出行1小时所覆盖的区域范围。

1.3 规划期限

规划编制期为2035年，近期目标为2025年，远景展望到2050年。

2 制定目的

以习近平新时代中国特色社会主义思想为指导，全面贯彻党的十九大和十九届二中、三中、四中、五中全会精神，立足新发展阶段，贯彻新发展理念，构建新发展格局，以推动高质量发展为主题，以提升都市圈整体实力、竞争力和综合承载能力为目标，推动以中心城市为核心的区域协调发展和新型城镇化建设；积极优化行政区划设置，发挥中心城市和城市群带动作用，建设现代化都市圈。

在城市群内，发挥首位中心城市的辐射带动能力，通过提升中心城市现代化治理能力，带动中心城市与市域范围内各级城镇，以及相邻行政区的其他城镇由协同发展向同城化方向发展转变；逐步形成网络化格局的城镇化地区的新发展格局，带动并提高县域城镇化水平。

3　性质定位

本《规划导则》是根据国家宏观社会经济发展规划和重大区域性战略部署，落实相关省（区、市）国民经济和社会发展五年规划（"十四五"规划），与正在建立的国土空间规划体系相协调，推动跨行政区协同发展的指导文件。本《规划导则》对国家批准的城市群范围内的，以及省（区、市）确定的重点区域发展战略下建设现代化都市圈提供技术指导，一方面弥补了现有各类规划体系对于跨行政区的规划管理缺失的问题；另一方面该《规划导则》既不从属某部门的规划体系，但又与各部门规划相衔接，起到很好的衔接与传导作用。

本《规划导则》从国家治理体系和治理能力现代化的要求出发，坚持实行差别化的城镇化政策，立足不同区位条件、资源禀赋和经济社会发展水平的差异性，有针对性地制定跨区域协同发展举措；并以城市群内主要中心城市实际辐射影响能力和范围为基础，建立符合我国国情的都市圈统计制度，建立健全城市政府间的跨区域协作机制和实施工作机制；立足将行政区划作为重大资源，发挥对引导都市圈同城化发展和协同建设的重要作用，构建更加完善的跨区域要素市场化配置体制机制，并有序引导城乡高质量发展与生态环境的共建共保。

本《规划导则》坚持创新驱动发展，建立协同发展机制来培育和建设现代化都市圈。着重体现以下几个方面：一是积极引导产业链、供应链、服务链与设施网、创新网、信息网与城镇体系的协同布局，带动都市圈内城市的产业升级和结构调整；二是切实提升中心城市公共服务（医疗、教育等）能力和水平，并带动形成都市圈内基本公共服务的均等化、网络化布局；三是通过发挥城镇体系组织优势，优化农村要素市场的配置，以城乡统筹来推进都市圈的县域城镇化建设；四是通过绿色转型发展政策、生态补偿机制等跨区域制度建设，带动都市圈自然生态系统保护与修复，并建立"山水林田湖草"与城镇体系融合发展格局。

4　边界范围识别

4.1　中心城市的基本条件

都市圈中心城市的筛选重点参考国家相关文件中明确的城市群有关中心城市的定义。拟以《国民经济和社会发展第十三个五年规划纲要》城市群空间分布示意图中所列出的19个城市群对应的相关中心城市（不含港澳台）为基础，考虑现状城区常住人口200万人以上的Ⅱ型大城市、300万~500万人规模的Ⅰ型大城市、500万~1000万人规模的特大城市和1000万人规模以上的超大城市为样本。同时未来可根据国家与区域重大战略部署和《国民经济和社会发展第十四个五年规划和2035年远景目标纲要》所涉及的主要城市作为增补，依据城市发展情况对中心城市名录进行调整[①]。

---

① 19个城市群包括：长三角城市圈、珠三角城市群、京津冀城市群、成渝城市群、长江中游城市群、中原城市群、哈长城市群、辽中南城市群、山东半岛城市群、海峡西岸城市群、北部湾城市群、呼包鄂榆城市群、山西中部城市群、关中平原城市群、宁夏沿黄城市群、兰西城市群、天山北坡城市群、滇中城市群、黔中城市群。其中涉及37个主要城市，包括：北京、上海、天津、重庆、广州、深圳、哈尔滨、长春、沈阳、大连、石家庄、太原、郑州、济南、青岛、南京、合肥、杭州、宁波、武汉、南昌、长沙、福州、厦门、南宁、海口、贵阳、昆明、成都、西安、呼和浩特、银川、兰州、西宁、乌鲁木齐、拉萨、喀什。

4.2 范围识别基本原则

立足中心城市的核心建成区，以市域城镇体系为基础，以自然生态系统为底图，以综合交通网络为支撑，统筹考虑中心城市与周边城市的经济社会关联度及地域文化关联因素，以县级（设区的市可以是区）行政区为基本划定单元，综合确定都市圈的范围边界。

对于国家确定的城市群内，对于有一个以上有条件建设都市圈的中心城市，以人口规模及区域辐射影响力排序确定核心城市、次中心城市，并对所有都市圈的范围识别后，综合界定大都市圈范围。

4.3 识别技术方法

按照《都市圈识别界定标准》，立足于我国"十四五"规划建议提出的建设现代化都市圈战略要求，采用大数据分析等定量研究方法，确定建设现代化都市圈的规划边界。中心城市外围地区按照与中心城市功能联系特征可划分为一级腹地和二级腹地两类边界。其中一级腹地以1小时通勤圈范围为主，二级腹地为1小时交通圈范围为主，并考虑区域内的产业经济联系强度。二者的区别在于都市圈的发育程度，前者界定中心城市的直接影响腹地范围，反映都市圈发育初期的向心聚集能力与城市空间结构；后者界定都市圈的关联腹地，反映中心城市向区域辐射并转移产业经济的影响范围和跨区域协作能力。应着重推进从以1小时通勤圈为主的都市圈低水平发育阶段，向以1小时交通圈为主的高水平发育阶段转变。

5 编制重点

5.1 规划原则

坚持整体思维。立足于以国内大循环为主、国内国际双循环相互促进下的新型工业化、城镇化、信息化和农业现代化协同发展，高起点、高目标编制规划；从全局层面把握现代化都市圈建设目标与战略，引导不同区位都市圈的竞争力整体提升，促进特色化建设。

坚持系统思维。建立与国土空间规划体系相协调的城市化空间形态。以坚持都市圈一体化、同城化发展的长远性、战略性目标为引领，引导各项资源和设施的合理规划配置，加强战略性空间的预留；推动解决中心城市的大城市病问题。

坚持底线思维。牢固树立生态、安全、资源的底线约束和底线管控思维，促进人与自然和谐共生；坚持"山水林田湖草"生命共同体理念，推进跨区域的生态系统保护与生态修复，加强跨区域环境联防联治，全面提升都市圈的整体发展韧性水平。

坚持成果共享。以满足人民群众的幸福感、获得感为出发点，打破区域行政壁垒，推动高等级公共服务设施的合理分布，推动基本公共服务设施均等化；推进都市圈内金融、民生、社会治安、应急救援等方面的跨区域联合治理与服务一体化。

坚持统筹城乡。立足于有利于加快中心城市及各级城镇与周边广大农村地区的城乡协调发展，引导基础设施、公共服务向农村地区延伸，有效开发特色的农村市场，加快推进乡村振兴。

5.2 目标与战略制定

落实国家对于所在区域的战略发展定位，重大战略举措要求，立足都市圈的工业化、城镇化发展阶段，结合区域的资源禀赋、历史文化和生态环境本底特色，合理确定都市圈发展目标和指标。根据都市圈不同主导功能定位区域提出差异化的发展指标和基本底线控制要求。

围绕总体发展目标，结合国家战略发展定位和所在地的社会经济发展任务，制定国土空间、产业经济、基础设施、生态环保、历史文化、社会民生、休闲旅游等方面的总体发展战略；围绕主导功能分区提出重大跨区域协同发展举措。

5.3 坚守生态本底底图

以自然生态系统为底图，生态承载能力为基础，研究土地开发、产业发展对生态环境的影响，分析占用、开发活动对自然生态系统恢复能力的干扰，从对生态系统影响最小的角度，在研究制定都市圈规划时遵循生态本底底图。

5.4 着力推进跨区域协同

围绕城市群发展目标，构建产业链、供应链、服务链、设施网络、创新网络、信息网络与城镇体系融合发展的空间格局；研究交通—产业—空间总体关系，统筹布局重要产业园区、创新要素平台；研究基础设施规划建设方案，均等化公共服务设施建设方案；立足日常安全运营和应急安全保障的要求，合理确定水利、能源、信息设施的区域布局与跨区域协同建设要求，制定区域性综合防灾体系，提出区域风险防控分区；研究都市圈发展带动县城为重要载体的城镇化建设方案。

5.5 加强分区统筹协调

立足都市圈的发展阶段和总体空间结构布局要求，合理划定不同类型的主体功能区。明确各主体功能区的功能定位，提出城镇空间组织举措，重要资源与生态环保管控区域的管制要求，重大基础设施与社会服务设施建设时序，休闲旅游体系与绿道网建设任务，跨行政区的协调任务等。特大、超大城市的中心城市应提出功能适度疏解与城区人口密度管控的具体举措。

5.6 明晰实施保障机制

建立健全都市圈的联席会议制度。围绕充分发挥市场机制对市场要素的配置作用和政府间的协作框架，构建跨行政区的具体协同任务工作机制，着重研究并推进生态补偿在内的共赢机制、规划实施评估与监督机制等。建立都市圈协同发展信息平台，动态跟踪都市圈的规划建设情况。

附录 3
现代化都市圈空间范围识别导则

1 总则

1.1 适用范围

主要适用于在都市圈规划编制中开展都市圈空间范围识别划分工作。

1.2 总体原则

综合城市发展规模、水平和交通、人员、经济等区域网络联系分析，明确都市圈空间范围识别界定标准，更加科学、准确地指引都市圈范围划分，为科学编制都市圈相关规划、建设现代化都市圈提供支撑。

1.3 划定单元

以县级行政单元（县、自治县、县级市、区）作为都市圈范围识别的基本单元。

2 术语

2.1 中心城市

中心城市是指都市圈内有一定人口规模、经济总量，具有一定区域辐射影响力，承担一定范围内区域综合服务职能的城市。

2.2 都市圈

都市圈是以具有一定区域性影响力、辐射力的一个或多个中心城市为核心，包含周边次级中心城市和一批中小城市、小城镇，跨一个或多个行政主体的城镇化空间形态。都市圈内部各级城镇之间具有紧密的人员、经济、交通、信息联系。

中心城市以外的都市圈外围地区根据与中心城市的联系特征，可分为一级腹地、二级腹地。

2.3 一级腹地（1小时通勤圈）

一级腹地指与中心城市日常通勤联系紧密的区县单元，最大单向通勤时间在1小时左右，空间尺度约半径60～80km。在都市圈功能网络中主要承担中心城市居住、先进制造、研发等功能的外溢，也是外围新城建设的重点地区。

2.4 二级腹地（1小时交通圈）

二级腹地指与中心城市产业功能联系紧密的区县单元，大致对应以中心城市为起点、区域交通1小时可达的范围，空间尺度约可扩展至200km以上，通常涉及不同的设区市单元。功能重点是围绕中心城市加强产业分工协作、延伸完善产业链和供应链，同时承载一定的金融、文化、商务等综合服务功能，形成一批相对独立的重要节点城市，与中心城市一同构建多中心的都市圈城镇网络结构。

3 识别技术流程

3.1 中心城市识别

现状城市建成区人口规模500万人以上的特大城市、超大城市作为既有成熟都市圈的中心城市；现状城市建成区人口规模200万～500万人的大城市可作为未来培育都市圈的中心城市。

3.2 腹地范围初步识别

3.2.1 一级腹地（1小时通勤圈）识别

与中心城市经标准化后的网络连接度指数[①]大于1的县级行政单元，作为一级腹地划入都市圈范围。计算过程如下。

（1）计算行政区间通勤联系强度指数：通过对县级行政单元间通勤人口数量的标准化处理得到通勤联系强度指数，可克服不同行政区人口规模差异对衡量通勤联系紧密程度的影响。计算公式如下：

$$V_{ij}^* = \frac{V_{ij}}{\sum_j V_{ij}} \tag{1}$$

式中，V_{ij} 是行政区 i 居住到行政区 j 就业的通勤人数，$\sum_j V_{ij}$ 是在行政区 i 居住到各行政区就业的通勤人口之和，V_{ij}^* 是标准化后在城市行政区 i 居住到行政区 j 就业的通勤联系强度指数。

（2）计算网络连接度指数：首先计算不同县级行政单元间的网络连接度，反映都市圈行政区网络中通勤联系的紧密程度；之后采用最大值标准化，计算得到网络连接度指数。计算公式如下：

$$R_{ij} = V_{ij}^* V_{ji}^* \tag{2}$$

$$R_{ij}^* = \frac{R_{ij}}{\text{Max}(R_{ij})} \tag{3}$$

式中，V_{ij}^* 和 V_{ji}^* 分别为行政区 i 和行政区 j 间通勤联系强度指数，R_{ij} 为行政区 i 和行政区 j 间的网络连接度，$\text{Max}(R_{ij})$ 为全部行政区通勤网络中连接度的最大值，R_{ij}^* 为标准化后行政区 i 和行政区 j 间的网络连接度指数。

3.2.2 二级腹地（1小时交通圈）识别

将中心城市、一级腹地以外，满足以下三个标准的县级行政单元作为二级腹地划入都市圈范围：

---

① 我国特大、超大城市的都市圈1小时通勤圈空间半径一般可达60～80km，内部职住平衡水平可以达到95%，因此以向心通勤率指标识别都市圈范围可能导致范围偏小。基于县级行政单元与中心城市通勤联系数据，计算标准化的网络连接度指数，作为通勤联系程度的度量标注，可以克服行政区规模大小以及内部通勤比重差异带来的影响。

（1）具有较高的经济人口密度，所在县（区、市）人口密度达到150人/km²以上；

（2）与中心城市有较强的产业功能联系，与中心城市的投资联系强度[①]≥10%，且与中心城市的商务人流联系强度[②]≥10%。

3.3 综合校核

被都市圈初步识别范围所包围的非都市圈县级行政单元，应划入都市圈。

对于中心城市周边、承载国家和区域重大战略或影响都市圈可持续发展的资源富集和生态保护地区，经过论证后可纳入都市圈范围。

---

① 与中心城市的投资联系强度指县级行政单元吸引外来投资规模中来自中心城市的投资规模占比。
② 与中心城市的商务人流联系强度指县级行政单元以中心城市为目的地的商务出行人流量占县（区、市）外出商务出行总量的比重。

附录 4
都市圈交通规划指南

为落实《中华人民共和国国民经济和社会发展第十四个五年规划和2035年远景目标纲要》关于完善城镇化空间布局，建设现代化都市圈的要求，制定《都市圈交通规划指南》（以下简称《指南》）。

1 规划任务

1.1 规划背景

落实"依托辐射带动能力较强的中心城市，提高1小时通勤圈协同发展水平，培育发展一批同城化程度高的现代化都市圈"要求，在区域一体化布局背景下，1小时交通圈规划已经成为我国区域中心城市和周边地区区域协同发展的重要战略。现代化都市圈不仅是通勤圈，还是经济圈、生活圈。培育发展现代化都市圈，在推进1小时通勤圈为基础的区域（可称都市圈初级阶段），在改善交通条件的基础上，考虑不同交通圈层的人流和物流需求特征，发挥首位中心城市的辐射带动作用，带动城市化地区发展，形成以1小时交通圈为基础，同城化程度高的区域，即现代化都市圈（可称都市圈发展的高级阶段）。

1.2 指导思想

以习近平新时代中国特色社会主义思想为指导，深入贯彻党的十九大和十九届二中、三中、四中、五中全会精神，把握新发展阶段，贯彻新发展理念，立足我国城镇体系的基本特征，遵循城市化地区空间形态发展规律，形成有利于发挥首位中心城市的辐射带动能力、促进各类市场要素自由流动的高品质都市圈复合交通网络，实现"人便其行、货畅其流"，培育发展同城化程度高的现代化都市圈。

1.3 规划区域范围

根据我国城市行政体制（行政建制和行政区划）特点和当前城镇化发展水平，按照研究提出的依托超大、特大城市形成的现状都市圈区域范围（以1小时通勤圈为基础的区域范围，或称初级阶段），培育发展成现代化都市圈的区域范围（以1小时交通圈为基础的区域，或称高级阶段）。都市圈区域范围以县级行政单元（县、自治县、区、县级市）为基本单元进行划分，具体识别方法见附录3《现代化都市圈范围识别导则》。

都市圈交通规划范围，是以中心城市为起点的1小时交通圈范围，即以中心城市为起点或者目的地，以公路、高速公路、铁路、城际轨道为主要交通方式的1小时交通可达的范围，包含周边次级中心城市、节点新城和一批中小城市、小城镇，跨一个或多个行政主体，具有紧密的人员、经济、交通、信息联系，空间半径可达100km以上。

1.4 主要任务

现阶段与中心城市日常联系紧密的空间范围通常单程最大通勤时间在1小时以内，空间尺度半径不超过40km。

都市圈交通规划主要任务是基于城市群首位中心城市，将以通勤向心服务为主要目标的交通网络，向1小时交通圈范围发展，辐射和带动周边新城和中小城市、小城镇，形成高水平的城镇化空间形态。明确都市圈各个层次交通组织的要求，完善铁路通勤系统和人员流动便捷的交通网络，探索运行管理机制，优化多种交通衔接方式，推动都市圈交通与城市交通融合，构建高效、绿色、可持续的多层级、网络化客货交通运输网络。

1.5 规划期限

近期规划为2025年，随着都市圈发育程度不断提高，中心城市在城市群中的辐射和带动作用进一步发挥，规划应促进形成高效、低耗、可持续的交通网络，引领都市圈的发展迈向1小时交通圈。

规划目标为2035年，建成与我国基本实现现代化水平相适应的都市圈交通网络。

远景展望至2050年，建成现代化强国的都市圈交通网络。

2 总体要求

2.1 规划原则

（1）坚持国家战略引领。认真落实中央颁布的关于促进城镇化、城市群和都市圈高质量发展的相关文件精神，以及《关于构建更加完善的要素市场化配置体制机制的意见》和实施乡村振兴战略的精神，通过交通系统的完善，提升都市圈经济结构、产业结构、社会结构。

（2）坚持低碳绿色优先。优先发展并鼓励使用公共交通工具，综合分析供需关系，优化公共交通系统内部构成，合理配置资源，发展集约、高效，污染物和碳排放水平低的交通方式，实现环境和社会可持续。

（3）注重经济可持续性。有序推进都市圈交通基础设施建设，加强不同层级交通网络融合、互补，预留直连直通的条件，提高设施运行效率，有效降低运输成本，保障设施全生命周期经济可持续。发挥市场在配置资源中的决定性作用，避免城市交通系统过度延伸和服务范围盲目扩张。

（4）加强区域空间协调。遵循城市和都市圈发展规律，按照大中小城市功能差异、需求差异，依循贴合需求、符合规律、与国土空间开发和保护格局相匹配的原则构建综合交通系统。

（5）推动系统融合发展。为实现出行的一体化服务和运营的经济性，打破行政壁垒和部门界限，通过工程技术手段或运营管理措施，实现不同方式和功能的交通系统融合发展、互联互通，建立一体化的组织发展模式。

（6）创新规建管运机制。由重视设施建设，转变到提升和完善现有设施和重视创新运行机制为重点，探索都市圈交通发展新模式、新业态、新技术，促进都市圈交通设施的智能化、运输服务品质提升和管理现代化，增强规划实施的效益。

2.2 重点内容

《指南》的重点是在完善1小时通勤圈城市化发展格局基础上，支撑和引领城市化地区迈入1小时交通圈发展格局，建设同城化程度高的现代化都市圈。

主要包括以下内容：

（1）构建都市圈多方式、多功能交通运输一体化服务。科学识别首位城市都市圈范围，立足都市圈交通需求与交通协调问题，因地制宜，着力实现都市圈交通与城市交通的融合贯通，与城市群交通、国家干线交通运输服务便捷连接。

（2）建立以首位城市为核心的都市圈多层级交通体系。推进完善节点城市和周边新城的综合交通体系，实现互相贯通、有效衔接，促进首位城市功能有机疏解与提升，适应建设现代化都市圈的发展新要求。

（3）强化服务区域的客运枢纽与城市用地布局的协调。依托首位城市客运枢纽，如高铁枢纽站和民用航空枢纽站，建设有利于培育人才市场形成和科技交流市场的机制，形成创新驱动发展的站城融合的新格局。

（4）加强都市圈货运物流组织体系研究。摒弃仅注重客流忽视物流的倾向，按照高品质产业链、供应链的要求，在都市圈交通规划中突出货物流通内容，实现支撑区域产业升级，形成新的产业链、产品链，提高首位城市的竞争力，形成带动城市群发展的新活力和提升竞争力。

（5）统筹城乡交通发展，实现出行服务一体化。借助首位城市建设现代化都市圈的契机，以节点城市和节点新城为依托，统筹城乡，改善城市群内城乡交通体系，助力乡村振兴战略目标的实现。

3 都市圈交通规划要点

3.1 明确都市圈交通分层组织策略

弥补都市圈在首位城市外围轨道交通服务不足的短板。都市圈轨道交通网络应立足以首位城市为核心一体化布局的中心服务体系、空间结构、职能分工、经济社会联系等特征，提出以首位城市为核心，覆盖周边新城、次级城市、中小城市和小城镇的网络布局，与都市圈空间层次、功能组织相匹配，实现不同圈层交通服务差异化，组织一体化，促进就业市场，城市基本服务要素自由流动，中心城市与外围城镇功能互补，产业与城市服务一体化。

3.2 完善绿色高效、服务通勤和人员流动的轨道系统

科学合理预测都市圈通勤交通出行时空模式，识别主要通勤交通廊道。将公共交通作为通勤的主导交通方式，提供差异化的通勤交通服务。加快建设以铁路为主体、服务通勤出行和其他人员流动的轨道网络，支撑中心城区功能有机疏解与提升。根据城市不同阶段的发展格局与需求特征，保留发展弹性。轨道系统应提供灵活的载运能力和运送速度，合理安排行车组织计划，以满足都市圈不同人员、不同层次的差异化服务需求。

3.3 构建便捷顺畅的都市圈道路网

都市圈道路网络应将城市化地区范围的高速公路一并纳入考虑，形成高速公路与一般干线公路、城市道路一体化组织的道路系统，促进不同行政区划之间的道路网络互联互通。制定需求管理措施，保证长距离交通出行的时效性。实施高载客率车辆优先组织模式，提高道路旅客运输效率。充分考虑都市圈产业、经济区域化组织的特征，为区域货运交通提供便利。

3.4 推动都市圈与城市交通网络融合发展

推进都市圈首位城市的复合交通网络规划和建设，与外围节点新城、功能组团之间形成高效衔接、互相贯通的网络系统。提升系统效率，构建多方式复合交通廊道，提高沿线节点城市和节点新城连通性和可达性，适应都市圈功能布局、居民日常活动的出行需要，引导城市功能要素沿走廊集聚，增强中心城市的辐射能力。

3.5 促进枢纽与周边要素协同布局

都市圈客运枢纽规划应遵循高效、安全、有序、均衡原则，形成层次清晰、均衡布局、相互联通的枢纽体系，避免枢纽腹地过大而导致服务品质降低。发挥首位城市大型客运枢纽的门户功能，采用站城融合发展模式，形成面向都市圈、城市群的战略功能支点。都市圈的机场、高铁枢纽站等重大交通设施应按照服务整个都市圈考虑，统筹选址，与产业、用地、交通等一体化协同布局。枢纽建设时序应结合城市空间发展时序和规划意图进行空间控制。高铁枢纽、机场等重大交通基础设施远景发展应考虑都市圈城市分工和设施运行效率进行合理预留。

3.6 打造绿色经济高效的现代物流系统

物流枢纽应根据都市圈产业分工和生产、流通、消费体系进行多层级、一体化布局。生活物流按照城市空间组织一体化布局。优化运输结构，推进大宗货物及中长距离货物运输向铁路和水运有序转移。

推动铁水、公铁、公水、空陆等联运发展。综合利用多种资源，完善农村配送网络，促进城乡双向流通。都市圈内重大件货物与危险品运输应在都市圈统一规划、管理。

3.7 提供覆盖城乡的优质出行服务

推进城乡客运服务一体化，提升公共服务均等化水平，保障城乡居民行有所乘。深化交通运输与都市圈内旅游资源、美丽乡村融合发展，完善客运枢纽、公路服务区等交通设施的旅游服务功能。培育新业态，打造基于移动智能终端技术的服务系统。

4 规划实施和管理保障机制

建立适应都市圈发展的功能机构和常态化协商机制，创新投融资机制，推动都市圈交通基础设施统一规划、统一建设、统一管理、统一运维。开展都市圈交通规划公众参与。

形成都市圈统一的客运市场管理机制，推进公共客运服务共网，建立符合客运市场运行，以乘客为核心、公共交通为主导、一体化运营的管理模式。跨界公交纳入都市圈各城市的城市公交系统进行管理，创新运营机制，实现同标准、一体化组织。

建立统一的都市圈交通数据平台，完善数据衔接标准和服务共享、联动机制，明确都市圈整体的统计指标和发布方式。建立都市圈综合交通碳排放核算与交易平台，促进都市圈综合交通规划、建设与管理体系的融合。

后 记

"十四五"时期，在国家的引导和推动下，现代化都市圈建设关系到如何更好着眼国情、落实区域协调发展思想，无疑会成为各地城镇化向纵深推进的重要抓手和支撑。综观现状，得出以下两点共识：①都市圈的内涵，即以城市群内首位中心城市建设区为核心，与跨行政区的其他城市形成紧密联动，与中小城市和小城镇协同发展；②以安全、便捷、高效、绿色、经济的交通引领现代化都市圈建设。二者如何结合起来，首先，体现在如何判断城市群内首位中心城市辐射带动能力和影响范围。这就是本课题研究的主题，现代化都市圈的概念和识别界定标准。同时，根据国情分析（行政建制和行政区划改革的进程），提出了都市圈初级阶段和高级阶段的划分。即培育和建设现代化都市圈的过程，可归纳为：都市圈处于以1小时通勤圈发展水平的为初级阶段，都市圈处于以1小时交通圈发展水平的为高级阶段。在区域一体化布局背景下，1小时交通圈已经成为我国区域中心城市和周边地区区域协同发展的重要战略。1小时交通圈在交通组织上，要考虑不同交通圈层的人流和物流需求特征，成为带动发展建设城市化地区（又称"现代化都市圈"）的经济圈、生活圈。

本课题研究是国家自然科学基金重点项目"城市交通治理现代化理论研究"（71734004）的内容，得到了相关各方的大力支持。根据国家自然科学基金委员会管理科学学部的要求，我们把这一研究成果汇总为《学习贯彻十九届五中全会精神关于建设现代化都市圈问题的建议》，并附上《建设现代化都市圈规划编制导则》《现代化都市圈空间范围识别导则》作为提出的政策建议，向国家自然科学基金委汇报，并递交国务院，得到了国家领导人批示。

课题组在递交建议之后又开展了都市圈交通规划的研究，并且编写《都市圈交通规划指南》，收录在本书第10章，供有关部门和工作人员参考。这是建设现代化都市圈必须关注的内容。在理论研究的基础上，为落实"十四五规划"对建设现代化都市圈的总体要求，附上关于《建设现代化都市圈规划编制导则》《现代化都市圈空间范围识别导则》和《都市圈交通规划指南》三份具有操作性的指导材料。本书将上述材料收录在正文之后，作为附录，供读者参考。

我国建设全面小康社会取得决定性成就，已经迈入全面开启社会主义现代化的新征程，转向高质量发展阶段。建设现代化都市圈，是推进新型城镇化的重要手段。课题组也真诚地希望本次研究能为新时期更加科学的现代化都市圈建设增添微薄之力。